本书为国家社科基金青年项目"关学四书学研究"(项目号：18CZX025)最终成果

关学四书学研究

李敬峰 著

图书在版编目（CIP）数据

关学四书学研究／李敬峰著．—北京：中国社会科学出版社，2022.11
ISBN 978-7-5227-0425-8

Ⅰ.①关… Ⅱ.①李… Ⅲ.①关学—研究②四书—研究 Ⅳ.①B244.45
②B222.15

中国版本图书馆 CIP 数据核字（2022）第 113176 号

出 版 人	赵剑英
责任编辑	孙　萍
责任校对	赵雪姣
责任印制	王　超

出　　版	中国社会科学出版社
社　　址	北京鼓楼西大街甲 158 号
邮　　编	100720
网　　址	http://www.csspw.cn
发 行 部	010-84083685
门 市 部	010-84029450
经　　销	新华书店及其他书店
印　　刷	北京君升印刷有限公司
装　　订	廊坊市广阳区广增装订厂
版　　次	2022 年 11 月第 1 版
印　　次	2022 年 11 月第 1 次印刷
开　　本	710×1000　1/16
印　　张	23.5
插　　页	2
字　　数	317 千字
定　　价	128.00 元

凡购买中国社会科学出版社图书，如有质量问题请与本社营销中心联系调换
电话：010-84083683
版权所有　侵权必究

序

四书学是中国思想学术史的重要内容。在崇拜圣贤、推尊经典，注重"述而不作"或"寓作于述"的中国传统社会，历代学者往往要依托于承载着圣贤言行的经典，来进行他们的思想阐发与理论创新。作为儒家之道载体的《论语》《孟子》《大学》《中庸》，亦即后世所盛称的"四书"，是历代学者进行思想阐发的经典文献，进行理论创新的主要思想来源。由此产生的以注疏、训解、讲义、考辨、辑佚、序跋、题记等形式呈现的专门撰述，以及在建构思想体系过程中所进行的零星的、不成系统的吸收、利用、发挥，共同造就了中国历史上异常丰富的四书学文献，构成了中国四书学史研究的基本内容。从中可以看到，在不同历史情境之中，不同学术风格与思想进路的学者如何围绕四书阐发新的思想，回应时代课题，建构思想体系。不同时代的儒学发展演变的基本脉络，不同学派的学术面貌与思想特征，也由此得以呈现。

近年来，从不同角度研究中国四书学史的成果不断涌现，或为整体性研究，或为时段性研究，或为地域性研究，而更多的则是个案式研究。这些成果展现出中国四书学史丰富多彩的面貌，从不同方面推进了中国四书学史研究。李敬峰教授的《关学四书学研究》，将地域研究与个案研究紧密结合在一起，为中国四书学史研究增添了重要成果。该著后出转精，在充分尊重、吸收已有研究成果的基础之上，对关学四书学进行了系统梳理与深入探讨，从四书学角度勾勒了近千年连绵不绝的关学传衍史，回应了关学的"合法性"问题，在系列个案研究中也多有创发。不仅如此，作者在呈现关学作为地域学术形态的理论成就、思想特质与学术品格的同时，始终措意于地域学术形态与全国整体学术面貌之间的关系，关注特殊与普遍之间交错和包含的复杂性，既避免了以地域代表普遍整体的偏颇，亦防止了有普遍而无特殊的笼统。

由张载创立的关学在中国思想学术史上有着崇高的地位，对中国思想学术发展的影响巨大而深远。从南宋闽学领袖朱熹到明末清初湖湘学巨擘王船山，众多思想家在理论建构的过程中，都从张载等关中大儒那里吸收了重要的思想资源。这一点，学者们多有称述，形成了共识。但是，关学是否一直在关中地区传衍，关学是否有一个连绵不绝、传承千年的历史？学界历来看法不同，有的学者认为"北宋亡后，关学就渐归衰熄"，有的则认为"关学史事实上已经延伸到清末民国"。敬峰教授从四书学的角度切入，对宋代以后关中学者的相关成果及其学术特色进行了细致而审慎的研究分析，理绎出关学四书学发展演变的基本脉络。从北宋的张载、吕大临到金元诸儒，从明代的王恕、吕柟、冯从吾，到清代的李二曲、王心敬、王吉相、贺瑞麟、孙景烈、王巡泰、刘绍攽、张秉直、刘古愚，乃至晚清民国的牛兆濂，其四书学成果巨细无遗，皆被作者纳入考察视野。作者通过解读文本，考镜源流，总结特色，为我们呈现出关中地区绵延不绝的四书学演变历程，以具体而微的研究，对关学的学术传衍问题做出了新的探索。这对于关学研究的拓展与深入具有非常积极的意义。

在地方思想学术研究中，研究者容易受到种种因素的干扰，产生某些偏颇。一些研究者出于褒美前贤、彰显学统的朴素情感，在史料选择、学术价值判断、学术地位评价等方面，有意无意地放大研究对象的学术价值，拔高其地位。一些研究者则聚焦地域思想学术的演进，较少在中华历史文化发展的大背景、大趋势下考察地方学术与当时全国整体学术之间的互动。敬峰教授对关中四书学的研究，非常恰当地处理了这些问题。一方面，他注重在关学发展演变视域中彰显历代关中先贤的理论创发之功，呈现他们在一定的历史情境与社会背景之中依托四书思想资料所进行的理论探索与社会思考，充满温情与敬意地肯定他们弘扬关学、接续关学统绪的学术贡献、历史地位与社会影响；另一方面，又注意在中国四书学发展的视野下具体考察关学学者的四书诠释，客观而理性地评价关学作为地方性学术形态对中国四书学发展演变所发挥的作用，在当时学术思潮的整体格局之中考察其学术路径、风格，在地域与全国之间的交错关系中定位其学术成就与特色。

敬峰教授在书中多次强调，必须注意地域与全国、特殊与普遍之间的交错关系，既要避免以地域代表全国，又要防止有普遍而无特殊。应该说，这种自觉的学术观念，在研究过程中体现得非常充分。如在对雍正乾隆间武功学者孙景烈《四书讲义》的研究中，作者对孙景烈两大学术特质的归纳——"迎合清初以来推尊朱子的学术思潮"，"恪守关学义理注经的学术传统，抵制乾嘉汉学在关中地区的渗透"——就完全是将地域与全国、特殊与普遍这两种视角交融在一起的。这种交融的视角，使得孙景烈的《四书讲义》这一常常为人所忽视的四书学著作呈现出了新的意义。作者认为，"《四书讲义》不涉章句训诂，直求经文义理"，表明"乾嘉汉学只是江南一域而非全国性的学术现象"。这一论断，对于我们理解四书学在清代中叶演进的面貌乃至对雍、乾之际学术思潮的把握，都是具有启发性的。对乾嘉时期三原学者刘绍攽的《四书凝道录》，作者更是从时代学术思潮、关学发展、四书学史三个视角加以定位与审视，指出在汉学兴盛的乾嘉时期，刘绍攽作为伸张宋学但不废汉学的标杆人物之一，延缓了宋学的衰落；《四书凝道录》以个案的形式昭示着关学并非铁板一块、不重训诂，其实际情况比想象的更为复杂；刘绍攽的注解引证广，考证精，推阐细，呼应和助推了清代中期四书学发展的新动向。这样，通过不同视角的交织，就使得刘绍攽的《四书凝道录》作为个案的学术意义得到全面呈现。在研究过程中，这种不同视角的交织融通贯穿始终，成为本书的一大亮点。

历史上四书学典籍卷帙浩繁，其中蕴含着儒家思想学术的传承、发展与创新的丰富信息，汇聚了历代儒家学者的无数心力。此前的研究，在历代四书学名家及代表性著作方面用力甚勤，成果丰硕，但是研究对象却显得过于集中。近年来，随着四书学研究的推进，越来越多的研究者把目光投向了四书学史上相对边缘的人物与著作。敬峰教授的《关学四书学研究》在关注张载、吕大临、吕柟、冯从吾、李二曲等关学大儒的同时，也选取了这样一批学者作为研究对象。他们虽非中国四书学史上的代表性人物，却是出类拔萃的地方知识精英。他们在对四书的注疏、训解、阐释中，融入了独特的生命体验，表达了深刻的社会关切，提出了一系列关于修身养性、为人处事、经世济民的思想观念。有不少著述从体例到内容都有其独特性，为我们理解四书学发展的丰富性提供了很大的帮助。如雍正乾隆间临潼学者王巡泰的《四书札记》，作为其研读朱子《四书章句集注》的学习札记，"是中国四书学史上为数不多的'札记体'著作之一，为我们把握四书学的注经体例的多面性和丰富性提供了一个鲜活而具体的个案"。同时，《四书札记》直接体现了其困知勉行的工夫，是我们了解当时儒家学者精神世界和生活图景的一个窗口。这样的学者和著作，在不同的时期、不同的地域，为数不少，理应在中国四书学研究中占有一席之地，以便我们基于更为细化的研究，构筑更加清晰与真实的四书学历史图景。本书对王巡泰及整个关中地方知识群体的研究，为我们做出了很好的示范。

此外，在四书学传播、四书思想观念渗透到民间社会的过程中，地方知识精英群体也扮演着非常关键的角色。在明清时代，这一点表现得非常明显。作为四书学社会传播的中介和枢纽，地方知识精英恪遵前贤之学，将四书中的价值原则、思想观念、行为规范贯彻于立身行事，其学行成为后学楷模。同时，他们致力于四书学的传播，通过讲学等方式传授知识、传递价值、教化社会。明清时期，四书思想观念之所以能够无孔不入地渗透到不同社会阶层尤其是民间社会，实现其社会化，在很大程度上应该归功于这一群体。遗憾的是，在以往的四书学研究中，这一群体基本上是缺位的。《关学四书学研究》为这个缺位的群体勾画出一组群像，从中我们可以看到孙景烈"为学恪守朱子，而以《四书集注》为主，诸经子史，悉荟萃印证。以此讲学，亦体之以持身涉世"；看到晚清民国蓝田学者牛兆濂"以恪遵程朱为旨归""楷模后学，干城吾道"，先后主讲正谊书院、芸阁书院、清麓书院、白水彭衙书院、鲁斋书院等内容。这对于我们理解四书学的社会传播很有价值。虽然本书主旨在于思想学术层面的深入挖掘，但是在聚焦关学学者四书学学术贡献与思想创发的同时，也能对四书学的社会传播情况加以关注，值得欣慰。

我与敬峰教授迄今只在学术会议上有一面之缘。但是近些年来，因为从事"中国四书学史"课题研究，我一直关注敬峰的四书学研究成果。拜读他的论著，感觉文风笃实，功底深厚，论证缜密，多有创发。这大概是受关学学风熏陶影响所致吧。期待敬峰教授在未来的学术征程中，能够为学界奉献更多的学术精品。

肖永明

2022 年 10 月 8 日

目　　录

导　论 …………………………………………………………………（1）

第一章　酝酿与草创：北宋关学四书学 ………………………（10）
  第一节　心解四书，义理经学：张载与四书 …………………（11）
    一　张载的《论语说》 ……………………………………（12）
    二　张载的《孟子说》 ……………………………………（20）
    三　张载的《礼记说·中庸》 ……………………………（30）
    四　张载的《礼记说·大学》 ……………………………（37）
    五　张载诠释四书的特质和影响 …………………………（39）
  第二节　推重《学》《庸》，融会关洛：吕大临与四书 ………（45）
    一　吕大临的《礼记解·大学》 …………………………（46）
    二　吕大临的《中庸解》 …………………………………（51）
    三　吕大临的《论语解》 …………………………………（66）
    四　吕大临的《孟子解》 …………………………………（74）

第二章　式微与存续：金元关学四书学 ………………………（80）
  第一节　金元关学辨正 …………………………………………（80）
  第二节　尊奉程朱，引用评介：金元关学四书学 ……………（91）

第三章　中兴与多元:明代关学四书学 …………………… (104)

第一节　不拘门户,辩驳朱子:王恕的《石渠意见》 ……… (104)
一　辩驳《大学章句》 ………………………………… (106)
二　辩驳《中庸章句》 ………………………………… (109)
三　辩驳《论语集注》 ………………………………… (112)
四　辩驳《孟子集注》 ………………………………… (116)

第二节　取法程朱,辩难陆王:吕柟的《四书因问》 ……… (121)
一　重构理气关系 ……………………………………… (122)
二　归宗古典仁学 ……………………………………… (125)
三　慎独统领工夫 ……………………………………… (128)
四　力辟知行合一 ……………………………………… (132)

第三节　融会朱王,扭转关学:
　　　　　冯从吾的《四书疑思录》 ……………………… (137)
一　驳难"无善无恶心之体" …………………………… (137)
二　打并本体、工夫为一 ……………………………… (142)
三　提揭讲学以救世 …………………………………… (146)
四　辟异端以明儒 ……………………………………… (150)

第四节　提揭心性,酌采朱王:王徵的《学庸书解》 ……… (155)
一　大学之道 …………………………………………… (156)
二　天命之谓性 ………………………………………… (159)

第四章　鼎盛与终结:清代关学四书学 …………………… (165)

第一节　宗本陆王,不弃程朱:
　　　　　李二曲的《四书反身录》 ……………………… (166)
一　标举心学要旨 ……………………………………… (167)
二　阐扬良知要义 ……………………………………… (171)

三　重构体用关系 …………………………………………（176）
　　四　整合程朱工夫 …………………………………………（180）
第二节　《大学》为宗，会通朱王：
　　　　王心敬的《江汉书院讲义》 ……………………………（185）
　　一　四书以《大学》为宗 ……………………………………（187）
　　二　会通朱王 ………………………………………………（192）
　　三　推重主敬 ………………………………………………（197）
　　四　王心敬四书学的经学特质 ……………………………（202）
第三节　推崇主敬，尊奉朱子：王建常的《大学直解》 ………（206）
　　一　《大学》地位及其文本问题 ……………………………（208）
　　二　"敬"是一部《大学》底骨子 ……………………………（211）
　　三　格物是《大学》入门第一步工夫 ………………………（216）
第四节　推崇《论语》，卫道阳明：王吉相的
　　　　《四书心解》………………………………………………（222）
　　一　四书以《论语》为宗 ……………………………………（224）
　　二　"与朱子相戾者多" ……………………………………（228）
　　三　"恪守阳明一脉" ………………………………………（232）
　　四　王吉相《四书心解》的诠释特质 ………………………（237）
第五节　羽翼朱子，折中陆王：孙景烈的《四书讲义》 ………（242）
　　一　四书一体 ………………………………………………（243）
　　二　以求仁为要 ……………………………………………（247）
　　三　羽翼朱子 ………………………………………………（251）
　　四　折中陆王 ………………………………………………（255）
第六节　恪守朱注，弘扬关学：王巡泰的《四书札记》 ………（261）
　　一　羽翼朱注 ………………………………………………（262）
　　二　倡导关学 ………………………………………………（267）

三　推崇"主敬" ………………………………………… (271)
　　　四　《四书札记》的诠释特色 ………………………… (275)
　第七节　推阐朱注，驳斥阳明：
　　　　　刘绍攽的《四书凝道录》研究 ………………… (278)
　　　一　推阐朱注 …………………………………………… (281)
　　　二　折中百家 …………………………………………… (284)
　　　三　批判阳明 …………………………………………… (289)
　　　四　不废训诂 …………………………………………… (293)
　第八节　拔擢《论语》，宗朱批王：
　　　　　张秉直的《四书集疏附证》 …………………… (297)
　　　一　四书尤重《论语》 ………………………………… (298)
　　　二　宗本朱子 …………………………………………… (301)
　　　三　辩驳心学 …………………………………………… (306)
　第九节　尊崇古本，力推阳明：刘古愚的《大学古义》 …… (312)
　　　一　尊崇古本，力辟改本 ……………………………… (313)
　　　二　格物必以伦理为本 ………………………………… (316)
　　　三　诚意为《大学》之最要 …………………………… (320)
　　　四　刘古愚《大学》诠释的经学特质 ………………… (322)
　第十节　恪遵朱注，终结关学：牛兆濂四书学
　　　　　思想研究 ………………………………………… (327)
　　　一　推尊朱子《四书章句集注》 ……………………… (328)
　　　二　一以朱子为旨归 …………………………………… (331)

结语　关学四书学的学术创获与局限 ……………………… (335)
　　　一　学术特质 …………………………………………… (335)
　　　二　学术价值 …………………………………………… (342)

三　学术局限 …………………………………………（346）

参考文献…………………………………………………（350）

后　记……………………………………………………（361）

导 论

钱穆先生说:"自朱子以来八百年,四书成为中国人人之必读之书,其地位实已越出在五经之上。"[1] 钱氏之论可谓不虚。众所周知,四书自宋始,渐趋超越五经成为显学,并形塑此后800余年的学术格局和经学形态,尤其是成为宋明理学分支之一的关学赖以建构的经典来源。关学乃由北宋张载始创,以其在思想上推崇气学、在学风上躬行礼教、在旨趣上注重践履、在学脉上条贯秩然而享誉学界,并在与思想史上不同学派融通交流中成为具有全国性影响的理学学派。《宋史》称张载之学"以《中庸》为体,以孔、孟为法"[2],明代王夫之称其学"《论》《孟》之要归也"[3],以此可见四书在张载学术建构中的地位,门人后学秉承张载遗志,会通各大学术流派,针对四书注经解经,形成了体系庞大、内容丰富和新见纷呈的四书学诠释体系。

一 研究动态

关学宗师张载在四书学的发轫期,标举四书,推动四书在北宋经学地位的升格、内在义理的关联以及诠释范式的转变。门人后学秉承张载遗志,针对四书注经解经,尤在朱子完成四书学的体系化以及元

---

[1] 钱穆:《朱子学提纲》,生活·读书·新知三联书店2002年版,第180页。
[2] 脱脱等撰:《宋史》卷427,刘浦江标点,吉林人民出版社1995年版,第8834页。
[3] 王夫之:《张子正蒙注》,中华书局1975年版,第4页。

代实现其官学化之后,在关学学派内部形成著述宏富、新见纷呈、特色鲜明、成就斐然的关学四书学诠释系统,如马理的《四书注疏》(佚失)、吕柟的《四书因问》、冯从吾的《四书疑思录》、李二曲的《四书反身录》、王巡泰的《四书札记》、王吉相的《四书心解》、孙景烈的《四书讲义》、张秉直的《四书集疏附证》、刘绍攽的《四书凝道录》、刘古愚的《大学古义》等20余部著作,以此足见四书学在关学经学体系中的卓绝地位。

尽管张载关学四书学的独特价值早已引起前辈学者如龚杰、朱汉民、肖永明等的肯定和关注,然囿于过往关学史料散乱、关学是否有史以及张载学术定位的分歧,截至目前学界已有的个案、断代乃至整体的四书学研究涉及关学学者的仍是寥寥无几,更遑论专题性、贯通性的研究。从当前较为薄弱的研究成果来看,主要呈现经学文献整理和哲学义理诠释两种典型的研究进路,取得的学术成就有以下三个方面:

(1)文献搜集与整理取得重大突破。典籍的搜集与整理无疑是进行学术研究的重要前提。关学四书学文献的整理一直寓于学者文集的整体整理之中,经历了从单一整理阶段到集成式整理阶段的过程。单一整理阶段侧重关学史上代表人物文集的考辨和点校,如章锡琛整理的《张载集》、陈俊民整理的《蓝田吕氏遗著辑校》《李颙集》、赵瑞民整理的《泾野子内篇》、林乐昌辑考的张载《孟子说》《论语说》《礼记说》、周春健的《宋元明清四书学编年》考辨部分关学学者的成书时间和卷目篇幅等;集成式整理阶段起步较晚,但成果丰硕,注重关学文献全面和系统的考证和编纂,最为典范的莫如陈俊民的《关学经典集成》12册18种关学经典以及刘学智、方光华主编的《关学文库》,整理28位学人的33部文集,极大地完善和丰富了关学四书学的文献库,带来诸多研究契机。

(2)典范人物的四书学研究取得一定成绩。当前学界主要以理学的话语和视角，着重阐释关学学者四书注本蕴含的哲学义理，聚焦在关学典范学者如张载、吕柟、李二曲等身上，成果形式以单篇论文为主，相对少而精（不足10篇）。龚杰的《张载的"四书"学》较早尝试从四书学的角度探究张载的哲学体系，为研究关学四书学发出先声；朱汉民、肖永明合著的《宋代〈四书〉学与理学》指出张载最早并提四书，并详细分析了张载诠释四书所显露的"性与天道""人性""道德修养"等核心思想；萧咏爕的《吕柟〈四书因问〉之研究》围绕理气、心性、修养工夫以及诠释特色等展开分析；赵吉惠《李二曲〈四书反身录〉对传统儒学的反省与阐释》从修己之学、性命之学、适用之学三个角度定位李二曲四书学的学术性质；朱康有和葛荣晋的《论李二曲心解四书》凸显二曲诠释四书的"心解"方法。另尚有学人如黄俊杰、林乐昌、刘平中、李峻岬等分析张载、李二曲等单经的思想内涵和学术影响。需要特别指出的是专著如周春健的《元代四书学》、佐野公治的《四书学史研究》（集中在明代）、朱修春的《四书学史研究》等，并未涉及关学学者的四书学研究。

（3）厘清关学学术断代问题。近现代以来，关学研究围绕关学是否有史以及在何处结束这一根基性问题争议不断。侯外庐先生主张"北宋亡后，关学就渐归衰熄"[①]，龚杰先生则更为激进，主张关学"上无师承，下无继传"[②]，关学在张载以后即中绝不续。张岂之先生主张"关学是由张载创立并于宋元明清时期，一直在关中地区传衍的地域性理学学派"[③]，陈俊民先生则认为关学是"宋明理学思潮中由张载创立的一个重要独立学派，是宋元明清关中的理学"[④]，刘学智先生则主张"关学史的发展同整个宋明理学发生、发展和衰落历史具

---

① 侯外庐主编：《中国思想通史》第四卷（上），人民出版社1959年版，第545页。
② 龚杰：《张载评传》，南京大学出版社1996年版，第206页。
③ 张岂之：《总序》，《关学文库》，西北大学出版社2015年版，第1页。
④ 陈俊民：《张载哲学思想及关学学派》，人民出版社1986年版，第24页。

有同步性……关学史事实上已经延伸到清末民国"①，而林乐昌先生主张"关学只经历了宋、明、清三个时期，其六百年的历史既有断绝也有接续"②，并将关学的下限定在晚清刘光蕡那里，主张其"是关学近代转型的完成者"③。方光华亦同样将关学下限定在刘光蕡那里，他说："（关学）主要指从张横渠到刘古愚的关中儒学。"④ 而随着《关学文库》的出版，学界虽然在传统关学何处结束仍有分歧，但基本解决了关学研究中的基础性问题，确定了关学学术的"合法性"，并开创了关学研究的新局面。

以上学界所取得之成就对于丰富和推进关学四书学研究具有重要的开拓性、示范性价值和意义，但略存如下数端不足之处：

（1）个案研究广度不够，全面系统研究尚无。当前相对薄弱的研究成果主要围绕张载、吕柟、李二曲等展开，其他较为典范的学者如王恕、冯从吾、贺瑞麟、李元春、刘光蕡等则少有涉足，出现化约论倾向，以致关学四书学的总体面貌及学术特征仍较模糊。

（2）思想深度尚显不足，重要问题仍存争议。围绕典范人物的研究水平已经达到一定的高度，但对诸如四书与张载学术乃至关学建构的关系、吕柟四书学思想的渊源以及李二曲学术性质的判定等核心问题仍存分歧，尚未完全厘清关学四书学多元化和复杂化的经学样态。

（3）侧重静态的哲学立场，方法视角相对单一。关学四书学是动态的、发展的、活的历史存在，以往学术史有限的研究以静态的哲学立场为主，学科交叉方法使用不够，未能将关学四书学从关学学术史的研究中剥离出来，亦没有动态深入探索其建构的曲折历程及其内外因果，一定程度上制约了相关问题研究的广度和深度，影响了研究成

---

① 刘学智：《关学思想史》（增订本），西北大学出版社2020年版，自序，第7页。
② 林乐昌主编：《关学源流》，陕西师范大学出版总社2020年版，第14页。
③ 林乐昌主编：《关学源流》，陕西师范大学出版总社2020年版，第266页。
④ 方光华：《关学及其著述》，西安出版社2003年版，第3页。

果的丰富性和创新性。

由如上梳理和研判不难看出关学四书学研究尚处于起步阶段，诸多重要问题尚待解决和突破。基于此，本书以动态整体的视角，着眼于经典诠释与思想演进，学派争鸣与问题论辩之间的相互依存、相互影响，对关学四书学进行总体宏观上的推进和局部微观上的深化，力图从经典诠释的视角认识和理解关学形成与演进的过程、方式、路径和特点。

二　研究旨趣

在研究思路上，本书首先将关学四书学视为一个动态发展的整体，将其置于关学学术思想演进和中国四书诠释史流变的双重脉络之下，从文献学、经学史和思想史相结合的角度，对关学四书学进行较为全面系统的分析、提炼和总结。既密切注意学术思想的变迁对于关学四书学发展的宏观影响，又重点从不同的视域考察主要的四书学成果，揭示关学四书学在诠释方法、哲学义理、主导问题等方面对关学宗师张载、朱子学、心学等四书学的继承、融合、突破和发展，从中把握关学四书学相关哲学问题的理论演进，进一步揭示由此而形成的关学思想的逻辑脉络、主导问题和话语系统，力图更为丰满、更为厚重、更为贴近历史原貌地展现关学四书学的演进历程和发展轨迹，凸显关学四书学的学术价值，确立关学四书学在中国四书学史中的地位。

在研究方法上，以往研究关学四书学多是静态的、零星的研究，多是"搭上西方的某种哲学的架子来安排我们的材料"[①]，也就是借鉴西方哲学范畴论的架构来裁剪关学学者的四书学资料，落入削足适

[①] 徐复观：《我的若干断想》，《青年与教育》，《徐复观全集》第17册，九州出版社2014年版，第177页。

履的窠臼，这就难以有效地把握学者四书学的旨趣和特质。有鉴于此，本书主要采用以下三种研究方法：

（1）历时态研究法：以动态的视角考察关学四书学在不同时期诠释主题、理论旨趣、主导问题和学术特质等的变化，勾勒出纵向的发展脉络。

（2）比较研究法：基于关学汇通诸派的特质，在研究中既注重比较关学与其他学术流派四书学的异同，亦比较关学学者之间四书学的共性与分歧。

（3）学术史研究与思想史研究相结合、文献诠释与学术思想分析相结合、阐释与时代相结合，宏观与微观相结合，统合文内文外，多视域地进行思想研究，以呈现关学四书学的多维面相。

借由以上研究方法，通过深入文本，把握原始资料，力图寻绎出学者本人的问题意识以及学术旨趣，尤其是借鉴经学史的研究方法，尽可能摸索出关学四书学的演进脉络和学派特质。

在史料选取上，需要特别给予详细的说明，因为这关乎本书的体例。首先就关学四书学著作分布情况而言，呈现宋不及明，金元最弱，而明又不及清的情形。其中的南宋金元时期，关中地区一直处在金宋对峙的前线，动乱的政治环境以及南宋、金代的"苏学盛于北，洛学盛于南"[①]的学术格局，使得原就凋零的关学更趋衰微，学统几近断绝，全祖望的"关陕沦亡后，横渠学统湮"[②]以及牛兆濂的"南渡以往，地沦金源，简册流传，百无一二"[③]正是对此状况的最为恰当的概括。这一时期有为的关学学者主要有李复、杨君美、杨奂、萧维斗、同恕等寥寥数人，他们在战乱频仍的关中地区维系学统已属不

[①] 皮锡瑞著，周予同注释：《经学历史》，中华书局2004年版，第204页。
[②] 全祖望著，朱铸禹编校：《鲒埼亭诗集》卷六，《全祖望集汇校汇注》下册，上海古籍出版社2000年版，第2197页。
[③] 王美凤等点校：《蓝田吕氏遗书辑略序》，《蓝川文钞》卷三，《牛兆濂集》，西北大学出版社2015年版，第45页。

易,更遑论有系统的四书学著作,因而多是对四书中只言片语、经典名句进行的阐述和解读。且在元代统一南北后,政治上虽"南并于北",但学术则呈现"北并于南"的特征,亦即程朱理学主导学术格局,这大概与朱子《四书章句集注》在元代悬为科甲功令息息相关。关学学者自不能外此大势,倡明理学,阐述精要成为一时风尚。总体而言,此阶段的关学四书学虽然维系学脉之功多于建构四书体系,探究程朱理学多于关注关学本身,但却在更为宽广的层面上推动了关学与其他学派的融汇交流。也正是基于这种现状,新加坡学者王昌伟将此阶段称为关学的"黑暗时代"[1],认为这一时期"张载和他的学生几乎被遗忘,并且我们找不到任何关中人士宣称他们是任何形式的地方文化传统的继承者"[2]。故而本书在体例上并不因为此一时期无单经乃至四书学注解著作,就略过金元时期,而是仍然按照宋、金元、明和清四个时期进行编排,以求源流齐全,体系完整地呈现关学四书学的学术脉络。同时,需要说明的另一个问题是,在文本的选取上,同样依据四库馆臣所言的:

> 朱彝尊《经义考》于四书之前仍立《论语》、《孟子》二类,黄虞稷《千顷堂书目》凡说《大学》、《中庸》者,皆附于礼类,盖欲以不去饩羊,略存古义。然朱子书行五百载矣,赵岐、何晏以下,古籍存者寥寥,梁武帝《义疏》以下且散佚并尽。元明以来之所解皆自四书分出者耳,《明史》并入四书,盖循其实。今亦不复强析其名焉。[3]

---

[1] 王昌伟:《中国历史上的关中士人 907—1911》,刘晨译,浙江大学出版社 2017 年版,第 62 页。
[2] 王昌伟:《中国历史上的关中士人 907—1911》,刘晨译,浙江大学出版社 2017 年版,第 102 页。
[3] 纪昀总纂:《四书类》一,《四库全书总目提要》第 1 册,河北人民出版社 2000 年版,第 914 页。

这就是说，四库馆臣并不赞同朱彝尊、黄虞稷在四书之外另列其他单经的做法，原因在于"元明以来之所解皆自四书分出者耳"，故四库馆臣因袭《明史》的做法，将单经著作亦全部归入四书类。有此为证，本书在学者文本选取上遵循两个原则，一是将学者单经著作仍然纳入四书类当中[①]；二是在关注经书的同时，亦兼取学者文集当中与四书有关的语录，以求更为全面地考察学者的四书学面貌。

在研究旨趣上，本书意在通过对关学四书学全面而系统的勾勒：首先深化对关学建构的文本依据与学术渊源的理解，厘清四书在关学思想建构中的实际地位和作用。其次，以个案透视传统关学从宋至清末民初的演进历程。不同历史时期的关学学者对四书的诠释既是他们融贯义理、创获新知、建构关学的重要方式，更是关学演进趋势的具体展现。以四书为切入点，探究他们在经典诠释中如何推动关学不断生成、更新和演化，从而管窥关学从北宋开创到清末民初终结的演进轨迹和发展历程。复次，充实和拓展关学乃至宋明理学的研究。张载、吕大临、李二曲等是理学史上著名的理学家，而王恕、马理、韩邦奇、冯从吾、刘古愚、牛兆濂等，流行的宋明理学史著作对其着墨甚少。本书扩大研究对象，考察学者四书注本，发掘重要思想和典型人物，既能充实关学研究，亦能在一定程度上拓展宋明理学的研究对象和内容。最后，力图把握中国四书学的普遍内涵和多样形态。关学四书学不是孤立发展的，是随着中国四书学史的变迁、发展而不断演变、重构、形成的地域形态的学术思想，不仅涵具和体现中国四书学史的一般特征，亦别具和呈现区域学术形态的特质。通过揭示关学四书学的理论旨趣、诠释方法、主导问题和学术取向等，彰显关学四书学的守常与变通，因循与创获。

[①] 实际上，朱汉民、肖永明合著的《宋代〈四书〉学与理学》的"四书学"概念亦是在此意义上使用的。[朱汉民、肖永明：《宋代〈四书〉学与理学》（修订本），中华书局2021年版，第24页]

要之，本书是学界首次系统而全面地考察关学四书学的专著，依照历史和逻辑相结合的方法，根据四书学著作的分布和佚存，划分为宋、金元、明和清四个阶段，并由点带面，在尽可能地展现每一位关学学者四书学旨趣和面貌的基础上，总结出关学四书学的学术特质、主导问题和现实关怀，既凸显作为地域形态的关学四书学的个性，又摸准关学四书学涵具的中国四书学史以及学术史的共性，尤其是厘清这种个性与共性之间的关系，从而厘定关学四书学在中国四书学史上的地位和价值。

第一章

酝酿与草创：北宋关学四书学

四书学虽由朱子定型，但早在其之前，以"北宋五子"为代表的学者就已经在为推动四书的升格、阐释四书的思想而努力，关学宗师张载就是其中的佼佼者。张载标举四书，以至于部分学人如龚杰先生就将张载定位为宋代最早将"四书"并提的学者。① 不唯如此，张载亦用数年之功注有《论语说》《孟子说》《大学说》和《中庸说》（后两者合见《礼记说》），是书摆落汉唐注疏，试以"心解"之法，直求经书义理，成为北宋义理注解四书的典范之作。张载早逝，门人四散，唯有弟子吕大临有较为全面的四书解经之作遗留下来。换言之，关学四书学在北宋的注经之作并不丰富，甚至寥寥无几，更为重要的是，张载尚未将《大学》和《中庸》从《礼记》中单独列出，更未将四书统合起来，吕大临同样没有将《大学》单列出来，故而我们可将此阶段定位为关学四书学的酝酿与草创阶段，其最显著的特征就是以义理解四书，推进四书的融会贯通，从而为此后四书学，尤其是关学四书学的建构提供思想的源泉和诠释的蓝本，后世朱子以及关学后学对张载、吕大临之经书多有引用和评鉴便是明证。

---

① 龚杰：《张载的"四书学"》，《西北大学学报》1994年第3期。

第一节　心解四书，义理经学：张载与四书

张载之学是否可以用四书学来定位，学界一直争议不断，无有定论。无论我们赞同与否，四书在张载之学中的重要性是不言而喻的。这可从元人编撰的《宋史》中"其学尊礼贵德，乐天安命，以《易》为宗，以《中庸》为体，以孔、孟为法"①，黄宗羲、全祖望等编纂的《宋元学案》中的"以《易》为宗，以《中庸》为体的，以《礼》为体，以孔孟为极"② 以及王夫之的"张子之学，无非《易》也，即无非《诗》之志，《书》之事，《礼》之节，《乐》之和，《春秋》之大法也，《论》《孟》之要归也"③ 直观地反映出来。张载虽然没有像朱子那样，将四书并提合论，但却多有对四书的拔擢和提升，他曾指出："要见圣人，无如《论》《孟》为要。《论》《孟》二书于学者大足，只是须涵泳。"④ 又说："学者信书，且须信《论语》《孟子》。……《礼》虽杂出诸儒，亦若无害义处，如《中庸》《大学》出于圣门，无可疑者。"⑤ 从这些论述中，我们可见张载已经深刻意识到四书的作用和价值，并给予高赞。张载对四书地位和作用的提揭，无疑助推和呼应了北宋提振四书的时代思潮。不唯如此，他对四书亦进行单本的诠释，著有《论语说》《孟子说》以及《礼记说·大学》《礼记说·中庸》，这些书虽多有佚失，幸赖林乐昌先生积数十年工夫，爬梳史

---

① 脱脱等撰，刘浦江标点：《宋史》卷427，吉林人民出版社1995年版，第8834页。
② 黄宗羲著，全祖望补：《宋元学案》卷十七，中华书局1986年版，第663页。
③ 王夫之：《张子正蒙注》，中华书局1975年版，第4页。
④ 张载著，林乐昌编校：《经学理窟》三，《张子全书》卷五，西北大学出版社2015年版，第80页。
⑤ 张载著，林乐昌编校：《经学理窟》三，《张子全书》卷五，西北大学出版社2015年版，第85页。

料，钩沉索隐，将张载所涉及的这些文献一一补遗，虽并非全本，但足以使我们一窥张载对四书诠释的涯略和梗概，为此后关学四书学的走向与演进奠定了参照的学术坐标。

一 张载的《论语说》

《论语》成书于战国时期，乃孔子及门弟子辑录其语录而成。自汉武帝实施"罢黜百家，独尊儒术"后，《论语》作为集中体现儒学精神的经典文本，便被视为"五经之辖辖，六艺之喉衿"①"六经之菁华"②"孔教大宗正统，以代六经"③，并在唐代开成年间跻身于经书行列。而此时《论语》注释和整个汉唐经学的取向是一样的，遵循"疏不破注"的注经原则，体例上采用的是章句训诂的形式，但这种注疏体的经学风格在演进过程中弊端渐现，出现"章句训诂不能尽餍学者之心"④的情形，故而"宋儒起而言义理"⑤。王应麟说："自汉儒至于庆历间，谈经者守训故而不凿。《七经小传》出而稍稍新奇矣。至《三经新义》行，视汉儒之学若土梗"⑥，而《七经小传》就包括《论语小传》在内。南宋陆游则将这一经学风气的转变表达的更加明确："唐及国初，学者不敢议孔安国、郑康成，况圣人乎！自庆历后，诸儒发明经旨，非前人所及。"⑦ 王、陆二人的论述揭示出宋庆历年间经学领域的一个重要动向，即拨弃汉唐传注，直探经书义理。张载深受这一思潮的陶铸，并进一步推动和强化了这一思潮的形成和壮大。张载的《论语说》，自然是这一思潮下的产物，其所关注的义理

---

① 赵岐：《题辞》，《孟子注疏》，《十三经注疏》，上海古籍出版社1997年版，第2662页。
② 刘昫等撰：《薛放传》，列传第106卷，陈焕良、文华点校，《旧唐书》第4册，岳麓书社1997年版，第2593页。
③ 郑力民编：《论语注》序，《康有为集》，广东人民出版社2018年版，第189页。
④ 皮锡瑞：《经学历史》，周予同注释，中华书局2011年版，第56页。
⑤ 皮锡瑞：《经学历史》，周予同注释，中华书局2011年版，第56页。
⑥ 王应麟：《困学纪闻》卷八，上海古籍出版社2008年版，第1094—1095页。
⑦ 王应麟：《困学纪闻》卷八，上海古籍出版社2008年版，第1095页。

和所用的诠释方法与前代有相当大的差异，具体来说：
（一）重解"性与天道"

"性与天道"一直是《论语》当中颇有争议和颇为费解的话题，历代学者聚讼不断，难有公论。张载自然意识到这一问题的复杂性和重要性，他对此给予自己的判断：

> 子贡曾闻夫子言性与天道，但子贡自不晓，故曰"不可得而闻也"。若夫子之文章，则子贡自晓。圣人语动皆示人以道，但人不求耳。子贡谓夫子所言性与天道不可得而闻，既云夫子之言，则是居常语之矣。圣门学者以仁为己任，不以苟知为得，必以了悟为闻，因有是说。耳不可以闻道。"夫子之言性与天道"，子贡以为不闻，是耳之闻未可以为闻也。[1]

在子贡是否听闻孔子说"性与天道"这一基础问题上，张载的态度是子贡是听过孔子讲过"性与天道"的，且是经常讲的，只是子贡不自知。不自知的原因在于他没有"了悟"。因为在张载看来，圣人的一言一动向人传递的都是"道"，但人往往只是把它当作闻见之知，而没有去反思体悟，将其转变为德性之知。因此子贡才会说闻见之知不是真正的知"道"。张载这一推断实际上与他一直主张的"见闻之知乃物交而知，非德性所知，德性所知，不萌于见闻"[2] 是高度吻合的。张载这一观点在后来朱子那里遭到批评：

> 此说善矣，然考之《论语》之书，则圣人之言性命者鲜焉，

---

[1] 张载著，林乐昌编校：《论语说》，《张子全书》卷十五，西北大学出版社2015年版，第411页。
[2] 张载著，林乐昌编校：《正蒙·大心》，《张子全书》卷一，西北大学出版社2015年版，第17页。

故门人又记之曰"子罕言利与命与仁"。窃恐子贡之本意亦不过于如此也。①

至于"性与天道",则夫子罕言之,而学者有不得闻者。盖圣门教不躐等,子贡至始得闻之,而叹其美也。②

朱子虽也赞赏张载的解释,但认为这与《论语》本意不符,因为在《论语》当中,圣人确实很少谈及"性""命",故而学者较少听说过是正常的。而就子贡来说,因为孔子教人步步着实,循序渐进,不轻易示人以高远之语,子贡一旦闻之,则由衷赞叹。很显然,朱子与张载的相同之处在于他们都承认子贡是听说过孔子讲"性与天道"的,不同在于张载认为圣人是常言之,而朱子认为圣人是罕言之。之所以有这样的差异,是因为两者的理论诉求不同,张载和朱熹的学术特质皆是下学而上达式的,主张在人伦生活中日积月累地实践,进而达到豁然贯通。张载认为圣人常言"性与天道"此类高深莫测之语是其基于迫切对抗佛老的理论建构需要,而朱子的批评"没有站在张载从儒学拥有形而上学思想以批判佛老的学术立场上。"③

此处张载并未解释"性与天道"的内涵,我们再结合他对《论语》中"性相近,习相远"的解读来看一下他对"性"的理解:

某唱此绝学亦辄欲成一次第,但患学者寡少,故贪于学者。今之学者大率为应举坏之,入仕则事官业,无暇及此。由此观之,则吕范过人远矣。吕与叔资美,但向学差缓,惜乎求思也褊,求思虽犹似褊隘,然褊不害于明。褊何以不害于明?褊是气

---

① 朱熹著,朱杰人等编:《四书或问》,《朱子全书》第6册,上海古籍出版社、安徽教育出版社2002年版,第705页。
② 朱熹:《四书章句集注》(上),金良年译,上海古籍出版社2007年版,第100页。
③ 邱忠堂:《张载〈论语〉学研究》,硕士学位论文,陕西师范大学,2010年,第38页。

也，明者所学也，明何以谓之学？明者言所见也。大凡宽褊者是所禀之气也，气者，自万物散殊时各有所得之气。习者，自胎胞中以至于婴孩时皆是习也。及其长而有所立，自所学者方谓之学，性则分明在外，故曰"气其一物尔"。气者，在性、学之间，性，犹有气之恶者为病；气，又有习以害之，此所以要鞭辟至于齐，强学以胜其气习。其间则更有缓急精粗，则是人之性虽同，气则有异。天下无两物一般，是以不同。孔子曰："性相近也，习相远也"，性则宽褊昏明名不得，是性莫不同也，至于习之异，斯远矣。虽则气禀之偏者，未至于成性时，则暂或有暴发，然而所学则却是正，当其如此，则渐宽容。苟志于学则可以胜其气与习，此所以褊不害于明也。须知"自诚明"与"自明诚"者有异：自诚明者，先尽性以至于穷理也，谓先自其性理会来，以至穷理；自明诚者，先穷理以至于尽性也，谓先从学问理会，以推达于天性也。某自是以仲尼为学而知者，某今亦窃希于明诚，所以勉勉安于不退。孔子称颜渊曰："惜乎！吾见其进也，未见其止也。"苟惟未止，则可以窃冀一成就。自明诚者，须是要穷理，穷理即是学也，所观所求皆学也。长而学固的谓之学，其幼时岂可不谓之学？直自在胞胎保母之教，已虽不知谓之学，（然人作之而已变，变以化于其教），则岂可不谓之学？学与教皆学也，惟其受教即是学也。只是长而学，庸有不待教习便谓之学？只习有善恶。某所以使学者先学礼者，只为学礼则便除去了世俗一副当世习熟缠绕。譬之延蔓之物，解缠绕即上去，上去即是理明矣，又何求！苟能除去了一副当习世俗，便自然脱洒也。又学礼则可以守得定。所谓长而学谓之学者，谓有所立自能知向学，如孔子十五而志于学是学也。如谓有所成立，则十五以前庸有不志于学时？若夫今学者所欲富贵声誉，博闻继承，是志也。某只为少小时不学，至今日勉强。有太甚则反有害，欲速不达，亦须待岁月至始得。①

在这段长文中，张载表达的核心观点是：（1）人性虽同，气则有异。这就是说每一个人的人性在本源上是相同的，但因为有"习"与"气"的遮蔽，所以在现实当中每一个人就表现出不同的人性。张载的这一看法虽然在其论语注解中还没有用"天地之性"和"气质之性"的概念给予明确表达，但实际上已经蕴含此意。由此亦可见张载性论思想亦有一个不断变化和成熟的过程。张载引入"气"来重构人性，看到了本源之性与现实人性的差异，是人性论史上的一大变革，后经过二程、朱子的弥补和完善，这种二分模式规范着后世学者论性的路径，有效地解决了以往关于人性的争论，受到朱熹"有功于圣门，有补于后学"②的高赞。（2）"学"是胜"气"与"习"的法门。这是循着前一观点推衍而来。既然"气"与"习"遮蔽住人的善良本性，那就必须通过切实的方法来恢复人的"天地本性"，也就是后来他表述得更为明确的"变化气质"。而张载在此描述的寻求"变化气质"的方法就是"学"。而"学"内容和方法一个是穷理，另一个是礼教。由此而入，自然可以"除去了世俗一副当世习熟缠绕"，也就是各种世俗之气。

具体到"天道"，张载在注解时虽未详说，个中缘由可能与他一贯的主张不无联系，他说：

天道即性也，故思知人者不可不知天，能知天斯能知人矣。③

---

① 张载著，林乐昌编校：《张子语录》，《张子全书》卷十一，西北大学出版社2015年版，第266—267页。
② 黎靖德编：《朱子语类》卷四，中华书局1986年版，第70页。
③ 张载著，林乐昌编校：《易说》，《张子全书》卷十，西北大学出版社2015年版，第241页。

这就是说,"性与天道"是合一的,只是因为描述对象的不同而有相异的称谓。具体来讲,"性"不过是天道在人身上的体现,因此,知人与知天就构成了强势的因果关系,这也就是"天人合一"的题中应有之义。要之,从张载对《论语》当中颇具形而上意味的"性与天道"的新诠来看,他借鉴佛老的学说,整合以往儒学的资源,建构出一套适应时代思潮的学说体系,形塑理学之功自然不容抹灭。同时也可以看出,他在《论语说》中提出的概念和主张可视为其成熟期思想的一个先导。

(二) 推阐仁学

"仁"自然是原始儒学的核心概念,甚至是支撑起整个儒学的顶梁柱之一。故而历代儒者皆对其有不同视角的阐释和解读,不断撑开和丰富"仁"的义理体系,尤其在北宋诸儒那里,"仁"的地位和义涵皆获得实质性的提升和扩展,以体用兼备的形式整全地展示出来。而张载无疑是重要的推手之一,这在其《论语说》[1] 中有着鲜明的体现。他首先强调"仁"的重要性,明确指出:"圣门学者以仁为己任"[2],这就将"仁"在圣学体系中的重要性提揭出来,并且也指出志仁、求仁的效果在于"志于仁无恶而已"[3]、"欲仁,故虽不践成法,亦不陷于恶,有诸己也"[4],也就是说,以"仁"为志虽然不是实有"仁",但最起码可以使人不流于恶。显然张载是从维系世道、教化人心、社会导向上来说明"仁"的重要性的。而在具体的论述中,他推崇仁学的第一步就是为"仁"建构形而上的终极依据。这一

---

[1] 张载《论语说》早已佚失,林乐昌辑录128条,详参林氏编校《张子全书·论语说》,西北大学出版社2015年版,第406—435页。
[2] 张载著,林乐昌编校:《论语说》,《张子全书》卷十五,西北大学出版社2015年版,第411页。
[3] 张载著,林乐昌编校:《论语说》,《张子全书》卷十五,西北大学出版社2015年版,第419页。
[4] 张载著,林乐昌编校:《论语说》,《张子全书》卷十五,西北大学出版社2015年版,第423页。

诉求实际上并非是张载个人的专利，而是北宋儒学的普遍性共识，缘由即在于佛老的强势挤压，使得"儒门淡泊，收拾不住"，在此境遇下，以儒道自担的士大夫开始着意弥补儒学的短板，为其寻找和建构本体的依据，并将那些道德范畴从一般的人伦层面提升至超越的本体层面。而张载的建构则颇有特色，他指出：

虚者，仁之原。①
虚则生仁，仁在理以成之。②
敦厚虚静，仁之本；敬和接物，仁之用。③

"太虚"在张载哲学体系中的地位是至高无上的，具有超越本体的属性。张载将其作为"仁"的根据和本源，并且从体用的角度拓展"仁"的内涵和指向。这一论述无疑是着了时代先鞭的，并在同时期众多论述中呈现鲜明的学术特质。

张载在《论语说》中亦着重论述了"仁"与"学"的关系。孔子曾说："好仁而不好学，其弊也愚"④，意思是只有好仁的志趣而没有"学"的加持，那也只是愚昧的好人。因此，"好仁"必须与"好学"结合起来方是仁者的品质。张载对孔子此意极为推崇，他说：

善人，欲仁而未志于学者也。……不入于室，由不学，故无

---

① 张载著，林乐昌编校：《礼记说》，《张子全书》卷十五，西北大学出版社2015年版，第387页。
② 张载著，林乐昌编校：《张子语录》，《张子全书》卷十一，西北大学出版社2015年版，第262页。
③ 张载著，林乐昌编校：《张子语录》，《张子全书》卷十一，西北大学出版社2015年版，第262页。
④ 朱熹：《四书章句集注》（上），金良年译，上海古籍出版社2007年版，第232页。

自而入圣人之室也。①

乐正子不致其学，足以为善人、信人，志于仁无恶而已；颜子好学不倦，合仁与智，具体圣人，独未至圣人之止尔。②

在张载看来，"欲仁""好仁"只能算作是善人，因为缺乏"学"的助益，还达不到圣人的境界。他通过比较乐正子和颜回来说明这一观点，乐正子"不致其学"，故而归于"善人"。而颜回将"仁"与"学"兼顾、统一起来，所以能够达至贤人境界。从这一观点可以透显出张载既不轻视知识，亦不独重道德，而是主张统合两者，以求完备，这就肯定了知识对道德的辅益作用。同时，他也提醒学者在"好仁"的同时，还必须提防"不仁"，他说：

厌不仁，故不善未尝不知。徒好仁而不恶不仁，则习不察，行不著。是故徒善未必尽义，徒是未必尽仁。好仁而恶不仁，然后尽仁义之道。③

张载的意思是说，只有"好仁"的追求，而对那种"不仁"之事没有憎恶，是不知道"不仁"的可恶，若此，假如"不仁"之事加诸于身，自己亦茫然不知，就会妨碍自己成为真正的仁者。也就是说，为仁必须从正反两方面入手，才是完备无缺的。张载之意基本没有越出孔子，但较之孔子更为清晰明确。总而言之，张载对孔子仁学的重视和推阐，一方面是扣住《论语》的核心要旨；另一方面也是对时代

---

① 张载著，林乐昌编校：《论语说》，《张子全书》卷十五，西北大学出版社2015年版，第423页。
② 张载著，林乐昌编校：《论语说》，《张子全书》卷十五，西北大学出版社2015年版，第419页。
③ 张载著，林乐昌编校：《论语说》，《张子全书》卷十五，西北大学出版社2015年版，第410页。

问题的切入和回应，尤其是一定程度上克服和扭转了北宋"三先生"有"用"无"体"的理论不足。

总之，张载的《论语说》目前可辑佚的虽然只有一百余条，但亦能窥视出其学术的重心和旨趣，反映了与其整体学术宗旨是高度一致的。

二 张载的《孟子说》

孟子其人其书在北宋之际经过儒者"尊"与"非"的诠释和辩争，最终确立了其在儒家道统以及经典谱系中的地位。而这其中，隶属于尊孟阵营的张载①则通过著《孟子说》推动了孟子的"升格"运动。然一直以来，因为张载《孟子说》的早佚②，以往学界的研究所依据的史料主要是朱子《孟子或问》中收录的张载佚文，这就导致以偏概全，无法展现张载《孟子》学的诠释特色以及张载思想的演进脉络。幸运的是，近期由林乐昌教授积数十年之功辑佚整理的《张子全书·孟子说》③为全面研究张载的孟子学提供了坚实而全面的史料依据。据此，可对张载的《孟子说》进行深入剖析，详细探究，并从朱子的角度来反观张载的孟子学思想，从而彰显张载孟子学的诠释特色和核心要旨，进一步揭示其在中国孟学史乃至哲学史上的独特价值。

---

① 张载推崇孟子，以"养勇所期肩孟子"为志向，南宋陈亮亦说"世人皆以横渠比孟子"（陈亮：《陈亮集》，中华书局1987年版，第252页），可见张载与孟子气象的相似。对于《孟子》一书，张载说："要见圣人，如《论》《孟》为要。"（张载：《张子全书》，林乐昌编校，西北大学出版社2015年版，第80页）"学者信书，且须信《论语》《孟子》"（《张子全书》，第85页）。可见，张载对孟子其人其书的重视和推崇。

② 据林乐昌先生考证，张载的《孟子说》亡佚于元，但同时也存在曾收存于清代个别藏书家手中的可能性。（参见林乐昌《张载佚书〈孟子说〉辑考》，《中国哲学史》2003年第4期）

③ 林乐昌先生的《张子全书》相比由章锡琛点校的通行本中华书局版《张载集》，增补字数25.5万字。在此辑本中，多有以前通行本未曾注意到的材料，可谓珍贵至极，为当下最为全面的关于张载的原始史料。

（一）张载对《孟子》的心性化诠释

"孟言义理，宋儒尊之"①，《孟子》之所以能在北宋之时发生"升格"运动，乃因其内涵丰富的心性论恰好暗合北宋儒学重振的需要②，张载敏锐地抓住此关键问题，在注解《孟子》时，着意阐发《孟子》中的心性思想。他首先指出是时学者言"性"的弊端：

> 今之言性者，漫无执守，所以临事不精，学者先须立人之性，学所以学为人。③

张载认为当时学者论"性"言出多门，漫谈无边，没有定论，以致无所执守，由此造成临事失态，处事不精，因此他认为学者应当先立"性"，也就是明白人的本质和确立为人之本。张载的立论是正确的，因为"性"直指人之所以为人的本质，是区别于其他物类的先天性的标准。欲立先破，与孟子一样，他反对告子之论：

> 以生为性，既不通昼夜之道，且人与物等，故告子之妄不可不抵。④
>
> 告子言生之谓性，然天地之性人为贵，可一概论之乎？⑤

告子之"生之谓性"意在将人之生来而具有的自然欲望等同于人之本

---

① 楼宇烈整理：《康有为学术著作选》，中华书局1988年版，第185页。
② 心性论是北宋儒学对抗佛老，重振儒学的核心论域，构成当时各派学说关注的中心问题。（李祥俊：《道通于一：北宋哲学思潮研究》，北京师范大学出版社2006年版，第60页）
③ 张载著，林乐昌辑校：《孟子说》，《张子全书》卷十六，西北大学出版社2015年版，第446页。
④ 张载著，林乐昌辑校：《孟子说》，《张子全书》卷十六，西北大学出版社2015年版，第445页。
⑤ 张载著，林乐昌辑校：《孟子说》，《张子全书》卷十六，西北大学出版社2015年版，第446页。

性，张载秉承孟子对告子之论予以激烈批判，他认为告子的"生之谓性"主要缺陷就在于将人、物之性相等同，只看到人与物所共同具有的"自然属性"的一面，抹杀"人"与"物"的差异，更无法体现人性之尊贵，故告子之妄不可不辩。反驳告子是为凸显孟子，但张载并不守旧，而是"勇于造道"，在孟子"性善论"的基础上，借鉴佛教的两层存在论，对"性"进行阐发，他在诠释《告子》章中论道：

> 性之本原，莫非至善。①
> 性者，万物之一源，非有我之得私也。②

张载认为"性"在最根本上是至善的，且认为它是万物之源，并非一己之私有。这实际上是对孟子性善论的承继，但张载是从形而上的角度论"性"善，后来朱熹将此表述的更为明确，认为孟子讲的"性"是"本原之性""天命之性"。③ 对于现实人性中的"恶"，孟子将之完全归于后天习成，而张载则引入"气禀"，从先天与后天两方面分析：

> 形而后有气质之性，善反之则天地之性存焉，故气质之性，君子有弗性者焉。④
> 人之刚柔缓急，有才有不才，气之偏也，天本参和不偏，养

---

① 张载著，林乐昌辑校：《孟子说》，《张子全书》卷十六，西北大学出版社 2015 年版，第 445 页。

② 张载著，林乐昌辑校：《孟子说》，《张子全书》卷十六，西北大学出版社 2015 年版，第 445 页。

③ 朱子说："孟子之言性，指性之本而言"（黎靖德编：《朱子语类》卷四，中华书局 1986 年版，第 67 页）；又说："孟子言性之本体，以为善者是也"（同上书，第 68 页）。

④ 张载著，林乐昌辑校：《孟子说》，《张子全书》卷十六，西北大学出版社 2015 年版，第 445 页。

其气而反其本，使之不偏，则尽性而天矣。①

在此，张载提出了影响宋明理学乃至中国哲学史的重要范畴，将孟子之"性"划分为"天地之性"与"气质之性"。"天地之性"作为人之本性，则参和不偏、无所偏差、纯善无恶，而"气质之性"作为现实的人性，主要指的是人之刚柔缓急，才与不才，它有所偏颇，有善有恶。因此，"气质之性"是禀气成形而后有的，但因为其偏颇，则容易遮蔽"天地之性"，同时"凡物莫不有是性，由通蔽开塞，所以有人物之别，由蔽有厚薄，故有智愚之别"②，也就是说"气质之性"在遮蔽"天地之性"时会因"气"的通蔽开塞，深厚浅薄，故造成人现实的差异，故得道君子皆不以"气质之性"为性。因此人必须要善于"反"，要祛除气质的遮蔽，以显"天地之性"。虽然张载的性论只是初具理论雏形，但却是对孟子"性善"说的创造性推阐，较好地解决现实人性差异的根源问题，由此揭示和奠定了后来学者的论说方向。

论"性"必言"心"，否则"性"亦无着落。孟子强调"尽心"，张载在诠释《尽心》章时首先对"心"解释到："舍此见闻，别自立见，始谓之心"③，张载对"心"的定义自成一家，他认为"心"只有舍去见闻之知的蒙蔽，才能尽存德性之知，如此方能称之为"心"。显然张载是从"心"的认知内容的角度去理解的，这恰好与其所一贯主张的"德性所知不萌于见闻"相一致，由此张载认为应该"大其心"，他说：

---

① 张载著，林乐昌辑校：《孟子说》，《张子全书》卷十六，西北大学出版社2015年版，第445页。
② 黄宗羲：《横渠学案》（下），全祖望补修，《宋元学案》卷十八，中华书局1986年版，第767页。
③ 张载著，林乐昌辑校：《孟子说》，《张子全书》卷十六，西北大学出版社2015年版，第445页。

大其心，则能体天下之物，物未有体，则心为有外，世人之心止于闻见之狭，圣人尽性不以闻见梏其心，其视天下无一物，非我孟子谓尽心则知性，知天以此，天大无外，故有外之心不足以合天心。①

　　心知廓之而莫究其极也，人病以耳目闻见累其心，而不务尽其心，故能尽其心者必知心所从来而后能。②

　　虚心，则无外以为累。③

张载所主张的"大其心"实际上是对孟子的"尽心"说的继承和发挥，他的"大其心"就是祛除和超越心的狭闻之见，使"心"虚无私，如此方可置心于物，视天下万物与我为一体。倘若因闻见梏桎其"心"，则物会有遗漏，"心"就为外心。世人则多以耳目闻见遮蔽其"心"，而不能做到孟子所言的"尽心"，也因此不知"心"之来源。张载以此对比圣人之心与世人之心，认为圣人之心不以"闻见"梏桎其心，故能视天下为一物，而世人之心则囿于闻见，故有外心，如此则不能与天相合为一。张载实际上主张使"心"超越见闻的局限，超出个体的感受，保持清虚灵明的状态，如此"心"才能够至虚，至虚才能大，大才能包容万物，最终达至与万物一体的至上境界。

对于"心"与"性"关系，孟子以"君子所性，仁义礼智根于心"所显示的心性合一示之，而张载则不同于孟子，他说：

---

① 张载著，林乐昌辑校：《孟子说》，《张子全书》卷十六，西北大学出版社2015年版，第447页。

② 张载著，林乐昌辑校：《孟子说》，《张子全书》卷十六，西北大学出版社2015年版，第447页。

③ 张载著，林乐昌辑校：《张子语录》，《张子全书》卷十一，西北大学出版社2015年版，第263页。

> 性，原也，心，派也。①
> 性大于心。②

张载认为"性"是根本、源头，"性"是"心"的宇宙论根据，"心"不过是"性"的派生物，在此意义上他认为"性大于心"。③ 至于性、情关系，张载说：

> 孟子之言性、情、才皆一也，亦观其文势如何。情未必为恶，哀乐喜怒，发而皆中节谓之和，不中节则谓恶。④

张载认为孟子所言的性、情、才是一致的，只是从不同角度言之。这是符合孟子的本意的，但张载亦保守地说到还要根据具体的语言环境而定，同时也认为"情"并不一定都是恶的，要看其显发中节与否，中则善，不中则恶，这是张载借用《中庸》来佐证其观点。张载的诠释是向孟子思想的回归，而与李翱等认"情"皆为恶，从而要"灭情"区别开来。此处张载对心性关系的认识，与后来他所提的"心统性情"之论是有显著区别的，由此可见张载思想的前后演进之轨迹。

在如何存心养性上，除了发挥孟子的"尽心"说之外，张载更将孟子的"养浩然之气"转换为"变化气质"，张载说：

---

① 张载著，林乐昌辑校：《孟子说》，《张子全书》卷十六，西北大学出版社2015年版，第447页。
② 张载著，林乐昌辑校：《孟子说》，《张子全书》卷十六，西北大学出版社2015年版，第447页。
③ 关于哲学史上"心性大小"之辨，向世陵教授有详细的分析，详参向世陵《宋代理学的"心性小大"之辨》，《中国人民大学学报》2012年第6期。
④ 张载著，林乐昌辑校：《孟子说》，《张子全书》卷十六，西北大学出版社2015年版，第446页。

浩然之气难言。①

变化气质。孟子曰："居移气，养移体"，况居天下之广居者乎！居仁由义，自然心和而体正。更要约时，但拂去旧日所为，使动作皆中礼，则气质自然全好。②

为学大益，在自求变化气质。不尔，皆为人之弊，卒无所发明，不得见圣人之奥。③

孟子的"养浩然之气"是要人在道德理性的指向和培育下，通过艰苦和持久的道德践履达到一种"不动心"的精神境界。张载与孟子一样，皆认为"浩然之气"难以用言语表达清楚④，为何难言，张载并没有说明。或许正是因为难言，他将"浩然之气"创造性地转换为"变化气质"，也就是说人应该剔除旧日所为，革除习气之弊，从而使出处动容皆符合礼的标准，如此则气质自然复其初容，心自然和，体自然正，否则则容易遮蔽人性，最后无所得，不能见圣人奥妙。

(二) 朱子对张载《孟子说》的扬弃

对于张载的《孟子说》，朱子高度赞道：

博学详说，精思力行，而自得之功多矣。故凡其说皆深约严重，意味渊永，自成一家之言，……其大体非诸人所能及也。⑤

---

① 张载著，林乐昌辑校：《孟子说》，《张子全书》卷十六，西北大学出版社2015年版，第438页。
② 张载著，林乐昌辑校：《经学理窟》二，《张子全书》卷四，西北大学出版社2015年版，第74页。
③ 张载著，林乐昌辑校：《孟子说》，《张子全书》卷十六，西北大学出版社2015年版，第447页。
④ 公孙丑问："浩然之气状如何？"曰："难言也。"［朱熹：《四书章句集注》（下），金良年译，上海古籍出版社2006年版，第296页］
⑤ 朱熹著，朱杰人等编：《四书或问》，《朱子全书》第6册，上海古籍出版社、安徽教育出版社2002年版，第612页。

朱子认为张载的《孟子说》考究深入，推论详细，意味深远，多有自得之处，自成一家之言，为是时学者所不能及。正是其《孟子说》的精湛纯粹，故朱熹的孟子三书（《孟子或问》、《孟子精义》和《孟子集注》）对其观点多有引用和佐证，但朱子并非一味墨守，而是在肯定的前提下以其哲学体系为标准对张载的《孟子说》予以取舍。依照张载诠释《孟子》的脉络，朱子首先对张载所阐发的"气质之性"进行高度赞扬：

> 气质之说起于张、程，极有功于圣门，有补于后学，前人未经说到，故张、程之说立，则诸子之说泯矣。①

朱子认为张载等人的"气质之说"是前人未曾说到的，既有功于圣门，亦有补于后学。朱熹之所以如此高赞，乃在于"气质之性"较好地解决了现实人性的差异以及恶的来源问题，故朱子认为此说立，则可止息以往纷争。朱子的性论正是借用张载"性"二分的模式建构起来的，但他不同于张载，他明确指出气质之性乃由天地之性转化而来，除了从理气的角度而言，他与张载有性二层论的相似性之外，朱熹的性论更有"一元而多层次"②的形式。

对于张载的"大其心"之说，朱子评论道：

> 张子之说尤详，其曰"大其心者"固善，盖欲人明理以尽心，而不梏于闻见之狭，如其下段"物出于性"一条所云者。然有大之之意，而初无用力之方，又以圣人尽性为言，则非孟子之本意。……其曰"知心之所从来"，亦未免为有病。……又曰：

---

① 黄宗羲著，全祖望补修：《横渠学案》上，《宋元学案》卷十七，中华书局1986年版，第694页。

② 陈来：《朱子哲学研究》，华东师范大学出版社2000年版，第208页。

"性，原也，心，派也"，此类又皆程子所议京师之说也。……其曰："舍此见闻，别自立见始谓之心"，此亦可疑，大抵其说，不免有强探力取之意，不若从事于程子所谓积累贯通之说，则不期于大而大，不待离舍见闻，而心之体用，未尝不在我也。①

总体来说，朱子对张载的"心"论是不满的，他逐一进行批驳。首先他认为张载的"大其心"是要人舍弃、超越偏狭之见，从而达到明理尽心，此说虽然极好，但却没有指明下手工夫处。同时也对其所说的"舍此见闻，别自立见始谓之心"表示怀疑，缘由在于张载之说非自然而然之论，有强力把捉之意，与程颐的积累以至贯通之论有境界上的差距。程颐之论是不待安排，不刻意把捉的自然结果，更不需要像张载那样要隔离见闻才能见心之体用。可见，朱子认为张载论"心"多有违背孟子本意，更与自己的哲学体系相悖。

而对于张载所说的"心小性大"之说，朱子评论道：

问："不当以体会为非心是如何？"曰："此句晓未得，它本是辟横渠'心小性大'之说，心性则一，岂有小大，横渠却自说心统性情，不知怎生却恁地说。"②

（张载）其曰"性大于心"，尤深可疑。③

"不当以体会为非心"本为程颐反驳张载"心小性大"之说，朱子认为程颐之意亦难懂，更对张载说"心小性大"难以置信，表示怀疑。因为在朱子看来，一方面心、性在根本上是一致的，怎会有小大之

---

① 朱熹著，朱杰人等编：《四书或问》，《朱子全书》第 6 册，上海古籍出版社、安徽教育出版社 2002 年版，第 995 页。
② 黎靖德编：《朱子语类》卷九十七，中华书局 1986 年版，第 2502 页。
③ 朱熹著，朱杰人等编：《四书或问》，《朱子全书》第 6 册，上海古籍出版社、安徽教育出版社 2002 年版，第 995 页。

别；另一方面则是因为他非常赞赏张载"心统性情"之说。① 实际上，正如前面所言，张载的"心小性大"之说是有特定语境的，而朱子则抽离具体的语境予以批驳，显然有失公允。而至于张载所论之心性工夫"变化气质"，朱子说："所论变化气质者，尤有功也"②，可见朱子对其之赞赏，并在建构哲学体系时，将其吸收和内化。

朱熹虽没有直接批评张载所创建的诠释方法——"心解"，但在与程颐解经方法的比较中，可以看出他对张载"心解"之法的不完全认同，朱熹说：

> 程先生经解，理在解语内。某集注论语，只是发明其辞，使人玩味经文，理皆在经文内。③

朱子认为程颐解经的方式是"理在解语内"，而他自己则是"理在经文内"。程颐的"理在解语内"与张载的"心解"之法是名殊意同，都主张抛弃汉唐经学注疏解经之法，超越文辞的限制，而依赖自己的亲身体会来透悟义理。而朱子的"理在经文内"的方式则是注疏与体认相结合的方式，他说：

> 若不从文字上做工夫，又茫然不知下手处；若是字字而求，句句而论，不于身心上著切体认，则又无所益。④

---

① 朱子说："横渠'心统性情'语极好"（黎靖德编：《朱子语类》卷五，中华书局1986年版，第91—92页），又说："伊川'性即理'也，横渠'心统性情'二句颠扑不破"（同上书，第93页）。

② 朱熹著，朱杰人等编：《四书或问》，《朱子全书》第6册，上海古籍出版社、安徽教育出版社2002年版，第594页。

③ 黎靖德编：《朱子语类》卷十九，中华书局1986年版，第438页。

④ 黎靖德编：《朱子语类》卷十九，中华书局1986年版，第435页。

在朱子看来，若不在文字上作工夫，则学问无下手处，反之若只计较文字，不反躬体认，则又落入汉唐经学的窠臼，无所裨益。因此，朱子主张注疏与体认相结合，不能偏颇。就孟子的"以意逆志"，张载的"心解"来说，他们皆强调诠释主体的意志对经文的驾驭，而不是受制于经文。但不可否认的是，过分地强调心解则容易走向随意解经的一面，朱子清楚地看到了这一点，故在吸收张载体认之法的同时，有意进行纠正。心性论是划分学者归属，决定学者特质的重要标志，从朱子对张载《孟子说》中显发出来的心性思想的扬弃来看，朱子的性论及存心养性工夫多有得益于张载之处，同时也折射出两者思想上的差异。

张载的《孟子说》是经学在北宋之际从注疏之学转向义理之学的典范之作，呈现出鲜明的特质：（1）在《孟子说》中，张载所着重诠释的是孟子的心性之学，意在建构新儒学的心性论以与佛老对抗、辩争，折射出张载学术中期的思想特质[①]；（2）《孟子说》所体现出的经学特质可谓是新经学的一个缩影，开显出新的注经解经风气，推动了新的经学范式的确立；（3）张载对孟子其人其书的推崇在一定程度上为《孟子》在经学谱系中争得了一席之地，推动了《孟子》升入四书行列；（4）通过对张载《孟子说》思想的揭示，反衬出朱子思想的来源。总之，张载的《孟子说》在中国孟学史乃至哲学史上都具有重要的学术价值，值得深入的挖掘和研究。

三　张载的《礼记说·中庸》

张载对《中庸》的解读，并不像《论语》和《孟子》那样，有单独的文本。而是存于《礼记说》中，也就是说张载还没有把《中

[①] 林乐昌教授将张载的学术历程划分为前期（21—40岁）、中期（40—50岁）以及后期（50—57岁）三个时期。张载的《孟子说》是在其40岁左右时撰写的，故应属于其中期前后时的著作。（参见林乐昌《张载的学术历程及其关学思想》，《地方文化研究》2015年第1期）

庸》单独抽出来进行注解。张载的《礼记说》亦早已佚失，林乐昌辑佚《中庸》注解43条①，为我们把握张载诠释《中庸》的理论旨趣和学术特质提供一个基础文本。钱穆曾指出"横渠著书亦多本《易》《庸》"②，这相比于《宋史》所说的"以《易》为宗，以《中庸》为体，以孔、孟为法"③显得更加具体和集中，凸显《周易》《中庸》对张载学术体系建构的影响之巨。而在两者当中，又以《中庸》的影响最为特别。④我们知道，张载21岁时就受范仲淹指点，研读《中庸》，后来又反复研究20余年，他说："某观《中庸》义二十年，每观每有义，已长得一格。"⑤由此可见张载对《中庸》的研习之深，关注之久。总体而言，张载对《中庸》的基本定位是"出于圣门，无可疑者"⑥，也就是将其看作圣门不容置疑之经典。这就在一定程度上提升和拔擢了《中庸》的地位。更为重要的是，他指出了研读《中庸》的方法，即"须句句理会，使其言自相发明，纵其间有命字未安处，亦不足为学者之病"⑦，成为后世学者赖以遵循的治经方法。就张载《中庸》诠释的旨趣和特质来讲，主要有三：

（一）形塑张载学术纲领

徐复观曾指出《中庸》首三句"是全书的总纲领，也可以说是儒学的总纲领"⑧。徐氏此言不虚，精确地道出了"天命之谓性，率

---

① 张载著，林乐昌编校：《礼记说·中庸》，《张子全书》卷十四，西北大学出版社2015年版，第384—392页。
② 钱穆：《宋代理学三书随答》，生活·读书·新知三联书店2002年版，第211页。
③ 脱脱等撰，刘浦江标点：《宋史》卷427，吉林人民出版社1995年版，第8834页。
④ 林乐昌：《论〈中庸〉对张载理学建构的特别影响》，《哲学与文化》2018年第9期。
⑤ 张载著，林乐昌编校：《经学理窟》三，《张子全书》卷五，西北大学出版社2015年版，第85页。
⑥ 张载著，林乐昌编校：《经学理窟》三，《张子全书》卷五，西北大学出版社2015年版，第85页。
⑦ 张载著，林乐昌编校：《经学理窟》四，《张子全书》卷五，西北大学出版社2015年版，第91页。
⑧ 徐复观：《中国人性论史·先秦篇》，九州出版社2014年版，第105页。

性之谓道和修道之谓教"在《中庸》乃至儒学中的地位。张载的《中庸》诠释亦极为重视这三句,他没有像汉唐儒那样进行章句训诂考证,而是直接给出了简易直接的四句话:

> 由太虚,有天之名;由气化,有道之名;合虚与气,有性之名;合性与知觉,有心之名。①

这四句话与《中庸》首三句的对应关系,朱子曾给予明确的说明:

> "由太虚,有天之名";"合虚与气,有性之名"。"天命之谓性"管此两句。"由气化,有道之名","率性之谓道"管此一句。"合性与知觉,有心之名",此又是"天命谓性",此正管此一句。②

朱子此言简明扼要地将张载之言与《中庸》前三句的对应关系提揭出来。我们先来看第一句的意思。第一句的特色在于用"太虚"来重新解释"天",将"天"的内涵重新拉回到超然的境地,从而为后面的"道""性"和"心"确立终极的依据。同时,"太虚"也成为张载哲学体系中的最高范畴,这从其"太虚者,天之实也,万物取足于太虚"③中能够得到直接的反映。第二句"由气化,有道之名",这句与第一句是顺承关系,主要讲的是"道"与"天""气"的关系,学术史上对此理解较为恰当的应该是林乐昌的观点,他指出:"'道'既不可单独归结为'气'或'气化',也不可单独归结为'天'或

---

① 张载著,林乐昌编校:《礼记说·中庸》,《张子全书》卷十四,西北大学出版社2015年版,第384页。
② 黎靖德编:《朱子语类》卷六十,中华书局1986年版,第1431页。
③ 张载著,林乐昌编校:《张子语录》,《张子全书》卷十一,西北大学出版社2015年版,第262页。

'太虚'，它是'太虚'与'气'的统一体"①，笔者认同林乐昌先生的观点。第三句"合虚与气，有性之名"，这句的意思是说"性"是由"虚"和"气"构成的，更明确来讲，就是由"天地之性"和"气质之性"这两层性论构成的。前者来源于天，纯善无恶，后者来源于气化，善恶相杂。张载对"性"的这一界定成为后世学者论"性"的基本范式。第四句"合性与知觉，有心之名"，意思是说"心"包含本性和知觉两个方面，缺一不可，"性"决定"心"，而"心"的功能则表现为"知觉"，表现为"情"，这实际也与其所主张的"心统性情"思想是一致的。张载这四句涉及本体、天道、心性，涵盖其整个哲学体系的核心概念和范畴，将其视为张载的学术纲领无论在文献上还是学理上都是有据可依的。

（二）指明为学进路

张载去世之后，被其门人私谥为"明诚夫子"②。这就透露出张载之学的一个重要特质：重视诚明。我们知道，《中庸》当中有相当分量的篇幅探讨了"诚""明"的问题，张载在注解时说：

> 自诚明者，先尽性以至于穷理也，谓先自性理会来，以至于理；自明诚者，先穷理以至于尽性也，谓先从学问理会，以推达于天性也。③

张载用"穷理"和"尽性"来解释"诚"和"明"，无疑是比较有创见的。在张载看来，自诚明，是先充分发挥人的天性，达到真实无妄的境界，然后再去穷究事物的道理，而自明诚则是先穷事物的道

---

① 林乐昌：《论〈中庸〉对张载理学建构的特别影响》，《哲学与文化》2018年第9期。
② 朱熹著，朱杰人等编：《伊洛渊源录》卷六，《朱子全书》第12册，上海古籍出版社、安徽教育出版社2002年版，第998页。
③ 张载著，林乐昌编校：《礼记说·中庸》，《张子全书》卷十四，西北大学出版社2015年版，第390页。

理，再达至真实无妄加的境界，从而推至天性。前者属于圣人之学，后者属于贤人之学。张载此解就将"自诚明"和"自明诚"的区分凸现出来，但这并不是说他对两者等而视之，相反，他更为看重"自明诚"这种为学进路，他说：

> 须知"自诚明"与"自明诚"者有异。……某自是以仲尼为学而知者，某今亦窃希于明诚，所以勉勉安于不退。①
> 学者须是穷理为先，如此则方有学。②

张载非常强调为学的次序问题，他以孔子为榜样，认为像孔子这样的圣人也是学而知者，故他主张为学须首先强调"自明诚"的第一性地位，强调作为"穷理"的"明"的首出性，这或许能够解释门人将其谥号定为"明诚夫子"而非"诚明夫子"的缘由。实际上，张载本人的学术进路恰恰是遵循着"自明诚"这种下学而上达的工夫性质落实和展开的。他在解释《中庸》"尊德性而道问学"时说：

> 今且只将尊德性而道问学为心，日自求于问学者有所背否？于德性有所懈否？此义亦是博文约礼，下学上达。以此警策一年，安得不长？每日须求多少为益。知所亡，改得少不善。此德性上之益。③

张载不仅将"尊德性"与"道问学"视为同时并进之工夫，同时也

---

① 张载著，林乐昌编校：《张子语录》，《张子全书》卷十一，西北大学出版社2015年版，第267页。
② 张载著，林乐昌编校：《礼记说·中庸》，《张子全书》卷十四，西北大学出版社2015年版，第390页。
③ 张载著，林乐昌编校：《礼记说·中庸》，《张子全书》卷十四，西北大学出版社2015年版，第391页。

将其看作"下学上达"之工夫，日积月累，自有长进之处。由上可见，张载的工夫进路是"下学而上达"式的，遵循着步步着实的方式以期渐入圣域，他的这一进路深刻影响着程朱理学一系，后来张载之学被纳入程朱理学框架内，亦正好折射出张载为学的旨趣。

（三）重视"心"

晚明大儒刘宗周比较有洞见地指出："《大学》言心不言性，心外无性也。《中庸》言性不言心，性即心之所以为心也。"① 刘氏所言确实符合《中庸》的实际情况。揆诸《中庸》文本，确实不涉及一个"心"字，这个中缘由当然是众说纷纭，难有定论，不过这并不是本书要探讨的重点，故此处不复赘言。张载在诠释《中庸》时，反倒是多处言及"心"，主要有：

> 例1：合性与知觉，有心之名。②
>
> 例2：舜之心未尝去道，故好察迩言。③
>
> 例3：圣人之心则直欲尽道，事则安能得尽。④
>
> 例4：以责人之心责己则尽道，所谓"君子之道四，丘未能一焉"者也。以爱己之心爱人则尽仁，所谓"施诸己而不愿，亦勿施于人"者也。⑤
>
> 例5：盖人经历险阻艰难，然后其心亨通。⑥

---

① 吴光等编：《语类》，《刘宗周全集》第2册，浙江古籍出版社2007年版，第457页。
② 张载著，林乐昌编校：《礼记说·中庸》，《张子全书》卷十四，西北大学出版社2015年版，第384页。
③ 张载著，林乐昌编校：《礼记说·中庸》，《张子全书》卷十四，西北大学出版社2015年版，第385页。
④ 张载著，林乐昌编校：《礼记说·中庸》，《张子全书》卷十四，西北大学出版社2015年版，第387页。
⑤ 张载著，林乐昌编校：《礼记说·中庸》，《张子全书》卷十四，西北大学出版社2015年版，第387页。
⑥ 张载著，林乐昌编校：《礼记说·中庸》，《张子全书》卷十四，西北大学出版社2015年版，第389页。

例 6：以心求道，正犹以己知人，终不若彼自知，彼为不思而得也。①

例 7：大其心，则能体天下之物，物未有体，则心为有外。世人之心，止于闻见之狭。圣人之尽性，不以闻见梏其心，其视天下无一物非我，孟子谓"尽心则知性、知天"以此。天大无外，故有外之心不足以合天心。②

例 8：今且只将尊德性而道问学为心。③

所辑录的张载的《中庸》注解一共有 43 条。在这仅有的 43 条中，有 8 条都是用"心"来解释《中庸》经文的。尤其是张载在解释时，很多情况下都超越了文本的内容，最具代表性的就是张载对《中庸》首章的诠释，他的"合虚与性，有心之名"实际上溢出了首章的文本内容，属于他的创造性诠释。再如例 7 "大其心"对《中庸》"唯天下至诚"的诠释亦是经文当中所不曾言及的。我们需要追问的是，张载何以开始如此大范围地用"心"来解释《中庸》经文呢？这实际上是受时代思潮的影响使然，也就是李祥俊教授所指出的："汉唐儒家经学主要讨论的也是性情的问题，心的问题没有得到充分展开。受到佛教心性论的影响，心的问题在儒家人性论中逐渐得到凸显，儒家人生哲学的根基由汉唐时期的人性论向宋明理学时期的心性论转换，对心的论述逐渐超过对人性的论述。"④

---

① 张载著，林乐昌编校：《礼记说·中庸》，《张子全书》卷十四，西北大学出版社 2015 年版，第 389 页。
② 张载著，林乐昌编校：《礼记说·中庸》，《张子全书》卷十四，西北大学出版社 2015 年版，第 390 页。
③ 张载著，林乐昌编校：《礼记说·中庸》，《张子全书》卷十四，西北大学出版社 2015 年版，第 391 页。
④ 李祥俊：《道通于一：北宋哲学思潮研究》，北京师范大学出版社 2006 年版，第 431 页。

四 张载的《礼记说·大学》

与《中庸》一样，张载亦没有将《大学》从《礼记》当中单独抽出来进行注解，而是将之寓于其《礼记说》中。在林乐昌辑佚的《礼记说·大学》中，只有6条内容，内容虽少，但亦可稍窥涯略，大体了解张载《大学》诠释的内容和旨趣。

首先，在《大学》文本方面，张载并没有像同时期的二程那样，对《大学》的文本提出质疑和修正，因为他认为"《大学》出于圣门，无可疑者"[①]，也就是说《大学》是圣门不可置疑之经典，是值得遵信的文本，故而也就不需要多此一举地进行修订，这也从另一个角度映射出他并未卷入当时愈演愈烈的疑经思潮。其次，就《大学》的主旨而言，张载亦并未给出明确的界定，反倒是在其弟子吕大临那里得以明确说明，吕大临认为《大学》的主旨是"穷理尽性"的"大人之学"[②]。这在一定程度上可以看出张载对《大学》并未给予特别的重视，换言之，《大学》在张载哲学体系建构中并不具有什么特别的影响。最后，就《大学》的内容来讲，为了方便理解，我们把这六条内容全部抄录如下：

1. 一国一家一身，皆在处其身。能处一身则能处一家，能处一家则能处一国，能处一国则能处天下。心为身本，家为国本，国为天下本。心能运身，苟心所不欲，身能行乎？

2. 虚心则能格物，格物则能致知。其择善也，必尽精微无毫发之差，无似是之疑。原始要终，知不可易，然后为至也。

[①] 张载著，林乐昌编校：《张子语录》，《张子全书》卷十一，西北大学出版社2015年版，第277页。

[②] 曹树明：《吕大临的〈大学〉的诠释：兼论其与张载、二程思想的关联》，《哲学动态》2018年第7期。

3. 致知在格物。格，去也。格去物，则心始虚明，见物可尽，然后极天下之虑而能思善也。致知者，学之大本。夫学之始，亦必先知其一贯之道，其早则固有序也。格物，外物也。外其物则心无蔽，无蔽则虚静，虚静故思虑，精明而知至也。

4. 大畏民志，大畏服其民志，使民诚服，犹神武而不杀也。威德素著则民自畏服，无情者不敢尽其辞，则知过必改，不可幸免，故无讼也，此则三不欺。圣人皆有之，爱则不忍，明则不能，威则不敢。

5. 学者能自察其不善，进莫量焉。若有未明，则观于他《大学》所谓之而辟焉是也。见人之善则师之，其不善则改而不为，乃内外相养之道也。

6. 知用财而不知养财，天下所以穷，知养财而不知用财，天下所以不治。仁者能散以显己之不仁，不仁者能聚以显己之富。仁者无富，于己则克俭，于骨肉则恩及之。利心多而义心少，是不仁也。①

这六条内容，最具特色、最为后世引用和评介的莫过于第3、4条，原因在于这两条内容涉及的是对"格物致知"的解释，而格物致知又是历代《大学》诠释中引起纷争最多的焦点之一。张载诠释"格物致知"的特色在于：（1）将"格物致知"引向伦理维度。程朱一系对"格物致知"的理解虽然也有心性修养的维度，但也涵括知识论的向度，而张载对"格物致知"的解释则是以"择善"来定位，这明显指向的是伦理世界。（2）强调"虚心"与"格物"的双向互动。在张载看来，首先必须保持"心"的虚明，不染杂欲，才能

---

① 张载著，林乐昌编校：《礼记说·大学》，《张子全书》卷十四，西北大学出版社2015年版，第403—404页。

"见物可尽"。反过来，通过对外在之物的抵御，又可以促进内心的"虚明"。"虚心"和"格物"到底何者为先，张载虽并未明言，但从其论述中实则隐含着两者是同时并进之工夫的意思。张载这一说法在形式上虽未被朱子拿来直接引用，但他的"主敬"与"格物"的关系模式与张载的"虚心"与"格物"的关系模式亦有相同之处。（3）强调"致知"的重要性。张载以"致知"为"学之大本"，这就赋予了"致知"以重要性的地位，与朱子将"致知"看作"格物"的目的和结果，并未给予其独立的工夫意义自然不同。张载这一思想被其弟子吕大临所继承，吕大临说"《大学》之序，必先致知"①，同样是在强调"致知"的重要性。总之，由于文本的缺失，我们难以整体把握张载《大学》诠释的全貌，但由其对《大学》"格物致知"的解读，亦可见其与汉唐诸儒和程朱的异同之处，一定程度上能够反映出其诠释《大学》不重训诂、直探义理，对《大学》义理进行内在诠释的治经旨趣。

五　张载诠释四书的特质和影响

中国哲学史是一部经典诠释史，"其每一时代思想系统之差异，乃由其所注重经典之不同和诠释原则之变化"②。张载身处经学鼎革、哲学范式转换之际，他对四书的创造性诠释呈现有别于汉唐经学的新特质：

（一）舍弃传注，崇尚义理

王应麟说："自汉儒至于庆历间，谈经者守训故而不凿。《七经小传》出而稍尚新奇矣。至《三经义》行，视汉儒之学若土梗。"③ 皮

---

① 吕大临等，曹树明辑校：《礼记解·大学》，《蓝田吕氏集》（上），西北大学出版社2015年版，第176页。
② 李景林：《教化的哲学》，黑龙江人民出版社2006年版，第31页。
③ 王应麟：《困学纪闻》卷八，上海古籍出版社2008年版，第1094—1095页。

锡瑞更为明确地指出"自庆历后，诸儒发明经旨，非前人所及"①，又言"说经之书，亦多衍义理，横发论文，与汉唐注疏全异"②，王、皮二人的论断一致反映出在北宋庆历之后，经学诠释发生了实质性的转向，即注疏之学转向义理之学。张载生逢庆历年间，他的四书注解更是这方面的典范之作。通观张载的注本，张载全然抛弃汉唐注疏解经的方式，专注阐发经文义理，他说：

> 义理有碍，则濯去旧见，以来新意……当自立说以明性，不可以遗言附会解之。③
> 凡经义不过取证明而已，故虽有不识字者，何害为善！④
> 人之迷经者，盖己所守未明，故常为语言可以移动。己守既守定，虽孔孟之言有纷错，亦不须思而改之，复锄去其繁，使词简而意备。⑤

此处的"旧见"主要指汉唐注疏之学，张载认为若它妨碍对义理的认识，则应果断抛弃，以求新意，不可以旧解牵强附会。他认为人之所以为汉唐经学所迷惑，乃在于自己内心义理不明，故而容易随言语走作，如果有所持守，虽圣贤之言有错，亦无须改之，更要去繁从简，词简意备。他更退一步讲，即使不识字，亦不妨碍对经文义理的认识，张载这里明显是要超越汉唐经学对字义的纠缠，而专注经文大义，故他反复强调"义理"的重要性：

---

① 皮锡瑞，周予同注释：《经学历史》，中华书局2004年版，第156页。
② 皮锡瑞，周予同注释：《经学历史》，中华书局2004年版，第198页。
③ 张载著，林乐昌编校：《张子语录》，《张子全书》卷十一，西北大学出版社2015年版，第259页。
④ 张载著，林乐昌编校：《经学理窟》三，《张子全书》卷五，西北大学出版社2015年版，第84页。
⑤ 张载著，林乐昌编校：《经学理窟》三，《张子全书》卷五，西北大学出版社2015年版，第84页。

> 学者只是于义理中求，……道理须从义理生。①
> 吾徒饱食终日，不图义理，则大非也。②
> 义理之学，亦须深沉方有造，非浅易轻浮之可得也。③

张载认为学者必须追求"义理"，若只拘泥于章句而不求义理，则非君子之学。且追求义理之学，需要深造方能自得，非轻易可获。张载在四书注本中，彻底贯彻这一原则，一改汉唐经学的注疏方式，纯是义理之阐发，可见张载的四书注本是北宋经学走向义理解经的缩影。

（二）"心解"之法

张载重视"义理"，如何重新诠释经典以阐发义理就成为摆在他面前的问题。张载改造孟子的"以意逆志"的解经之法，提出"心解"。他反复强调"学贵心悟，守旧无功"④，也就是做学问注重用心体会，真心悟解，一味恪守汉唐经学则一无所得，这实际上是对汉唐经学的贬斥。他明确指出：

> 心解则求义自明，不必字字相较。譬之目明者，万物纷错于前，不足为害，若目昏者，虽枯木朽株皆足为梗。⑤
> 若只泥文而不求大体，则失之。⑥

---

① 黄宗羲：《横渠学案》下，全祖望补修，《宋元学案》卷十八，中华书局1986年版，第761页。
② 张载著，林乐昌编校：《经学理窟》三，《张子全书》卷五，西北大学出版社2015年版，第79页。
③ 张载著，林乐昌编校：《经学理窟》三，《张子全书》卷五，西北大学出版社2015年版，第81页。
④ 张载著，林乐昌编校：《经学理窟》三，《张子全书》卷五，西北大学出版社2015年版，第83页。
⑤ 张载著，林乐昌编校：《经学理窟》三，《张子全书》卷五，西北大学出版社2015年版，第84页。
⑥ 张载著，林乐昌编校：《经学理窟》三，《张子全书》卷五，西北大学出版社2015年版，第84页。

"心解"是指真心有得，真心悟道，不必像汉唐经学那样去刻意追求字义，而是要超越字义的束缚，通过亲身体验、理解来阐发微言大义。譬如目明之人，即使万物纷乱于目前，亦不足为害。反之，若目昏，即使枯朽之木亦足以造成阻碍，这实际上是强调"心"的重要性，认为"心"明则义理自明。他举例说明：

> 若孟子言"不成章不达"及"四体不言而喻"，此非孔子曾言而孟子言之，此是心解也。①
> 学者至于与孟子之心同，然后能尽其义而不疑。②

张载认为孟子所说的"不成章不达"以及"四体不言而喻"就是"心解"，缘由在于孟子敢于突破孔子所未言，创造性地提出新的思想，而这正是他的"心解"之义，也就是要回到被诠释者的内心世界，才能穷尽义理而没有疑惑。"中国儒学的诠释观大体可以分为三种：汉学的实在论诠释观、理学的规范论诠释观、心学的主体论诠释观"③，就张载的"心解"之法而言，其明显更接近于"主体论诠释观"，因为"心解"之法是要突破字义的限制，更为重视诠释者内在的真解真悟。

（三）跨文本诠释

以张载留存下来的内容最多的《孟子说》为例，张载在诠释《孟子》时，引用经典，加以佐证，他首先以《易》释《孟》：

---

① 张载著，林乐昌编校：《经学理窟》三，《张子全书》卷五，西北大学出版社2015年版，第83页。
② 张载著，林乐昌编校：《孟子说》，《张子全书》卷十六，西北大学出版社2015年版，第436页。
③ 张茂泽：《心解：张载的诠释学思想》，载《"张载关学与实学"国际研讨会论文集》，1999年，第208页。

> 例："公孙丑问曰夫子加齐之卿相"章
> 浩然之气难言。《易》谓"不言而信，存乎德行"，又以尚辞为圣人之道，非知德者达乎是哉？①

此处张载引用的是《周易·系辞下》"不言而信，存乎德行"。

> 例："浩生不害问曰"章
> 大可为也，大而化不可为也，在熟而已。易谓穷神知化，乃德盛仁熟之致，非智力能强也。②

此处张载引用的是《周易·系辞下》"穷神知化"。

> 例："天下之言性"章
> 天下何思何虑，行其所无事，斯可矣。③

此处张载引用的是《周易·系辞下》"天下何思何虑"。

> 例："非礼之礼"章
> 君子要多识前言往行以畜其德者，以其看得前言往行熟，则自能比物类，亦能见得时中。④

---

① 张载著，林乐昌编校：《孟子说》，《张子全书》卷十六，西北大学出版社2015年版，第438页。
② 张载著，林乐昌编校：《孟子说》，《张子全书》卷十六，西北大学出版社2015年版，第453页。
③ 张载著，林乐昌编校：《孟子说》，《张子全书》卷十六，西北大学出版社2015年版，第443页。
④ 张载著，林乐昌编校：《孟子说》，《张子全书》卷十六，西北大学出版社2015年版，第441页。

此处张载引用的是《周易·大畜》"君子多识前言往行，以畜其德"。如此者尚有很多。除此之外，张载还多次借《论语》释《孟子》：

> 例："浩生不害问曰"章
> 善人云者，志于仁而未致其学，能无恶而已。"君子名之，必可言也"如是。①

此处张载引用的是《论语·子路》"君子名之，必可言也"。

> 例："人之有德慧术知者"章
> 困之进人也，为德辨，为感速。孟子谓"人有德慧术知者，恒存乎疢疾"以此。自古困于内无如舜，困于外无如孔子。以孔子之圣而下学于困，则其蒙难正志，圣德日跻，必有人所不及知而天独知之者矣。故曰："莫我知也夫，知我者其天乎！"②

此处张载引用的是《论语·宪问》"莫我知也夫"。经典互证本不自张载始，但用《易》、四书进行互证却形塑了后来学者的诠释模式，开显一代风气之先，以浓缩的形式反映出北宋经学的新面向，即以《易经》和四书来作为宋明理学建构的经典文本和依据，从而与汉唐儒学依靠五经、魏晋玄学仰赖三玄建构区分开来。

总而言之，张载虽然没有将四书合称，但他所确立的"重义理"、"心解"以及"跨文本诠释"不仅成为关学四书学诠释和建构的基本

---

① 张载著，林乐昌编校：《孟子说》，《张子全书》卷十六，西北大学出版社 2015 年版，第 452 页。
② 张载著，林乐昌编校：《孟子说》，《张子全书》卷十六，西北大学出版社 2015 年版，第 449 页。

方法和原则，门人后学基本没有逾越张载所确立的这一途辙，同时也极大地影响了朱子四书学的建构，也就是说，关学早在宗师张载这里，就已经具备了地域学术全国化的内涵和资质。

第二节 推重《学》《庸》，融会关洛：
吕大临与四书

吕大临（1040—1093），字与叔，陕西蓝田人。早年无意科举之业，后以不敢掩祖宗之德为由，通过门荫步入仕途，历任太学博士、秘书省正字、后范祖禹荐其为讲官，未用而卒。吕大临先拜师张载，后再拜二程，作为张载高弟及二程门下四大弟子之一，因其思想的发越和纯粹，受到二程的极力称许以及朱子的高度褒扬，这在关、洛门下众弟子当中是极其难见的。① 吕大临身兼发扬关、洛二学派之重任，他勇担此道，在经典诠释以及义理阐释方面，多所发明，甚至有的学者将其置于牟宗三先生所划分的儒学三系之———五峰蕺山系之首（此系为儒学正宗）②，这足以说明吕大临在哲学史上的地位。吕大临秉承张载关学推崇四书的治经、解经传统，作有《论语解》、《孟子解》、《中庸解》、《大学解》（佚失）、《礼记解·大学》和《礼记解·中庸》，推进了四书地位的抬升和一体化进程。

---

① 朱子对二程众多弟子多有批评，他说："游杨谢诸公当时已与其师不相似，却似别立一家"（黎靖德编：《朱子语类》卷一百零一，中华书局1986年版，第2557页），但对吕大临则评价道："吕与叔惜乎寿不永，如天假之年，必所见又别。程子称其'深潜缜密'，可见他资质好，又能涵养，若只如吕年，亦不见得到此天地矣。"（黎靖德编：《朱子语类》卷一百零一，中华书局1986年版，第2560页）

② 文碧方：《关洛之间——以吕大临思想为中心》，中华书局2011年版，第24页。

一　吕大临的《礼记解·大学》

两宋之际的学者晁公武在评价吕大临时称："礼学甚精博，《中庸》、《大学》尤所致意也。"① 这就将吕大临在《大学》上的造诣表彰了出来。吕大临首先分析了《大学》之道不传的原因：

> 后之学者，穷一经至于皓其首，演五字至于数万言，沉没乎章句诂训之间，没世穷年，学不知所用，一身且不能治，况及天下国家哉？此不及乎《大学》者也。荒唐谬悠，出于范围之中，离于伦类之外，慢疏亲戚，上下等差，以天地万物为虚幻，视天下国家以为不足治，卒归于无所用而已，此过乎《大学》者也。此道之所以不明且不行。秦汉之弊，政薄俗陋，百世而不革，杨墨庄老之道肆行于天下，而莫知以为非，巍冠博带，高谈阔论，偃然自以为先生君子，诬妄圣人，欺惑愚众，皆《大学》不传之故也。②

在吕大临看来，以往对《大学》的理解主要有两个误区：一是不及。这主要是针对汉唐儒的章句训诂而言，他们深陷字词训诂当中，动辄数万言，且丝毫不及修身养性，更遑论齐家治国，这就难以开掘《大学》的本旨。二是过。这主要是针对佛老而言，他们肆意解经，否定现实世界，隔绝人伦，轻视家国天下，这就凌越了《大学》之旨趣。可以看出，吕大临将《大学》之道中绝的原因归咎于汉唐儒和佛老，正是二者的侵扰和遮蔽，致使《大学》本旨湮没不彰，那么，何谓《大学》本旨呢？吕大临说：

---

① 晁公武：《郡斋读书志校证》卷一上，孙猛校证，上海古籍出版社1990年版，第80页。
② 吕大临等著，曹树明点校整理：《礼记解·大学》，《吕大临文集》，《蓝田吕氏集》（上），西北大学出版社2015年版，第174页。

《大学》之书，圣人所以教人之大者，其序如此：盖古之学者，有小学，有大学。小学之教，艺也，行也；大学之教，道也，德也。礼乐射御书数，艺也；孝友睦姻任恤，行也；自致知至于修身，德也；所以治天下国家，道也。古之教者，学不躐等，必由小学，然后进于大学。自学者言之，不至于大学所止则不进；自成德者言之，不尽乎小学之事则不成。①

大学者，大人之学也，穷理尽性而已。②

在吕大临之前，已有不少学者对《大学》的性质进行过解读和定位，但多将其定位为治国理政之书，少有与成圣成贤相联系。而这一状况到宋代道学兴起之时，已有实质性的转变，如程颐就说，"《大学》是孔氏之遗书，而初学入德之门也"③，这就将《大学》的性质扭转到修身成德上来，吕大临接续程颐这一思路，继续推进和强化《大学》的成德属性。他通过对比小学和大学的内容和性质来彰显大学这一属性，他认为《小学》主要是学习艺和行，也就是六艺和人伦日用，而《大学》则主要研习修身成德乃至治国平天下，且小学是大学的前提和基础，此序不容躐等。更为重要的是，他较具创新性地从两个方面对大学的定义进行规范，一是大人之学；一是穷理尽性之学。前者更多是从外在的生理角度而言，后者则倾向于从内在的心性涵养角度而言，这就有内有外地将大人之学的内涵统括起来。后来的朱子在注解《大学》时直接沿袭了吕大临"大学者，大人之学"这一主张。

---

① 吕大临等著，曹树明点校整理：《礼记解·大学》，《吕大临文集》，《蓝田吕氏集》（上），西北大学出版社2015年版，第174页。

② 吕大临等著，曹树明点校整理：《礼记解·大学》，《吕大临文集》，《蓝田吕氏集》（上），西北大学出版社2015年版，第174页。

③ 朱熹著，金良年译：《四书章句集注》（上），上海古籍出版社2006年版，第5页。

《大学》首章前三句无疑是《大学》一书的纲领,吕大临虽然还没有像朱子那样直接将其命为"三纲领",但亦不惜笔墨对其进行重点阐释。他说:

> "在明明德"者,穷理以自明其明德者也。"在亲民"者,推吾明德以明民之未明。二者,皆非大人之事,不可与穷理尽性者也。"在止于至善"者,所谓诚也,善之至者,无以加于此也。……穷理则本末终始莫不有序,昭然成列不可乱也。知天下皆吾体也,则不得不以吾身为本,以天下为末。知尽性者,必以明明德与天下为主,则不得不以致知为始,以明明德于天下为终。①

吕大临对"明明德"的解释颇为特殊,他将"穷理"作为"明明德"的方法和途径,而他所谓的"穷理"就是"必穷万物一理,同至于一而已"②,这一说法明显受到二程的影响,但又遭到朱子的批评:

> 盖有以必穷万物之理同出于一为格物,知万物同出乎一理为知至。如合内外之道,则天人物我为一;通昼夜之道,则死生幽明为一;达哀乐好恶之情,则人与鸟兽鱼鳖为一;求屈伸消长之变,则天地山川草木为一者,似矣。然其欲必穷万物之理,而专指外物,则于理之在己者有不明矣;但求众物比类之同,而不究一物性情之异,则于理之精微者有不察矣。不欲其异而不免乎四说之异,必欲其同而未极乎一原之同,则徒有牵合之劳,而不睹

---

① 吕大临等著,曹树明点校整理:《礼记解·大学》,《吕大临文集》,《蓝田吕氏集》(上),西北大学出版社 2015 年版,第 175 页。
② 吕大临等著,曹树明点校整理:《礼记解·大学》,《吕大临文集》,《蓝田吕氏集》(上),西北大学出版社 2015 年版,第 175 页。

第一章　酝酿与草创：北宋关学四书学　49

贯通之妙矣。其于程子之说何如哉？①

朱子并不否定吕大临万物同出于一理的主张，但认为他的"穷万物一理，同至于一"则消解了万物的差异，只看到万物统一的一面，这就有失偏颇。同时他所指涉的"物"遗漏了己身，偏重于外物。这两种误区最终导致吕大临的穷理并不能实现其目的，反倒是徒费工夫，有违二程旨意。当然，朱子的评价是否公允仍可再议，但吕大临的创见仍不容一概抹杀。在"亲民"的解释上，吕大临并没有遵从二程改"亲"为"新"的改经之举，而是仍从古本"亲"字，它的意思就是前述的"推吾明德以明民之未明，所谓'先知觉后知'，'先觉觉后觉'"，也就是要推己于人，在己德显明之后，去帮助其他人明明德。如此才是既仁又智之举。但这必须达到"至善"的境地方可，这也就是所谓的"诚"，所谓的"天道"境界，以此可见吕大临借助《中庸》对《大学》进行的跨文本的诠释。但必须注意的是，吕大临在对"《康诰》曰：作新民"的解释中指出：

> 新之为言，革其故也。……先知觉后知，先觉觉后觉，则易昏为明，易恶为善，变化气质，如螟蛉之肖蜾蠃，是岂不为新乎？虽然，自明明德者亦日新也。合内外之道，故自新然后新民也。②

很明显，吕大临此处对"新民"的解释与对"亲民"的解释所用的词语如出一辙，意思也相当一致，透露出吕大临一方面并没有沿袭程

---

① 朱熹著，朱杰人等编：《四书或问》，《朱子全书》第6册，上海古籍出版社、安徽教育出版社2002年版，第530页。
② 吕大临等著，曹树明点校整理：《礼记解·大学》，《吕大临文集》，《蓝田吕氏集》（上），西北大学出版社2015年版，第178页。

颐的改经之举；另一方面也可看出吕大临并没有将其当作问题来处理，还没有将两者统合起来看待。要之，在《大学》的前三句上，吕大临的解释既有承袭，又对朱子《大学章句》的撰写有着深刻的影响。

再来探讨一下《大学》工夫体系中何者为先这一《大学》诠释史上颇具争议的话题，吕大临的发越之处在于他所提出的"不得不以致知为始"[①]，以及"《大学》之序，必先致知"[②]。很显然，吕大临认为"致知"才是《大学》的根本和第一序的工夫，这就与张载的"致知者，学之大本"[③]，程颐的"学莫先于致知"[④]之意相近，揭示出吕大临这一主张并非毫无依据，而是渊源有自。当然，吕大临的这一主张并没有被朱子所采纳，因为在朱子那里，"致知"只不过是"格物"的"目的和结果，并不是一种与格物并行的，以主体自身为对象的认识方法或修养方法。"[⑤] 也就是说，朱子凸显的《大学》第一序工夫是"格物"而非"致知"。同时，在"致知"的诠释上，吕大临则直接将其解释为"致知，穷理也"[⑥]，而非程颐的"格物"为"穷理"之说[⑦]，这就显示出了吕大临的独证独创之举。

总之，吕大临在对《大学》的诠释上，既有对程颐、张载思想的吸取，亦有自身诠释特色，尤其是对朱子的《大学章句》多有型构

[①] 吕大临等著，曹树明点校整理：《礼记解·大学》，《吕大临文集》，《蓝田吕氏集》（上），西北大学出版社2015年版，第175页。
[②] 吕大临等著，曹树明点校整理：《礼记解·大学》，《吕大临文集》，《蓝田吕氏集》（上），西北大学出版社2015年版，第176页。
[③] 张载著，林乐昌编校：《礼记说·大学》，《张子全书》卷十四，西北大学出版社2015年版，第403—404页。
[④] 黎靖德编：《朱子语类》卷十八，中华书局1986年版，第402页。
[⑤] 陈来：《宋明理学》，华东师范大学出版社2004年版，第140页。
[⑥] 吕大临等著，曹树明点校整理：《礼记解·大学》，《吕大临文集》，《蓝田吕氏集》（上），西北大学出版社2015年版，第175页。
[⑦] 程颐说："格，犹穷也。物，犹理也。犹曰'穷其理而已也。'"（程颢、程颐：《河南程氏遗书》卷二十五，中华书局1981年版，第316页）

之处。

二 吕大临的《中庸解》

吕大临一方面秉承乃师张载推崇《中庸》的治经、解经传统①；另一方面迎合时代思潮，"迨有宋儒研求性道，(《中庸》) 始定为传心之要，而论说亦遂日详"②，专做《中庸解》③以彰其意。他的《中庸解》成就之高，不仅一度被是时学界误认为是程颢所做④，同时也对朱子《中庸》学的定型产生了直接的影响。然当前学界对其少有专题性的研究，多是按照预设的理学范畴论的框架对其零碎裁剪，无法整体把握吕大临《中庸解》的思想精华、诠释特质和学术影响。因此，回归文本，通观全书，围绕其《中庸解》的核心要旨"中"，层层剖析，揭示其核心主旨以及由此反观朱子《中庸》学思想的来源就显得尤为必要。

（一）以"中"为形上本体

较之以往儒学，北宋儒学更为注重建构形上本体以辟佛立儒，且尤以"北宋五子"最为典范。而位居张载、二程与朱子之间的吕大临，继续探索和深化儒学的心性本体论，借诠释《中庸》刻意凸显"中"之形上本体的地位，他说：

---

① 张载二十一岁时拜访范仲淹，范仲淹指点其读《中庸》，随后潜心《中庸》累年，他曾自述道："某观《中庸》义二十年，每观每有义，已长得一格。"（张载著，林乐昌编校：《经学理窟》，《张子全书》卷五，西北大学出版社2015年版，第85页）《宋史》明确指出其学乃是"以《中庸》为体"（脱脱等撰，刘浦江标点：《宋史》卷427，吉林人民出版社1995年版，第8834页）。《中庸》是张载关学建构的重要经典依据，为门人后学所承继，成为关学的一贯传统。

② 纪昀总纂：《中庸辑略》提要，《四库全书总目提要》第1册，河北人民出版社2000年版，第929页。

③ 吕大临关于《中庸》的著作有两篇，一篇是他的《礼记解·中庸》与《中庸解》，两篇皆是其从学二程之后所作，且《中庸解》是对《礼记解·中庸》的改本，内涵相差不大。详参文碧方《关洛之间——以吕大临思想为核心》，中华书局2011年版，第9—11页。

④ 胡宏在《题吕与叔〈中庸解〉》中称："有张焘者携所藏明道先生《中庸解》以示之，师圣笑曰：'何传之误？此吕与叔晚年所为也。'"[吕大临等著，曹树明点校整理：《题吕与叔〈中庸解〉》，《附录三》，《蓝田吕氏集》（下），西北大学出版社2015年版，第1005页]

> 中者，道之所由出。①
>
> 盖中者，天道也、天德也。……由中而出者莫非道，所以言道之所由出也。②
>
> 圣人之学，以中为大本。虽尧、舜相授以天下，亦云"允执其（厥）中"。③
>
> 大本，天心也，所谓中也。④

徐复观先生曾指出："'中'为儒家思想中之重要观念，而《中庸》一书'中'之观念实重于'庸'之观念。"⑤ 徐先生所言不虚，"中"在《中庸》一书中确实占有重要地位，在某种程度上揭示了《中庸》的核心精神与主旨，但少有学者将其上升至本体之境。而吕大临则做出突破性的尝试，他将《中庸》之"中"的地位无限拔高，与天道、天德、天心这些一向被视为至高无上的范畴相等同，这就赋予"中"以客观独立的实体性——为形上之本体，为圣人之学的根本，为圣贤代代相授之道。吕大临之所以在宋儒中别具一格，将"中"确立为形上本体，我们从其自述中可见其中之缘由：

> 大临昔者既闻先生君子之教，反求诸己，若有所自得，参之前言往行，将无所不合。由是而之焉，似得其所安，以是自信不

---

① 吕大临等著，曹树明点校整理：《与吕大临论中书》，《吕大临文集》，《蓝田吕氏集》（上），西北大学出版社2015年版，第468页。

② 吕大临等著，曹树明点校整理：《礼记解》，《吕大临文集》，《蓝田吕氏集》（上），西北大学出版社2015年版，第84页。

③ 吕大临等著，曹树明点校整理：《与吕大临论中书》，《吕大临文集》，《蓝田吕氏集》（上），西北大学出版社2015年版，第470页。

④ 吕大临等著，曹树明点校整理：《礼记解》，《吕大临文集》，《蓝田吕氏集》（上），西北大学出版社2015年版，第117页。

⑤ 徐复观：《中庸的地位问题》，《学术与政治之间》，华东师范大学出版社2009年版，第192页。

疑，拳拳服膺，不敢失坠。①

由上可见，吕大临认为己说是闻听张载之教以及自己反复思考得出来的，并对此深信不疑。不唯如此，朱子也明确指出：

> 吕与叔云："圣人以中者不易之理，故以之为教。"如此，则是以中为一好事，用以立教，非自然之理也。先生曰："此是横渠有此说，所以横渠殁，门人以'明诚中子'谥之。"②

可见朱子亦认为吕大临之说渊源有自，直承张载。实际上，推崇和重视"中"是张载关学的一贯传统③，只是张载并未将其作为形上本体来对待，吕大临则推进师说，将"中"作为独立之实体，拔高至本体之境。也就是说，在吕大临这里，"中"在词性上是名词，在内容上则指向形而上的本体。吕大临此说一出，在当时即遭到程颐的强烈反对，程颐说：

> 中者，道之所由出，此语有病。……中即道也，若谓道出于中，则道在中外，别为一物矣。……不偏之谓中，道无不中，故以中形道。若谓道出于中，则天圆地方，谓方圆者天地所自出，可乎？④

---

① 吕大临等著，曹树明点校整理：《与吕大临论中书》，《吕大临文集》，《蓝田吕氏集》（上），西北大学出版社2015年版，第470页。

② 黎靖德编：《朱子语类》卷一百零一，中华书局1986年版，第2561页。

③ 对于关学重视"中"的缘由，文碧方先生认为这是与关学重视礼分不开的，礼的作用就是"无过与不及"，就是"中"。文先生之分析实为确论，笔者认同此说。（参见文碧方《关洛之间——以吕大临思想为中心》，中华书局2011年版，第190—191页）

④ 吕大临等著，曹树明点校整理：《与吕大临论中书》，《吕大临文集》，《蓝田吕氏集》（上），西北大学出版社2015年版，第468—469页。

吕大临是直接将"中"作为至高无上的本体，而程颐则认为吕大临此说有病，因为"中"本身就是"道"的状态，"道"无不"中"，"中"只能作为形容词来描述道。若依吕氏之说，则不仅将"中"与"道"判分为二，且将"中"置于"道"之上，这就消解了"道"的至高无上性，无疑是床上叠床，屋上架屋。对程颐的批驳，吕大临辩解道："由中而出者莫非道，所以言道之所由出也，与'率性之谓道'之义同，亦非道中别有'中'也。"[①] 也就是说，吕大临本意并不是要割裂"道"与"中"，说"道出于中"只不过是模仿"率性之谓道"的句式，因为"率性之谓道"就是"道出于性"的意思。吕大临的这种辩解至终不能为程颐所接受。实际上，两者分歧的根本就在于"中"是否具有实体的意蕴，以及"中"与"天道"的体用关系，程颐持明确的否定态度，坚持"道"体"中"用，而吕大临显然是肯定的，但他也并不否认"天道""天性"等作为最高范畴的存在，只是沿袭孟子、程颢一系的圆融、直觉型的思路，将这些最高范畴等同、打并为一，这一方面发出陆王心学的先声；另一方面也在根本上与程颐、朱子一系的理性、架构型的理学进路区别开来。总之，吕大临通过对《中庸》"中"的提揭和重构，不仅成为程门乃至哲学史上的别具特色的理论，也确立起了其《中庸》哲学体系的逻辑起点。

（二）以"中"统摄心性

《中庸》首章所探讨的"中和"问题因其与心性论的密切关涉，故而在北宋道学重构心性论的学术热潮[②]中得到格外的重视，成为是时学界的公共学术话语。吕大临不仅积极参与此学术思潮之中，而且

---

① 吕大临等著，曹树明点校整理：《与吕大临论中书》，《吕大临文集》，《蓝田吕氏集》（上），西北大学出版社 2015 年版，第 468 页。

② 李祥俊先生指出："心性论是儒、佛二教的核心义理，并且在其发展过程中不断得到凸显。北宋时期，心性论是构成当时各派学说关注的中心问题。"（李祥俊：《道通与一——北宋哲学思潮研究》，北京师范大学出版社 2006 年版，第 60 页）

他与程颐所发起的"中和"之辩更是引起此后学者的反复争辩。吕大临在确立"中"为形上本体后,首先将其与"心"联系起来,他说:

> 情之未发,乃其本心,元无过与不及,所谓"物皆然,心为甚",所取准则以为中者,本心而已。①

在这里,吕大临认为本心即是"喜怒哀乐"之情未发之时,是"无过与不及",亦是"中"。他进一步借"赤子之心"来表述"心"与"中"的关系:

> 理之所自出而不可易者,是为中,赤子之心是已,尊其所自出而不丧,则其立至矣。②
>
> 喜怒哀乐之未发,则赤子之心。当其未发,此心至虚,无所偏倚,故谓之中,以此心应万物之变,无往而非中矣。孟子曰:"权,然后知轻重;度,然后知长短。物皆然,心为甚。"此心度物所以甚于权衡之审者,正以至虚无所偏倚故也。有一物存乎其间,则轻重长短皆失其中矣,又安得如权如度乎?故大人不失其赤子之心,乃所谓允执其中也③。

"赤子之心"最先由孟子提出,主要指"爱父母之心,具有确定的伦理意义"④,而吕大临则借此以释《中庸》,认为"喜怒哀乐未发"之

---

① 吕大临等著,曹树明点校整理:《礼记解》,《吕大临文集》,《蓝田吕氏集》(上),西北大学出版社 2015 年版,第 86 页。
② 吕大临等著,曹树明点校整理:《礼记解》,《吕大临文集》,《蓝田吕氏集》(上),西北大学出版社 2015 年版,第 118 页。
③ 吕大临等著,曹树明点校整理:《与吕大临论中书》,《吕大临文集》,《蓝田吕氏集》(上),西北大学出版社 2015 年版,第 469 页。
④ 陈来:《宋明理学》,华东师范大学出版社 2004 年版,第 282 页。

时，就是"赤子之心"，显然已经超越孟子的原意。吕大临认为此"赤子之心"空灵至虚，不偏不倚，这就是所谓的"中"，所谓的"理之所自出而不可易者"。以此"赤子之心"应接万事，则自然皆中，合乎义理。他以孟子所讲"权""度"为例，认为"赤子之心"如有一物存于其间，则权衡度物必然失"中"。因此，大人应该保有这与生俱来的"赤子之心"，这就是"允执厥中"之意。我们再通过其与程颐的辩论来进一步彰显其思想的特色，程颐说：

"喜怒哀乐未发谓之中。"赤子之心，发而未远于中，若便谓之中，是不识大本也。①

赤子之心可谓之和，不可谓之中。②

程颐认为"赤子之心"是已发，故不能谓之"中"，只能言"和"，这实际上与《中庸》首章经文中"发而皆中节，谓之和"原意相一致。受程颐影响，吕大临改变前说：

大临始者有见于此，便指此心名为"中"，故前言"中"者，道之所由出也。今细思之乃命名未当尔，此心之状可以言"中"，未可便指此心名之曰"中"。③

在此，他不再坚持"中"与"心"直接等同为一的观点，而改为描述心之体的状态，也就是所谓的"以中形心"，由"中"名"心"走

---

① 吕大临等著，曹树明点校整理：《与吕大临论中书》，《吕大临文集》，《蓝田吕氏集》（上），西北大学出版社2015年版，第469页。

② 吕大临等著，曹树明点校整理：《与吕大临论中书》，《吕大临文集》，《蓝田吕氏集》（上），西北大学出版社2015年版，第470页。

③ 吕大临等著，曹树明点校整理：《与吕大临论中书》，《吕大临文集》，《蓝田吕氏集》（上），西北大学出版社2015年版，第469页。

向以"中"形"心"。需要指出的是，吕大临始终未改变"赤子之心"为"未发"的观点，他说："大临以赤子之心为未发，先生以赤子之心为已发。……大临初谓赤子之心，止取纯一无伪，与圣人同。恐怕孟子义亦然，更不曲折。"① 吕大临认为他以"赤子之心"为未发，是有经典依据的，是取孟子"本心"之纯粹无伪之意。由此可见，他在对"中"与"心"的关系上基本是顺着孟子的思想推衍的。而程颐则坚持"赤子之心"为已发，既然是"已发"，就只能说是"和"，不能说是"中"，吕大临后虽改变前说，认为"心"有未发和已发两种状态，但其以"中"状"心"之体的主张仍不能得到程颐的认同。

在"中"与"性"的关系上，他说：

> 盖中者，天道也，天德也，降而在人，人禀而受之，是之谓性。《书》曰："惟皇上帝，降衷于下民"，《传》曰："民受天地之中以生"，此人性所以必善，故曰："天命之谓性。"②

如前所述，吕大临将"中"与天道，天德相等同，将其拔高至本体的地位，人秉受此"中"以为性，如此"中"就成为至高无上的本体，同时与"性"成为异名同实的概念范畴，他明确提出"中即性"，他说：

> 中即性也。在天为命，在人为性，由中而出者莫非道，所以

---

① 吕大临等著，曹树明点校整理：《与吕大临论中书》，《吕大临文集》，《蓝田吕氏集》（上），西北大学出版社2015年版，第470—471页。
② 吕大临等著，曹树明点校整理：《礼记解》，《吕大临文集》，《蓝田吕氏集》（上），西北大学出版社2015年版，第84页。

言道之所由出也。①
　　天命之谓性，即所谓中。②
　　性与天道，一也。天道降而在人，故谓之性。③
　　所谓中者，性与天道也。④

吕大临认为"中"就是"性"，就是"天道"，从天的角度而言是命，从人的角度而言则为性，是道之产生的根源。吕大临以此将传统儒学的"性"上升到天道本体的高度，达至"中"的境界，继而推动了儒学心性论的形而上建构。对此，其师程颐亦给予激烈批判：

中即性也，此语极未安。中也者，所以状性之体段。若谓性有体段亦不可，姑假此以明彼。如称天圆地方，遂谓方圆即天地可乎？方圆既不可谓之天地，则万物决非方圆之所出。……若只以中为性，则中与性不合。……中止可言体，而不可与性同德。……又如前论"中即性"也，已是分而为二，不若谓之性中。(性中语未甚莹)⑤

程颐认为吕氏的"中即性"之说有不妥之处，"中"只能作为形容词来描述"性"之体段，而不能与"性"处在同等地位，就如同"天圆地方"，"圆"与"方"只能用来形容"天"与"地"，而不能将

---

① 吕大临等著，曹树明点校整理：《与吕大临论中书》，《吕大临文集》，《蓝田吕氏集》(上)，西北大学出版社2015年版，第468页。
② 吕大临等著，曹树明点校整理：《礼记解》，《吕大临文集》，《蓝田吕氏集》(上)，西北大学出版社2015年版，第84页。
③ 吕大临等著，曹树明点校整理：《中庸解》，《吕大临文集》，《蓝田吕氏集》(上)，西北大学出版社2015年版，第454页。
④ 吕大临等著，曹树明点校整理：《礼记解》，《吕大临文集》，《蓝田吕氏集》(上)，西北大学出版社2015年版，第85页。
⑤ 吕大临等著，曹树明点校整理：《与吕大临论中书》，《吕大临文集》，《蓝田吕氏集》(上)，西北大学出版社2015年版，第468—471页。

"方、圆"等同于"天"或"地",吕氏此说恰恰落入此窠臼,将"中"与"性"分而为二,不如"性中"更为合适,虽然此语仍非最佳。① 总而言之,程颐和吕大临之所以在"中"与"心性"的关系上很难契合,在于吕大临始终坚持的是"本心即性"的思路,始终将"中"理解为"本心"的状态,理解为"性",以"中"来融摄贯通心、性;而在程颐那里,"心"并不是"本心",而是知觉形下之"心",不可能与"性"在同一层次上,因此其对"中"的定位并不如在吕大临哲学体系中那么高高在上。可见,两者对"心性"理解的差异已经初显"理本论"与"心本论"的分歧,至后来的朱子、陆王则将这一分歧推扩和彰显出来。

(三)以"求中"为工夫

儒学所论本体,非一现成之物,而需由通过在心性上做工夫去达至。吕大临以"中"统摄心、性,那么如何来贯通心、性、天道呢,如何将这应然之理变为实然之态,这就需要落实到心、性上去做工夫,也就是去求"中"。吕大临说:

> 人莫不知理义,当无过不及之谓中,未及乎所以为中也。喜怒哀乐未发之前,反求吾心,果何为乎?《易》曰:"寂然不动,感而遂通天下之故。"《语》曰:"子绝四:毋意,毋必,毋固,毋我。"《孟子》曰:"大人者,不失赤子之心。"此言皆何谓也?……此所谓性命之理,出于天道之自然,非人私知所能为也。故推而放诸四海而准,前圣后圣,若合符节,故曰:"喜怒哀乐之未发谓之中。"②

---

① 《朱子语类》载:铢曰:"然则谓性中可乎?"曰:"此处定有脱误,性中亦说得未尽。"(黎靖德编:《朱子语类》卷六十二,中华书局1986年版,第1512页)朱子认为程颐的"性中"说有脱误之处。

② 吕大临等著,曹树明点校整理:《礼记解》,《吕大临文集》,《蓝田吕氏集》(上),西北大学出版社2015年版,第86—87页。

求之此心而已。此心之动，出入无时，何从而守之乎？求之乎喜怒哀乐未发之际。①

吕大临认为"无过不及"就是中，故应该在喜怒哀乐未发之前去求此大本之体，《易经》、《论语》和《孟子》所言皆是性命之理，而这些皆源于天道，非人所能干预，这就是所谓的"喜怒哀乐之未发谓之中"。至于为何要去求"中"，吕大临从内外两方面进行分析，从内在来说，之所以要在未发之际去求，是因为未发之时，心体昭昭自在，无私欲遮蔽；而已发之际，心则出入无时，无从所守，故要在未发之际去求之。从外在效果来说，吕大临说：

虽圣人以天下授人，所命者不越乎此也，岂非中之难执难见乎？岂非道义之所从出乎？后世称善治天下者，无出乎尧舜禹，岂非执中而用之，无所不中节乎？无过不及，民有不和，世有不治者乎？圣人之治天下，犹不越乎！执中，则治身之要，舍是可乎？故苟得中而执之，则从欲以治，四方风动，精义入神，利用出入可也。自中而发，无不中节，莫非顺性命之理，莫非庸言庸行而已。②

圣人之学，不使人过，不使人不及，立喜怒哀乐未发之中以为之本，使学者择善而固之，其学固有序也。学者盖亦用心于此乎？用心于此，则义理必明，德行必修，师友必称，州里必举，仰企于上古，可以不负圣人之传，俯达于当今，可以不负朝廷之

---

① 吕大临等著，曹树明点校整理：《与吕大临论中书》，《吕大临文集》，《蓝田吕氏集》（上），西北大学出版社2015年版，第470页。
② 吕大临等著，曹树明点校整理：《礼记解》，《吕大临文集》，《蓝田吕氏集》（上），西北大学出版社2015年版，第87页。

教养。世之有道君子，乐得而亲之，王公大人，乐闻而取之。①

吕大临认为"中"是圣人传授的内容，实际上就是韩愈所说的"道统"，只是吕大临没有明确用此表达。尧舜禹之所以能善治天下，皆是因为执"中"之故，圣人之治天下不过如此。因此，执中不仅是治身之要，同时亦可实现明义理、修德行，可以被师友称，州里举，有道君子乐于亲近，王公大人乐于用之，仰望于上古，不负圣人之传，俯察当今，不负朝廷教养的外王效果。吕大临实际上是认为通过"求中"可以达至"内圣外王"的儒家终极目的。既然求"中"有如此多的实效，为什么人不能直接现实地拥有"中"呢，吕大临分析道：

> 盖均善而无恶者，性也，人所同也；昏明强弱之禀不齐者才也，人所异也；诚之者，反其同而变其异也。②
> 然人应物，不中节者常多，其故何也？由不得中而执之，有私意小知挠乎其中间。故理义不当，或过或不及，犹权度之法不精，则称量百物，不能无铢两分寸之差也。③
> 立己与物，私为町畦。胜心横生，扰扰不齐。④

吕大临认为人之所以不能拥有"中"，来自两方面的原因，一是先天所禀赋的混浊之气；二是后天私意、小智横阻其间，故造成理义呈现偏差，失去"中"节。吕大临的分析实际上符合宋明理学大多数儒家

---

① 吕大临等著，曹树明点校整理：《礼记解》，《吕大临文集》，《蓝田吕氏集》（上），西北大学出版社2015年版，第83—84页。
② 吕大临等著，曹树明点校整理：《礼记解》，《吕大临文集》，《蓝田吕氏集》（上），西北大学出版社2015年版，第108页。
③ 吕大临等著，曹树明点校整理：《礼记解》，《吕大临文集》，《蓝田吕氏集》（上），西北大学出版社2015年版，第87页。
④ 吕大临等著，曹树明点校整理：《文集佚存》，《吕大临文集》，《蓝田吕氏集》（下），西北大学出版社2015年版，第754页。

对人性的分析，借鉴佛教两层存在论，发明"气质之性"，从先天、后天两个方面较好地解决人与人之间在现实人性的差异。"中"如同权度之法，必须毫厘不差，方能称量万物。因此，欲达至"中"，就必须有针对性地做"变化气质""克己"之功，他说：

> 喜怒哀乐之未发，无私意小知挠乎其间，乃所谓空，由空然后见乎中，实则不见也。若子贡聚见闻之多，其心已实如货殖焉，所蓄有数，所应有期，虽曰富有，亦有时而穷，故"亿则屡中"，而未皆中也。①

> 君子所贵乎学者，为能变化气质而已。德胜气质，则柔者可进于强，愚者可以进于明；不能胜气质，则虽有志于善，而柔不能立，愚不能明。②

吕大临认为学者一方面要克去己私，克除私意小智，使心体空灵，不着一物；另一方面要变化气质，克去气质之偏，以使天命之性流行无碍，如此柔可变强，愚可变明。吕大临的工夫针对先天与后天之病使人心达到"空"的境界，如此方能见"中"。他认为孔门弟子子贡之心为货殖之类所实，故并不能皆"中"。总之，吕大临与道南学派一样强调"求中"，皆是发展程颢之学，直接从本体入手，去追求大本之体，体现出"明体而达用"的工夫进路，而与程朱一系的"下学而上达"之路径相区分。

（四）朱子对吕大临《中庸》学思想的扬弃

吕大临的《中庸解》虽然不限于对"中"的诠释，但其侧重点

---

① 吕大临等著，曹树明点校整理：《礼记解》，《吕大临文集》，《蓝田吕氏集》（上），西北大学出版社2015年版，第86—87页。

② 吕大临等著，曹树明点校整理：《礼记解》，《吕大临文集》，《蓝田吕氏集》（上），西北大学出版社2015年版，第108页。

实际上是围绕"中"建构起从本体到心性再到工夫的《中庸》哲学体系。因卓然自成一家，受到《中庸》学研究的集大成者朱熹的格外重视。在程门后学中，注《中庸》者大有人在，但朱熹唯独对吕大临的《中庸解》赞赏有加，他说："吕与叔《中庸》，皆说实话也"①，又说："吕与叔《中庸义》，典实好看"②。虽如此，朱子在建构《中庸》学时，并未完全盲从，而是审慎、扬弃对待。从承继的角度而言，主要体现在：（1）直接引用。在朱子《中庸》中，直接引用吕氏之解的有五处之多，《中庸》第二十章有四处，第二十九章一处。（2）间接认同。典范如朱子在对"中"进行释名时，就融合吕大临"中者，无过与不及"和"不倚之谓中"以及程颐的"不偏之谓中"的说法，释"中"为"不偏不倚，无过不及之名。"

从批判的角度而言，朱子亦是围绕吕大临所提揭的"中"与"心""性"的关系以及与此相关的"求中"工夫进行集中批判。他首先对吕大临《中庸解》中的以"赤子之心"为"未发"、为"中"的观点批评道：

> 问："赤子之心莫是发而未远乎中，不可作未发时看否？"曰："赤子之心也，有未发时，也有已发时，今欲将赤子之心专作已发看也不得，赤子之心方其未发时，亦与老稚贤愚一同，但其已发未有私欲，故未远乎中耳。"③
>
> 吕说大概亦是，只不合将"赤子之心"一句插在那里便做病，赤子饥便啼，寒便哭，把做未发不得，如大人心千重万折，赤子之心无恁劳攘，只不过饥便啼，寒便哭而已。④

---

① 黎靖德编：《朱子语类》卷一百零一，中华书局 1986 年版，第 2561 页。
② 黎靖德编：《朱子语类》卷一百零一，中华书局 1986 年版，第 2561 页。
③ 黎靖德编：《朱子语类》卷一，中华书局 1986 年版，第 13 页。
④ 黎靖德编：《朱子语类》卷九十七，中华书局 1986 年版，第 2505 页。

在此，朱子既不认同吕大临的"赤子之心"为"未发"之论，亦不接受程颐"赤子之心"为"已发"的观点，他综合二者，认为"赤子之心"既有"未发"时，如"纯一无伪"，又有"已发"时，如"饥啼渴饮"。由此可见吕大临此说对朱子的深刻影响。

而对于吕氏《中庸解》中的"中即性"之说，朱子指出：

> 问："吕氏言'中则性也'，或谓此与'性即理也'语意似同，铢疑不然。"先生曰："公意如何？"铢曰："理者万事万物之道理，性皆有之而无不具者也。故谓'性即理'则可，中者又所以言此理之不偏倚、无过不及者，故伊川只说状性之体段。曰：'中是虚字，理是实字，故中所以状性之体段。'"①

在与学生关于吕大临的"中即性"的讨论中，朱子同意学生"中即性"不同于"性即理"之论，亦认同程颐对吕大临的批评，认为"中"只是虚词，不能作独立的实体词来看待，而理则是具有实在内容的概念，故"中"只能作为形容词来描述"性"之体段。后朱熹对此稍有改变："'问吕与叔问中处，中者道之所从出，某看吕氏意如何？'曰：'性者道之所从出云尔，中即性也，亦是此意，只是名义未善，大意却不在此。'"② 较之先前的批评，朱子对吕大临之论已经多有回护，认为只是命名不当，意思却不在于此。

而至于吕大临所注重的"求中"工夫，朱子则进行激烈批评：

> 言察便是吕氏求中，却是已发，如伊川云："只平日涵养

---

① 黎靖德编：《朱子语类》卷六十二，中华书局1986年版，第1512页。
② 黎靖德编：《朱子语类》卷九十七，中华书局1986年版，第2504页。

便是。"①

　　未发之前，则宜其不待着意推求，而了然心目之间矣；一有求之之心，则是使为己发，固已不得而见之，况欲从而执之，则其为偏倚亦甚矣，又何中之可得乎？且夫未发已发，日用之间固有自然之机，不假人力。方其未发，本自寂然，固无所事于执……此为义理之根本，于此有差，则无所不差矣。此吕氏之说，所以条理紊乱，援引乖剌，而不胜其可疑也。②

朱子首先认为吕大临"未发之前，心体昭昭俱在，说得亦好"③，但对其在未发之前求中则始终不能默契于心。他认为未发之前，寂然不动，无事可执，又如何去得"中"，故不可着意去求，只能如程颐所说"平日涵养即是"，因此他认为吕氏之说条理紊乱，援引错误，故可疑之处甚多。朱子基本是延承程颐的思路对吕大临进行批评，但在深度上有所推进。实际上，朱子不仅对吕大临，对同样主张"未发以心体中"的道南学派亦多所批评。可见，朱子对深受程颢之学影响的吕大临、杨时一系直从本体入手的为学进路始终不能认同，折射出直觉主义和理性主义的差异和分歧。

　　"中国哲学家取历史或经典的诠释方式阐发义理，其每一时代思想系统的差异，乃由于其所注重经典之不同和诠释原则的变化。"④北宋时期正是经典内容与诠释原则发生剧烈变革的时期，在北宋《中庸》学滥觞之际，吕大临的《中庸解》独具特色，卓然自成一家，他紧紧围绕"中"展开诠释，从本体到心性，再到工夫，自始至终皆贯穿"中"，既有对关学思想的坚守，亦有对洛学思想的接受，更有

---

① 黎靖德编：《朱子语类》卷六十二，中华书局1986年版，第1509页。
② 朱熹著，朱杰人等编：《中庸或问》，《朱子全书》第六册，上海古籍出版社、安徽教育出版社2002年版，第563页。
③ 黎靖德编：《朱子语类》卷六十二，中华书局1986年版，第1512页。
④ 李景林：《教化的哲学》，黑龙江人民出版社2006年版，第31页。

自己的独立思考，可谓是融合关、洛思想的典范之作。他的《中庸解》的诠释特色主要体现在：（1）摆落汉唐注疏，注重以义理解经；这虽然是北宋经学的主流特质，但吕大临的努力推动和强化了北宋经学诠释向义理范式的转变。（2）围绕"中"展开诠释，以"中"为大本之体，统领本体、心性和工夫，这种诠释进路在《中庸》学史上独成一家。（3）理在解语内。朱子说："程先生《经解》，理在解语内。某集注《论语》，只是发明其辞，使人玩味经文，理在经文内。"①朱子在对比其与程颐的解经方式中，总结出两条不同的诠释路径，即"理在解语内"与"理在经文内"。吕大临的《中庸解》是在转投洛学时所作，深受程颐解经风格的影响②，在诠释《中庸》时，以己意解经之风明显，不同于朱子力图遵循经文原意，在最大程度上保持客观之解经态度，但其也吸收吕氏《中庸解》所透显出的部分"义理"思想。更为重要的是，吕大临《中庸解》中关于"中和"思想的探讨，不仅使"中和"成为二程之后，朱熹之前道学的核心话语，更是间接影响了朱子"中和"新说的形成。③

三　吕大临的《论语解》

吕大临的《论语解》并不是对《论语》的全本诠释，而是择其要进行重点解读。遍读其《论语解》，其诠释最具特色的恰恰是仁说，这也是北宋学界共同关注的学术话题。而吕大临的诠释特色就在于承继和发挥程颢的"识仁"说，他在解释《颜渊问仁》章时指出：

凡厥有生，均气同体。胡为不仁？我则有己。立己与物，私

---

① 黎靖德编：《朱子语类》卷十九，中华书局1986年版，第438页。
② 程颐自述云："《中庸》书却已成。"但是此条小注却补充道："陈长方见尹子于姑苏，问《中庸解》。尹子云：'先生自以为不满意，焚之矣。'"（程颢、程颐：《河南程氏遗书》卷十七，中华书局1981年版，第175页）由此可知，程颐曾注解《中庸》，后因不满意焚之。
③ 参见刘学智《朱熹"中和新说"与关学关系探微》，《哲学研究》2015年第12期。

为町畦。胜心横生，扰扰不齐。大人存诚，心见帝则。初无吝骄，作我蟊贼。志以为帅，气为卒徒。奉辞于天，孰敢侮予？且战且徕，胜私窒欲。昔焉寇雠，今则臣仆。方其未克，窘我室庐，妇姑勃溪，安取厥余？亦既克之，皇皇四达。洞然八荒，皆在我闼。孰曰天下，不归吾仁？痒疴疾痛，举切吾身。一日至之，莫非吾事。颜何人哉？晞之则是。①

这段文字实际上也是其《克己铭》的内容。此文短小意精，全文共144字，采取的是四言体的格式，然其主旨如冯从吾所点出的是为呼应程颢的"识仁"而作，故其通篇皆是为"识仁"而发。细析之，大致可疏解为三层意思：一是首句"凡厥有生，均气同体"为其仁学思想体系建构形上基础，吕氏认为万物皆因"气"而生，以"气"为体，"气"作为实体，无所不在，仁学之形上基础便建构于此。吕氏此说显然还是秉承关学一脉之风格。二是阐明"克己"工夫之缘由及意义，是因为"立己与物，私为町畦。胜心横生，扰扰不齐"，也就是将"己"与"物"对立为二，为两者设立人为界限，致使人的"习心"横生，纷扰不齐。如何祛除"习心"之扰，吕氏通过"克"与"不克"之对比，强调"克己"工夫之必要，即"亦既克之，皇皇四达。洞然八荒，皆在我闼。孰曰天下，不归吾仁？"意即通过克去己私，可至万物皆与我为一之境界，从而真正实现"天下皆归吾仁"的至上境界。这足可以看出程颢《识仁》思想之痕迹，程颢说"仁者，以天地万物为一体，莫非己也"②，又言"仁者，浑然与物同体"③，而这显然是吕氏思想之源泉，其只是对程颢思想的解

---

① 吕大临等著，曹树明点校整理：《论语解》，《吕大临文集》，《蓝田吕氏集》（上），西北大学出版社2015年版，第427页。
② 程颢、程颐：《河南程氏遗书》卷二上，《二程集》，中华书局1981年版，第15页。
③ 程颢、程颐：《河南程氏遗书》卷二上，《二程集》，中华书局1981年版，第17页。

释和延伸。三是吕氏表达对颜回之倾慕与渴望。众所周知,颜回是孔子最为称许的弟子,其以"三月不违仁"而名于世,且最能对"仁"默识心得,故最为吕氏所推重。吕氏曾作诗以明志,他说:"独立孔门无一事,惟传颜子得心斋。"① 可见其对颜回之倾慕,其岳父张载之弟张戬赞吕氏道,"吾得颜回为婿矣"②,盖吕氏及他人认为其与颜回气象最为接近。后来的朱子为建构道统,对二程后学进行清理和检讨。吕大临是其极力称赞的为数不多的二程弟子之一,但对《克己铭》他却一味批评,评价甚低。朱子的批评焦点之一就是"克"的对象,他说:

> 吕与叔《克己铭》却有病,他说:"须于物相对时克,若此则是并物亦克也。己私可克,物如何克得去,己私是自家身上事,与物未相干。"③

朱子认为吕大临《克己铭》之病在于把克的对象扩至物上,而物是无法克的,朱子进一步批道:"吕与叔《克己铭》则初未尝说克去己私,大意只说物我对立,须用克之,如此则只是克物非克己也。"④朱子认为吕大临此铭仅仅是克物之意,没有克己之意。他明确说道:"克己有两义,物我亦是己,私欲亦是己,吕与叔作《克己铭》只说得一边。"⑤ 又在与弟子答问中,详细论道:

---

① 吕大临等著,曹树明点校整理:《附录二》,《附录》,《蓝田吕氏集》(下),西北大学出版社2015年版,第1001页。
② 吕大临等著,曹树明点校整理:《附录二》,《附录》,《蓝田吕氏集》(下),西北大学出版社2015年版,第1001页。
③ 黎靖德编:《朱子语类》卷四十一,中华书局1986年版,第1044页。
④ 黎靖德编:《朱子语类》卷四十一,中华书局1986年版,第1067页。
⑤ 黎靖德编:《朱子语类》卷四十一,中华书局1986年版,第1067页。

问:"《克己铭》'痒痾疾痛,举切吾身'。不知是这道理否?"曰:"某见前辈一项论议说忒高了,不只就身上理会,便说要与天地同其体,同其大,安有此理!如'初无吝骄,作我蟊贼'云云,只说得克己一边,却不说到复礼处。须先克己私,以复于礼,则为仁。且仁譬之水,公则譬之沟渠,要流通此水,须开浚沟渠,然后水方流行也。"①

朱子认为此铭陈义过高,不从"己"身下手作工夫,反而动辄追求"与天地同体"的境界,使人难以捉摸。他亦同样批评程颢:"明道言学者须先识仁一段,说话极好,只是说得太广,学者难入。"②吕氏此铭不仅是为呼应程颢"识仁"之点拨而作,同时也是为《论语·颜渊》篇首章作的注解,首章曰:颜渊问仁。子曰:"克己复礼为仁。一日克己复礼,天下归仁焉。"③朱子认为吕氏只讲克己一面,而缺失复礼一层意思。克己复礼如鸟之两翼,车之两轮,缺一不可。朱子解释道:

"克己复礼",不可将"理"字来训"礼"字。克去己私,固即能复天理。不成克己后,便都没事。惟是克去己私了,到这里恰好著精细底工夫,故必又复礼,方是仁。圣人却不只说"克己为仁",须说"克己复礼为仁"。见得礼,便事事有个自然底规矩准则。④

朱子此意认为消除私欲,便能复见天理,然克己之后仍须复礼之功

---

① 黎靖德编:《朱子语类》卷四十一,中华书局1986年版,第1067页。
② 黎靖德编:《朱子语类》卷八十七,中华书局1986年版,第2484页。
③ 朱熹:《四书章句集注》上,金良年译,上海古籍出版社2006年版,第170页。
④ 黎靖德编:《朱子语类》卷四十一,中华书局1986年版,第1045页。

夫，故圣人不说"克己为仁"，而说"克己复礼为仁"。① 不仅朱子如此，与朱子同时的叶适亦激烈批判吕氏《克己铭》，他说：

> 吕大临《克己铭》，程氏《四箴》，但缓散耳，固讲学中事也。而吕大临方以不仁为有己所致，其意鄙浅，乃释老之下者，犹谓道学，可乎？②

作为反理学的斗士，叶适认为吕氏之铭内容涣散，不够系统，且认为吕氏把"不仁"的原因归到"有己"，乃是偏狭之见，佛老尚不这样认为，何况道学。叶适之批评，门户之见颇重。且不说吕氏之铭是否正确，叶适的理解亦偏离吕氏之本意，他并没有正确理解吕氏对"己"的理解，而这在吕氏所强调的"克己"工夫中是至为关键的。

朱子批判的第二个焦点是涉及"仁"的。他说：

> 天下归仁言天下皆与其仁，伊川云："称其仁是也"，此却说得实，至杨氏以为"天下皆在吾之度内"，则是谓见得吾仁之大，如此而天下皆围于其中，则说得无形影，吕氏《克己铭》如"洞然八荒，皆在我闼"之类同意。③

朱子认为吕氏《克己铭》中的"洞然八荒，皆在我闼"之意与杨时"天下皆在吾之度内"之语意相似，是说人与宇宙达到一体之境

---

① 文碧方先生认为，吕大临此铭是为"克己复礼"作的注解，复礼之义尽在其中，不必再言，因此朱子之义可谓失当。文氏之说有为吕氏勉强辩护之嫌，此铭从头至尾只讲克己，不讲复礼，并不因为是为"克己复礼"作的注解就可涵"复礼"之义。参见文碧方《关洛之间——以吕大临思想为中心》，中华书局1986年版，第159页。

② 黄宗羲、全祖望：《吕范诸儒学案》，《宋元学案》卷三十一，中华书局1986年版，第1111—1112页。

③ 黎靖德编：《朱子语类》卷四十一，中华书局1986年版，第1066页。

界，这显然指向"仁"，但都说得疏阔，没有边际，不如程伊川语实。又说：

> 林正卿问："吕与叔云'痒痾疾痛，举切吾身'，不知此语说天下归仁如何？"曰："圣人寻常不曾有这般说话，近来人被佛家说一般大话，他便做这般底话去敌他，此天下归仁与'在邦无怨，在家无怨'一般，此两句便是归仁样子。"①

朱子认为吕氏《克己铭》中"痒痾疾痛，举切吾身"之语不能用来形容天下归仁，因为圣人是不这样说的。实际上吕氏此语实源自程颢。程颢说："医家以不识痛痒谓之不仁，人以不知觉不认义理为不仁，譬最近"②，又说："医书有以手足风顽谓之四体不仁，为其疾痛不以累其心故也。夫手足在我，而疾痛不与知焉，非不仁而何？"③程颢以古代医书为喻，把肢体不知痛痒叫作"不仁"，将宇宙万物视为自己身体的一部分加以感受，吕氏继承这一点，在《克己铭》中有所涉及，但因为朱子本身就对程颢"仁者浑然与物同体"之说深感不切，他认为：

> 或曰："程氏之徒，言仁多矣。盖有谓爱非仁，而以'万物与我为一'为仁之体者。亦有谓爱非仁，而以'心有知觉'释仁之名者矣。今子之言若是，然则彼皆非与？"曰："彼谓物我为一者，可以见仁之无不爱矣，而非仁之所以为体之真也；……抑泛言同体者，使人含糊昏缓而无警切之功，其弊至于认物为己者

---
① 黎靖德编：《朱子语类》卷四十一，中华书局1986年版，第1068页。
② 程颢、程颐：《河南程氏遗书》卷二上，《二程集》，中华书局1986年版，第15页。
③ 程颢、程颐：《河南程氏遗书》卷二上，《二程集》，中华书局1986年版，第17页。

有之矣。"①

朱子认为"一体言仁"能够彰显仁之爱的一面，但同时也遮蔽对仁之体的把握，弊端在于"认物为己"。基于此，朱子自然会将批评迁延至继承程颢之说的吕氏。无独有偶，朱子弟子陈淳亦接着其师的路子进行批判，陈淳说：

> 此二段（指程颢《识仁说》和吕大临《克己铭》）大概甚相似而实不同。盖程子主意以天理周流无间者为仁，若手足痿痹则为不仁。吕氏主意以与物同体处为仁，若有己则为不仁，惟其大纲所主既异，故其词语曲折往往不能相合。如程子所谓"万物为一体者"，只是言其理之一尔，吕氏则实欲以己与物混同作一个体，程子视物若属于己之切，必推吾之所欲者流行贯注于物，吕氏则欲以己就于物而合之必与之大同，而无彼我之间。吕氏所谓"痒痾疾痛，皆切吾身"者，亦即是程子认得为己何所不至之意，但程子认得为己相关之切，则施之无所不贯，故其归宿在下面，己欲立达而立达人，皆是天理流行之实事。吕氏克去有己不与物立敌，则天下各归吾仁中方相关，如此之切。然其实天下岂能皆归吾仁中，不过只是空想像个仁中，大抵气象如此耳，是岂孔颜当日授受精微之本旨哉。然则程子于仁，体立而用行，在我者有所统摄，而仁在内。吕氏于仁不免有兼爱之蔽，在我者皆无所统摄，而仁在外，所谓差之毫厘，则谬以千里者也。②

---

① 朱熹：《晦庵先生朱文公文集》卷六十七，朱杰人等主编，《朱子全书》第 23 册，上海古籍出版社、安徽教育出版社 2002 年版，第 3280—3281 页。
② 陈淳：《北溪先生大全文集》，线装书局 2004 年版，第 118—119 页。

又说：

> 吕氏《克己铭》又欲克去有己，须与物合为一，方为仁，识得仁都旷荡在外了，于我都无统摄，必己与物对时，方下得克己工夫。若平居独处不与物对时，工夫便无可下手处，可谓疏阔之甚，据其实己如何得，与物合一，洞然八方如何得，皆在我闵之内，此不过只是想像个仁中，大抵气象如此耳。仁实何在焉，殊失向来孔门授心法本旨意。至文公始以"心之德、爱之理"六字形容之，而仁之说始亲切矣。①

此段是陈淳的《程吕言仁之辨》。陈淳作为朱子弟子，卫护师道甚力，坚持站在朱子立场上，以朱子之是非为是非，他认为程颢与吕大临二者之思形虽同而实不同，程颢是以天理周流无间者为仁，而手足麻痹滞碍不通为不仁。而吕氏认为是以万物同体处为仁，以有己为不仁；程颢的以"万物一体为仁"是说"理一"，而吕氏则把"己"与"物"混作一体；程颢是以"己"推"物"，而吕氏则是以"己"就物，且天下归"仁"只是空想，故唯有朱子的"心之德，爱之理"才能将"仁"说尽。陈淳的评说只不过是朱子意思的阐释，其对程颢与吕氏之间仁说的差异，分析透彻，可谓一语中的。至于仁说，吕大临在《论语解》中进一步申明其旨道：

> 仁者以天下为一体，天秩天叙，莫不俱存。人之所以不仁，己自己，物自物，不以为同体。胜一己之私，以反乎天秩天叙，则物我兼体。虽天下之大，皆归于吾仁术之中。一日有是心，则一日有是德。有己，则丧其为仁，天下非吾体；忘己，则反得吾

---

① 陈淳：《北溪先生大全文集》，线装书局2004年版，第25页。

仁，天下为一人。故克己复礼，昔之所丧，今复得之，非天下归仁者与？①

这段自古以来被认为是吕氏仁说之大纲，也是对《克己铭》之主旨的进一步阐明。吕氏明确表达人因为有己有私的存在，故不能达到与物同体，若能祛除有己之私心，即可达到物我兼体之境界。陈淳认为吕氏之说有沦落为墨子兼爱说之嫌，从程颢和吕氏之说来看，仁者以万物一体强调自己与万物是一个整体，而这确实如陈来所说："'仁者以万物为一体'，它不像张载的《西铭》那样具体地表达为亲亲、仁民、爱物，表达出以爱为基础的伦理情感，从而难免流于泛言和抽象，这就无法清楚地与墨家的'兼爱'、名家的'泛爱万物'、道家的'万物与我为一'等其他一体说区别开来。"②

由上述分析可见，吕大临的思想呈现以下几方面特质：（1）本体论倾向关学，仁学倾向洛学；（2）着重凸显以"一体"论仁；（3）凸显"克己"工夫在仁学当中的意义。第一点表明吕大临之学是糅合关学和洛学的，并逐步使关学走向洛学化。第二点说明吕氏接受程颢的思想，亦强调仁的万物一体的境界。第三点则是吕氏自己独立思考，独立发越之结果，可谓吕氏的独创。而这三点正是其仁说之精义所在，同时前两点也关涉吕氏整个思想体系，是其思想体系的重要组成部分。

四 吕大临的《孟子解》

吕大临的《孟子解》篇幅虽短，但亦能窥见其诠释《孟子》的重心和旨趣。下面拟通过对吕大临所存的《孟子解》当中的核心范畴

---

① 吕大临等著，曹树明点校整理：《论语解》，《吕大临文集》，《蓝田吕氏集》（上），西北大学出版社2015年版，第427页。

② 陈来主编：《早期道学话语的形成与演变》，安徽教育出版社2007年版，第186页。

的解读来一展吕大临的诠释关怀。首先在"心"论上,他指出:

> "尽其心者",大其心也。心之知思,足以尽天地万物之理,然而不及者,不大其心也。大其心与天地合,则可知思之所及乃吾性也。性即天道,故知性则知天。①

众所周知,"大其心"之说最为张载推崇和发明,他说:

> 大其心,则能体天下之物,物未有体,则心为有外,世人之心止于闻见之狭,圣人尽性不以闻见梏其心,其视天下无一物非我,孟子谓"尽心则知性",知天以此,天大无外,故有外之心,不足以合天心。②

在张载看来,"大其心"就是祛除和超越心的狭闻之见,使"心"虚无私,如此方可置心于物,视天下万物与我为一体。倘若因闻见梏其"心",则物会有遗漏,"心"就为外心。世人则多以耳目闻见遮蔽其"心",而不能做到孟子所言的"尽心",也因此不知"心"之来源。而吕大临则在张载的基础上有所推进,将"尽其心"直接解释为"大其心",我们可进一步通过朱子对此说的评价来作一参照性的解释,他说:

> 横渠"大其心则能体天下之物"之说,此只是言人心要广大耳。亦不知未能尽得此心之理,如何便能尽其心得。兼"大其

---

① 吕大临等著,曹树明点校整理:《孟子解》,《吕大临文集》,《蓝田吕氏集》(上),西北大学出版社2015年版,第450页。
② 张载:《孟子说》,林乐昌辑校,《张子全书》卷十六,西北大学出版社2015年版,第447页。

心"，亦做尽心说不得。①

> 孟子之意，只是说穷理之至，则心自然极其全体而无余，非是要大其心而后知性知天也。……只是格物多后，自然豁然有个贯通处，这便是"下学而上达"也。孟子之意，只是如此。②

朱子对张载师徒"大其心"之说的不满在于两点：一是张载的"大其心"是要"心"尽可能广大，还不是孟子"尽心"所谓"穷尽其在心之理"③之意，属于张载的"悬空想象"。④二是张载师徒将"大其心"作为知性、知天的前提条件，是颠倒了为学次序，与"下学而上达"之旨不类。从朱子的评介中可以看出，张载师徒的"大其心"之说缺少客观一面，主观成分过多，这显然与朱子"承袭了程颐的自然为之之路"⑤相抵牾，故而朱子的不满亦非全然无据。

在对"性本善"的理解上，吕大临说：

> 世之言性，以似是之惑而反乱其真。或以善恶不出于性，则曰"性无善无不善"；或以习成为性，则曰"性可以为善，可以为不善"；或以气禀厚薄为性，则曰"有性善，有性不善"。三者，皆自其流而观之，盖世人未尝知性也。天之道，虚而诚，所以命于人者，亦虚而诚，故谓之性。虚而不诚，则荒唐而无征；诚而不虚，则多蔽于物而流于恶。性者，虽若未可以善恶名，犹循其本以求之，皆可以为善而不可以为不善，是则虚而诚者，善之所由出，此孟子所以言性善也。今夫䵃麦，皆可以为美实，是

---

① 黎靖德编：《朱子语类》卷六十，中华书局1986年版，第1433页。
② 黎靖德编：《朱子语类》卷九十八，中华书局1986年版，第2518页。
③ 黎靖德编：《朱子语类》卷六十，中华书局1986年版，第1433页。
④ 黎靖德编：《朱子语类》卷九十八，中华书局1986年版，第2518页。
⑤ 向世陵：《宋代理学的心性小大之辨》，《中国人民大学学报》2012年第6期。

不可言无善无不善也。地有肥硗，犹禀厚者恶有不能移，禀薄者善亦不易以进，非人十己百，未足以若人。故尧君而有象，瞽父而有舜，非性也。雨露之养，人事之不齐，犹习之变化。雨露之滋，播种以时，犹习善者也；不滋不时，犹习恶者。习善则成善，习恶则成恶，性本相近而习相远。故"文武兴而好善，幽厉兴而好暴"，亦非性也。①

在吕大临看来，以往的性论主要有三种错误：一是主张性无善无恶，认为善恶不源自性；二是主张性可以为善，也可以不为善，完全以后天的习得来定义"性"；三是主张以气禀厚薄来界定性善。这三种说法似是而非，以假乱真，皆是因为不知"性"。那么，"性"的本义是什么呢？吕大临认为"性"与"天"本质是一致的，那就是既"虚"且"诚"，故而一般所谓的善恶皆不足以来界定"性"，但若从其本源来讲，那必须是源自"虚而诚"的"善"，而不能是不善，而善恶之分完全是"习善则成善，习恶则成恶"。从吕大临的推阐中可以看出，吕大临将"性"拔擢至天道，且用张载常讲的"虚""诚"来界定"性"的特质，并部分地沿用了张载对"性"的划分，尤其是对只用"气禀"来说性的善恶，而看不到"性"的本质的观点给予批评，这恰恰是对当时流弊的自觉警惕。

"义命"问题同样是当时学界极为重视的问题，吕大临给予重点解读：

辞受有义，得不得有命，皆理之所必然。有命有义，是有可得可受之理，故舜可以受尧之天下。无命无义，是无可得可受之

---

① 吕大临等著，曹树明点校整理：《孟子解》，《吕大临文集》，《蓝田吕氏集》（上），西北大学出版社 2015 年版，第 449—450 页。

理,故孔子不主弥子以受卫卿。二者,义命有自合之理,无从而间焉。有义无命,虽有可受之义而无可得之命,究其理安得而受之?是谓义合于命,故益避启而不受禹之天下。有命无义,虽有可得之命而无可受之义,亦安得而受之?是谓命合于义,故中国授室养弟子以万钟,为孟子之所辞。二者,义命有正合之理,时中而已焉。①

"义"是人之所当行,"命"是人行为的界限。义命问题渊源有自,早在上古社会已有所涉及。至孔子那里,他"以义利辨天命,使传统的天命观发生重要转变,把行义由宗教义的祈神邀福之手段,转变成人行的内在动机和天职"②。后继者孟子说:"孔子进以礼,退以义,得之不得曰有命"③,孟子此语在理论上首次将义命对举。宋儒程颐对此则大加发挥,主张"命者,所以辅义""命在义中""以义安命",强调在"义"之当行处来立命,挺立道德主体。④吕大临的看法则更强调"义""命"之间的时中,而不是偏废其一,这亦与朱子的"语义则命在其中"⑤,用"义"来消解"命"不同。⑥

晚清民国关学大儒牛兆濂曾指出:"横渠倡道关中,而吕氏昆季实缵绪而光大之。"⑦从吕大临对四书的诠释来看,这一缵绪光大之功尤为明显。他同样继承了张载四书学的特质:一是拨弃训诂,专求义理。这可从吕大临在诠释四书时,丝毫不及字词、名物、制度的考

---

① 吕大临等著,曹树明点校整理:《孟子解》,《吕大临文集》,《蓝田吕氏集》(上),西北大学出版社2015年版,第448页。
② 李景林:《教化的哲学》,黑龙江人民出版社2006年版,第303页。
③ 朱熹:《四书章句集注》(下),金良年译,上海古籍出版社2006年版,第393页。
④ 李敬峰:《程颐义命观研究》,《理论月刊》2012年第10期。
⑤ 黎靖德编:《朱子语类》卷四十五,中华书局1986年版,第1167页。
⑥ 李敬峰:《朱子的义命观:一种可能的道德生活》,《社会科学家》2013年第8期。
⑦ 王美凤等点校:《秦关先生拾遗录序》,《蓝川文钞》卷三《牛兆濂集》,西北大学出版社2015年版,第43页。

证训诂可以得到直接的印证。二是跨文本诠释。吕大临在四书诠释中，经常是文本互证，尤其是用《中庸》的概念来解读和统合《大学》《孟子》，一方面显示出其秉持张载雅重《中庸》、融合《易》、《庸》的学派特质；另一方面则继续在张载的基础上，推进四书义理的一体化。更为重要的是，从吕大临所诠释的义理中，亦可见其思想中既有关学的底色，亦有洛学的成分，显示出其糅合二者的努力。这也就是说，吕大临的思想性质并非单单属于关学或洛学那么简单，而是在融合洛学的基础上仍有他坚守的关学底色，也因此他被关学和洛学两派都视为门下高弟。

总而言之，由张载和吕大临所开创的北宋关学四书学形塑了关学的文本依据和义理结构，通过跨文本诠释，推进了四书的一体化，尤其是奠定了关学四书学的诠释方法和义理旨趣，范导了关学四书学的走向和趋势，使得关学四书学沿着义理经学的方向推扩开来。

第二章

式微与存续：金元关学四书学

宋室南渡，关中地区相继被纳入金、元帝国的版图之中，尤其是金灭北宋，直接引发士大夫群体的大量南迁，导致关中地区以身体道者群体的急速衰减，再加上南北隔绝以及金代推崇"苏学"①，在这三方面因素的综合影响下，学术的传承和延续不容乐观，更遑论对经典的注解和推阐。在这样惨淡的时代境遇下，一方面关学传承者寥寥无几，这可从冯从吾的《关学编》仅载录金元9位学人直接反映出来；另一方面就是金元时期关学并无一本系统的四书注经之作，但这并不是说他们就对四书毫不关注，在他们的文集中，多有对四书文本的引证和推阐。鉴于金元关学乃是关学学术史中不可或缺的一环，故仍列此章，以窥其涯略。

第一节 金元关学辨正

至少在中华人民共和国成立之前，关学是否有史并没有引起学界

---

① 冯从吾说："洛闽之学惟行于南，北方之士，惟崇眉山苏氏之学。"［冯从吾著，王敬松校点：《元儒考略》卷一，《儒藏》（精华编）第154册，北京大学出版社2018年版，第11页］翁方纲说："程学盛于南，苏学盛于北。"（翁方纲：《石洲诗话》卷五，人民文学出版社1998年版，第162页）皮锡瑞说："金、元时，程学盛于南，苏学盛于北。"（皮锡瑞著，周予同点校：《经学历史》，中华书局2004年版，第204页）

的关注和争论，它一直被当作是一个不证自明的问题来对待。而中华人民共和国成立以来，学界围绕关学是否有史以及在何处结束这一根基性问题争议不断。侯外庐先生主张"北宋亡后，关学就渐归衰熄"①，龚杰先生则更为激进，主张关学"上无师承，下无继传"②，关学在张载以后即中绝不续。张岂之先生主张"关学是由张载创立并于宋元明清时期，一直在关中地区传衍的地域性理学学派"③，陈俊民先生则认为关学是"宋明理学思潮中由张载创立的一个重要独立学派，是宋元明清关中的理学"④，刘学智先生则主张"关学史的发展同整个宋明理学发生、发展和衰落历史具有同步性……关学史事实上已经延伸到清末民国"⑤，而林乐昌先生主张"关学只经历了宋、明、清三个时期，其六百年的历史既有断绝也有接续"⑥，并将关学的下限定在晚清刘光蕡那里，主张其"是关学近代转型的完成者"⑦，张莉博士亦主张"金元无关学"⑧。方光华的观点与林乐昌在关学下限问题上保持一致，他说："（关学）主要指从张横渠到刘古愚的关中儒学"⑨，但不同的是，方光华承认金元关学的存在。而随着《关学文库》的出版，学界虽然对传统关学何处结束仍有分歧，但基本解决了关学研究中的基础性问题，确定了关学学术的"合法性"，开创了关学研究的新局面。但必须注意的是，以上诸位学人的争议中，还隐含着这样一个问题，即金元是否有关学的问题。对于这一问题，明代的冯从吾、清代的王心敬、李元春、贺瑞麟等在编纂和增补《关学

---

① 侯外庐主编：《中国思想通史》第四卷（上），人民出版社1959年版，第545页。
② 龚杰：《张载评传》，南京大学出版社1996年版，第206页。
③ 张岂之：《总序》，《关学文库》，西北大学出版社2015年版，第1页。
④ 陈俊民：《张载哲学思想及关学学派》，人民出版社1986年版，第24页。
⑤ 刘学智：自序，《关学思想史》（增订本），西北大学出版社2020年版，第7页。
⑥ 林乐昌主编：《关学源流》，陕西师范大学出版总社2020年版，第14页。
⑦ 林乐昌主编：《关学源流》，陕西师范大学出版总社2020年版，第266页。
⑧ 张莉：《明代关学三原学派研究》，陕西师范大学，博士学位论文，2021年，第30页。
⑨ 方光华：《关学及其著述》，西安出版社2003年版，第3页。

编》的时候，皆以续列学人的方式变相地承认金元关学的存续。明儒余懋衡则直白地说，"关中故文献国，自横渠迄今又五百余岁矣，山川为厚，钟为俊彦，潜心理学，代有其人"①，清儒贺瑞麟亦以"代不乏人"② 来书写关学的传承，清儒刘得炯亦有相近论述，他说："自宋至明，代有传人。"③ 从这些列举可见，多数学者认为关学是一个连续性的存在。然尔后清儒全祖望的论述则对已有的论断造成了直接的冲击和挑战，他说：

> 关学之盛，不下洛学，而再传何其寥寥也？亦由完颜之乱，儒术并为之中绝乎？④
> 关、洛陷于完颜，百年不闻学统，其亦可叹也！⑤
> 关陕沦亡后，横渠学统湮。⑥

在全祖望看来，关学在宗师张载在世之时，其盛况并不逊色于洛学，但由于金兵南侵，导致横渠学统中绝，甚至出现了百年不闻学统的惨淡局面。那么，全祖望的论断是否有根据呢？这需要我们先明晰全祖望的论断中所牵涉的历史背景。众所周知，宋自建国，边患就一直存在，先与西夏对峙，后又与金对峙，至靖康元年，金灭北宋，关中地区沦为金地，且由于其自古为军事重镇的地位，故一直处在战火纷扰之中，这就直接导致人口的急剧减少，士人更是寥若晨星，我们可从

---

① 余懋衡：《关学编》序，载冯从吾著，陈俊民、徐兴海点校《关学编》，中华书局1987年版，第121页。
② 贺瑞麟著，王长坤、刘峰点校：《重刻〈关学编〉序》，《清麓文集》卷二，《贺瑞麟集》（上），西北大学出版社2015年版，第69页。
③ 刘得炯：《关学编》序，载冯从吾著，陈俊民、徐兴海点校《关学编》，中华书局1987年版，第124页。
④ 黄宗羲、全祖望：《宋元学案序录》，《宋元学案》卷首，中华书局1986年版，第6页。
⑤ 黄宗羲、全祖望：《宋元学案序录》，《宋元学案》卷首，中华书局1986年版，第18页。
⑥ 王梓材、冯云濠：《吕范诸儒学案》，《宋元学案》补遗卷三十一，中华书局2012年版，第1901页。

金代一位县令孔天监欲修复一条水渠,但却没有士人可备咨询和帮助,最后只好求助于道士杨洞清才得以完成这一事件中,得到直接的说明①,也可从《关学编》金代仅1人入编得到进一步的印证。这里必须说明的是,虽然有郝经称赞金代"粲粲一代之典与唐、汉比隆,讵元魏、高齐之得厕其列也"②,亦有赵翼称"金源一代文物,上掩辽而下轶元"③,但这些赞语所言实际上并不是普遍的现象,至少地处兵家必争之地的关中就是一个例外。这也提醒我们必须注意普遍之下的特殊现象。

转至元代,统治者奉行"以儒治国"的国策。早在窝阔台执政期间,基于"名儒凋丧,文风不振"④的局面,就诏令:"所据民间应有儒士,都收拾见数。若高业儒人,转相教授,共习儒业,务要教育人材。……遍行诸路一同监试,仍将论及经义、词赋分为三科,作三日程式,一科为一经,或有能兼者,但不失文义者为中选。"⑤ 这是元代历史上第一次设科取士,具有重要的风向标意义。后继之君忽必烈更是"信用儒术,用能以夏变夷,立经陈纪"⑥,他完善官学体制,设立国子学、小学和书院等,明确士子读书"必先《孝经》《小学》《论语》《孟子》《大学》《中庸》,次及《诗》《书》《礼记》《周礼》《春秋》《易》"⑦,这就极大地推动了儒学在全国范围内的传播和振兴,关中地区自然也不例外。忽必烈之后的历代君主,皆奉行推崇儒学的治国方略,进一步加速了儒学的兴盛。据元儒欧阳玄所言:

---

① 强造:《孔公渠水利记》,载张金吾编《金文最》,中华书局1990年版,第352—354页。
② 郝经:《删注刑统赋》序,《陵川文集》卷三十,山西古籍出版社2006年版,第416页。
③ 赵翼撰,黄寿成校点:《廿二史札记》,辽宁教育出版社2000年版,第497页。
④ 佚名:《庙学典礼》,影印文渊阁四库全书第648册,台湾商务印书馆1986年版,第325页。
⑤ 佚名:《庙学典礼》,影印文渊阁四库全书第648册,台湾商务印书馆1986年版,第325页。
⑥ 宋濂:《元史》,中华书局1976年版,第377页。
⑦ 宋濂:《元史》,中华书局1976年版,第2019页。

裕宗皇帝时在东宫，赞成崇儒之美。成宗皇帝克绳祖武，锐意文治，诏曰：夫子之道，垂宪万世，有国家者，所当崇奉，既而作新国学，增广学官数百区，胄监教养之法始备。武宗皇帝熙兴制作，加号孔子为大成至圣文宣王，遣使祠以太牢。仁宗皇帝述世祖之事，弘列圣之规，尊五经、黜百家，以造天下士，我朝用儒，于斯为盛。英宗皇帝，铺张钜丽，廓开弥文。明宗皇帝，凝情经史，爱礼儒士。文宗皇帝缉熙圣学，加号宣圣。皇考为启圣王，皇妣为启圣王夫人，改衍圣公三品印章。①

从欧阳玄的叙述中可见成祖之后的裕宗、成宗、武宗、仁宗、英宗、明宗、文宗皇帝皆对儒学推崇有加，这是金代统治者所无法比拟的，极大地推动了儒学在元代的发展。而关中地区在金元之际再次沦为逐鹿之地，"耆献硕儒，半窜死于兵燹之余"②，这就是说，原本就不充裕的关中士人，因为战争，多半死于兵祸，这无疑给关中地区儒学的发展带来了毁灭性打击。虽然有元一代，历任皇帝对儒学推崇有加，但落实到关中地区，却要缓慢得多，呈现"斯文虽未丧，吾道竟谁伸"③的尴尬情形，更难以与人才鼎盛的江南地区相媲美，这很大一部分原因就是关中地区士人阶层的断裂，也即"秦人新脱于兵，欲学无师"④。故而随着关中地区渐趋从战争的泥沼当中挣脱出来，学术面貌亦略有改观，据载：

自昔关辅风土厚完，人材朴茂。洪惟世祖皇帝始以潜藩，分

---

① 欧阳玄著，陈书昆、刘娟校点：《曲阜宣圣庙碑》，《欧阳玄集》卷九，岳麓书社2010年版，第122页。
② 萧𣂏、同恕、杨奂著，孙学功点校整理：《元代关学三家集》附录二《杨文宪公年谱》，西北大学出版社2015年版，第514页。
③ 王寂：《挽姚仲纯》，《拙轩集》卷二，中华书局1985年版，第18页。
④ 宋濂：《元史》，中华书局1976年版，第3717页。

地请命，故相廉文正王为宣抚使，乃辟覃怀许公为之提学，以兴庠序，以育贤材，以美风化，其规模宏远矣。当时儒宿，磊落相望，至大德、延祐之际，则有若贞敏、文贞二公者出焉。①

这就是说，关中地区到元大德、延祐之际，儒学已略有规模，出现了宿儒相望的情形。这可从冯从吾的《关学编》收录8位学人得到印证。当然，8位学人相比于金代的1人是一种进步，但相对于整个元朝，尤其是江南地区，自然是不值一提。以上就是金、元时期关学发展的学术背景。从这一背景中，我们可以看出全祖望"中绝"的论断也绝不是无的放矢，但似有放大金、元关学颓势的倾向。关学在金元时期虽然是关学发展的"黑暗时代"②，但并不能以"中绝"这样绝对性的词汇来描述，而应该说是"蹒跚前行"③。当然，这里面还牵涉全祖望所说的"横渠学统湮"的问题，也就是说否定金元无关学的其中一个理由就是金元关中地区的学人对横渠之学少有言及，以致出现"学统湮"的问题。而要厘清这一问题，就需要对关学在金元的学术旨趣予以澄清，那就是金元时期"关中学人从宗张载的关学而走向了宗濂洛关闽之理学，尤推崇程朱之学，这成为关学在元代的一个新动向"④。具体来讲，在金代统治的很长时间内，虽然朱子学在南宋已经崛起，并与陆九渊、叶适鼎足而立，但关中地区固有的尊奉道学的学术传统遭到沉重打击。朱子学何时传入关中，其准确的时间已不可考，但从皮锡瑞的论述中似可看出梗概：

  金元时，程学盛于南，苏学盛于北。北人虽知有朱子，未能

---

① 赵天爵：《榘庵集》序，载同恕《榘庵集》，《元代关学三家集》，西北大学出版社2015年版，第125页。
② 王昌伟著，刘晨译：《中国历史上的关中士人》，浙江大学出版社2017年版，第62页。
③ 常新：《金元时期关学的学术面向》，《中国哲学史》2018年第3期。
④ 刘学智：《关学思想史》（增订本），西北大学出版社2020年版，第224页。

尽见其书。元兵下江汉，得赵复，朱子之书始传于北。姚枢、许衡、窦默、刘因辈翕然从之。①

以赵复为元代北方朱子学的先驱可能更多的是从学术影响上来讲的，实际上在金代末年北方大儒王若虚、赵秉文已经论及朱子之学，但却是零星式的。赵复传播朱子学虽然与关中没有直接的关联，但从学于他的姚枢、窦默在归隐苏门后，同在此地的许衡与二人讲习论道，共同研习朱子学。许衡弟子虞集曾说，"在世祖皇帝时，先正许文正公得朱子四书之说于江汉先生赵氏"②，这里所说的"得"并不是直接获得，而是经由其弟子姚枢溯源至赵复。在1254年，忽必烈受封关中，为教化秦人，特命许衡为京兆教授、提学，据《元史》载：

秦人新脱于兵，欲学无师，闻衡来，人人莫不喜幸来学。郡县皆建学校，民大化之。③

也正是在此阶段，许衡将朱子学大规模地带入关中，并培养出诸多弟子，引导学者研习程朱理学，这"直接影响了此后关学的基本走向。"④ 柏景伟曾高度肯定许衡在关中传播朱子学之功，他说：

关中沦于金、元，许鲁斋衍朱子之绪，一时奉天、高陵诸儒与相唱和，皆朱子学也。⑤

---

① 皮锡瑞：《经学历史》，中华书局2004年版，第204页。
② 虞集：《跋济宁李璋所刻九经四书》，《道园学古录》卷四十，商务印书馆1937年版，第674页。
③ 毕沅：《续资治通鉴》，内蒙古人民出版社2008年版，第411页。
④ 刘学智：《关学思想史》（增订本），西北大学出版社2015年版，第224页。
⑤ 柏景伟：《小识》，载冯从吾著，陈俊民、徐兴海点校：《关学编》，中华书局1987年版，第69页。

这里的"奉天""高陵"诸儒主要指的是杨奂、杨天德、杨恭懿等。他们刚刚获闻朱子学,尚处在接受、学习的阶段,思想上难言有创获所在,更多是与许衡重视朱子学中践履一面或者是"尚实"的学术取向保持一致。如杨奂仅存的文集《还山遗稿》中,仍有金代重视章句之学的痕迹,推崇朱子但却较少探及朱子学的核心思想,而对着实践履则不惜笔墨。高陵之学以杨天德肇其端,学术上笃信程朱义理,主要以崇信、传播、讲授朱子学为主,几乎没有对朱子学的义理进行推阐,其子杨恭懿"倡其家学",亦以弘道朱子学为务,他的学术造诣与当时主讲关中的许衡分庭抗礼,受到许衡的推许:"笃信好学,操履不苟,实我辈所仰重。"① 与奉天诸儒相比,杨恭懿已"耻为章句儒"②,而是更为关注朱子学的义理以及如何践行朱子学。《关学编》曾记载其 24 岁时获得朱子《四书章句集注》《近思录》等书时的心情:

> 读之喜而叹曰:"人伦日用之常,天道性命之妙,皆萃其书。今入德有其门,进道有其途矣。吾何独不可及前修踵武哉!"③

杨恭懿以"入德有门,进道有途"来高赞朱子学,这种评价不可谓不高。他积极践行朱子学,开显朱子学的实践面向,以"真知实践,主乎敬义,表里一致"④为立身宗旨,并将其落实到具体的人伦日用中。如在其父亲去世之时,他一尊《朱文公家礼》处理后事,反对用世俗的佛教之法。他笃行礼教,学术地位卓绝,使得"三辅士大夫知由礼制自致其亲"⑤。要之,元代前期的奉天、高陵诸儒对朱子学的

---

① 冯从吾著,陈俊民、徐兴海点校:《关学编》卷二,中华书局1987年版,第20页。
② 冯从吾著,陈俊民、徐兴海点校:《关学编》卷二,中华书局1987年版,第19页。
③ 冯从吾著,陈俊民、徐兴海点校:《关学编》卷二,中华书局1987年版,第19页。
④ 冯从吾著,陈俊民、徐兴海点校:《关学编》卷二,中华书局1987年版,第20页。
⑤ 冯从吾著,陈俊民、徐兴海点校:《关学编》卷二,中华书局1987年版,第20页。

推重自不必多言，但展现的多是践履朱子学的面向，在发挥和阐释朱子学上少有创举，这就与南方朱子学已经深度发明、辨析朱子学拉开了距离，显示出朱子学初传关中时以遵信、践履为主导的学术样态。

杨奂、杨天德、杨恭懿之后，"接其步武"①的则是萧㪺斗、同恕，士论并称曰："萧同。"②全祖望对其二人高赞道："有元立国，无可称者，惟学术尚未替，上虽贱之，下自趋之，是则洛、闽之沾溉者宏也。如萧勤斋、同榘庵辈，其亦许（衡）、刘（因）之徒乎！"③全氏之言肯定了萧、同二人的传道之功。萧㪺斗"制行甚高，真履实践……一以洙泗为本，濂、洛、考亭为据"④，这就将其宗本朱子学之意显豁出来。以理、气为例，萧㪺斗说：

> 惟天生民，理与气具。理也，为仁义礼智之性。气也，为五脏百骸之形。人生而静，性之本也。至大至刚，气之本也。人与天地本一，私欲间之，则二。惟静无欲，惟刚无所曲挠。⑤

萧㪺斗明显秉承了朱子的理气思想，尤其是朱子的"禀理以为性，禀气以为形"，将"理"作为仁义礼智之性，将"气"作为构成人的质料，两者从内外两面构成完整的人，以此可见萧㪺斗对朱子的羽翼和推阐。就同恕来讲，他与萧㪺斗志同道合，同样以承继和弘扬朱子学为务，他"轨辙程朱，履真践实，不为浮靡习"⑥，"其学由程朱溯孔

---

① 苏天爵：《萧贞敏公墓志铭》，《滋溪文稿》卷八，中华书局1997年版，第116页。
② 张骥：《关学宗传》卷九，载王美凤《关学史文献辑校》，西北大学出版社2015年版，第216页。
③ 黄宗羲、全祖望：《萧同诸儒学案》，《宋元学案》卷九十五，中华书局1986年版，第3142页。
④ 冯从吾：《关学编》卷二，陈俊民、徐兴海点校，中华书局1987年版，第22页。
⑤ 萧㪺：《无欲斋说》，《勤斋集》卷二，西北大学出版社2015年版，第20页。
⑥ 贾仁：《元故奉议大夫太子左赞善榘庵先生同公行状》，《榘庵集》附录，西北大学出版社2015年版，第368页。

孟，务贯浃事理，以利于行"①，并对程朱一系的"主敬"思想推崇有加，他向储君献的三条计策其中之一就是"主敬"，他指出："先儒言'敬'之一字，圣学所以成始而成终，尧、舜、禹、汤、文、武所谓传恭者，盖如此也。此臣所欲献者二。"② 以此可见他对程朱之学的推崇和服膺。从上述分析中可见，金元关学的学术取向确实发生了转变，这也说明了部分学者如刘学智先生观察的准确性。③

更为重要的是，元代关学大儒在文集当中已经开始大量谈及北宋关学如张载、吕大临的思想，如萧𣂏对张载的《西铭》给予高赞，并对张载的"变化气质"思想进行表彰和推衍，他说：

> 《蓝田吕氏解》曰："君子所以学者，为能变化气质而已。德胜气质则愚者可进于明，柔者可进于强。不能胜之，则虽有志于学，亦愚不能明，柔不能立而已矣。夫以不美之质，求变而美，非百倍其功，不足以致之。今以卤莽灭裂之学，或作或辍，以变其不美之质。及不能变，则曰天资不美，非学所能变，是果于自弃，其为不仁甚矣。"凡此圣贤大儒所以教人，言虽异而旨则同，而吕氏尤切，故详著之。盖气质、习染、时尚、物欲数者，惟变化气质为难，然既能真识德性之正，自能觉其气质之偏，于日用动静语默间，事事力变之，则是天理之正，所谓"非礼勿视听言动""一日克己复礼"，吾身过失皆可一举尽扫除矣。④

---

① 冯从吾著，陈俊民、徐兴海点校：《关学编》，中华书局1987年版，第23页。
② 同恕：《上储君书》，《榘庵集》卷四，《元代关学三家集》，西北大学出版社2015年版，第164页。
③ 刘学智先生说："关中学人从宗张载的关学而走向了宗濂洛关闽之理学，尤推崇程朱之学，这成为关学在元代发展的一个新动向。"[刘学智：《关学思想史》（增订本），西北大学出版社2020年版，第224页］。
④ 萧𣂏：《地震问答》，《勤斋集》卷四，载《元代关学三家集》，西北大学出版社2015年版，第56页。

"变化气质"最早为张载所提及,乃其标志性思想之一。萧㪺所引正是吕大临对张载"变化气质"思想的阐释,他极力赞扬吕解之妙,实际上也是在变相称赞张载之思想,他认为"变化气质"是最难做到的,必须于日用间用德性来驾驭、克治气质之偏,使其复归于正。他的这种解释虽然没有逾越张载、吕大临之意,但却显豁出其对张载核心思想"变化气质"的认可和推崇。和萧㪺并称为"萧同"的同恕,亦对张载思想极为推崇,他说:

> 予读张子《西铭》:"民吾同胞,物吾与也。凡天下疲癃残疾、鳏寡孤独,皆吾兄弟之颠连而无告者。"呜呼,至哉斯言!乾父坤母,均气同体,厚薄之分虽殊,生生之理则一。人灵于物而可赞化育,独是心之异耳。是心者何?仁义之心也。有是仁义之心,则凡均气同体而不得其所者,其忍坐视而不为之恤乎?①

同恕表彰张载的《西铭》,并从理气论的视角创造性地解读和发明《西铭》,主张气殊而理一。综上,从金元关学的学术旨趣,再到金元关学学者对关学宗师核心思想的服膺,无不表明那种以"中绝"来描述金元关学的观点,是值得重新思考的。因此,我们认为金元时期是有关学的存续的,只不过是关学史上的低迷时期。是时仍有学者在延续和传衍关学学脉,他们以承继和弘扬朱子学为务,只是尚处在学习、接受和羽翼的阶段,整体表现并不出色。他们着重探讨和关注的是如何落实朱子学,显豁出朱子学践履、务实的一面。同时也透显出张载关学的思想底色。

---

① 同恕:《党仲安周急诗序》,《榘庵集》卷二,西北大学出版社 2015 年版,第 138 页。

第二节　尊奉程朱，引用评介：
金元关学四书学

金元是关学发展史上的"黑暗时代"。与之相应，在整个关学四书学诠释史上，金元亦是最薄弱的时期，原因在于其竟无一本系统、完整的四书学单本乃至整体的经解之作。这与金元时期关中地区一直动荡不安，缺乏稳定的社会环境密切相关，苟全生命已是难事，更何况去从事经学的研究，这就导致关中地区理学基础较为薄弱，学者尚处在接受、学习的阶段，还谈不上对经典的系统注疏。但这并不意味着金元关学的学者就不关注四书，相反，他们对四书的部分篇章亦有些许的引用和评介，显示出零星推阐，艰难赓续的学术样态。下面，我们就依照四书篇目依次来看一下金元关中学者对四书的认识和理解。

首先，就《大学》来讲，在萧㪺的《勤斋集》里，只有一处涉及对《大学》内容的评价：

> 闻之格物致知之方，则有论古今人物而辨其是非者，况近在吾身乎？日夕省思，使是非皦然，是则加勉，非则改之，毋自欺焉，学之要也。[①]

这段引文是萧㪺对"格物致知"对象的诠释。在他看来，既然能把臧否古今人物作为格致的对象，那么一己之身心就更没有理由不纳入格致的范围当中，且身心之学更应该成为格物的首要乃至核心对象，否

[①] 萧㪺:《送孙秀才序》,《勤斋集》卷一，西北大学出版社2015年版，第8页。

则就沦为逐外之学。萧㪽的诠释明显是针对朱子后学所衍生出的"格物"偏于外物，忽略己身的倾向。可见，萧㪽已经关注到朱子《大学》诠释的核心议题。元代的另一个关学大儒同恕亦对《大学》有所涉及，他说：

> "大学之道在明明德，在新民，在止于至善。"唐、虞三代之盛，上以是教而取之，下以是学而行之。故当其时，治无异学，教化行而风俗美，协气流而瑞应昭。粤自功利法术之说兴，杂霸辞艺之业作，历数十世，虽以一时之所立，仅致小康，而所谓明德新民之休烈，则蔑乎其未有闻也。主上御极之初，锐情继述，兴学养才，思启圣治于无穷，首取帝王选士之法，讲而行之。诸君涵濡大学之教，为日已久，是固深惟其义而力行其知矣。敢问明德者何？而吾又何以明之？民之所以新？至善之所以得而止之？是必有其说矣。有司愿详闻之，以观诸君所以副今选择之意。①

这是同恕在策问中的答语。同恕主要是对《大学》的首三句，也即"三纲领"进行引用和评述。他认为三代之时，"三纲领"是上至帝王、下至庶民研习的内容，如此则教化得以推行，风俗得到更化。而随着功利法术等异端之学的兴起，则中绝了这一代代相传的学统、治统，不复三代之盛。故当今之世，应该努力恢复《大学》此教，并且努力践行，方可实现三代之治，这就突出了《大学》"三纲领"在治道方面的价值及其意义。显然，同恕是从政教而非心性的角度来定位

---

① 同恕：《策问四道》，《榘庵集》卷一，西北大学出版社2015年版，第133页。

《大学》的性质，这恰恰与汉唐时期对《大学》的定位是一致的。[①]同恕在行文中专门对"明明德"给予解读，他说：

> 故《大学》孔氏之教首以"明明德"为言，盖吾此德得之于天，虚灵洞彻，万理咸备，初无一尘之污，一毫之翳，使其日用之间酬酢庶务，轻重短长如尺度权衡，锱铢分寸皆得其平。天之所以爵斯人者，不既尊且贵乎？一或以物我相形之私秽涅其间，日引月长，向之所谓虚灵者，变而为昏塞矣。向之所谓皆得其平者，不失之轻短，则失之重长，而各倚于一偏矣，是自昧其天也。然出幽则入明，其几在我，间不容发，可不精以察之，一以守之乎？[②]

在同恕看来，"德"是源之于天的，它是虚明通达，万理皆备，原是没有丝毫污染的，应事接物，日用常行，皆无差错。但后被私欲遮蔽，"德"则由显明变为昏塞，发之于外，则失去衡断是非之公平正大，走向偏颇。而"德"之明与不明，完全在于个人能不能守。同恕对"明明德"的理解一方面既承认了"德"的至高无上性、神圣性；另一方面也承认"德"并非是一贯明莹的，他容易受到后天各种私欲的遮蔽。同恕的理解与朱子相比，既有相同的一面，即都承认"德"是源之于天的；亦有不同的一面，即朱子是从气禀的角度来探讨"明德"的昏闭，而同恕则是从后天的私欲来论及。

就《论语》来说，萧𣂏亦对部分篇章有所论及。他说：

---

① 陈来指出："唐代以前对《大学》的理解主要侧重在为政论……宋代以后《大学》诠释的重点已经从政治论、为政论转移到修身论。"（陈来：《〈大学〉的作者、文本争论与思想诠释》，《东岳论丛》2020年第9期）

② 同恕：《明轩记》，《榘庵集》卷三，西北大学出版社2015年版，第161页。

> 夫子谓："性相近，习相远。"又曰："君子上达，小人下达。"盖言习也。古人有行年五十而知四十九年之非者。人若不知学，不以礼义切己省察，岂能自知非，但见人之不同己者为非尔。此之谓失其本心，但不知不觉作一世恶人而死耳。①

这段是萧㪺对《论语》当中的两句名言"性相近，习相远"以及"君子上达，小人下达"的评述。他认为这两句话的核心意思是说"学"的。人唯有从事于"学"，用礼义来反省自察，方能自断是非，否则缺乏"学"的加持，只是以个人好恶来拣择是非，这无异于是不自觉的恶人。萧㪺所要凸显的是"下学"工夫的重要性，这恰恰是对张载所强调的"学"的重要性的延承。他在对孔子的"朝闻道，夕死可矣"一句的发挥中，同样强调此意，他说：

> 曰："夫子谓：'朝闻道，夕死可矣。'虽有半日之生，犹当闻道，期不负此生为人，犹胜虚生虚死，与草木无异也。曾子临终，以一箦不合礼，必易之，曰：'吾得正而毙焉，斯已矣。'岂以将死，任其非理耶？"曰："观世之学者，必数十年而后有成，吾旦暮人耳，安得此光阴，是可伤也！"曰："不必如此。昔有李初平欲从濂溪先生学，先生曰：'公老矣无日，子但每日来听说话。'于是二年后有所得，此或一法也。若未至于老，则茅容四十余方学，终亦成德焉。"②

萧㪺认为孔子的"朝闻道，夕死可矣"所要表达的就是汲汲求道之心。即使只有半日生命，亦当以求道为志，以从学为志，否则便是辜

---

① 萧㪺：《地震问答》，《勤斋集》卷四，西北大学出版社2015年版，第54页。
② 萧㪺：《地震问答》，《勤斋集》卷四，西北大学出版社2015年版，第54—55页。

负人生，与草木无异。这明显是对"学"之重要性的极端强调和凸显，是对前述为学主张的强化。

我们再来看一下金元关学学者对《孟子》的看法。在金元诸位关学学者的文集中，只有萧㪺的文集中有对《孟子》部分篇章的评说。萧㪺说：

> 孟子曰："人之所以异于禽兽者几希，庶民去之，君子存之。"此理自是，己所当为，何待人教乎？①

萧㪺认为孟子对人与禽兽之间差别的评判极为准确。他认为人与禽兽相差所指向的道德，是个体应该努力存有的，无须待他人之教。很明显，这是对孔子"为仁由己"思想的承继和发挥。他对孟子的另一思想评论道：

> 曰："事天有道乎？"曰："有。孟子曰：'存其心，养其性，所以事天也。'《诗》云：'畏天之威，于时保之。'人能常常兢畏斋栗，如对君父，如事鬼神，则心不流荡放去。心既常存，则能保守得天所赋之理完具不失，顺而行之，不敢夹杂一毫己意，即事天之道也。"②

这段是对孟子"事天"说的发挥。萧㪺认为人应该心存敬畏，存有与生俱来的道德，使其完备不失，顺应天理，祛除私欲，像事鬼神一般事君父，这就是事天之道。很显然，萧㪺完全是用理学的观点来解读孟子的"存心养性"，更为明确的说是用"存天理、灭人欲"来

---

① 萧㪺：《地震问答》，《勤斋集》卷四，西北大学出版社2015年版，第49页。
② 萧㪺：《地震问答》，《勤斋集》卷四，西北大学出版社2015年版，第55页。

解读。

另一关学学者同恕虽然没有对《孟子》篇章的直接发挥，但却对孔、孟之别给予关注，他说：

> 孔子没，能传圣人之学者，孟子一人而已。著书七篇，先儒以为则。象于《论语》，旨意合同，而孟子亦尝自言所愿学孔子。至于篇终，历叙群圣之统，直谓孔子至今世未远，邹鲁相去居又近，其自任以继圣传者，岂不昭然见于辞气之间哉？是宜一言一行，与孔子若合符节，然后可以使人无疑。今以二书考之，此矛彼盾，盖亦不少。孔子称管仲九合之功，许之曰："如其仁。"孟子则曰："管仲，曾西之所不为"，"功烈如彼其卑也"。孔子谓子产有"君子之道"，且数其养民惠、使民义矣；孟子则曰："惠而不知为政"。言之不同有如此者。孔子于公山佛肸之召，犹且欲往；孟子则不见诸侯，召之而不往。孔子去卫，明日遂行；孟子去齐，三宿而后出昼。行之不同有如此者。岂以圣贤之用，不必皆同，而圣贤之学，固无不同耶？不然何以谓之孔孟？诸君潜心二书，为日久矣。微辞奥旨，盖已精思而熟讲之，其详著于篇，以祛所惑。①

在这段长文中，同恕不同于以往打并孔孟为一的观点，他着重对两者进行区分，认为孔孟之间是有明显不同的，如对管仲、子产的评价，如孔孟对出处进退所持的态度，等等，他提醒学者要对《论语》《孟子》静思熟讲，切不可人云亦云，不加辨析地取消孔、孟的差别。平实而论，同恕的观点和立场是公允和恰当的。

就四书当中的最后一部经典《中庸》来说，金元关学学者皆给予

---

① 同恕：《策问四道》，《榘庵集》卷一，西北大学出版社2015年版，第133页。

了一定的关注。萧㪍就对《中庸》相当重视，经常以此教人，其好友同恕就说："（萧㪍）勤斋先生举子思、孟子相传之要以示济川，岂不曰'可与言而言'？其知济川亦深矣。"① 不唯如此，他更深入义理层面对《中庸》进行解读，他对《中庸》里"中"的思想解释道：

> 闻人之心虚灵，知觉主一身，涵动静，具众理，妙万物。惟圣哲气禀粹精，鉴空而衡平，仁义礼智浑然无倚，曰："中德"。事物之感，万善攸出，恻隐、羞恶、辞让、是非，应各以物，无过不及。曰："时中。"惟厥庶民，昏驳攸质，爰自有生。中德既罔，显习尚物，欲乘衅以汨，旦昼宵寐，斯须靡宁。心縶声色，臭味势利，纷华是诛，便儇巧佞，卑污苟贱，是狃灵府。惟冰炭攸积，彝则曷其存？维先哲戒玩物丧志，期精义以诚身，而凡民覆玩物丧志求，私欲荼毒，救渴以酖，奚益？……惟昔颜子躬博文约礼，明睿攸烛，乃克有择，拳拳依中德。②

"中"是《中庸》一书的核心要义，朱子认为主要有两层内涵：未发之中和随时之中③，并将其解释为"不偏不倚，无过不及"④。萧㪍则主要从三个层次展开推阐：一是《中庸》是"中庸之德"并提，他则单拈出"中德"，认为其意思是"仁义礼智浑然无倚"，这就将"中"作为德的内涵揭示出来，那就是心、性的合一。二是他着重阐发的是"中"的"时中"之义，也就是心、性、情三者的合一，并

---

① 同恕：《明善堂记》，《榘庵集》卷三，西北大学出版社2015年版，第154页。
② 萧㪍：《稽中堂记》，《勤斋集》卷一，西北大学出版社2015年版，第16页。
③ 《朱子语类》载："至之问：'中含二义，有未发之中，有随时之中。'曰：'《中庸》一书，本只是说随时之中。然本其所以有此随时之中，缘是有那未发之中，后面方说时中去。'"（黎靖德编：《朱子语类》卷六十二，中华书局1986年版，第1480页）
④ 朱熹：《四书章句集注》（上），金良年译，上海古籍出版社2006年版，第23页。

提出"行止贵时中"①，将其作为出处进退的一个衡量标准。三是保有"中德"的工夫是"博文约礼"。从萧辟的释义中可见，他对朱子是羽翼基础上的推阐，既有恪守，亦有发明。我们再来看他对"致中和"的解释：

> 曰："闻之致中致和，天地位，万物育者，何也？"曰："此圣人之能事，学问之极功，未易言也。若粗言之，不过使天下人之心一静一动，各尽其理尔。人尽其理，则人道立，故天地自位，天地位则万物育，亦犹人心安泰，神志清明，俯仰无愧，则血气和平，肤革丰盈，化化生生，寿考康宁矣。"②

"天地位，万物育"是"中"、"和"后的境界和效验。因此，萧辟借助朱子之语"圣人之能事，学问之极功"③来予以评判，也是将其视为工夫后的效验。其意就是首先使人心能够尽性、尽理，然后确立人道，再由心正达至天地之心正，这是体，体立而用行，故"万物育"就是"天地位"后自然而然之事。很明显，萧辟的解释基本是对朱子之意的发明，没有超出朱子释义的边界。略有不同的是，萧辟将其与"寿考康宁"这种颇具福报意味的内容联系起来，显示其将儒家义理世俗化的学术取向。

同恕同样极为重视《中庸》，在其文集中多有对《中庸》的引用和评介。首先，他引用《中庸》之文以为己意作支撑和论证：

> 《中庸》曰："夫孝者，善继人之志，善述人之事者也。"虽然临原之心，元辅能为心矣。临原之迹，元辅其能不复之耶？吾

---

① 萧辟：《送石郎中》，《勤斋集》卷五，西北大学出版社2015年版，第70页。
② 萧辟：《地震问答》，《勤斋集》卷四，西北大学出版社2015年版，第49页。
③ 朱熹：《四书章句集注》（上），金良年译，上海古籍出版社2006年版，第24页。

知临原之精爽洋洋乎如在左右，其必曰："孝孙有庆。"世英元辅而守之者，尚知勉哉！①

在这段引文中，同恕引用《中庸》关于"孝"的思想来为其所说的临原老人惠显卿事母至孝之事，并期待老人之孙元辅能够善继其祖父之孝这件事来作为依据。这实际上是双向诠释的，一方面通过具体的事例来详细解释《中庸》这段话，另一方面亦借助《中庸》这段话来为这一事例提供合法性的论据。再如：

> 中奉大夫、陕西行省参知政事青社王公仲怿，名其所居之室曰"服善"，盖取颜子"择乎中庸，得一善，则拳拳服膺而勿失"以自警省。至矣哉，公之为心也！乃者求记于予。……盖颜子于圣门，始乎视、听、言、动之"请事斯语"，以极乎高坚，前后喟然之叹，未尝一念不以圣人博文约礼、循循之诱为己任。"择乎中庸"，博文也；"得一善则服膺勿失"，约礼也。其曰"语之而不惰"者，不惰此也。其曰"吾见其进也"，进乎此也。曰"如愚"，曰"非助我者"，曰"好学"，曰"贤哉！贤哉！"虽辞有抑扬，要皆喜颜子之能择能守，实有是中庸之德也。②

这一段是对《中庸》第八章的引用和发挥。同恕诠释的特色在于以"博文约礼"来解读这段话：即"择乎中庸"是"博文"，"得一善则服膺勿失"是"约礼"，颜回之所以能择能守，恰恰是因为其能够"博文约礼"。同恕将《论语》中的"博文约礼"与《中庸》进行跨文本的诠释和解读，有其视角独特的一面，进一步扩展了诠释的视角

---

① 同恕：《萱堂记》，《榘庵集》卷三，西北大学出版社2015年版，第154页。
② 同恕：《服善堂记》，《榘庵集》卷三，西北大学出版社2015年版，第159—160页。

和维度。

同恕还引用《中庸》关于"诚"的论述来论证己意,他说:

> 《中庸》有言:"至诚之道可以前知。"又言:"至诚如神。"夫惟天道真实无妄,故人之真实无妄者始可与议化育之妙,而《禹范》于卜筮必曰:"择人而建立之。"盖其学问之功自明而诚,无一毫私伪留于心目,乃能合鬼神而一之,彰往察来,洞见朕兆,非偶然也,是岂口耳授受,诞谩无实者所可得而云云哉!求今师学,得吾阴阳教授焦君润之,殆所谓诚者欤?①

这一段仍然是借助《中庸》"诚"的思想来为他所言之事背书。其中透漏出两个重要的信息:一是同恕极为强调的是"自明诚"而非"自诚明"的一面,也就是下学而上达,通过实手做工夫最后达至人道与天道的一致;二是反对空谈无功,主张笃实践履。以此可见,同恕对《中庸》的引用和评介多与朱子相切。

杨奂对《中庸》亦有深究,当时名儒赵秉文曾与其有过关于赠送《中庸》一书的书信,据载:

> 《论语》未有印者,钦叙西行,不知有余者否?《孟子解》先寄去,《中庸》《大学》相次了毕,续当寄呈。②

由此书信可知,杨奂对赵秉文的《中庸》注本应当是了解和知悉的,也说明杨奂对《中庸》是有过研究的。我们可从以下引文中得到进一步的证实:

---

① 同恕:《阴阳举焦君墓志铭》,《榘庵集》卷七,西北大学出版社2015年版,第207页。
② 赵秉文:《与杨焕然先生》,载杨奂著《还山遗稿》附录,西北大学出版社2015年版,第463页。

朱文公，后宋人也。建炎南渡，庙社之礼一荡，就有故老或郁郁下僚，无所见于世。此说在《中庸或问》中略见之，所可信者止是昭穆位次，于神主、于石室皆不及也。家礼所载神主样式亦非。①

杨奂是金末元初时的关学学者，他所处的时代朱子学尚未定于一尊，故杨奂还未对其有虔诚的信奉，而是多有批评。从上述引文中，一方面可知杨奂对朱子的《中庸或问》多有研究；另一方面也可知杨奂对朱子修订的《家礼》《中庸或问》等多有指摘，显示出其对《中庸》并非只是皮毛之知。而在其文集《还山遗稿》中，他对《中庸》言及的并不多，仅有的一处记载为：

告先师邹国公曰："子之于圣人，其犹天而地之、日而月之欤？学出于《诗》《书》，道兼乎仁义。至于知《易》而不言《易》，知《中庸》而不言《中庸》，此又人之所难能也。汤武则待子而义，匡章则待子而孝，纷纷杨墨之徒待子而后黜。其为功用，鸿且著矣！夫岂好辩者哉？奂等去圣人弥远，欲学无师，而复执志不勇，惟神其相之。"②

在这段引文中，并未牵涉对《中庸》文字的具体解释，主要是强调对"中庸之道"的践行。杨奂忧心是时学者知"易"而不能用"易"，知"中庸"而不能用"中庸"，故而导致"中庸之道"难行于世。这里，杨奂描述的就是"知"而不"行"的学术现状，显示出其敏锐

---

① 杨奂：《与姚公茂书》，《还山遗稿》卷上，西北大学出版社2015年版，第398页。
② 杨奂：《东游记》，《还山遗稿》上，西北大学出版社2015年版，第401页。

的问题意识和真切的现实关怀。

通过对金元关学学者文集中仅有的对四书的零星推阐可知，这一时期学者的四书学呈现以下几方面的特质：首先，重视四书。虽然金元关学学者还没有完整的四书经解之作，但却有不少的引用和发挥，这较之其他经典来说，已经是远胜一筹了，切不可因其无四书经解著作而否定他们对四书的重视，这要在金元特殊的背景以及与其他经典的比较中来审视，那就是长期的南北对峙，导致"南北道绝，载籍不相通"①，以致"中原学者不知有所谓四书也"②。其次，疑朱到信朱。处在金元之际的杨奂对朱子的四书学并无虔诚的尊信，而到萧㪺、同恕这，随着朱子学渐趋成为官方哲学，他们对朱子四书学态度已经大为转变，颇有"轨辙程朱"③的特质，如同恕就高赞程朱理学，他说："民彝涣星日，谅不下禹功。班班列言论，万古开盲聋。"④ 再次，笃实践履。杨恭懿"力学博宗，于书无不究心，而尤于《易》《礼》《春秋》，思有纂述，耻为章句儒而止"⑤，可以看出，杨恭懿反对章句之学，从而与张载的心解经典、义理经学的治经取向保持一致。萧㪺释经则是多强调下学工夫，着意推阐经书治世的面向。同恕更被称为"履真践实"。⑥ 金元关学学者的这一面向与张载关学的学术旨趣保持一致。最后则是金元关学学者评述四书的水平整体不高。他们接触四书，尤其是朱子的《四书章句集注》时间较晚，"北人虽知有朱夫子，未能尽见其书"⑦，还处在学习、接受的初级阶段，遑论对四书的深入注解。我们知道，关中地区一直处在经学发展较为薄

---

① 宋濂：《赵复传》，《元史》卷189，中华书局1976年版，第4314页。
② 李修生主编：《学斋书院记》，《全元文》卷1192，凤凰出版社1998年版，第265页。
③ 同恕：《读考亭遗文》，《榘庵集》卷十一，西北大学出版社2015年版，第243页。
④ 同恕：《读考亭遗文》，《榘庵集》卷十一，西北大学出版社2015年版，第243页。
⑤ 冯从吾著，陈俊民、徐兴海点校：《关学编》，中华书局1987年版，第19页。
⑥ 同恕：《元故太子左赞善赠翰林直学士亚中大夫同文贞公神道碑铭》，《榘庵集》附录，西北大学出版社2015年版，第327页。
⑦ 皮锡瑞著，周予同点校：《经学历史》，中华书局2004年版，第204页。

弱的北方，皮锡瑞曾说过"元平宋而南并于北，经学亦北反并于南，论兵力之强，北常胜南；论学力之盛，南乃胜北"①，由此可见金元时期关中地区经学水平相对低下并非无故。当然，我们应该在这样的意义上来承认金元关学四书学的地位和价值，那就是它们承宋启明的赓续之功，诚如常新所指出的："金元关学是两宋儒学革新运动的思想产物……它的思想渊源直承宋代理学为明代关学的复兴奠定了基础。"②

---

① 皮锡瑞著，周予同点校：《经学历史》，中华书局2004年版，第204页。
② 常新：《金元时期关学的学术面向》，《中国哲学史》2018年第3期。

第三章

中兴与多元：明代关学四书学

关学在经历南宋金元的低迷之后，在明代开始逐渐走向复兴，形成大师辈出，学派纷呈，多元发展的发展面貌，尤其是四书学的研究亦迎来勃勃生机，形成一大批丰富的四书学经解著作。主要有：王恕的《石渠意见》、王承裕的《五经四书意见》（佚失）、马理的《四书注疏》（佚失）、吕柟的《四书因问》、杨爵的《中庸解》（佚失）、单允昌的《中庸说》（佚失）、冯从吾的《四书疑思录》、王徵的《学庸书解》等，部分学者虽无专书，但在其文集中有大量的对四书重要语录的解读，如张舜典的《鸡山语要》、薛敬之的《思庵野录》等。这些学人的四书学著作旨趣不一，体例不同，形成了多元发展的四书学格局。

第一节 不拘门户，辩驳朱子：
　　　　王恕的《石渠意见》

王恕（1416—1508），字宗贯，号介庵，又号石渠。陕西三原人。正统十三年进士，授翰林院庶吉士，历任大理石左评事、扬州知府、江西布政使、河南巡抚、南京兵部尚书、吏部尚书、太子太傅等，历仕45年，上3000余疏，有"两京十二部，独有一王恕"① 之称，与马文升、刘大夏并称为"弘治三君子"。终年93岁，下旨追赠特进、左柱国、太师，谥号"端毅"。王恕半生食禄于朝，未遑他及，以致旧学荒疎，虽"垂老方理会学问"②，搜阅典籍，潜心著述，编有《历代名臣谏议》，著有《石渠意见》《石渠意见拾遗》《玩易意见》《经集格言》《奏议》等，与其子王承裕为三原学派的代表人物。就四书学著作而言，王恕的四书学著作并没有直接以四书命名，而是以《石渠意见》（84岁著）、《石渠意见拾遗》（86岁著）、《石渠意见补缺》（88岁著）命名。《石渠意见》共4卷，前3卷分别是对《大学》和《中庸》（卷一）、《论语》（卷二）和《孟子》（卷三）的注解，《石渠意见拾遗》共上下两卷，上卷是对《中庸》和《孟子》的注解，而《石渠意见补缺》不分卷，主要是对《论语》和《孟子》的注解。王恕特意交代了他以"意见"命名的缘由和经过：

> 谓之"意见"者，乃意度之见耳。非真知灼见也。盖尝与弘道书院诸生商议可否，不意西安太守华容严君濬得之，命工刊行，虽欲收藏不可得已。及其已行之后，再阅传注，复得一二，名曰《拾遗》。其后又有所得，名曰《补缺》。……恕之述此意见也，奚敢与先儒辩论是非，而望后学之我从乎？不过尽一己之责，以塞吾饱食终日无所用心之责耳。③

> 今老矣，致仕回家，复理于学。其与传、注发挥明白，人所易知易行者，不敢重复演绎，徒为无益之虚文。至于颇有疑滞，再三体认行不去者，乃敢以己意推之，与诸生言之，评论其可

---

① 张骥：《关学宗传》，载王美凤编校《关学史文献辑校》，西北大学出版社2015年版，第252页。
② 查继佐：《二十五别史·明书》列传卷十一，齐鲁书社2000年版，第1797页。
③ 王恕著，张建辉、黄芸珠点校：《石渠意见拾遗补缺序》，《王恕集》，西北大学出版社2015年版，第20—21页。

否。诸生皆明理士也，以为可，吾则笔之于书，藏诸私家，以示子孙；以为不可，即当焚之，无惑后学。①

在这两段引文中，王恕详细交代了他写作《石渠意见》的心路历程。他之所以用"意见"二字，实际上是其自谦之词，并非是要与先儒辩论，以迫使后学服从于他，只是不忍朱注滞涩不通之处迷惑后学，使学者错乱了工夫门径，故而再三体认，才敢下笔成文。同时他也保持了极其谦逊的态度，那就是若后学认为可以就留存，不合适即焚毁。也正是这种注经态度，后世对是书多有称赞。冯从吾说："《石渠意见》，有俾经学"②，全祖望尝以"未得尽窥为之恨"③，四库馆臣亦高赞道："平实浅显，无所雕饰，如其为人"④。从这些不同时期学人的评语可见是书价值之不俗。需要略作说明的是，王恕对四书的注解并不是按照四书的章节逐次注解，而是择取重要篇章进行解释，注释之间较为零散，不成系统，故此处仍以单本为据，由个案进而透视王恕对四书的诠释旨趣和学术特质。

一　辩驳《大学章句》

王恕对朱子《大学章句》的批驳只有四条内容，现全录如下，以方便分析：

子曰："听讼，吾犹人也，必也使无讼乎！"无情者，不得尽

---

① 王恕著，张建辉、黄芸珠点校：《〈石渠意见〉请问可否书》，《王恕集》，西北大学出版社2015年版，第26页。
② 冯从吾：《答李翼轩老师》，《冯少墟集》卷十五，西北大学出版社2015年版，第294页。
③ 全祖望著，朱铸禹汇校：《石渠意见跋》，《鲒埼亭集》外编卷二十七，《全祖望集汇编汇校》，上海古籍出版社2000年版，第1283页。
④ 纪昀总纂：《王端毅文集提要》，《四库全书总目提要》卷175，集部28，别集类存目二，河北人民出版社2000年版，第4639页。

其辞，大畏民志，此谓知本。右传之四章释本末，且《经》言："物有本末，事有终始，知所先后，则近道矣。"《章句》谓："明德为本，新民为末。"然传之首章已释明德，二章已释新民。今又言释本末，则是复释明德、新民也。恐不然。若将下章"此谓知本"一句删去，将"此谓知之至也"一句续在此章"此谓知本"之后，将"物有本末"一节为之首，继之以"自天子以至于庶人"以后两节，又继之以"知止而后有定"一节终之，以此而通为一章，释格物致知，似乎文理接续。且《大学》经言三纲领八条目，而以"知止而后有定"及"物有本末"两节间于其中，又以"自天子以至于庶人"及"其本乱而末治者，否矣"两节缀之于后，似无伦序，恐是旧本错简尚有此在，而程、朱二夫子未及考定也。今欲如此次第之，似为得之，而经、传两全不须补矣。《意见》若此，不知有道君子以为如何？

今定传义：

物有本末，事有终始，知所先后，则近道矣。自天子以至于庶人，壹是皆以修身为本，其本乱而末治者否矣。其所厚者薄，而其所薄者厚，未之有也。

知止而后有定，定而后能静，静而后能安，安而后能虑，虑而后能得。

子曰："听讼吾犹人也，必也使无讼乎！"无情者，不得尽其辞，大畏民志，此谓知本，此谓知之至也。右传之四章，释格物致知。[1]

在这段长文中，王恕主要是围绕朱子的观点进行辩释，主要涉及如下

---

[1] 王恕著，张建辉、黄芸珠点校：《石渠意见·大学》卷一《王恕集》，西北大学出版社2015年版，第123—124页。

两个内容：一是朱子重释"明德"和"新民"。在王恕看来，《大学》的传第一章和第二章分别是对"明德""新民"的解释，若如朱子所言传之第四章是对"本（明德）、末（新民）"的解释，那就犯了重复解释的错误，因此朱子以第四章来解释本末是错误的。二是格物致知并不缺传。朱子认为右传之第五章，"盖释格物、致知之义，而今亡矣"①，故作格致补传以求经传完整。朱子这一补传后世学者或有异议，但却引发了一个共识，那就是格物致知确实需要一个传来解释，差异在于是从经当中寻找释文还是从传当中寻找释文。王恕显然是不认同朱子的补传，他认为经、传两全，根本不需要补传，只需要调整一下经文顺序就可以，他的调整方案是：将下章"此谓知本"一句删去，将"此谓知之至也"一句续在此章"此谓知本"之后，将"物有本末"一节为之首，继之以"自天子以至于庶人"以后两节，又继之以"知止而后有定"一节终之，以此而通为一章。而调整后的经文顺序是：

> 物有本末，事有终始，知所先后，则近道矣。自天子以至于庶人，壹是皆以修身为本，其本乱而末治者否矣。其所厚者薄，而其所薄者厚，未之有也。②

实际上，据全祖望记载王恕是曾做过《大学改本》的，只是"其《大学改本》即竹垞、西河二公亦未见也"③，也就是说，王恕所作的《大学改本》很早就佚失了，我们无法窥见其对《大学》更改的全貌。在这段中，王恕认为这就是"格物致知"的释文。王恕对经文的

---

① 朱熹：《四书章句集注》（上），金良年译，上海古籍出版社2006年版，第9页。
② 王恕著，张建辉、黄芸珠点校：《石渠意见·大学》卷一《王恕集》，西北大学出版社2015年版，第123页。
③ 全祖望著，朱铸禹汇校：《石渠意见跋》，《鲒士奇亭集》外编二十七，《全祖望集汇编汇校》，上海古籍出版社2000年版，第1283页。

改动较之朱熹，有过之而无不及，但旨趣是一样的，都是通过改动经文来进行学术思想的新解，这一方法渐趋成为中晚明学者创立新说的不二法门。由此可以看出朱熹经典地位在明初关中学者那里已经出现松动，从而与全国的"明初诸儒，皆朱子门人之支流余裔。师承有自，矩镬秩然"①的学术态势拉开了距离。

二　辩驳《中庸章句》

王恕在解释《中庸》时，对朱子学多有质疑和批评，下面仍围绕《中庸》当中的几组核心概念来看一下王恕的态度和取向。如他在诠释《中庸》"戒慎恐惧"章时说：

  天理人欲相为消长，有天理即无人欲，有人欲即无天理。如何前一段是天理之本然，后一段是遏人欲于将萌？②

从这段释文中可以看出，王恕显然是针对朱子的注解而发。他认为朱子的解释不合逻辑，既然朱子前面说天理人欲相消长，后又说遏制人欲于萌芽状态，这就构成了相互矛盾。王恕的解释显然是对朱子意思的断章取义，并没有掌握朱子的全部要义。在朱子哲学中，他并不是将天理、人欲截然相分，而是认为"人欲便也是天理里面做出来。虽是人欲，人欲中自有天理"③，又说"饮食者，天理也，要求美味，人欲也"④。朱子认为天理和人欲不是截然分开的，而是相互依存，如果人欲正当即是天理，比如饮食，是天理之当然，但是要求美味，就是人欲。由此可见，王恕确然误解了朱子的原意。无独有偶，在对

---

① 张廷玉等：《儒林传序》，《明史》列传170，中华书局1974年版，第7222页。
② 张建辉、黄芸珠点校：《石渠意见·中庸》卷一《王恕集》，西北大学出版社2015年版，第124页。
③ 黎靖德编：《朱子语类》卷十三，中华书局1986年版，第224页。
④ 黎靖德编：《朱子语类》卷十三，中华书局1986年版，第224页。

"诚者自成章"的诠释中，王恕说：

> 诚，实也。人之心无不实，乃能自成其身，而道之在我者，自无不行矣。注以诚与道对言，以人与物为二事，非也。①

王恕以"实"释"诚"是对朱子意思的认同与回归，但他认为朱子将"诚"与"道"对立言，将"人"与"物"分为二事则是错误的。我们回到朱子的哲学中，朱子认为："诚者，物之所以自成，而道者人之所当自行也。诚以心言，本也；道以理言，用也。"② 可见，朱子并不是像王恕所说的那样，将"诚"与"道"相对应，"人"与"物"相为二，他认为"诚"是本，"道"是用，体用合一，人之心诚，道才能畅行无碍。唯有人"诚"，才能推己及物，无"诚"，则心为物左右，物也由此失去其本性，这就是"不诚无物"。

在对《中庸》"鬼神"章的诠释时，王恕说：

> 鬼神，盖言应祀之鬼神。为德，如生长万物，福善祸淫，其盛无以加矣。以其无形也，故"视之而弗见"；以其无声也，故"听之而弗闻"。"体物而不可遗"，言鬼神以物为体，而无物不有，如门有门神，灶有灶神，木主为鬼神之所栖是也。然其有感必应，是以使人敬畏而致祭祀。③

---

① 王恕著，张建辉、黄芸珠点校：《石渠意见拾遗·中庸》，《王恕集》，西北大学出版社2015年版，第147—148页。
② 黎靖德编：《朱子语类》卷三，中华书局1986年版，第42页。
③ 王恕著，张建辉、黄芸珠点校：《石渠意见·中庸》卷一《王恕集》，中华书局1986年版，第125—126页。

张载对"鬼神"解释道:"鬼神者,二气之良能也"①,朱子解释道:"以二气言,则鬼者,阴之灵也,神者,阳之灵也。以一气言,则至而伸者为神,反而归者为鬼,其实一物而已。"② 可以看出,张载与朱子都是从"气"而非"天理"的角度去解释鬼神的,认为"鬼神"乃气化而成,朱子推进一步认为从阴阳二气言,鬼神分属阴阳,从一气言,则二者同属一物。王恕的诠释则异于张载、朱子,他没有从"气"的角度去解释,而是将"鬼神"人格化,具有造化万物、决定福祸的性质,且"鬼神"无形无声,有感必应,以物为其载体。可以看出,王恕的诠释已经不同于张载、朱子。

在对《中庸》"尊德性而道问学"章注解时,王恕指出:

"故君子尊德性而道问学。"《集注》谓:"'尊德性',所以存心而极乎道体之大。'道问学',所以致知而尽乎道体之细。"《意见》谓:"以存心致知言之固无容议,如何存心止能极道体之大?致知止能尽道体之细?又以下文致广大、高明、温故、敦厚四者为'存心'之属,尽精微、道中庸、知新、崇礼四者为'致知'之属,恐未稳然。致广大、极高明、敦厚三者谓之存心之属似矣。而温故亦可谓之存心之属乎?尽精微、道中庸、知新谓之'致知'之属似矣,而崇礼亦可谓之'致知'之属乎?此五句乃穷理修德之事而为凝道之本,不必分存心、致知说,未有不知而能行之者,故'尊德性而道问学,致广大而尽精微',是穷其大而不遗乎细。'道问学'事也。'极高明而道中庸',是行欲高而不过乎中,'尊德性'事也。温故而知新,亦'道问学'

---

① 张载著,林乐昌编校:《正蒙·太和篇第一》,《张子全书》卷一,西北大学出版社2015年版,第3页。
② 朱熹:《四书章句集注》(上),金良年译,上海古籍出版社2006年版,第32页。

也。敦厚以崇礼，亦尊德性也。"①

王恕质疑和反对朱子注解之处主要有两点：一是朱子所说的"存心"只能达至道体之大，"致知"只能尽道体之细，这是需要存疑的。至于差误的原因，王恕并没有详细交代。二是以致广大、高明、敦厚三者为"存心"的内容自无不可，"温故"则不能作为"存心"的内容；以尽精微、道中庸、知新三者为"致知"的内容当然可以，而崇礼则不能作为"致知"的内容。尤其是用存心、致知来区分这些名目，割裂了儒家一贯、整体之旨。

总之，在对《中庸》的诠释中，王恕在"中和""鬼神""诚明""尊德性、道问学"等核心范畴中都对朱子的诠释提出异议，虽然多有不合朱子本意之处，所辩驳的也只是他理解的朱子，但在明初士大夫皆安于朱子学的格局下，其反思和质疑权威的精神是值得肯定的。

三 辩驳《论语集注》

王恕同样以"辩驳"的态度对待朱子的《论语集注》，同样也是择取部分篇章进行注解，试举几例如下：

> 例1："孝弟也者，其为仁之本与！"或曰："为仁之仁，当作人。"盖承上文"其为人也孝弟"而言。盖言孝弟乃是为人之本，最有理。《集注》之说似乎牵强费力。②

---

① 王恕著，张建辉、黄芸珠点校：《石渠意见·中庸》卷一《王恕集》，西北大学出版社2015年版，第127页。
② 王恕著，张建辉、黄芸珠点校：《石渠意见·论语》，《王恕集》，西北大学出版社2015年版，第128页。

据刘宝楠的考证，将"为仁之本"改为"为人之本"，最早应该出自郑玄①，且这一提法在宋代尤为流行，其导致的结果是将讨论"孝"与"仁"的关系转移到探讨"孝"与"人"的关系层面上来。②朱子显然是取"为仁之本"义，而王恕则取郑玄的"为人之本"义，原因也与郑玄一致，主要是基于文献原则，那就是承接上文，与"其为人也"保持一致。

> 例2："巧言令色，鲜矣仁！"《意见》谓："人固有饰巧言令色以悦人而亡心德者，亦有生质之美，言自巧、色自令而心德亦不亡者。此圣人所以言其鲜，以见非绝无也。《集注》谓：'专言鲜，则绝无可知。'恐非圣人意。"③

学术史上关于这章分歧的焦点在于"鲜矣仁"是还可以为仁还是绝不能为仁。朱子的看法是：

> "巧言令色鲜矣仁"，诸儒皆以为其心未必不仁，志在于善而失其所习奥。若实之以君子之德，虽巧、令未为过。窃意巧、令者务悦于人，失其本心甚矣。若如诸说，恐离心、迹于二，而容悦于外者曰："吾心不如是也。"可乎？诸说盖为"鲜"字所惑，又为"词欲巧""令仪令色"所牵，皆以词害意之失。故伊川先生直截破云："谓非仁也，知巧言令色之非仁，则知仁矣。"此足

---

① 刘宝楠：《论语正义》，中华书局1990年版，第8页。
② 详参乐爱国《"孝弟"："仁之本"还是"为仁之本"：以朱熹对〈论语〉"孝弟也者，其为仁之本与"的诠释为中心》，《安徽大学学报》2019年第1期。
③ 王恕著，张建辉、黄芸珠点校：《石渠意见·论语》，《王恕集》，西北大学出版社2015年版，第128页。

以破千载之谬矣。①

朱子严厉批评那种将"心"与"迹"割裂为二，也就是将外在的"巧言令色"与内在的"心志"区分对待，这与儒家所讲的"诚于中，形于外"不类，由此推导出"还可以为仁"的观点是错误的。朱子是以绝对化的口吻彻底否定"巧言令色"可以为仁的说法，这极有可能是为了防止给人留下为恶的幻想而给予的绝对化的阐释。而王恕恰恰落入朱子所批评的理论窠臼，他认为有这一种人，其生质很美，但却擅长言巧令色，这种人仍然是可以成为仁的，所以圣人用"鲜"字而没有用"无"字，也恰恰是意识到了这种可能性。由此可见，王恕遵从的是文献原则，朱子更多的是出于思想的立场。

例3："二三子何患于丧乎？天下之无道也久矣。天将以夫子为木铎。"《集注》言："乱极当治，天必将使夫子得位设教，不久失位也。"《意见》谓："木铎乃徇于道路之物，非得位设教者之所振者也。此说非是。或曰：'木铎所以徇于道路，言天使夫子失位，周流四方，以行其杀，如木铎之徇于道路也。'此说为是。"②

朱子对此章的核心"天将以夫子为木铎"的解释是"天必将使夫子得位设教"③，同时也在注文中保留了出处不明的另一种解释"言天使夫子失位，周流四方，以行其杀，如木铎之徇于道路也。"④ 这就

---

① 朱熹著，朱杰人等编：《答林德久》，《晦庵先生朱文公文集》卷六十一，《朱子全书》第23册，上海古籍出版社、安徽教育出版社2002年版，第2939—2940页。
② 王恕著，张建辉、黄芸珠点校：《石渠意见·论语》，《王恕集》，西北大学出版社2015年版，第129页。
③ 朱熹：《四书章句集注》上，金良年译，上海古籍出版社2006年版，第86页。
④ 朱熹：《四书章句集注》上，金良年译，上海古籍出版社2006年版，第86页。

是说朱子实际上是认为这两种解释在文义上都是通的，故而附两种说法于集注之中。而王恕在两者之中，否定前者，肯定后者，个中缘由，王恕并没有交代。实际上，前一种说法是天意将要使孔子得位设教，后一种说法是天意要孔子失位，四处替天行道。两种说法在义理上皆有可取之处，以何为准关键看所持立场何如。

> 例4："克己复礼为仁。"《注》谓："克，胜也。己，谓身之私欲也。故为仁者，必有以胜私欲而复于礼。"《意见》以为："不知以何物胜私欲而复于礼？'胜私欲'之说不可晓。盖克，治也，言克治其身之私欲，使之不存，则天理之本然者复归于我矣。为仁之道岂外是哉？故曰：'克己复礼为仁'。"①

"克己复礼为仁"一直备受争议。② 此处争议的焦点就在于"克"的解释上。一般来说，"克"主要有"能"、"治"和"胜"三种意思。朱子则主要取"胜"之义，而王恕则取"治"之义。因为解释为"胜"，则需要一对象来"胜私欲"，但这对象却无处可寻。而解释为"治"，就是克除自身的私欲，以使天理流行其中。实际上，朱子早就意识到"克"解释的多元性，尤其是对以"治"释"克"，他早有警惕：

> 又问："'克己，胜也'，不如以'克'训'治'较稳。"曰："治字缓了。且如捱得一分，也是治；捱得二分，也是治。胜，便是打叠杀了他。"③

---

① 王恕著，张建辉、黄芸珠点校：《石渠意见补缺·论语》，《王恕集》，西北大学出版社2015年版，第162页。
② 详参向世陵编《"克己复礼为仁"研究与争鸣》，新星出版社2018年版。
③ 黎靖德编：《朱子语类》卷四十一，中华书局1986年版，第1044—1045页。

朱子认为"治"是缓慢、渐进的方法，而"胜"则是当下斩断，克除私欲只能是快刀斩乱麻，用"治"显然是无法满足"克己"的当下斩截的需求。显然，朱子是对"克己复礼"进行理学化的诠释，而王恕则根本误解朱子之说，故而所批的可信性也就大打折扣。

例5："雍也，可使南面。"《集注》谓："南面者，人君听治之位，言仲弓宽洪简重，有人君之度也。"《意见》以为："南面不止为人君听治之位，而诸司衙门亦皆南面也。仲弓纵有宽洪简重之度，圣人未必许其可使居人君之位，不过许其可使居南面为正官也。《集注》之言似为过矣。观仲弓居敬行简以临其民之言，可见不过为亲民官耳。"①

王恕和朱子分歧的焦点在于：一是朱子仅将"南面"理解为帝位，王恕则将"南面"泛指为尊者、高官之位；二是王恕将朱子称赞仲弓的"有人君之度"理解为可以为君，有僭越之嫌，应该是可以为官之义。实际上，在《朱子语类》中，朱子曾有进一步的说明，他认为应该遵从程颐和尹焞的"可以为政"之义。② 这就是说，朱子亦未明确说明这就是为君之义。揆诸史料，学术史上较少有学者将其理解为可以为君之义，因为这在君主至上的传统社会，以此作解是触犯忌讳的。王恕显然有曲解朱子之嫌。

四 辩驳《孟子集注》

王恕在辩驳《孟子集注》时，主要从两方面展开，一是矫正朱子

---

① 王恕著，张建辉、黄芸珠点校：《石渠意见补缺·论语》，《王恕集》，西北大学出版社2015年版，第130页。
② 黎靖德编：《朱子语类》卷三十，中华书局1986年版，第761页。

训诂之失,二是辩驳朱子义理之非。就第一方面来讲,列举如下:

"孟施舍之所养,勇也。"《集注》谓:"孟,姓。施,发语声。舍,名也。"《意见》以为:"人姓名之中,如何用发语声?恐非是。孟施舍,或是孟贲字。"①

"'独乐乐,与人乐乐,孰乐?'曰:'不若与人!'曰:'与少乐乐,与众乐乐,孰乐?'曰:'不若与众。'"《意见》以为:"上'乐'字当音洛,似乎理通。不知《集注》如何将下'乐'字音作洛?"②

"无以则王乎?"《集注》谓:"以,已通用。无已,必欲言之而不止也。"《意见》以为不然。"以",当训作"用",盖言不用论桓、文霸者之事,当论王天下之道似乎有理。③

在这三段引文中,王恕对朱子注解当中的字、词的发音、意思进行考释,指责朱子的错解之处,如他认为朱子将"孟施舍"中的"施"作为发语声是错误的,因为姓名当中不可能出现发语声,同时也推测"施舍"可能为战国时期的孟贲的字。当然,王恕的推测亦于史无据。再如,对"独乐乐"的音释中,朱子认为第二个"乐"字读音应该为"洛",王恕则认为第一个"乐"字读音应该为"洛",他并未解释其中的原因,只是说如此从文义上较为通畅。再如,对"以"的解释上,朱熹主张"以""已"互通,而王恕则将"以"训为"用"。"以"训为"已"或"用",皆是有据可循,差别在于哪一种更切合

---

① 王恕著,张建辉、黄芸珠点校:《石渠意见·孟子》,《王恕集》,西北大学出版社2015年版,第134页。
② 王恕著,张建辉、黄芸珠点校:《石渠意见·孟子》,《王恕集》,西北大学出版社2015年版,第134页。
③ 王恕著,张建辉、黄芸珠点校:《石渠意见·孟子》,《王恕集》,西北大学出版社2015年版,第134页。

文义。从上述所举之例可以看出，王恕对朱子在考据训诂上的质疑多是从他自己所理解的文义上展开的，多数缺少史料的根据。同时，他也对朱子在部分篇章上划分段落次序提出质疑：

> "人皆有不忍人之心。先王有不忍人之心，斯有不忍人之政矣。以不忍人之心，行不忍人之政，治天下可运之掌上。"《集注》以"人皆有不忍人之心"做一节解，是也。以"先王有不忍人之心"至"运之掌上"做一节解，似无分晓，且说辞不明白。所以，学者将后一节都说做先王的事，似无劝勉后人之意。《意见》以为，"将'先王有不忍人之心，斯有不忍人之政矣'做一节解，是说先王能之。'以不忍人之心，行不忍人之政，治天下可运之掌上'做一节解，是劝勉后之为政者'诚能以不忍人之心，行不忍人之政，治天下可运之掌上'，言不难也。如此似明白易晓。"①

这一段王恕批评的着力点在于朱子划分段落出现错误。在王恕看来，将"人皆有不忍之人之心"作一节解自然没错。但将后面的"先王有不忍人之心"到"运之掌上"作一节解，则于文义不通。正确的做法应该是将"先王有不忍人之心，斯有不忍人之政"作一节解，后面的再作一节解，这样从义理上就将"先王"与"后继者"区分开来，这样文势更好。可以看出，王恕主要是从差异的角度来看待，而朱子更多是从统一的角度来诠释。

从义理的角度而言，亦略举几例来一窥王恕的学术旨趣：

---

① 王恕著，张建辉、黄芸珠点校：《石渠意见·孟子》，《王恕集》，西北大学出版社2015年版，第135页。

例1：

"尽其心者，知其性也。知其性，则知天矣。"《意见》："盖言人能竭尽其心，思而穷究之，则能知其性之理。盖性乃天之所命，人之所受，其理甚微，非尽心而穷究之，岂易知哉？既知其性，则知天理之流行而付于物者，亦不外是矣。与下文'存其心，养其性，所以事天也'文势相同。《集注》言：'人有是心，莫非全体。然不穷理，则有所蔽，而无以尽乎此心之量。故能极其心之全体而无不尽者，必其能穷夫理而无不知者也。'是言知性乃能尽心，不无颠倒，又与下文文势不同，恐未安。"①

这一章是关于知性、尽心的次序问题。朱子在此问题上有比较明确的态度，他说：

尽其心者，知其性也。"者"字不可不仔细看。人能尽其心者，只为知其性，知性却在先。②

尽其心者，知其性也。所以能尽其心者，由先能知其性，知性则知天矣。知性知天，则能尽其心矣。不知性，不能以尽其心。物格而后知至。③

朱子的意思再清楚不过，三者的次序应该是知性—知天—尽心，并依照《大学》的"格物致知"进行诠释，意思是指："欲尽心者在于知性，知性是因，而心之充尽其量则为果；如同'失其民者，失其心也'，因为失去民心，所以失去人民的支持。如今，因着知性，而能

---

① 王恕著，张建辉、黄芸珠点校：《石渠意见·孟子》，《王恕集》，西北大学出版社2015年版，第137页。
② 黎靖德编：《朱子语类》卷六十，中华书局1986年版，第1422页。
③ 黎靖德编：《朱子语类》卷六十，中华书局1986年版，第1422页。

尽心，知性比配为物格，而尽心则比配为知至，物格才能知至，知性才能尽心。"① 而王恕则认为人只有尽心去穷究，然后才能把握性理，如此才与下文相顺承。很显然，王恕是将"尽心"理解为因，"知性"理解为果，这与朱子在根本上是不同的。更为重要的，他与朱子对"尽心"的理解亦不在一个层面，朱子将"尽心"理解为"扩充其量"，而王恕则理解为"尽力"，故而两者的分歧亦在所难免。

例 2：

"孟子曰：'天下之言性也，则故而已矣。故者，以利为本。'《注》谓：'故者，已然之迹。利犹顺也。天下之言性者，但言其故而理自明，如此则天下之人皆知性之理。'《意见》以为，恐不然。盖言天下人之言性，只说已然之迹，便是性而已矣，更无余辞。然人之已然之迹有善有恶，而不知顺理而善者，为性之本；不顺理而恶者，非性之本。故孟子言：'故者，以利为本。'"②

"天下之言性章"自古以来就分歧不断，众说纷纭，难有善解。③ 就朱子所解而言，亦并非无误，其根本失误在于将本章全部当作孟子的观点，忽略孟子对"天下之言性"的批评。王恕之不认可亦在情理之中，但王恕的解释却陷入了另一个误区。那就是他也没有正确理解"天下之言性"的正确内涵，"天下之言性"指的是"把人的所有天

---

① 蔡家和：《东南三贤对〈知言·尽心成性章〉的不同解读》，《中共宁波市委党校学报》2020 年第 1 期。
② 王恕著，张建辉、黄芸珠点校：《石渠意见补缺·孟子》，《王恕集》，西北大学出版社 2015 年版，第 167 页。
③ 详参丁四新《〈孟子〉"天下之言性也"章研究与检讨：从朱陆异解到〈性自命出〉"实性者故也"》，《现代哲学》2020 年第 3 期。

赋因素都视为人的性"①，这恰恰是孟子所批判的，因为孟子只认为天赋的"仁义礼智"才能称之为性。王恕的解释恰恰是对"天下之言性"的认同。因此，王恕批评朱子，但却没有打在七寸之上，甚至出现错解。

《明史·儒林传序》载："原夫明初诸儒，皆朱子门人之支流余裔，师承有自，矩矱秩然。曹端、胡居仁笃践履，谨绳墨，守儒先之正传，无敢改错"②，黄宗羲在描述明代学术时指出："此亦一述朱，彼亦一述朱"③，这种一尊朱子的状况实际上并不准确，至少在远离学术中心的关中地区，以王恕为代表的关中学者已经开始反思和质疑朱子学流弊，他的这种辩驳虽然多不合朱子本人思想的实际，甚至有些是错解，但这种怀疑和批判精神是值得高度肯定的，对于打破朱子学一统天下的格局以及丰富学术的多样性具有重要的意义。同时，也展现了关学不拘门户、兼收并蓄的学派传统。

第二节 取法程朱，辩难陆王：
吕柟的《四书因问》

有明一代，因阳明心学的卓绝影响，致使相当一部分成就卓越的朱子学者被掩盖在阳明心学的巨大光环之下，不仅其学术价值难以凸显，也极大地影响了我们对明代学术多样性的把握，更难以对明代朱子学以及阳明学的交融消长有深刻的理解。而这其中，尤以与阳明"中分其盛"、与湛若水共主讲席的吕柟最为显著。吕柟（1479—

---

① 田智忠、胡东东：《论"故者以利为本"——以孟子心性论为参照》，《福建师范大学学报》2007年第5期。
② 张廷玉等：《明史》卷282，中华书局1974年版，第7222页。
③ 黄宗羲：《姚江学案》，《明儒学案》（修订本）卷十，中华书局2008年版，第178页。

1542），陕西高陵人，字仲木，号泾野，学行受到历代学者高赞，王廷相称赞其"性行淳笃，学问渊粹"①，黄宗羲评道："异时阳明先生讲良知之学，本以重躬行，而学者误之，反遗行而言知。得先生尚行之旨以救之，可谓一发千钧。"②《明史》称其"天下言学者，不归王守仁，则归湛若水，独守程朱不变者，惟柟与罗钦顺云"③，从这些不同时期学者的赞誉中很容易映射出吕柟在明代中期回护程朱、补救阳明上的不凡贡献，而这在其《四书因问》中则得到充分而彻底的展现。四库馆臣对其著述多有微词，但独对其《四书因问》不惜赞美之词，称其"因四书之义推而证诸躬行，见诸实事……开示亲切，不徒为训诂空谈"④，并将其作为《四库全书》经部"四书类"明代部分收录的十部经典之一。清初三大儒之一的李二曲更是称赞是书"为德业而作，非复制举之故套也。爽快明晰，最为傲策，学者宜致意焉"⑤。如此条贯秩然、义理清晰、多有发越、享誉学界的《四书因问》，无疑是我们透视朱子学如何在明代中期进行自我调适、革新以应对阳明心学的挑战以及进一步细化明代中期学派竞合、学术消长的具体而鲜活的个案。

一　重构理气关系

理气关系无疑是宋明理学当中的基础性、根本性问题，由朱子所确立的理气二物、理先气后、理本气末的理气关系成为宋明理学的主调，但这一理气范式至明代遭到广泛的质疑和修正，至中期尤甚。吕柟就是其中的代表，他首先对世界的本源性问题进行发难，他说：

---

① 王廷相著：《送泾野吕先生尚宝考绩序》，《王廷相集》，中华书局1989年版，第420页。
② 黄宗羲：《师说》，《明儒学案》（修订版），中华书局2008年版，第11页。
③ 张廷玉等：《明史》，卷二八二，《吕柟传》，中华书局1974年版，第7224页。
④ 纪昀总纂：《四书因问》提要，《四库全书总目提要》第1册，河北人民出版社2000年版，第950—951页。
⑤ 张波点校：《读书次第》，《李颙集》卷八，西北大学出版社2015年版，第66页。

天以一气化生万物。①

章诏问:"'天命之谓性'?"先生曰:"天命只是个气,非气则理无所寻著,言气则理自在其中,如形色天性也即是,如耳目手足是气,则有聪明持行之性。"②

理在天地及气流行之先,恐未然。③

吕柟在此颠覆了学界的主流论说,认为天所赋予的是"气"而非"理","理"须依"气"而存,论"气"则"理"自然就在其中,如我们的耳目手足是气,但耳目手足所以能视听言动的就是理,并否定朱子所言的"理在天地及气流行之先",使"气"取代朱子所强调的"理"而具有本体决定性、先在性的性质和意味。这无疑是向张载气学的回归,对朱子理学根基的撬动。也因此之故,吕柟被视为"直接横渠"④之人。但必须指出的是,吕柟的这种回归和提揭绝不是简单的重复,他只是在对"气"地位的衡定上与张载相类,而与朱子相悖,他论道:

坚问:"张子说'合虚与气,有性之名',如何?"曰:"观合字似还分理气为二,亦有病,终不如孔孟言性之善,如说'天命之谓性'是好!理气非二物,若无此气,理却安在何处?故易言'一阴一阳之谓道。'"⑤

---

① 吕柟著,赵瑞民点校:《泾野子内篇》,西北大学出版社2015年版,第9页。
② 吕柟著,刘学智点校:《泾野经学文集·四书因问》,西北大学出版社2015年版,第770页。
③ 吕柟:《宋四子钞释》,中华书局1985年版,第361页。
④ 冯从吾:《关学编》(附续编),中华书局1987年版,第46页。
⑤ 吕柟著,刘学智点校:《泾野经学文集·四书因问》,西北大学出版社2015年版,第485页。

> 朱子谓"气以成形,而理亦赋",还未尽善,天与人以阴阳五行之气,理便在里面了,说个"亦"字不得。①

在理气关系上,吕柟既不赞同张载的"合虚与气",亦不认同朱子所言的"气以成形,而理亦赋",认为他们所用的"合""亦",均有将"理""气"分为二物之嫌疑,反而对孔孟所言赞赏有加,认为他们所论则是浑沦一体,没有罅隙,最为完备。从这一褒一贬中可以看出,吕柟完全是基于"理气不二"进行裁断的,已然不同于朱子在理气论上的主张,朱子说:

> 所谓理与气,此绝是二物,但在物上看,则二物浑沦,不可分开各在一处,然不害二物各为一物也。②

在朱子看来,如果从属性上来说,"理"和"气"是二物,绝不能混淆,但若从构成来看,"理"与"气"是浑然中处,虽然如此,但这并不影响两者各是二物。可以看出,朱子主张的是理、气相分基础上的浑然中处,而吕柟则主张的是理、气一物基础上的浑沦不分,两者显然在理论前提下就存在着重大差异。以此为基础,吕柟重构朱子所主张的理气关系,将"气"置于第一位,强调"气"的主宰性、实在性,而将"理"作为"气"的附属而存在,虽然他只是强调理、气的浑沦不二,还没有像罗钦顺那样明确提出"就气认理",把"理"当作"气"之条理,但他已经显露出用张载之学来修正、克服朱子理、气二元论弊病的理论动向,体现出浑沦、笼统的学术风格。

---

① 吕柟著,刘学智点校:《泾野经学文集·四书因问》,西北大学出版社2015年版,第307页。

② 朱熹著,朱杰人等编:《答刘叔文》,《晦庵先生朱文公文集》卷四十六,《朱子全书》第22册,上海古籍出版社、安徽教育出版社2002年版,第2146页。

这在当时朱子学一统天下之际，无疑是石破天惊之言。我们不禁要追问，作为明代中期与罗钦顺并列的"独守程朱不变"①的吕柟，为何要消解朱子所主张的"理"的主宰性地位？是前人对其学术定位有误，还是另有原因？细究起来，取法程朱的吕柟之所以如此修正朱子学说，这在明代中期是有强烈的时代背景的，那就是迅速崛起的阳明心学对朱子学的批评、冲击，具有松动朱子学的危险，迫使朱子学学者不得不反省自身缺陷。吕柟并不以朱子学自限，而是正视和吸收对立面阳明心学的批评意见，大胆地对朱子学进行修正，来弥合朱子理气析为二物的嫌隙，推动"程朱的理气二元论到明代理学的理气一元论的转变"②。虽理论仍嫌粗糙，但重构理气关系、复振气学，实有上承张载，下启王夫之之功。

二　归宗古典仁学

在儒家道德哲学体系中，仁无疑是最为核心的范畴，历经先秦孔孟创建，汉唐儒学发展，两宋理学再构，其哲学意蕴已经被阐发殆尽，本已无多大的发挥余地，但却流弊滋生，吕柟明确指出："自宋程、张二氏发挥孔孟论仁之旨，其后教者罔或知授，学者靡或肯求，故斯学鲜矣。"③吕柟肯定张载、程颢对孔孟仁学的推阐，但却认为此后的学者流于口耳，背离孔孟宗旨，致使仁学晦暗不明。基于此，吕柟意欲重新发明斯学，但这种发明不是回到张、程之学，而是在更高的站位上重揭古典仁学，我们先看吕柟对"仁"的认识和定位：

孔门之学，只是一个仁，其本只是孝弟。④

---

① 张廷玉等：《明史》，卷二八二，《吕柟传》，中华书局1974年版，第7224页。
② 高海波：《宋明理学从二元论到一元论的转变：以理气论、人性论为例》，《哲学动态》2015年第12期。
③ 吕柟著，米文科点校：《泾野经学文集》卷十五，西北大学出版社2015年版，第524页。
④ 吕柟著，米文科点校：《泾野先生文集》，西北大学出版社2015年版，第996页。

> 圣门之学，仁也。①
>
> 仁是圣门教人第一义，故今之学者必先学仁。②

可以看出，吕柟以不同的表达方式反复强调"仁"是儒家圣学的核心要旨，将其拔擢至圣门第一义，并作为学者为学做人的入手工夫，以此足见吕柟对"仁"的格外重视。吕柟的这种提揭和拔高虽不是首创，但在明代中期仁学渐趋失真之际，这种行为的意义已超出其内容本身。而就"仁"的内容来说，吕柟对周、张、程、朱等从超越的道德本体角度论仁并不措意，而对孔孟、朱子的"为仁"工夫则倍加推崇，我们可以从吕柟与弟子的两段对话中显豁出其思想主张：

> 先生曰："学者开口便说仁，怎么便能令有诸己"，象先曰："经礼三百，曲礼三千，无一事而非仁也，故学者在随处体认，则得之。"曰："正是鸢飞鱼跃，无往非此，会得时活泼泼的，然学者须要用参前倚衡之功，才见得鸢飞鱼跃，无往非此。"③
>
> "我欲仁，斯仁至矣。"今讲学甚高远。某与诸生相约，从下学做起，要随处见道理。事父母这道理，待兄弟、妻子这道理，待奴仆这道理，可以质鬼神，可以对日月，可以开来学，皆自切实处做来。④

吕柟之所以略本体而重工夫，一是他认为是时学者只是口头说"仁"讲"仁"，不能反身内求，不能切身于己，空谈无益；二是学者讲仁"率喜言高而厌卑，卒之高未至而卑者亦荒；学者率喜言远而忽近，

---

① 吕柟著，刘学智点校：《泾野经学文集·四书因问》，西北大学出版社 2015 年版，第 412 页。
② 吕柟著，赵瑞民点校：《泾野子内篇》卷二十，西北大学出版社 2015 年版，第 162 页。
③ 吕柟著，赵瑞民点校：《泾野子内篇》卷十八，西北大学出版社 2015 年版，第 141 页。
④ 吕柟著，赵瑞民点校：《泾野子内篇》卷九，西北大学出版社 2015 年版，第 70 页。

卒之远未至而近者亦亡"①，也就是当时学者不仅崇尚空谈，还好高骛远，高未至而卑亦失，远未至而近亦无，终至毫无所获。基于此，他反复感叹"孔氏之学，不明久矣"②，所叹者无非是孔门下学上达、践履笃行之学隐晦不明，故吕柟指出"仁"并不是什么高深莫测的东西，它就在人伦日用当中，学者只要忠信笃敬，只要切行实践，自然可上达仁体。吕柟此意实与孔子、朱子相合，孔子论仁皆随机指点，从情感之爱、人伦日用入手，着重让学者在切实的下学中去为仁、求仁。朱子论仁较之孔子虽已不限于伦理层面，但仍着重强调仁的实践工夫。吕柟所着意恢复的正是这种平实无华、导向人伦、重在实践的古典仁学，而非那种悬空言说、躐等而进的仁学。也因此之故，吕柟在《四书因问》中有大量的语录论述如何为仁，他说：

《论语》只"学而"与"孝弟"两章，便可尽为学之道。学个甚么，也只是个仁。然学仁从那里起，只于孝弟上起。③

问："求仁之要，在放心上求否？"先生曰："放心各人分上都不同，或放心于货利，或放心于饮食，或放心于衣服，或放心于宫室，或放心于势位。其放有不同，人各随其放处收敛之，便是为仁。"④

吕柟认为学仁需要从孝悌做起，不必从高处求，要在日用伦常中下手，在最平实处着手，求仁则要就放心处随处收敛，而不是只空说一个求放心，要落实到具体的事上，只有在具体的事上才能显示仁的意义。可以看出，吕柟是将学仁、求仁导向现实践履，这就与宋明那些

---

① 吕柟著，米文科点校：《泾野先生文集》卷三十三，西北大学出版社2015年版，第979页。
② 吕柟著，米文科点校：《泾野先生文集》卷三十，西北大学出版社2015年版，第898页。
③ 吕柟著，赵瑞民点校：《泾野子内篇》卷二十一，西北大学出版社2015年版，第172页。
④ 吕柟著，赵瑞民点校：《泾野子内篇》卷二十二，西北大学出版社2015年版，第178页。

一味追求仁体、躐等而进的学者拉开了距离，显出差异来。当然，吕柟并不否定程、张在北宋之际重构仁说、提振儒学的贡献，他的这一主张实际与朱子所强调的并无二致，如朱子说："若实欲求仁，固莫若力行近之"①，可以看出，吕柟、朱子所强调的"仁"绝不是抽象的、枯燥的、死板的，而是活泼的、具体的，要真切地落实到自己的一言一行、一思一动中，如此方是真正的仁，他说："诸生须要学仁，凡昼之所为，夜之所思，与夫一言一动相比，常常把这仁来体验，自然有益，不可说过便了。"② 就思想的发展来说，吕柟的仁学思想涵括不了朱子仁学的全部内容，而是着意凸显孔孟、朱熹仁说的实践性一面，而这一方面的确把握住了仁学的根本，因为"仁的问题……最终又是实践的问题，即如何以儒家仁学来引领修身实践，才是如何重建仁学的关键所在"③。另一方面也是其拯救时弊，倡导"力行"的体现。

三 慎独统领工夫

明代学者冯从吾认为吕柟之学"以慎独为要"④，清代学者甘堂廓亦认为吕柟之学"以慎独为功"⑤，这些不同时期学者的评论可谓切中吕柟思想的主旨。"慎独"在朱子哲学体系中只是一平常的修养工夫，并无提纲挈领之地位，而在吕柟的四书诠释中，他尤重"慎独"工夫，他说：

---

① 朱熹著，朱杰人等编：《答张敬夫》，《晦庵先生朱文公文集》卷三十一，《朱子全书》第21册，上海古籍出版社、安徽教育出版社2002年版，第1335页。
② 吕柟著，赵瑞民点校：《泾野子内篇》卷二十七，西北大学出版社2015年版，第231页。
③ 吴震：《论朱子仁学思想》，《中山大学学报》2017年第1期。
④ 冯从吾：《关学编》（附续编），中华书局1987年版，第46页。
⑤ 吕柟著，赵瑞民点校：《泾野子内篇》附序二，西北大学出版社2015年版，第246页。

子思推原学问大根本在慎独。①
慎独之语，圣学之要。②

在吕柟看来，"慎独"不仅是《中庸》一书的根本，更是圣贤之学的关键，这就将"慎独"从四书繁杂的工夫体系中提揭和显豁出来，并以此统合所有的工夫，他说：

观行己有耻，就见其大也，然有耻亦不容易，此亦是慎独工夫。③
做慎独工夫就是忠信。④
慎独，乃克己之别名。⑤

从以上引文中可以看出，吕柟将四书中常见的工夫名目如"克己""正心""行己有耻"等皆视为"慎独"工夫的体现，以"慎独"统领内圣工夫。不唯如此，吕柟更将"慎独"作为王道事业的根基，他说：

王道在慎独，久之自强不息，久之纯亦不已，发之事业便是纯王之治，程子把慎独、王道打做一片说，此语甚紧切。君子欲平天下打哪里起，便在独处慎起。⑥

---

① 吕柟著，刘学智点校：《泾野经学文集·四书因问》，西北大学出版社2015年版，第306页。
② 吕柟著：《宋四子钞释》，中华书局1985年版，第247页。
③ 吕柟著，刘学智点校：《泾野经学文集·四书因问》，西北大学出版社2015年版，第419页。
④ 吕柟著，刘学智点校：《泾野经学文集·四书因问》，西北大学出版社2015年版，第381页。
⑤ 吕柟著，刘学智点校：《泾野经学文集·四书因问》，西北大学出版社2015年版，第381页。
⑥ 吕柟著，赵瑞民点校：《泾野子内篇》卷二十，西北大学出版社2015年版，第167页。

"程子谓，'有天德便可语王道，其要只在慎独'，如何？"先生曰："此义极精。"①

儒家将王道政治道德化、伦理化，认为心性修养是实现王道政治的根本前提，由"内圣"到"外王"是自然流行、自然下贯之事，在义理和逻辑上具有双重必然性。吕柟认同并继续强化这一传统，极为赞赏程颢将"慎独"与"王道"打作一片、浑轮一体的做法，亦将"慎独"视为实现王道的根本，如能坚持不懈、持之以恒、久久为功，必能够祛除私欲，纯任天理流行，以此发之于外，便是王道政治。至此，吕柟就完成了对"慎独"地位的建构，将其作为纲领性的工夫来统摄内圣与外王，这种对"慎独"的定位和拔擢显然是有别于朱子的。在朱子那里，他将类似吕柟那样的表述给予了"敬"，朱子说："敬字工夫，乃圣门第一义"②，又说："敬之一字，真圣门之纲领，存养之要法"③。在对"慎独"是已发还是未发工夫时，吕柟亦不认同朱子的主张：

大器问："戒慎恐惧与省察只是个慎独工夫否？"先生曰："然以今日吾辈各求于心，静坐体验，只省察便涵养，只闲邪便存诚，只克己便复礼，实非有两事也，岂不是一个工夫？不然则天下有二独矣。"④

朱子严分"戒慎恐惧"与"慎独"，认为"戒慎恐惧"是"不睹不

---

① 吕柟著，刘学智点校：《泾野经学文集·四书因问》，西北大学出版社2015年版，第381页。
② 黎靖德编：《朱子语类》卷十二，中华书局1986年版，第210页。
③ 黎靖德编：《朱子语类》卷十二，中华书局1986年版，第210页。
④ 吕柟著，刘学智点校：《泾野经学文集·四书因问》，西北大学出版社2015年版，第307页。

闻"时的未发存养工夫,而"慎独"是指念虑萌动时的已发省察工夫,两者分界明显,不可混淆。而吕柟则认为"戒慎恐惧"与"省察"皆是一个"慎独"工夫,不可强分为二,否则将会有"二独"之嫌,他明确说道:

> 康恕问:"静存动察。"先生曰:"静所以验动,动所以合静,交相为用也。故存养、省察工夫只是一个,更分不得。"①

在此,吕柟强调的是静时存养、动时省察之间的互涵、互有、互助,并将静、动工夫打并为一,有别于朱子的存养、省察为两个不同阶段工夫的主张。可以看出,吕柟所主张的"慎独"工夫是贯通未发、已发,贯通动静,折射出吕柟以笼统、综合的工夫来纠正朱子工夫支离的弊端,也体现出《明儒学案》所言的"宋儒学尚分别,故勤注疏;明儒学尚混成,故立宗旨"②的明代学术特质。当然,需要指出的是,在对"慎独"的理解上,吕柟并非完全与朱子相悖,在如何做"慎独"工夫时,吕柟是有合于朱子的:

> 问:"慎独工夫。"曰:"此只在于心上做,如心有偏处、如好欲处、如好胜处、但凡念虑不在天理处,人不能知而已所独知,此处当要知谨自省,即便克去,若从此渐渐积累至于极处,自能勃然上进,虽博厚高明皆自此积。"③

---

① 吕柟著,刘学智点校:《泾野经学文集·四书因问》,西北大学出版社2015年版,第308页。
② 黄宗羲:《浙中王门学案》五,《明儒学案》(修订版)卷十五,中华书局2008年版,第330页。
③ 吕柟著,赵瑞民点校:《泾野子内篇》卷十三,西北大学出版社2015年版,第100—101页。

关于"独"的解释，郑玄、孔颖达将此解释为在空间上的一种独处的状态，而朱子则解释为"人所不知而己所独知之地"，指向内心的一种活动状态。吕柟的解释显然是与朱子一致的，明确指出"慎独"是要在"心"上做工夫，且此处更要谨慎自省，如此自然可至高明卓绝之境。由此可以反映出在学术风格上，吕柟是浑沦、综合、打并为一的，而朱子是架构清晰、层次井然的，这样的反差显示出了吕柟纠治明代中期朱子学烦琐、支离的治学倾向。

四　力辟知行合一

吕柟以朱子学为依归，他扶救朱子学的重要举措就是辨难阳明心学，尤其是对其"知行合一"展开激烈批判。我们知道，阳明早在龙场之时已经提出"知行合一"，以纠治朱子学将知、行打为两截的弊病，后将其融汇于"致良知"之中，成为其学问宗旨，风行天下。吕柟起而驳之：

> 问："致良知。"先生曰："阳明本孟子良知之说，提掇教人，非不警切，但孟子便兼良能言之，且人之知行自有先后，必先知而后行，不可一偏，传说曰：'非知之艰，行之惟艰'，圣贤亦未尝即以知为行也。"①

吕柟首先肯定阳明的"良知"之说，认为其提纲挈领，堪为警切之语，但其失亦不能掩，一是其只说"良知"，不言"良能"，与孟子"良知""良能"并说，知行并提之意不合；二是以知为行，"知""行"本是二，不能将其合而为一，且"知""行"有先后之分，先"知"而后能"行"，此序牢不可破，这是有明确的经典和圣贤依据

---

① 吕柟著，赵瑞民点校：《泾野子内篇》卷十，西北大学出版社2015年版，第75页。

的。吕柟在这里很明显是沿袭朱子的知行相分、知先行后的观点，如此自然与阳明之旨不相切合。就知行先后问题，他在回答弟子时将此表述的更加明确：

> 易泉云："知行不可分先后。"先生一日语之曰："汝近日作甚工夫来"，泉云："只是做得个矜持的工夫，于道却未有得处。"先生曰："矜持亦未尝不好，这便是君子终日乾乾夕惕，若戒慎不睹，恐惧不闻的工夫。但恐这个心未免或有时间歇耳。"曰："然。"因问："心下想来，怎么便要间歇了？"泉云："有间歇的心，只是忘了。"又问："你心下想，怎么便要忘了？"，泉未答。先生曰："只缘他还是不知。他如知得身上寒，必定要讨一件衣穿；知得腹中饥，必定要讨一盂饭吃。只使知得这道如饥寒之于衣食一般，他不道就罢了。恁地看来，学问思辨的工夫，须是要在戒慎、恐惧之前才能别白得，是天理便做将去，是人欲即便斩断，然后能不间歇了。故某尝说，圣门知字工夫是第一件要紧的，虽欲不先，不可得矣。"①

针对弟子的"知行不可分先后"以及虽有戒慎恐惧之工夫，但"心"常有间歇的疑问，吕柟指出此正是将"知行不分先后"所导致的，因为在"戒慎恐惧"工夫之前，缺一个学问思辨的工夫，缺少一个何谓天理、何谓人欲的"知"的工夫，所以就导致"心"常常违于天理，浸染私欲，出现间断。他更以生动的事例予以说明，人必然是先感知身体寒冷，才会去寻求衣服，必是先感到腹中饥饿，才会去寻求食物，求"道"同样也是如此，需要在做工夫之前，首先明白什么是

---

① 吕柟著，赵瑞民点校：《泾野子内篇》卷十六，西北大学出版社2015年版，第131—132页。

道，这样实地做工夫才能有的放矢，所以圣贤之学必以"知"为第一要务。他在与阳明高弟邹东廓的辩论中指出：

> 东廓子曰："圣人原未曾说知，只是说行，行得方算得知。譬如做台，须是做了台，才晓得是台；譬如做衣服，须是做了，才晓得衣服。若不曾做，如何晓得？此所以必行得，方算做知。"先生曰："谓行了然后算作知亦是。但做衣服，若不先问衿多少尺寸，领多少尺寸，衿是如何缝，领是如何缝，却不做错了也？必先逐一问知过，然后方晓得缝做，此却是要知先也。"东廓子犹未然。①

邹东廓认为圣人从未说"知"，只是说"行"，故力主"行"后方能算"知"，如做衣服，只有做成了，才知道是衣服，否则不去做，又如何知道这是衣服。吕柟则认为在做衣服之前，必须要先知道各部分的尺寸，各部分又是如何缝制，然后才能做成衣服，所以这就是"知"在先。从两者的分歧可以看出，邹东廓着眼于这种"知""认识"的来源，而吕柟则注重"知"对"行"的规范和引导，反对以"知"为"行"，强调"行"而忽略"知"。实际上，吕柟是站在朱子学的角度来批驳阳明心学的，两派知行观不能相契就在于他们对"知"的理解存在差异，朱子学所理解的"知"是认知，如衣服的尺寸，而阳明心学所理解的"知"则是"意"，如欲做衣服之心，也就是说，他们对"知"的理解完全不在一个层次上，这就必然导致两派的纠葛。他进一步明确批道：

---

① 吕柟著，赵瑞民点校：《泾野子内篇》卷十三，西北大学出版社2015年版，第104页。

> 有问"知行合一"者。先生曰:"尔如此闲讲合一不合一,毕竟于汝身心上有何益?不若且就汝未知者穷究将去,已明白者尽力量行去,后面庶有得处。"①

> 有生知、学知、困知,又有安行、利行、勉行,可见,知行还是两个。阳明子以知行为一个,还不是。②

吕柟反对空说"知行合一",认为其对修身养性无益,不如在未知处穷理探究,在已知处躬行践履,这样久久自然有所得。在此,吕柟再次彰显其不事口耳、重在躬行的学术特质,而这背后反映的是他对阳明"知行合一"思想的不屑。当然这种不屑实是一种错判,但不容否认的是,阳明的"知行合一"虽然可以从多重角度进行理解和把握,但确实容易使人轻视"行",所以朱子学以此反击阳明心学也并非毫无情由。在批判之后,吕柟系统地阐述其知行观:

> 知得便行为是,谓知即是行,却不是。故知者行之始,行者知之随,犹形影然,又犹目视而足移。③

在这段话中,吕柟明确"知"与"行"两者之间的分际,强调知内行外,知先行后,尤其是他所表述的"知者行之始,行者知之随"与阳明的"知者行之始,行者知之成"虽有一字之差,但却意境殊别,吕氏主张"知"乃"行"的基础,而"行"则始终有"知"的指引和规范,而阳明则强调"意"为"行"之始,"行"则表示"知"的完成,"知"与"行"为同一活动的两个方面。可见,吕柟的知行

---

① 吕柟著,赵瑞民点校:《泾野子内篇》,西北大学出版社2015年版,第97页。
② 吕柟著,刘学智点校:《泾野经学文集·四书因问》,西北大学出版社2015年版,第318页。
③ 吕柟著,赵瑞民点校:《泾野子内篇》,西北大学出版社2015年版,第119页。

观虽并未逾越朱子矩镬，但在朱子学屡遭排击、命运多舛之际，这种对朱子学的捍卫和坚守，无疑是难能可贵的。

钱穆先生曾言："四书学乃朱子全部学术之中心或其结穴"①，这就表明探究四书学乃是把握朱子思想体系的关键维度，尤其在其《四书章句集注》成为科场程式之后，更成为学者研究、阐发朱子学的必由经典。身处明代中期的吕柟，面对阳明心学对朱子学的威胁和挑战，他不是简单的盲从、回护朱子学，而是开始着意反思朱子学本身的理论瑕疵，有针对性地采取理气一元、标宗工夫的诠释进路，在羽翼的基础上对朱子学的支离之弊进行修正，呈现出浑沦、综合的特质，这在其理气思想、心性工夫等方面都展露无遗，因此吕柟绝非已有的研究所表明的那样独守程朱不变，而是回到张载关学、吸收阳明心学对朱子学进行因革损益，使趋于僵化、危机四伏的朱子学获得新的发展方向，显豁出朱子学在明代中期在阳明心学的冲击下所发生的理论转向，这种转向富有明代重视气论、喜标宗旨、本体工夫合一的时代特色，使朱子学不至于在王学的激荡之下堕落到收拾不住的境地，为明末所掀起的由阳明心学返归朱子学的学术思潮的形成埋下了伏笔。当然吕柟对阳明心学的辩难亦如黄宗羲所言："骤闻阳明之学而骇之，有此辩难，愈足以发明阳明之学，所谓他山之石，可以攻玉也。"② 也就是说，这种辩难在一定程度上亦为阳明之学的光大起到了发明之功，但这绝非他们的初衷，只是辩难的副产品而已。

---

① 钱穆：《朱子学提纲》，生活·读书·新知三联书店2002年版，第180页。
② 黄宗羲：《诸儒学案》上一，《明儒学案》（修订版）卷四十三，中华书局2008年版，第1041页。

第三节　融会朱王，扭转关学：
　　　　冯从吾的《四书疑思录》

毋庸置疑，晚明是一个相对独立但又难以一言括尽的研究单元，中西交汇，儒佛争辩、朱王对峙、虚实之辩等学术元素构成这一时期多线交织、复杂多变的学术样态。而此种学术样态某种程度上是由阳明心学引发并展开的。而欲梳理和管窥晚明这一复杂纠葛的学术格局，从四书注解切入无疑是较为直接有效的路径，缘由即在于"有明一代士大夫学问根柢，具在于斯（《四书大全》）"[①]，也就是说，自朱子《四书章句集注》在元代被确立为科场程式，学者问学求知莫不以四书为津梁，深研精探，注经解经，通过与经典对话的方式，推阐思想，寄寓关怀，陶铸学术，把握时代。因此，聚焦学者的四书注本，在微观上可以把握一个学者的思想宗旨，在宏观上可以透视一个时代的学术思潮。本书则以晚明身兼关学、心学、东林党人等多重身份的冯从吾的《四书疑思录》为取径，希冀透过这一鲜活而典型的个案，展现阳明心学与经典诠释的影响与互动，进一步管窥晚明复杂多变的学术思潮。

一　驳难"无善无恶心之体"

阳明晚年标举的"四句教"主导着后阳明时代的学术界，不仅是王门后学分化的根源，更是阳明心学遭受批判的标靶。作为服膺阳明心学但又不以心学自限的学者，冯从吾对此公共性学术问题自然不能

[①] 纪昀总纂：《四书大全提要》，《四库全书总目提要》卷三十六，经部三十六，四书类二，河北人民出版社2000年版，第950页。

忽略和回避，他对阳明"四句教"评判道：

> "有善有恶"二句，与"致良知"三字互相发明，最为痛快，"为善去恶"一句，虽非《大学》本旨，然亦不至误人，惟"无善无恶"一句，关系学术不小，此不可不辨。①

冯从吾认为阳明的"四句教"中，后三句均无偏差，唯有第一句"无善无恶心之体"关系学术正统，必须详加辨析，以求正本清源。冯氏此言隐含的是对阳明"无善无恶心之体"的疑惑和担忧，他进一步明确指出："近世学者病支离者什一，病猖狂者什九，皆起于为'无善无恶'之说所误，良可浩叹"②，这就将阳明此句作为导致晚明学者支离、猖狂的罪魁祸首来看待，下语不可谓不狠。需要追问的是，冯从吾何以对阳明此句如此反感呢？我们可从冯从吾的另一表述中一窥其由，他说："'无善无恶为心之体'，翻孟子性善之案，堕告子无善无不善，佛氏无净无垢之病，令佞佛者至今借为口实。"③ 这段话透显出冯从吾是以孟子的性善论为依据，反驳阳明的"无善无恶心之体"的，认为其一陷告子无善无恶之说，二溺佛氏无净无垢之论，有颠覆正统儒学的命脉之嫌，因此必须辩驳异论，扶救正学。而冯从吾所采取的进路就是提揭传统儒学所主张的"性善"之旨，来对抗阳明心学的"无善无恶"。他说：

> 吾儒论学，只在一个善字。直从源头说到究竟，更无两样。

---

① 冯从吾著，刘学智点校：《别李子高言》，《冯少墟集》卷十六，《冯从吾集》，西北大学出版社 2015 年版，第 318 页。

② 冯从吾著，刘学智点校：《答杨原忠运长》，《冯少墟集》卷十五，《冯从吾集》，西北大学出版社 2015 年版，第 290 页。

③ 冯从吾著，刘学智点校：《答张居白大行》，《冯少墟集》卷十五，《冯从吾集》，西北大学出版社 2015 年版，第 304 页。

故《易》曰："继善"，颜曰："一善"，思曰："明善"，孟曰："性善"，又曰："孳孳为善"。①

人性原来皆善，至善者，性体也。②

冯从吾通过对"善"的溯源，认为"善"素来是儒学宗旨，有体有用，贯穿于孔曾思孟以及《易经》之中，这种善落实到人性上，就是至善。这本是学术史上一条显在的线索，而冯从吾着意提揭性体的至善，抬高先秦儒家的"性善"思想，这种做法正如后学所赞："性善发于孟子，孰不谓老生常谈。然自'无善无恶'之说炽行之后，忽抬出此二字以正告天下，遂耸乎有回澜障川之功。"③ 这就是说，在一世皆安于"无善无恶"之说的境遇下，抬出"性善"，高标"至善"，此举看似平凡，实则有四两拨千斤之效，因为冯从吾并不是简单地复归孟子，而是从更高的层次来逼退"无善无恶"之说。

冯从吾将这一宗旨应用于对阳明"无善无恶心之体"的批判之中，他入室操戈，深入"四句教"内部进行批判，从后三句入手来倒推首句之误。首先，就第二句"有善有恶意之动"来说，冯从吾指出：

念未起之前，心本一。但念既起之后，便有善念有恶念，所以说支离而去者乃意耳，非概谓念既起之后全是恶念，全无善念也。④

---

① 冯从吾著，刘学智点校：《辨学录》，《冯少墟集》卷一《冯从吾集》，西北大学出版社2015年版，第39页。
② 冯从吾著，刘学智点校：《池阳语录》卷上，《冯少墟集》卷十一，西北大学出版社2015年版，第208页。
③ 高攀龙：《顾泾凡行状》，《东林书院志》卷七，广文书局1968年版，第62页。
④ 冯从吾著，刘学智点校：《太华书院会语》，《冯少墟集》卷九，《冯从吾集》，西北大学出版社2015年版，第189页。

> 一念不起，纯然是善，惟有念而后有善恶之不同，故戒慎不睹，恐惧不闻。①

阳明的"有善有恶意之动"是说意念生起，则有善念恶念之分，冯从吾对此并无异见，但他更为措意的是念虑未起之时心的状态。冯从吾认为念虑未生时，心（性）是纯善无恶的，一于善而无善恶之分。所谓有善恶区分，那是与物接触，遭受习染后的意念，不是心（性）的本来状态。若依照阳明所言的心体是"无善无恶"，那如何在意念生起之时有善恶之分，也就是说，"无善无恶"的性体是无法在意念生起时出现善恶之分的。因此，循着冯从吾的思路，若第一句成立，第二句则难以周延。其次，就第三句"知善知恶是良知"而言，冯从吾说：

> 良知"知"字即就心体之灵明处言，若云"无善无恶"，则心体安得灵明，又安能知善知恶邪？其灵明处就是善，其所以能知善知恶处就是善，则心体之有善无恶可知也。是"无善无恶"之说之误，即就先生"知善知恶是良知"一句证之也。②

冯从吾认为良知之知是指心体的灵明，是天理在心中的自觉，是一种纯洁无瑕的德性之知。假设这种德性之知无善无恶，心体则无灵明可言，更无决断是非、知善知恶的能力。因此，心体必须纯善无恶，才能保证在发用流行处的正当合理，否则就容易松动儒学的基础。在此，冯从吾所言的心体，实际上也就是性，心体（性）必须纯善无

---

① 冯从吾著，刘学智点校：《宝庆语录》，《冯少墟集》卷七，《冯从吾集》，西北大学出版社2015年版，第154页。
② 冯从吾著，刘学智点校：《答黄武皋侍御》，《冯少墟集》卷十五，《冯从吾集》，西北大学出版社2015年版，第302页。

恶，否则难以推导出"知善知恶是良知"。最后，冯从吾对第四句评道：

> "有善无恶心之体"，则为善者，为其心体所本有；去恶者，去其心体所本无。上知可以本体为功夫，而下学亦可以功夫合本体，庶得致良知之本旨。今曰："无善无恶"，是去恶固去其心体所本无，而为善非为其心体所本有，则功夫不合本体，不几以人性为仁义，坐告子义外之病邪。①

冯从吾指出为善乃性之本有，去恶是去其心体所本无，为善去恶统合本体与工夫、下学与上达，合乎致良知本意。而"无善无恶"之说，去恶无可争议，但为善就难以成立，因为本源上无善，如何去作为善的工夫，这就导致工夫与本体不合，少却一截工夫。综上可知，冯从吾采取的是以子之矛，攻子之盾的方法，从四句教本身的逻辑结构展开，认为首句的无善无恶与后面三句在逻辑上不成立，思想上不一贯，它打破儒家性善宗旨，颠覆儒学的基础，必然导致道德本体的虚无。

那么冯从吾的批驳是否符合阳明的本意呢？我们首先必须弄清楚阳明"无善无恶心之体"的内涵，而理解此句的关键就在于"心之体"何所指。因阳明的语焉不详，以往的学者或从心的本质，或从心的功能，或从心的表现对此进行解读，终导致众说纷纭，莫衷一是。但无论如何理解，阳明是绝不否认性（心之本体）的至善无恶的，他曾明确说道："至善者，心之本体。"② 但不容否认的是，若孤立理解阳明的"无善无恶心之体"，不结合阳明的一贯主张，确实容易被解

---

① 冯从吾著，刘学智点校：《答黄武皋侍御》，《冯少墟集》卷十五，《冯从吾集》，西北大学出版社2015年版，第302页。
② 吴光等编校：《传习录》卷中，《王明阳全集》（上），上海古籍出版社1992年版，第85页。

读为"性"无善无恶。而冯从吾恰恰是从心的本质（性）对阳明思想进行立论解读的，主张将首句改为"有善无恶心之体"，这种理解虽并不完全符合阳明思想本旨，但却是切中时弊，力阐性善之旨，向晚明甚嚣尘上的"无善无恶"说进行挑战，其意义已然超出行为本身，从而受到晚明学者钱启新的高赞："无善无恶之说，近时为顾叔时、顾季时、冯仲好（冯从吾）明白排决不已，不至蔓延为害。"①

二 打并本体、工夫为一

作为宋明理学的核心范畴，本体与工夫之论虽不肇自明代，但却在明代成为显题。尤其是在阳明及其以后成为学术史的一条主线。冯从吾对此有清晰的认识，他说："近世学术多歧，议论不一，起于本体、工夫辩之不甚清楚。"② 冯从吾此言不虚，阳明心学的分化正是对本体与工夫偏重不一导致的，这可从晚明阳明后学分为现成派、修正派、归寂派等透显出来。③ 而对于辩之不清的原因，冯从吾进一步解释道：

> 若论工夫不合本体，则泛然用功，必失之支离缠绕；论本体而不用工夫，则悬空谈体，必失之捷径猖狂。其于圣学终隔燕赵矣。④

冯从吾指出是时学界在理解本体与工夫关系上呈现的两种偏差，一是

---

① 黄宗羲：《东林学案》一，《明儒学案》（修订版）卷五十八，中华书局2008年版，第1379页。
② 冯从吾著，刘学智点校：《答杨原忠运长》，《冯少墟集》卷十五，《冯从吾集》，西北大学出版社2015年版，第288页。
③ 冈田武彦：《王阳明与明末儒学》，上海古籍出版社2000年版，第103页。
④ 冯从吾著，刘学智点校：《答杨原忠运长》，《冯少墟集》卷十五，《冯从吾集》，西北大学出版社2015年版，第288页。

重工夫略本体，陷于支离；二是无工夫而空谈本体，落入猖狂，最终皆背离圣学。冯从吾所述与晚明学界之情形若合符节。那么如何来解决这一弊病呢？冯从吾主张必须重新界定本体与工夫的关系，他说："识得本体，然后可做功夫；做得功夫，然后可复本体，此圣学所以为妙。"① 这就将其理想的本体与工夫的关系简明扼要地揭示出来，也就是本体与工夫的并重、合一，这就不同于以往的单向度的主张，而是要求双向用功。冯从吾将此本体与工夫合一的原则应用到四书的诠释当中，他说：

《论语》一书论工夫，不论本体，论见在不论源头，盖欲学者由工夫以悟本体，由见在以觅源头耳。②

一本《大学》都是释格物。③

问："《中庸》大旨。"先生曰："《中庸》一书如一篇，论'天命章'是冒头，仲尼曰'君子中庸'是主意，中间引舜颜武周反复发挥'君子中庸'一句，'尚絅章'是大结。首章自天说到人，以本体为功夫，顺言之也。末章自人说到天，以功夫合本体。逆言之也。"④

冯从吾以本体与工夫这对范畴对四书进行区分，认为《论语》《大学》主要论及的是下学工夫，不涉本体，意在由工夫上达本体。而《中庸》一书是一篇前后呼应的完整文章。首章言"天命"是总说，

---

① 冯从吾著，刘学智点校：《读中庸》，《冯少墟集》卷二，《冯从吾集》，西北大学出版社2015年版，第71页。
② 冯从吾著，刘学智点校：《读中庸》，《冯少墟集》卷二，《冯从吾集》，西北大学出版社2015年版，第72页。
③ 冯从吾著，刘学智点校：《读大学》，《冯少墟集》卷二，《冯从吾集》，西北大学出版社2015年版，第67页。
④ 冯从吾著，刘学智点校：《池阳语录》卷上，《冯少墟集》卷十一，《冯从吾集》，西北大学出版社2015年版，第208页。

中间皆是对"君子中庸"作出的诠释,末章以尚䌹章结尾,由此构成一浑沦圆满之成德系统。且首章由天到人,是以本体为工夫,而末章由人到天,是以工夫去凑合本体。可以看出,冯从吾对本体、工夫这对范畴的重视,体现出双向开展,不废其一的理论特质。

就"识得本体,然后可作工夫"来说,此句着重点在"识得本体"上,冯从吾曾经明确指出:

> 学问之道,全要在本源处透彻,未发处得力,本原处一透,未发处得力,则发皆中节,取之左右,自逢其原,诸凡事为,自是停当;不然,纵事事检点,终有不凑泊处。①

从这段话中可以看出冯从吾对本源、本体问题的重视,将其视为一切的根本,主张本源透彻,未发涵养,则可发而中节,事皆合理。那到底何谓本体呢?冯从吾显示出了他钟情于心学的学术取向,他说:

> 圣贤之学,心学也。②
> 圣学宗旨全在心性二字。③
> 自昔大儒讲学,宗旨虽多端,总之以心性为本体。④

这三段引文,冯从吾反复强调的是心学乃圣贤之学的本质,心性乃圣贤之学的根本、本体,因此冯从吾所言的"识得本体",就是要识得

---

① 冯从吾著,刘学智点校:《关中书院语录》,《冯少墟集》卷十二,《冯从吾集》,西北大学出版社2015年版,第225—226页。
② 冯从吾著,刘学智点校:《辨学录》,《冯少墟集》卷一,《冯从吾集》,西北大学出版社2015年版,第32页。
③ 冯从吾著,刘学智点校:《太华书院会语》,《冯少墟集》卷九,《冯从吾集》,西北大学出版社2015年版,第197页。
④ 冯从吾著,刘学智点校:《池阳语录》卷上,《冯少墟集》卷十一,《冯从吾集》,西北大学出版社2015年版,第213页。

心性，洞彻心体、性体，然后才能有的放矢地去做工夫，否则漫无目的，终是蹉跎工夫。至于明心体、性体的内容，冯从吾指出：

> 子徒知心体本空空洞洞，一物不容，而不知心体虽空空洞洞，实万物咸备。①
> 至善，此性体也。②

对于心性的关系，冯从吾基本延续了心学的观点，主张"性者，心之生理，非心外别有性可对言也"③，也就是"心即性"。而当进一步延伸至心体、性体时，冯从吾以心体本虚而万物咸备，性体至善来描述，虽然表述不一，但不过是从不同的角度对本体进行的界说，实际上只是一体两面之事，区别只是"心体偏重于主体性、主宰性、具体性，性体偏重于客观性、形式性、遍在性"④。

就"做得工夫，然后可复本体"而言，着重点显然是落在工夫上面，且这种工夫必须朝着彰显心性本体的方向去做，冯从吾说：

> 敬者，心之本体。……主敬云者，不过以工夫合本体。⑤
> 自昔大儒讲学宗旨虽多端，总之以心性为本体，以学问为功夫，而学问功夫又总之归于一敬。君子小人之分，只在敬肆之间。敬者，众善之根；肆者，众恶之门。敬者，众福之根；肆

---

① 冯从吾著，刘学智点校：《关中书院语录》，《冯少墟集》卷十二，《冯从吾集》，西北大学出版社2015年版，第228页。
② 冯从吾著，刘学智点校：《池阳语录》卷上，《冯少墟集》卷十一，《冯从吾集》，西北大学出版社2015年版，第208页。
③ 冯从吾著，刘学智点校：《太华书院会语》，《冯少墟集》卷九，《冯从吾集》，西北大学出版社2015年版，第192页。
④ 何睿洁：《冯从吾评传》，《冯从吾集》，西北大学出版社2015年版，第81页。
⑤ 冯从吾著，刘学智点校：《太华书院会语》，《冯少墟集》卷九，《冯从吾集》，西北大学出版社2015年版，第192页。

者，众祸之门。……人人敬则天下治；人人肆则天下乱。①

在此，冯从吾引入程朱理学的"主敬"工夫，赋予其集工夫宗旨、众善之根、圣学之要、善治之本为一身的特质，统摄内外，涵盖一切，这相对于程朱，不仅赋予"主敬"工夫更高的地位和更多的含义，也显示出冯从吾在对程朱一系所主的"涵养须用敬，进学则在致知"工夫体系的取舍中，偏重于"尊德性"一路，更为注重心性的涵养。这种对"敬"的拔擢无疑是针对阳明后学泰州一派"打破敬字"所导致的狂禅流弊而来，意在将本体的洞彻通达建基于实实在在的工夫之上。

总而言之，冯从吾对本体、工夫的双重强调实际上是将本体、工夫打并为一，意欲以此来调和理学、心学各有所偏的弊病，在晚明本体、工夫之争中开显出了较有特色的理论体系。

三　提揭讲学以救世

清代学者程嗣章说："明代道学，固不及洛闽之醇，而穷经通儒，亦罕闻焉。独讲学之风，较前代为盛。"② 程氏所言不虚，讲学虽渊源有自，但却在明代伴随着阳明心学的兴起，超越前代，鼎盛一时。③ 作为服膺阳明心学的晚明学者，冯从吾自不外于此学术思潮，他表达出了与程氏同样的看法：

夫讲学创自孔子，孟子没而失传，中兴于宋而禁于宋，宋之

---

① 冯从吾著，刘学智点校：《池阳语录》卷下，《冯少墟集》卷十一，《冯从吾集》，西北大学出版社2015年版，第213页。
② 程嗣章：《明儒讲学考》卷一，《四库存目丛书》，齐鲁书社1995年版，第593页。
③ 吴震先生说："阳明学作为一种思想学说，固是理论思辨的产物，同时阳明学的产生及其展开过程本身又是一种思想运动，其具体表现就是讲学。"（吴震：《阳明后学研究》，上海人民出版社2003年版，第422页）

不竞，奚惑焉？洪惟我二祖开基，崇儒重道，以讲学为令甲，举宋儒所讲者一一见之行事，说者谓"国朝为乾坤一小开辟"，讵不信然？①

冯从吾认为讲学创于孔子，盛于孟子，孟子没后此风不振，至宋再度兴起，但又禁于宋，以致宋朝衰败，再至明代崇儒重道，将此悬为令甲，使其成为一时风尚。冯从吾所言虽与史实略有出入，但他的这种叙述与儒家的道统谱系极其一致。我们需要追问的是，冯从吾何以将讲学提升到如此高的地步，以至于左右国家的盛衰。这实际上与冯从吾对讲学的定位息息相关，他说：

> 然学术始于人心，关于世道，履霜坚冰，毫厘千里，此学之不可不讲也，故以讲学说终焉。讲则理明，理明则人心正、邪说息而天下治；不讲则理晦，理晦则邪说炽、人心坏而天下乱，故曰："学之不讲，是吾忧也。"②
>
> 开天辟地，在此讲学；旋乾转坤，在此讲学；致君泽民，在此讲学；拨乱返治，在此讲学；用正变邪，在此讲学。学者不可作小事看。③

从上面两段论述中很容易看出，冯从吾对"讲学"的认知和定位是前所未有，无以复加的。从个人来说，讲学可以修德、改过，徙义；从世道来说，讲学可以正人心，息邪说，明事理，更进一步，讲学甚至

---

① 冯从吾著，刘学智点校：《泾野先生语录序》，《冯少墟集》卷十三，《冯从吾集》，西北大学出版社2015年版，第247页。
② 冯从吾著，刘学智点校：《丁未冬稿序》，《冯少墟集》卷十三，西北大学出版社2015年版，第238页。
③ 冯从吾著，刘学智点校：《都门语录》，《冯少墟续集》卷一，西北大学出版社2015年版，第472页。

可以开天辟地、扭转乾坤、致君泽民、拨乱返治。可见，冯从吾是将讲学作为析迷破惑、拯陷救溺，砥砺士节，经邦济世的必由之途，这种定位在整个明代理学史上无人能出其右。既然讲学如此重要，为何学者多不肯讲呢？冯从吾分析道：

> 其病多端：一则于己不便；一则自以为是；一则为人不足与言；一则恐为世所厌；一则妒忌人之胜己。①

这五种原因虽说法不一，但无不出于一己之私，或担心自己不能践其所讲，受人责备，或自我满足，缺乏淑世之心，或担心讲学引起反感，或忧心讲学使别人获得进步，超过自己，这些现象皆是讲学废而不行的根源。冯从吾的分析可谓贴切完备。冯从吾虽然重视讲学，但并非毫无底线，一切皆讲，他对讲学的内容给予规定和限制：

> 孔子首言"学"，而有子即继之曰"孝弟"，可见圣门讲学宗旨矣。②
> 孟子讲学以孝悌仁义为宗。③

从上述引文中可以看出，冯从吾将讲学的内容限定于心性、孝悌等道德伦理领域，主张此乃圣门讲学的一贯宗旨。冯从吾的这种规定一方面显示出晚明的讲学活动开始有意识地规避政治领域，与其保持距离，偏向于道德领域；另一方面也反映出冯从吾服膺阳明心学，重视

---

① 冯从吾著，刘学智点校：《宝庆语录》，《冯少墟集》卷七，西北大学出版社2015年版，第161页。
② 冯从吾著，刘学智点校：《孝子祝公传》，《冯少墟续集》卷三，《冯从吾集》，西北大学出版社2015年版，第526页。
③ 冯从吾著，刘学智点校：《读孟子》上，《冯少墟集》卷二，《冯从吾集》，西北大学出版社2015年版，第106页。

心性伦理的学术趋向。他尤其从具体的事例来论证孝弟仁义的重要性：

> 自昔豪杰之士喜谈事功者……而于孝弟根本处多有阔略，卒之身名俱坏，而事功亦为其所掩，尤可惜也。呜呼！安得起斯人于九原，而与之讲孝弟仁义之学。①

在这段话中，冯从吾着重指出那些喜谈事功的豪杰之士，因为不讲孝悌，即使偶获成功，但终因缺乏内在德性的支撑，导致身败名裂。在此，冯从吾延承传统儒家道德第一性、优先性的主张，将道德作为统摄一切的保证和根本，展现出传统儒家道德哲学的特质。孝弟仁义对个人如此，对一个国家又该如何呢，冯从吾指出：

> 王安石行新法，原是为国的心，只是把孝弟仁义看作迂阔，主意专富国强兵，做个国家有用的豪杰。不知一丢过孝弟仁义，便做不出有用的好事业来，此所以到底国也不能富，兵也不能强。不惟不能富强，且贻靖康无穷之祸，自误以误人国，岂不深可惜哉？可见尧舜之孝弟，正是尧舜之所以为事功处，特安石自以为是，不肯细讲耳。②

冯从吾通过对王安石与尧舜的对比来解析其变法失败的缘由，认为王安石变法虽是出于公心，但因不讲孝弟仁义这些德目，专意于富国强兵，使富国强兵缺少德性的规范和指引，不仅未能实现目标，反而贻

---

① 冯从吾著，刘学智点校：《读孟子》上，《冯少墟集》卷二，《冯从吾集》，西北大学出版社2015年版，第106页。
② 冯从吾著，刘学智点校：《读孟子》上，《冯少墟集》卷二，《冯从吾集》，西北大学出版社2015年版，第106页。

害后世，致使宋朝覆灭。冯从吾从讲学的角度来剖析个人乃至国家的祸福命运，彰显出他浓厚的讲学情结，而这种情结的出现一方面是阳明心学讲学之风的延续；另一方面也是明代士大夫由得君行道向觉民行道转变的一个具体展现，而这种转向变的是从自上而下路线转进为由下及上路线，不变的是依然希冀通过道德来提领泽民救世，走的仍然是传统儒家的治世路径，与晚明主张引进西学革新世道的徐光启、李之藻等辈不同，仍保持着传统士大夫的思想底色。

四 辟异端以明儒

"异端"之说起于孔子，不同时代所指不一。而至冯从吾所处的晚明时期，在"文成而后，学者盛谈玄虚，遍天下皆禅学"① 的学术境遇下，他所指的异端已主要指向佛学，他说："何谓异端之学？佛老是也，而佛氏为甚"②，冯从吾虽然与宋明诸儒一样，都认为异端之学指佛老之学，但他认为佛教危害最为严重，因此他将辟异端的矛头指向佛学。他首先从本源处对儒佛宗旨进行辨析：

> 论学当先辨宗旨。宗旨明白，工夫才不能差。仙家自有仙家宗旨，佛氏自有佛氏宗旨，与吾儒宗旨全不相干。③
>
> 佛氏差处全在宗旨，宗旨一差，无所不差。故曰不可不辨也。④

---

① 吴光编：《蕺山刘子年谱》，《刘宗周全集》第六册，浙江古籍出版社2007年版，第67页。
② 冯从吾著，刘学智点校：《辨学录》，《冯少墟集》卷一，《冯从吾集》，西北大学出版社2015年版，第57页。
③ 冯从吾著，刘学智点校：《辨学录》，《冯少墟集》卷一，《冯从吾集》，西北大学出版社2015年版，第43页。
④ 冯从吾著，刘学智点校：《读论语》上，《冯少墟集》卷二，《冯从吾集》，西北大学出版社2015年版，第80页。

黄宗羲曾以明儒好标宗旨来概括明儒特质①，此言不虚，与明儒本质亦若合符节。冯从吾敏锐意识到此流风余韵，主张辨析学派差异必须从宗旨入手，方是把握儒佛之辨的要旨。冯从吾所言的确抓住了辨析儒佛的根本，因为根源处不清，全在细枝末叶上打转，终是玩弄光景。那么，儒佛的宗旨是什么呢，冯从吾说：

> 佛氏之失正在论心论性处与吾儒异，不专在舍经世宰物而言心性；正在所悟所达处与吾儒异，不专在舍渐修而言顿悟，舍下学而言上达也。惟其论心论性所悟所达处，宗旨与吾儒异。……故学者崇儒辟佛，当先辨宗。②

冯从吾认为儒、佛的根本差异正在于心性上，尤其是在心性所悟所达处大相径庭，绝不是在渐修与顿悟，下学与上达这些名相上面。虽然学界对儒佛差异有不同的认识，但冯从吾的理解无疑亦把握住了儒佛差异的一个重要维度。更为重要的是，冯从吾之所以要从心性的角度辟佛，还在于：

> 孟子殁而异端炽，有佛氏者出而谈心谈性抗焉，欲高出于吾儒之上，而"心性"二字为其所窃据，由是为吾儒者遂绝口不敢谈，曰："恐蹈佛氏之宗也。"以心性让佛氏，以事功、节义、文章归吾儒，心学晦蚀，令人遗本体而骛作用，自误误人。③

---

① 黄宗羲说："宋儒学尚分别，故勤注疏；明儒学尚混成，故立宗旨。"［黄宗羲：《浙中王门学案》五，《明儒学案》（修订版）卷十五，中华书局2008年版，第330页］

② 冯从吾著，刘学智点校：《读论语》上，《冯少墟集》卷一，《冯从吾集》，西北大学出版社2015年版，第44页。

③ 冯从吾著，刘学智点校：《思庵野录序》，《冯少墟集》卷十三，《冯从吾集》，西北大学出版社2015年版，第233页。

这就是说，由于儒学不振，佛氏遂将心性窃为己有，高标学术，而儒者因担心滑落佛教一边，又绝口不谈心性，将此拱手让与佛氏，误己误人。冯从吾从心性角度展开儒佛之辨，既有内在的宗旨差异，又有外在的理论误区。下面我们就顺着冯从吾的思路来厘清儒佛之辨，就心而论：

> 世俗之所谓有心，有的是人心。吾儒之所谓有心，有的是道心。异端之所谓无心，无的是道心。吾儒之所谓无心，无的是人心。①
>
> 佛氏所谓"直指人心"，指的是"人心"；所谓"见性成佛"，见的是"气质之性"；所谓"真空"，空的是"道心、义理之性"。②

在心论上，冯从吾认为儒佛所论的心是有明显差异的，儒者所谓的有心是指纯善无恶的道心，无心指的是没有私心，而佛氏所讲的无心恰恰是没有道心，直指人心则指向的是有私欲相杂的人心。可以看出，冯从吾认为佛氏没有道心，也就是缺乏形而上之心，缺乏本心，缺乏终极依据，将儒学所谓的形而下认作形而上。实际上，冯从吾这种评判并不符合佛教宗旨，佛氏所谓的心并不是私欲之心，而主要指向主体意识。

就性来说，冯从吾认为佛氏与儒家的差异首先在于对善恶的认识不一，他说："吾儒之旨只在善之一字，佛氏之旨却在无善二

---

① 冯从吾著，刘学智点校：《辨学录》，《冯少墟集》卷一，《冯从吾集》，西北大学出版社2015年版，第34页。

② 冯从吾著，刘学智点校：《辨学录》，《冯少墟集》卷一，《冯从吾集》，西北大学出版社2015年版，第47页。

字。"① 意思是说，儒学是主张性善，而佛氏主张性无善，他进一步分析道：

> 吾儒论性以心之生理言。佛氏论性不以心之生理言，舍心言性，舍理言心，故曰："离一切心，即汝真性。"又曰："心生性灭，心灭性现。"所以不得不说无念，所以不得不说无心。②

在冯从吾看来，儒学所论性乃是心之理，佛氏论性则舍心言性，将心、性不仅割裂为二，更将两者视为对立关系，这就与儒学的心性合一之旨不相一致，故而佛氏必须以无念、无心立论。更进一步，他以天命之性与气质之性来区分儒、佛，他说：

> 盖性者，心之生理。吾儒所谓性，亦不由积累，不由闻见，但吾儒以理言，非专以能知觉运动的这个言。佛氏惟以能知觉运动的这个言，虽说出离生死，其实全落在生死上说。不论道理，不论功夫，只是空空的任这一点灵明，随他气质情欲作用耳。可见，彼所云性，乃气质之性，"生之谓性"之性；吾所云性，乃义理之性，性善之性。③

冯从吾以"心即性，性即理"为依据，认为儒学所谓性是天命之性、义理之性，是先天圆满具足的，非由后天工夫而成；而佛氏所谓性只不过是气质之性、生之所谓性之性，也就是人的现实情欲之性。总体

---

① 冯从吾著，刘学智点校：《辨学录》，《冯少墟集》卷一，《冯从吾集》，西北大学出版社2015年版，第36页。
② 冯从吾著，刘学智点校：《辨学录》，《冯少墟集》卷一，《冯从吾集》，西北大学出版社2015年版，第46页。
③ 冯从吾著，刘学智点校：《辨学录》，《冯少墟集》卷一，《冯从吾集》，西北大学出版社2015年版，第45页。

来看，冯从吾从心性的角度辟佛，减杀、瓦解佛教的形上、超越一面，虽然这种辨析一不切合佛教本旨，二也呈现将佛教义理简单化的倾向，但其试图划清心学、禅学界限，将心学从禅学的阴影中解脱出来的努力是值得肯定的。

钱穆先生曾指出："阳明以不世出之天资，演畅此愚夫愚妇与知与能的真理，其自身之道德、功业、文章均已冠绝当代，卓立千古，……其学风淹被之广，渐渍之深，在宋明学者中，乃莫与伦比，流风所被，倾动朝野，势不可挡。"① 钱氏之论不虚。我们知道，阳明心学自明代中期兴起之后，虽未取得官方地位，但却以不可一世之姿打破朱子学一统天下的牢笼，横扫中晚明思想界，尤在晚明达至顶峰与臻熟，同时亦流弊尽显。而身处其中的冯从吾，绝非仅仅是一个独善其身的士大夫，他是受时代陶铸，而又想陶铸时代的传统士大夫，立足于心性之学，试图借由对四书的创造性诠释，达到整合心学、理学，辨析儒佛，回应时代热点的目的，整体呈现辨正心学、撷取理学、拒斥佛氏的特质，也显豁出阳明心学对其乃至整个晚明四书诠释的影响，即在解经方式上不再局限和束缚于朱子那套"枝枝相对，叶叶相当"②的解经家法，呈现脱略文本，自由解经的风气，在义理诠释上偏向于引用和回应阳明心学思想主旨，凸显道德意识和道德救世，激活僵化的四书诠释，打开四书诠释的新面向。尤其需要指出的是，冯从吾在本体与工夫、儒佛之辨、讲学、无善无恶之辨等方面多有前贤所未发之论，在晚明开显出了回应时代议题的新方向，那就是"统合程朱陆王而一之"的路线，这就既不同于同时代尊朱的顾宪成、高攀龙，亦相异于同时代崇王的刘宗周、黄宗羲，呈现不持门户之见，公允辨析学术源流异

---

① 钱穆：《略论王学流变》，《钱宾四先生全集》第 21 册，台湾联经出版事业股份有限公司 1998 年版，第 199 页。
② 黎靖德编：《朱子语类》卷十，中华书局 1986 年版，第 172 页。

同的思想特色。冯从吾的这种尝试表明晚明学者绝非像已有的研究所表明的那样非朱即王，而是仍有像冯从吾这样有自己独立学术特色的群体存在，从同时代学者董其昌对他的评语"虽一禀承于先觉，而独证独创，自为一家之书"①即可见一二，而这也正是聚焦于他的价值所在，足以为我们透视阳明心学与经典诠释之间相切互动的关系提供一个重要的切入点。

第四节　提揭心性，酌采朱王：
　　　　王徵的《学庸书解》

王徵（1571—1644），字良甫，号葵心。陕西泾阳人。天生资质英迈，志存高远，"自成童时，便以天下国家为己任。"②少从其舅父关学大儒张鉴③学习，二十四岁中举，五十二岁登进士，历任广平、扬州司理以及山东按察司佥事兼辽海监军，立朝不及四年，以著述讲学为事。王徵是晚明最早受洗入教的儒家士大夫之一，与徐光启并称为"南徐北王"，与徐光启、李之藻和杨廷筠合称为晚明"四贤"。④闯王攻陷西安，欲请其出山做官，王徵遂题墓石曰"有明进士奉政大夫山东按察司佥事奉敕监辽海军务了一道人良甫王徵之墓"⑤，又书"精白一心事上帝，全忠全孝更无疑"⑥，绝食七日而死，谥号"端

---

① 董其昌：《序少墟冯先生集》，载冯从吾著，刘学智点校《冯少墟集》，卷首，《冯从吾集》，西北大学出版社2015年版，第24页。
② 王介：《明关学名儒先端节公全集序》，《序、跋和提要》，《王徵集》附录三，西北大学出版社2015年版，第420页。
③ 张鉴（1546—1605），明陕西泾阳人，别号湛川。历任山西洪洞、河北定夹、河北迁安县知县，后任太原同知，朝议大夫，孙丕扬命其谥号为"贞惠"。
④ 方豪：《李之藻研究》，台湾商务印书馆1966年版，第4页。
⑤ 林乐昌编校：《年谱》，《王徵集》附录一，西北大学出版社2015年版，第364页。
⑥ 林乐昌编校：《年谱》，《王徵集》附录一，西北大学出版社2015年版，第364页。

节",刘古愚赞其"以身殉明,大节凛然"①,又以"先生忠孝大节,彪炳寰区,不得以兼信景教,遂谓碍于关学"②,也就是不避其天主教徒的身份,力主将其纳入关学谱系当中。而对于其学行,王介称其"天下之士慕公真品,仰之如泰山北斗"③,"海内名流仰公如泰山北斗,靡不乐与之游。关中魏恭襄、李肃敏、孙恭介、温恭毅、冯恭定诸贤,皆以关学名儒首推重之。而相国叶台山、徐玄扈,太傅孙高阳,冢宰李松毓,中丞左忠毅、杨忠烈诸公,又咸推为王佐才,交章争荐"④。王徵一生著述丰富,主要有《奇器图》《士约》《兵约》《学庸书解》等。其《学庸书解》虽篇幅极短,仅仅只有两节,分别围绕"大学之道"和"天命之谓性"展开,但却受到学者高赞:"悉发前人所未发,无词祖袭陈言。尝鼎一脔,全旨具是,真千秋大业也。诸士如久滞迷津得登宝筏,争相抄阅,弗能遍及。"⑤以此可见王徵是书之不俗。

一 大学之道

王徵的释文虽短,但却涉及以往《大学》争议的核心问题。为方便理解,现将王徵对"大学之道"的解释全部抄录如下:

> 此章书是孔子将自己一生所学的底本为人昭揭出来,有体有用,头颅只在修身。

---

① 刘古愚:《〈关学编〉后续》,载王美凤《关学史文献辑校》,西北大学出版社2015年版,第360页。
② 柏堃:《王端节公遗集序》,载林乐昌编校《序、跋和提要》,《王徵集》附录三,西北大学出版社2015年版,第435页。
③ 王介:《先端节公文集序》,《序、跋和提要》,《王徵集》附录三,西北大学出版社2015年版,第424页。
④ 王介:《明关学名儒先端节公全集序》,《序、跋和提要》,《王徵集》附录三,西北大学出版社2015年版,第420页。
⑤ 王名世:《学庸书解跋》,《序、跋和提要》,《王徵集》附录三,西北大学出版社2015年版,第414页。

从古大人之学，率先修身，而身之修，非道不能也。其道安在也？在明明德，在亲民，在止于至善。明德者，吾身之虚灵不昧，百体之君，万事之宰，惟精惟一，至纯至粹，盖众善之长，而大觉之门也。即太甲所谓"天之明命"，子思所谓"天命之性"，孔门所授一贯之宗，孟氏所衍性善之旨，乃千圣以来相传之心印。愚今明说，即吾身神明之舍所具本来面目是已。

夫一身之中，最明者孰如本来面目？其纯粹何如？其精一何如？其虚灵而不昧又何如？举凡喜怒、哀乐、恻隐、羞恶、辞让、是非，皆从此起。内者由之而出，外者由之而入。试观赤子见亲知爱，见兄知敬，何明如之？又何待于明之？惟是欲窦渐启，情隙丛生，机械致其纷纭，私意因之障碍，本明者不明矣。今欲还我本来面目，只是含光敛耀，聚精凝神，时加顾误之功，常为存养之计，俾本明者复明，则七情中节，四端咸充，万缘皆清，一仁独露，油然亲厚之良，自有以动其天地万物一体之怀。吾未见有不忍人之心，而无不忍人之政者也。然其明之之实，非必于本体上另加工夫，就是认得本体，还得本体而已矣。故曰："在止于至善。"盖至善即明德，即吾所谓本来面目。而心止于此，即所以明明德也。

顾止之云者，以心还心之谓，少过即不可止，少不及即不可止。故必知至善之所在而止，知无过无不及之则，而妙于止，则真见一定之归宿，而有定诣、有定守矣。既有定守，则心居其宅，应物不迷，而静固能静，动亦能静矣。既静，则天君不扰，百体咸宁，而心广，而体胖，泰然能安矣。既安，则本原澄澈，触目皆真，信手拈来，头头是道，从心所欲，即不逾矩而能虑矣。至于能虑而明德之全体完，大用备，天下之能事毕矣，故曰能得。得者，得此大学之道也。此其物之有本有末，事之有终有始，昭然可见。倘欲得此道者，非务本以该末，彻始而彻终，一循其先后之序，其胡以近之？故"古之欲明明德于天下者，先治其国；欲治其国者，先齐其家；欲齐其家者，先修其身；欲修其身者，先正其心；欲正其心者，先诚其意；欲诚其意者，先致其知；致知在格物。"格物者，即格究物有本末之物也。盖吾身本万物皆备之身，格者直向未发前乍见时体认本来面目，知其孰为百体之君，孰为万事之宰，孰为精一纯粹虚灵而不昧，灼见原头，专务大本，方为知至。知至者，即知止之谓也。就收心以还心时，名曰止。就心之还于心时，名曰至。知至而后意诚，即"有定"之谓也。意诚而后心正，即"能静"之谓也。心正而后身修，即"能安"之谓也。身修而后家齐、国治、天下平，即"能虑"之谓也。此皆"明明德于天下"者之全得也。

总之，格、致、诚、正，明德之工夫也，无非用修此身；齐、治、均、平，明德之分量也，无非从修身中出；则自天子以至于庶人，谁可外修身以为本哉？苟舍身不修而乱其本，即欲谩言我能齐家、治国、平天下，乃逐末之论，必不得之数也。况有身不修，既以最厚者业自处于薄矣，又焉能取薄于身者而反厚之哉？我故曰："头颅只在修身"。[1]

王徵在这篇长文中表达的核心观点主要有以下三个方面：

一是《大学》之道的核心在"修身"。在王徵看来，修身是《大学》的主脑，不唯"三纲领"是为修身而服务，即使八条目中的"格、致、诚、正"也是为修身而服务，同时齐、治、均、平也是由"修身"推导出来。至此，王徵就完成了《大学》以"修身"为中心，为头脑的论证。这一定位与朱子以"明德—新民"的架构统领《大学》自不相同，同时也与阳明以"诚意"为《大学》之中心亦不

---

[1] 林乐昌编校：《学庸书解》，《王徵集》卷七，西北大学出版社2015年版，第143—144页。

相类，显示出其独证独创的学术特质。

二是对"明德"的创造性解释。我们知道，朱子将"明德"解释为"人之所得乎天，而虚灵不昧，以具众理而应万事者也"①，阳明沿袭朱子的"天理"和"虚灵不昧"，将"明德"解释为"天命之性，灵昭不昧，而万理之所从出也"。②而王徵则在两者的基础上，将"明德"与前贤的"天命之性""性善"等范畴等同起来，释其义为"吾身之虚灵不昧，百体之君，万事之宰，惟精惟一，至纯至粹"，这实际上是扩展和深化了朱、王的意思，赋予"明德"更加强大、至上的功能和性质。同时，他也将"明德"与"至善"直接等同，将"止于至善"理解为恢复心本来的样子，即明德。这与朱熹的"至于至善之地而不迁"③和王阳明的"至善者，明德、亲民之极则也"④将"止于至善"作为"明德"的目标的主张显然有别。

三是对"格物"的解释。王徵解释"格物"道："格究物有本末之物也。盖吾身本万物皆备之身，格者直向未发前乍见时体认本来面目，知其孰为百体之君，孰为万事之宰，孰为精一纯粹虚灵而不昧，灼见原头，专务大本，方为知至。"很显然，王徵将"物"的范围向内收缩于一己之身，"格物"就是去体认未被遮蔽、未发的"大本之体"，也就是"明德"，去明白其为"万事之宰、虚灵不昧"。王徵所讲的"格物"类似于陆九渊所讲的发明本心之意，其性质与心学趋同而与程朱一系拉开距离。

二 天命之谓性

与对《大学》的诠释一样，王徵对《中庸》的诠释也只有部分

---

① 朱熹：《四书章句集注》（上），金良年译，上海古籍出版社2006年版，第6页。
② 吴光等编：《亲民堂记》，《王阳明全集》卷七，上海古籍出版社1992年版，第250页。
③ 朱熹：《四书章句集注》（上），金良年译，上海古籍出版社2006年版，第6页。
④ 吴光等编：《大学问》，《王阳明全集》卷二十六，上海古籍出版社1992年版，第969页。

内容，主要是围绕《中庸》首章进行的解读，为方便起见，全录如下：

  此章书是子思子见当时人各立教，莫不自谓我见道也，乃皆外吾性而言道。纵有假性以言道者，又皆荒吾性于虚无，令人莫可捉摸；狃吾性于血气，令人失之任情；索吾性于身心日用之外，令人寻枝摘叶，敝精疲神，而卒莫得其指归。于是真性不明，常道久湮，邪说蜂起，而吾尧舜以来相传之正教，几为天下裂矣。子思子忧之而作《中庸》，其意总要阐明真性，使天下之人共率之而已。故立言之首，即云"天命之谓性，率性之谓道，修道之谓教"。若曰：命外无性，惟天命方可为性；性外无道，惟率此天命之性方可为道；道外无教，惟修此率性之道方可为教也。
  盖天命者，天之明命，即愚前篇所指本来面目是已。四肢百骸，非此无以纲维而运旋，故名之曰"命"。一身之中，惟此命居之最上，清虚灵妙，精粹圆明，诚一元枢，而万善之门也，故名之曰"天命。"总之，乃吾人天然自有之良心，而曰"仁"，曰"明德"，曰"至善"，曰"形色天性"，千枝万叶，千流万派，咸一以贯之者也。认得天命之性而率之，则静与天俱，动与天游，岂不触目皆真，头头是道？率之云者，只是将此天命之性作主，凡事依他而行，不搀私意，不加造作，不移于纷华、靡丽、爱憎、利害之偏，方是能率。上焉者，不失赤子之心，即有性之之妙，是不假存养而自然能率者也。次焉者，有失本性之初，当加反之之功，或致曲，或顾諟，一以此性为宗而遵之，是假存养而能率者也。顾存养过急而蹈助长者非率，少不存养而流于忽忘者非率，才加存养就萌期必计效之念者亦非率。此其至简至易之中，尽有法则节度。惟就此率性之道而修之，乃千圣相授之真传也。

修者经营修理之义，犹云"只在率性之道上做工夫耳"。然又恐人错认天命之天，直向身外求去，故又教人点检一身之中，谁是须臾不可离者即是此道，其他可离者乃非道也。此正子思子吃紧提醒点化人处。夫一身中最不可须臾离者，孰如本来面目？离之则跬步之间，倾侧所不免矣，又谁与辨是非而应事为？是故君子知天命之性之道之不可离也。于是虽当不睹不闻之时，常切戒慎恐惧之念。而独之不敢不慎者，正以至隐者天下之至见，至微者天下之至显，而天命之性正在独处呈真机，率性之功正在独处验存养也。

盖独者，念头发处，独露独觉之独，非专指独居无人言也。试观喜怒哀乐，日用间所必不能无者，有一不从此天命之性独露独觉处发之乎？知喜怒哀乐，则知万感万应总不能外此以为根核，以为发用。当其未发之前，一真独朗，万象悉含，静定澄澈，毫无偏倚，何中如之？及其方发之时，一真偶触，天倪自动，顺天而行，毫无乖戾，何和如之？中也者，正所谓天命之性，乃天下之大本也。和也者，正所谓率天命之性，乃天下之达道也。果能率性而致此中和，天地有不位，而万物有不育者乎？

致，至也，犹云至此中和地位也。盖自独察其莫见莫显之机，而心严于不睹不闻之境。君子所以体认天命，久执厥中，而存养此性者，至矣。内之所存，既浑然天命之真体，而无所不中；自外之所发，一油然率性之妙用，而无所不和；则不独天君一定，百体咸宁，吾身之天地万物位且育焉已也。即极而裁成参赞，两仪赖之以清宁；陶冶曲成，庶品赖之以咸若者，罔不自此率性中来矣。

然则是道也，谓其为远乎？则须臾不离，率之即是。谓其为粗乎？则睹闻莫加，隐微难窥。谓其荒唐而无实际乎？则不出性情之内，即有位育之能。又况与生俱生，时时见在，人人各足，诚匹夫匹妇之所可知可能，而尧舜以来相授受之常道乎。奈之何求道者乃不率我天命之性，而从流于他教为耶？噫！①

从这段长文来看，王徵所要表述且较有特色的观点有三：王徵所表达的第一个核心观点是对《中庸》主旨的理解。王徵认为《中庸》一书的主旨就在于"阐明真性"，缘由即在于以往学者讲"性"有三个误区：一是以"虚无"讲"性"，使人难以捉摸；二是以"血气"论性，使人任情而为；三是讲"性"与身心无涉，使人枉费精神。正是以上三种误区导致学者不知"性"为何物，邪说横起，子思为了拨乱反正，阐明圣学，故而作《中庸》。也正是这种定位，王徵在《中庸》一书中特别重视首句"天命之谓性"，不仅将其作为这篇释文的重心，同时也以此来提领首章，如他提出的"中也者，正所谓天命之性，乃天下之大本也。和也者，正所谓率天命之性，乃天下之达道也"，即以"天命之性"来解释中和的观念。要之，王徵对《中庸》的理解与朱子的意思是一致的，因为朱子的"《中庸章句》本身以天命之性为基点，而强调性"②。这些都显示出王徵、朱子着意形上建构的理论旨趣，从而与阳明将"修道之谓教"作为《中庸》首章的宗旨不同。③

王徵所表达的第二个核心观点是对"天命"的独到理解。朱子将"天命"分开解释，指出"命"犹"令"也④，意思就是"如尊命、台命之类。天无言做，如何命？只是大化流行，气到这里便生这物，气到那物又生那物，便是分付命令他一般"⑤。可见，朱子的意思凸

---

① 林乐昌编校：《学庸书解》，《王徵集》卷七，西北大学出版社2015年版，第144—146页。
② 陈来：《朱熹的〈中庸章句〉及其儒学思想》，《中国文化研究》2007年第2期。
③ 许家星：《阳明〈中庸〉首章诠释及其意义》，《复旦学报》2021年第1期。
④ 朱熹：《四书章句集注》上，金良年译，上海古籍出版社2006年版，第24页。
⑤ 陈淳：《北溪字义》，中华书局1983年版，第1页。

显的是自然主义。以此为参照，王徵则将其解释为人之先天具有的"良心"，也即"明德""仁"等，这个"命"是人身上最为至上的东西，很显然，王徵这里的"命"是一个名词，而朱熹所解的"命"是一个动词，内容更是截然相反。更为重要的是，他以此为纽带，将《大学》和《中庸》在义理上打通，将其作为两者的核心概念，也就是其在上节和本节中所反复强调的"本来面目"。在此意义上，王徵与朱子强调《大学》《中庸》的差异不同，而与阳明所强调的"子思括《大学》一书之义，为《中庸》首章"① 这一旨在凸显两者关联的旨趣相近。

王徵所表达的第三个核心观点是对《中庸》首章"修道"的解释。如对"修"的解释，他认为是"经营修理"之义，这与朱子以"品节"（节制约束）来解释旨在凸显道、教的差异不同，王徵的意思主要是凸显工夫意味，也就是在"率性之道"上做工夫。当然，这与阳明批评朱子，意在说明"'修道'是指修道者戒惧慎独的体道工夫"② 的工夫诉求有一致之处。

总而言之，王徵对辐辏于《大学》《中庸》争议的回应，可谓是依违于朱、王之间，其最终目的是矫正时弊。他指出：

> 而今把一部经史，当作圣贤遗留下富贵的本子；把一段学校，当作朝廷修盖下利达的教场。矻矻终日，诵读悓悓，只为身家，譬如僧、道替人念诵消灾免祸的经忏一般，念的绝不与我相干，只是赚的些经钱、食米、衣鞋来养活此身，把圣贤垂世立教之意辜负尽了。③

---

① 吴光等编：《传习录》上，《王阳明全集》卷一，上海古籍出版社1992年版，第16页。
② 许家星：《阳明〈中庸〉首章诠释及其意义》，《复旦学报》2021年第1期。
③ 林乐昌编校：《士约》，《王徵集》卷七，西北大学出版社2015年版，第150页。

这就是说，学者把经书当作博取功名、谋求富贵的工具和阶梯，与自身的心性修养无涉，与开物成务无关，违背圣贤立教本意。基于此，王徵诠释《大学》《中庸》有意提揭心性之学，绝非是放空之言，而是有感而发。这里需要特别说明的是，王徵是一位天主教徒，其对《大学》《中庸》的诠释几乎没有西学的影子和意味，推究其因，最大的可能是此书乃其受洗入教的1616年之前所作。[①]

要之，明代四书学著作既有羽翼朱子的，亦有回护阳明心学的，更有融会张载关学与理学、心学的，还有如王徵积极吸收西学的，这些四书学著作一方面在解经体例、诠释风格等方面，深化了四书学的发展，使得四书学在尽可能的方向上推扩出来；另一方面也借重四书，推进关学与其他学派的融通和交流，既深化了关学自身的发展，亦影响到了其他学术流派的建构。更难能可贵的是，明代关学学派的四书学少有四库馆臣所严厉批判的"自明以来讲四书者多为时文而设"[②]的揣摩举业之作，更多的是受到了四库馆臣的高赞，如吕柟和冯从吾的四书学著作。这实际上也是明代关学四书学始终恪守关学注重践履，务实求进学风的体现，更是明代关学四书学作为地域学派独特性的展现。

[①] 林乐昌：《关学大儒王徵"畏天爱人"之学研究》，《地方文化研究》2013年第6期。
[②] 纪昀总纂：《此木轩四书说提要》，《四库全书总目提要》第1册，河北人民出版社2000年版，第962页。

第四章

鼎盛与终结:清代关学四书学

　　清代是关学发展的鼎盛时期,也是关学四书经解著作最为繁多的一代,主要有李二曲的《四书反身录》、李士瑸的《四书要谛》、康吕赐的《读四书日录》、王心敬的《江汉书院讲义》、王建常的《大学直解》、李修的《补薛存斋四书说蕴》、王吉相的《四书心解》、贺瑞麟的《四书偶记》、孙景烈的《四书讲义》、杨树椿的《四书随笔》、刘绍攽的《四书凝道录》、刘古愚的《大学古义》等十余部著作,这些著作体例丰富,涵盖答问体、注疏体、讲义体、笔记体等多种形式;特质多样,有推崇程朱理学的,亦有服膺阳明心学的,更有接纳维新思想的,但却少受乾嘉汉学的影响,并不注重训诂考证,而是继续保持义理解经的学派风格,故亦难免陷入脱离文本,肆意解经的窠臼。至清末民初,以刘古愚、牛兆濂等为代表的学者则终结了传统意义上的关学。与康有为并称为"南康北刘"的关学学者刘古愚提倡新学,推动关学近代转型,可从其引入新学注解的《大学古义》得到明确的印证。而被称为"关学最后一位大儒"①的牛兆濂虽无单经以及四书学著作,但其思想中则仍然包含着精微的理学思想。概而言之,清代的关学四书学呈现著作繁盛、注重会通、倡兴关学的特质。

---

① 刘学智:《关学思想史》(增订版),西北大学出版社2020年版,第551页。

第一节　宗本陆王，不弃程朱：
　　　　李二曲的《四书反身录》

"有四书则不可无朱注，以释四书之疑义。有朱注则不可无斯录，以挽天下之人心。"① 此语简明扼要地指出朱子《四书章句集注》在发明四书、李二曲《四书反身录》在补救人心上的创辟之功。众所周知，四书学是朱子全部思想的结穴所在②，尤在其位列科场程式之后，依经立说，阐释四书遂成为学者表达思想，创获新知、建构体系、寄寓关怀的重要津梁。因此，聚焦学者的四书注解，在微观上可以把握一个学者的思想宗旨，在宏观上则可透视一个时代的学术思潮。本文就以有"王学后劲"③"清初三大儒之一"之称的李二曲的《四书反身录》④为切入口，将其置于明清之际这段风谲云诡、波澜壮阔的学术思潮中，从具体而鲜活的个案中，审视二曲是如何通过诠释四书来推阐思想，更新、补救阳明心学的，希冀揭开明清之际崇朱黜王思潮下阳明心学嬗变的冰山一角，进一步丰富和深化心学史上这段关注不够、研究不深的学术时期，继而拓展阳明心学研究的视角和维度。

---

①　李足发：《〈四书反身录〉引》，载张波点校《李颙集》，西北大学出版社2015年版，第381页。
②　钱穆：《朱子学提纲》，生活·读书·新知三联书店2002年版，第180页。
③　梁启超：《中国近三百年学术史》，商务印书馆2011年版，第57页。
④　李二曲将是书视为其一生学术的总结和代表，从他将是书献给康熙皇帝，并受到康熙皇帝的高赞，亲赐"关中大儒"匾额可见一斑。是书在清代可考的刻本有22种之多，以此可见是书在清代流布之广，影响之大。（李畅然：《清代〈孟子〉学史大纲》，北京大学出版社2011年版，第202页）

一　标举心学要旨

阳明心学的一个重要特质就是对心性之学的极端凸显和强调，以期挺立道德主体。我们知道，心性、性命之学肇于先秦，光于宋代，盛于明代[1]，但至明末清初，因为王门后学"束书而从事于游谈"[2]给心性之学带来的种种流弊，遂遭到学者的反思和批判，在心性之学衰微[3]的同时也诱发了一股重新认识和定位心性之学的学术思潮。而这其中，李二曲无疑是这股思潮的重要推手，他对是时学界不无忧深言切地叹道："孔孟身心性命之学扫地矣"[4]，而欲改变这一现状，提振阳明心学，二曲认为唯有"讲明心性之学，以指迷导惑乃可"[5]。而讲明的方式和途径，二曲择取的是回向经典，回到以心性之学见长的四书去抉发此理。他说：

> 吾人一生，凡事皆小，性命为大；学问吃紧，全在念切性命。平日非不谈性说命，然多是随文解义，伴口度日，其实自有性命，而自己不知性，不重命，自私用智，自违天则，性遂不成性，而命靡常厥命。[6]

---

[1] 张学智先生认为明代理学的特点就是理气论的褪色，心性论成为思想家学说的重心。这是因为，经过宋元诸大儒的推阐，理学发展到烂熟，越来越成为一种价值性学说，探究万物的终极实在已经变成了实证问题而逐渐居于人们视域的次要位置。（张学智：《明代哲学史》，北京大学出版社 2000 年版，第 1 页）

[2] 全祖望著，朱铸禹编校：《梨洲先生神道碑文》，《鲒埼集》卷十一，《全祖望集汇校集注》，上海古籍出版社 2000 年版，第 219 页。

[3] 王汎森先生指出："明末清初思想界出现两种趋势：第一，心性之学的衰微；第二，形上玄远之学的没落。"（王汎森：《权力的毛细管作用：清代的思想、学术与心态》，北京大学出版社 2015 年版，第 1 页）

[4] 李颙著，张波点校：《答许学宪》，《李颙集》卷十七，西北大学出版社 2015 年版，第 171 页。

[5] 李颙著，张波点校：《〈四书反身录〉续录·二孟续补》，《李颙集》，西北大学出版社 2015 年版，第 520 页。

[6] 李颙著，张波点校：《四书反身录·中庸》，《李颙集》，西北大学出版社 2015 年版，第 400 页。

二曲在此将心性之学无限拔高，它不仅是人的立身根基，更是学问之肯綮关节，这就切中儒学乃生命学问的本质。然人并非对此无意识，但只是流于口耳之学，与自己心性涵养全然无涉，以致性、命本旨失真。不难看出，二曲此批并非无故，而是直指明清之际空谈心性弥漫成风的劣习，且这种空谈非但没有推进心性之学的繁盛，反倒使心性之学成为众矢之的。那么，如何来补偏救弊呢？二曲认为首先必须弄清楚何谓心、性，才能有的放矢。① 他说：

> 孟氏而后，学知求心，若象山之"先立乎其大"，阳明之"致良知"，简易直截，令人当下直得心要，可为千古一快。而末流承传不能无弊，往往略工夫而谈本体，舍下学而务上达，不失之空疏杜撰鲜实用，则失之恍忽虚寂杂于禅。②

孟子、象山、阳明在对"心"的提揭上，前后相推，节节拔擢，指出求心要法，点明工夫门径，而后学竟然谈玄说妙，流于空疏、杂禅之病，失却"心"之本旨。既然如此，那就必须弄清楚"心"的本义，二曲说："天之所以与我，而我之所以为我者，此心是也"③，又说："理者，人心固有之天理，即愚夫愚妇一念之良也"④，不难看出，二曲对"心"的界定完全依从心学一系的主张，认为"心"是先天赋

---

① 二曲好友顾炎武亦有类似看法："窃叹夫百余年以来之学者，往往言心言性，而茫乎不得其解也。"（顾炎武：《顾炎武全集》第 21 册，上海古籍出版社 2011 年版，第 92 页）由此可见当时这一问题已成为学界共识。
② 李颙著，张波点校：《四书反身录·孟子》，《李颙集》，西北大学出版社 2015 年版，第 505 页。
③ 李颙著，张波点校：《四书反身录·论语》，《李颙集》，西北大学出版社 2015 年版，第 452 页。
④ 李颙著，张波点校：《四书反身录·论语》，《李颙集》，西北大学出版社 2015 年版，第 420 页。

予给我的，其内容就是"天理"、就是"道德理性"，就是"良知"。在此，二曲凸显的是"心"的先在性、主宰性，显豁的是道德理性的统领性和至上性。二曲若只限于此，则只是祖述心学遗蕴，本无足可观，但他的发越之处就在于他能自觉地反思心学之弊，并开辟出以程朱理学来纠补陆王心学之偏的修正之路，他说：

> "心之所同然者，理也，义也。"东海、西海、南海、北海，千百世之上、千百世之下，无不同者，理义同也。若舍理义而言心，则心为无矩之心，不是狂率恣肆，便是昏冥虚无。故圣狂之分，吾儒异端之分，全在于此。必也循理蹈义，而不为欲所蔽，斯俯仰无怍，而中心之悦无涯。①

二曲着重指出王门后学"舍理义言心"，使"心"成为无规矩、无持循之"心"，导致学者或情识而肆，或玄虚蹈空的纯任良知的师心自用之弊病。二曲所说言言痛切，句句着实，拈出程朱理学所特别凸显的义理来规范"心""良知"，使"心"必须受义理支配，而不是无所限制，猖狂恣肆、随意忘形。在此，二曲显示出将"理"回落到"心"，以程朱理学所着重强调的客观一面来矫正晚明心学"任心太过，不无走作"②的流弊。

而就"性"来说，二曲与阳明心学一样，基于心、性本一的主张，并不过多留意，着墨虽少，但延续了其视"心"与性一样的思路，他说：

> 曰："近有讲学者，专主'性善'，言及于'气质'，便以为

---

① 李颙著，张波点校：《四书反身录·孟子》，《李颙集》，西北大学出版社2015年版，第499页。
② 黄宗羲：《东林学案》三，《明儒学案》（修订版）卷六十，中华书局2008年版，第1473页。

非，然乎？"先生曰："言'性'而舍'气质'，则所谓'性'者，何附？所谓'性善'者，何从而见？如眼之视，此气也，而视必明，乃性之善；耳之听，此气也，而听必聪，乃性之善；手之执，此气也，而手必恭，乃性之善；足之运，此气也，而足必重，乃性之善；以至于百凡应感，皆气也，应感而咸尽其道，非性之本善而能之乎？若无此气，性虽善，亦何从见其善也？善乎！程子之言性也，曰：'论性不论气则不备，论气不论性则不全。'此纷纷之折衷也。"①

心学自陆九渊始，论性便不从气质角度立论②，至阳明亦不言"气质之性"，到明清之际的王门后学，更是以此为非，发展至极致，便出现任情为率性，情识为良知的弊病。二曲批判王门后学这种"舍气质言性"，析"性气为二"的风气，认为离气言性，不仅性无所附着，性善亦不可见，这就如同眼、耳、口、足能感能应，这就是气，而视听言动皆能尽道，这就是性善，基于此，他非常赞赏程颢主张的"论性不论气则不备，论气不论性则不全"③，认为其折中诸家之说，合性气为一，完备无缺，堪为确论。由此也反映出二曲接受程朱一系"气质之性"的主张，意欲有针对性地纠正王门后学不从气质立论而导致的情识而肆的偏颇。综上可看出，二曲通过糅合理学、心学的思想，意欲扫清遮蔽在心性之学上的迷雾，重新将儒家心性之学提揭出来，恢复儒家心性之学的本旨，明确心性之学的地位，以期"明己心，见己性，了切己大事"④。二曲的这种标举虽不废程朱理学，但

---

① 李颙著，张波点校：《靖江语要》，《李颙集》卷四，西北大学出版社2015年版，第47页。
② 朱子说："陆子静之学，看他千般万病，只在不知有气禀之杂，把许多粗恶底气都把做心之妙理，合当恁地自然做将去。……看来这错处只在不知有气禀之性。"（黎靖德编：《朱子语类》，中华书局1986年版，第2977页）
③ 程颢、程颐：《二程集·河南程氏遗书》卷六，中华书局1981年版，第81页。
④ 李颙著，张波点校：《答徐斗一》，《李颙集》卷十六，西北大学出版社2015年版，第156页。

明显是以程朱理学来救济阳明心学,不仅是明末清初修正阳明心学大势的一个具体展现,更开出相异于同为王学流派的孙奇逢、黄宗羲等人的修正路线①,牛兆濂评其"以视孙(奇逢)、黄(宗羲),有过之而无不及"②,洵为确论。

二 阐扬良知要义

"致良知"是阳明融合《大学》的"致知"和《孟子》的"良知"范畴而成,不仅是阳明心学的立言宗旨,亦是后学分化和争议的焦点所在。③ 二曲学宗姚江,对阳明的"致良知"思想着墨甚多,他首先对阳明的"良知"说评价道:

> 至先生始拈"致良知"三字,以泄千载不传之秘。一言之下,令人洞彻本面,愚夫愚妇,咸可循之以入道,此万世功也。④
> 姚江当学术支离蔽锢之余,倡"致良知",直指人心一念独知之微,以为是王霸、义利、人鬼关也。当几觌体直下,令人洞悟本性,简易痛快,大有功于世教。⑤

从这两段话中可以看出,二曲对阳明"致良知"给予了肯定和高赞,指出阳明在学术支离之际,提揭"致良知",横发直指,指明学途,洞彻本原,简易直截,一扫旧学支离痼弊,开启入道之门,有补于世

---

① 台湾学者林继平认为李二曲所开辟的这条思想路线是除程朱、陆王之外的"第三条路线",给予其独立的学术地位。(林继平:《李二曲研究》,陕西师范大学出版社2006年版,第144页)
② 牛兆濂:《复郭希仁》,《蓝川文钞》卷五,《牛兆濂集》,西北大学出版社2015年版,第68页。
③ 黄宗羲指出:"'致良知'一语,发自晚年,未及与学者深究其旨。后来门下各以意见搀和,说玄说妙,几同射覆,非复立言之本意矣。"[黄宗羲:《姚江学案》,《明儒学案》(修订版)卷十,中华书局2008年版,第178页]
④ 李颙著,张波点校:《体用全学》,《李颙集》卷七,西北大学出版社2015年版,第59页。
⑤ 李颙著,张波点校:《富平答问》,《李颙集》卷十五,西北大学出版社2015年版,第130页。

道人心匪浅。以此可见二曲对阳明学术指诀的羽翼和回护。当然，二曲并不是"学一先生之言，则暖暖姝姝而私自说"①之徒；相反，他在反思阳明后学"良知"之弊的基础上，对阳明心学的"良知"学说多有发明和推阐：

1. 以"明德"释"良知"

用"明德"来诠释"良知"，早在阳明那里已有端倪，阳明曾明确指出："天命之性，粹然至善，其灵昭不昧者，此其至善之发见，是乃明德之本体，而即所谓良知也"②，这就明显是把"明德"等同于"良知"，等同于"天命之性"，而二曲则在阳明开拓的方向上有所推进，他说：

> 问："'明德'、'良知'有分别否？"曰："无分别。徒知而不行，是'明'而不'德'，不得谓之'良'；徒行而不知，是'德'而不'明'，不得谓之'知'。"③

二曲引入知行来分析两者的关系，认为若有知无行，这种"知"就落入纯粹知识一面，而少却德性伦理的维度，只能是"知"，而不是"良知"。反之，若有行无知，则"德"缺乏"知"的观照和规范，"德"便不明，成为愚昧。在此，二曲用相近的逻辑来论证两者含义的一致，他同时也指出两者的差别：

> 就其知是知非、一念炯炯、不学不虑而言，是谓"良知"；就其著是去非，不昧所知，以返不学不虑而言，是谓"明德"。

---

① 庄周：《庄子·徐无鬼》，二十一世纪出版社 2014 年版，第 255 页。
② 吴光等编校：《大学问》，《王阳明全集》卷二十六，上海古籍出版社 1992 年版，第 969 页。
③ 李颙著，张波点校：《四书反身录·大学》，《李颙集》，西北大学出版社 2015 年版，第 390 页。

曰"明德",曰"良知",一而二,二而一也。①

"明德"更多强调的是全体,而"良知"在发用层次上还只是端绪。②二曲认为良知是先天而有的知是知非的能力,而"明明德"则是存是去非,克除不善以复归明德本体,两者工夫路数一正一反,但所复本体则同,只是侧重点不同罢了。较之阳明,二曲的超越之处就在于将明德和良知的异同关系揭示的更加清晰明了。

2. "良知"无善无恶

"良知"在孟子那本是指先验的道德意识,阳明虽将其提升、丰富和发展,但多是因人指点语,并无明确定义。概言之,阳明所讲之"良知"主要有四种内涵:天理之昭明灵觉;是非之心;思是良知的发用;造化的精灵。③ 而这四者中,又以"是非之心"最为突出。二曲则在阳明基础上有所推进,他说:

> "乍见孺子入井,皆有怵惕恻隐之心",此良心发现处,良心即善也。非由学而然,非拟议而然,非性善而何?④
>
> 问:"良知之说何如?"先生曰:"良知即良心也。一点良心便是性,不失良心便是圣,若以良知为非,则是以良心为

---

① 李颙著,张波点校:《四书反身录·大学》,《李颙集》,西北大学出版社 2015 年版,第 390 页。
② 陈来指出:"明德是全体,而良知作为四端,在发用层次上只是端绪或部分。"(陈来:《有无之境:王阳明哲学的精神》,人民出版社 1991 年版,第 176 页)
③ 牟宗三将"良知"概括为主观义、客观义和绝对义三种,陈立胜将良知概括为"知情意三位一体"、"虚寂之体"和"造化的精灵"三义,因阳明对"良知"多是随机指点,并无明确定义,此处从广泛的角度取张学智先生的四义说。(参见张学智《明代哲学史》,北京大学出版社 2000 年版,第 104—111 页;牟宗三《牟宗三先生全集》第 27 册,台湾联经出版事业股份有限公司 2003 年版,第 212 页;陈立胜《入圣之机:王阳明致良知工夫论研究》,生活·读书·新知三联书店 2019 年版,第 203—280 页)
④ 李颙著,张波点校:《四书反身录·孟子》,《李颙集》,西北大学出版社 2015 年版,第 490 页。

非矣。"①

二曲分两步来论证"良知"与"良心"的同一，他首先预设"良心"是纯善无恶的，且这种善是先天即有的，并非后天经验获取，然后将"良心"作为沟通"良知"与"性"的中介，并以"良心"先天的纯粹至善来保证"良知"的绝对可靠。也就是说，二曲细化、完善了阳明"良知"即性的论证过程，将良知与良心、性三者直接等同为一，旨在进一步强化"良知"的至高无上性以及至善无恶性。他明确指出："孟子道'性善'……则指为本心，'心体'即本心也。……阳明谓'无善无恶心之体'，其言异，其旨一也。……则知夫'无善无恶'之旨异乎告子矣，且性至善也"②，二曲以阳明的"无善无恶"（至善）来界定"良知""心体"的属性，明显是对阳明弟子王畿的"无善无恶是谓至善。至善者，心之本体也"③之说的沿袭和开拓，从而透显出其近似良知现成派的学术归属。要之，从"无善无恶"的角度来阐释"良知"，本非二曲的独证独创，但在清初"阳明'无善无恶'之旨，诸儒终不谓然"④的境遇下，二曲这种提揭和阐发自有其特有的挺立阳明心学的时代意义。

3."良知"之"知"为真知

二曲着重辨析"良知"之"知"与知识之"知"的差异，他说：

> 问："良知之'知'与知识之'知'如何分别？"先生曰："良知之'知'与知识之'知'分别迥然。所谓良知之'知'，知善知恶，知是知非，念头起处炯炯不昧者是也。知识之'知'

---

① 李颙著，张波点校：《富平答问》，《李颙集》卷十五，西北大学出版社2015年版，第130页。
② 李颙著，张波点校：《答朱字绿书》，《李颙集》卷十八，西北大学出版社2015年版，第210页。
③ 王畿：《王畿集》卷五，凤凰出版社2007年版，第123页。
④ 李颙著，张波点校：《靖江语要》，《李颙集》卷四，西北大学出版社2015年版，第47页。

有四：或从意见生出，或靠才识得来，或以客气用事，或因尘情染著。四者皆非本来所固有，皆足以为虚明之障。从古英雄豪杰，多坐此四者之误。……学者必先克去知识之'知'，使本地虚明，常为主宰，此即'致良知'的诀也。"①

早在张载那里，就明确将"知"区分为"德性之知"与"闻见之知"，分别指向后天经验知识与先天道德知识，这两种知识不仅无派生关系，且经验知识容易妨碍和影响道德知识的获得。可以看出，张载这里确有将两种知识打成两截的致思倾向。而阳明则推阐张载之说，他说："良知不由见闻而有，而见闻莫非良知之用；故良知不滞于见闻，而亦不离于见闻。"② 这较之张载，更为注重的是两者之间的关联，强调良知之"知"虽然不由见闻而来，但却不能离开见闻之知，也就是须通过外在的见闻以显其用，这就消解、弥合了两者的极端对立关系。二曲则进一步推衍张载、阳明之论，强调良知之"知"与知识之"知"的严格界限，申明良知之"知"主要是一种决断是非，明辨善恶的能力，而知识之"知"则主要是指意见、杂识、尘情等，这些皆是后天而有，容易遮蔽虚明本心，是一种消极的存在，因此学者必须克除这些后天情识，从而使良知之"知"显发出来，此就是"致良知"的要诀。然必须要指出的是，二曲并非是要完全否定闻见之知，他亦肯定闻见之知在"良知"显现上的"助缘"作用，他说："'多闻'善言，'多见'善行，藉闻见以为知，亦可以助我之鉴衡，而动作不至于妄，然去真知则有间矣。"③ 可以看出，二曲对闻

---

① 李颙著，张波点校：《梁溪应求录》，《李颙集》卷十一，西北大学出版社2015年版，第102—103页。
② 王守仁著，吴光等编校：《传习录》中，《王阳明全集》卷二，上海古籍出版社1992年版，第71页。
③ 李颙著，张波点校：《四书反身录·论语》，《李颙集》，西北大学出版社2015年版，第440页。

见之知的态度是"不废闻见，亦不专靠闻见"①，也就是有限度的肯定。二曲这一取向与阳明并无二致，而之所以要着意强调，显然是以此来批驳阳明后学冒认知觉、情识为良知，从而导致认欲作理、猖狂恣肆的弊端。总括而言，二曲对阳明"良知"学说的贡献在于将阳明与阳明后学予以自觉的区分和切割，肯定和完善阳明的"良知"学说，抉发阳明"良知"学说的未发之处，提揭阳明"良知"本旨以期正本清源，尤其是着力强调"良知"的天机自发，透显"良知"的灵明独立，林继平将此称之为"知体"②，这恰恰是二曲"良知"学说的特色，对于克服和扭转阳明后学"良知"学说的两大流弊——空谈化和相对化不无裨益。③

三 重构体用关系

体用关系是中国哲学最根本、最基础性的哲学论域之一，不同时代的哲学对其有相异的重塑和诉求，李二曲在诠释四书时着重就此问题进行重构，并从两个方面予以展开，一是体先用后；二是明体适用，而他的直接诉求就是复振阳明心学。二曲首先对体、用之说进行溯源，他说：

"体用"二字出于佛书，似不然。……经传之文，言"体"言"用"者多矣，未有对举为言者尔；若佛书如《四十二章经》《金光明经》《西域》元来之书，亦何尝有"体用"二字？晋宋以下，演之为论，始有此字。彼之窃我，非我之藉彼也。……

---

① 李颙著，张波点校：《会约》，《李颙集》卷十三，西北大学出版社2015年版，第118页。
② 林继平：《李二曲研究》，陕西师范大学出版社2006年版，第236页。
③ 李二曲曾明确指出晚明以来的"良知"说之弊在于："一则文字知见，义袭于外，原不曾鞭辟著里，真参实悟；一则自逞意见，立异好高，标榜门户，求伸己说。二者之谬，其蔽则均。"（李颙著，张波点校：《常州府武进县两庠汇语》，《李颙集》卷三，西北大学出版社2015年版，第41页）

"体用"二字相连并称，不但六经之所未有，即《十三经注疏》亦未有也。以之解经作传，始于朱子，一见于"未发"节，再见于"费隐"暨"一贯忠恕"章，其《文集》《语类》二编，所载尤不一而足。①

二曲在这段话中所表达的基本观点是："体用"二字并不首出于佛氏，而是儒家。但儒家经传之书在晋、宋之前，多是分别言之，未曾对举连用，而对举连用则迟至朱子始有，见之于《中庸章句》《论语集注》《文集》《朱子语类》等。二曲对"体用"的考证虽与事实不符②，但其意则是将"体用"二字的话语权收归儒学，从源头、肯綮处拔擢儒学，以为其提出"儒者之学，明体适用之学"③做下铺垫。他首先指出时下学者之弊病所在：

> 今人不识本体，开口言"勿忘"、"勿助"，不知早已入"助""忘"也。以病为药，宜其服药而病转增也。④

二曲认为当下学者的病根就在于茫然不知本体为何物，而只是空言工夫，不仅工夫无实，本体亦悬隔，这实是对清初学者基于阳明心学之弊而矫枉过正，讳言本体的生动描述。基于此，他针锋相对地指出：

> 先本而后末，由内而及外，方体用兼赅，华实并茂。今人所

---

① 李颙著，张波点校：《答顾宁人先生》，《李颙集》卷十六，西北大学出版社2015年版，第148—150页。
② 程颐早就有"体用"连用的说法，他在为其《伊川易传》所作的序言中就提出"体用一源，显微无间"（程颢、程颐：《二程集·伊川易传》序，中华书局1981年版，第582页）。
③ 李颙著，张波点校：《盩厔答问》，《李颙集》卷十四，西北大学出版社2015年版，第122页。
④ 李颙著，张波点校：《四书反身录·孟子》，《李颙集》，西北大学出版社2015年版，第513页。

> 志唯在于艺，据而依之，以毕生平，逐末迷本，骛外遗内，不但体无其体，抑且用不成用，华而不实，可耻孰甚。①

在二曲看来，那种缺乏德的支撑，即使笃志于艺，亦不过是忘本逐末，遗内务外，最后必然是本末皆无，内外皆失。在此，二曲着重申述的是本在先，末在后，由内向外发用的思想主张。二曲的这一思想若置于思想史中本无特别之处，但在清初崇朱黜王，讳言本体的时代背景下，二曲不避风险，凸显本体，其矫正时弊之意跃然纸上。而更具特色的是二曲对本体的解读和诠释：

> 自象山以至慈湖之书，阐明心性，和盘倾出，熟读之则可以洞斯道之大源。夫然后日阅程朱诸录，及康斋、敬轩等集，以尽下学之功。收摄保任，由工夫以合本体，由现在以全源头，下学上达，内外本末，一以贯之，始成实际。②

可以看出，二曲明显的是将陆王心学作为本体之学，缘由在于陆王心学抉发心性、直指本源，熟读默思，可以洞彻大本之道。而程朱理学工夫缜密，系统完善，则可作为下学工夫，施以收摄保任之功，由此上达本体，从而实现内外、本末的合一。在此，二曲以本体与工夫来区分陆王心学和程朱理学，实属创见。他虽强调本体、工夫的不可偏废，但在两者之间，他认为本体更为重要，他说"工夫不离本体，识得本体，然后可言工夫"③，又说"'先立其大'、'致良知'以明本

---

① 李颙著，张波点校：《四书反身录·论语》，《李颙集》，西北大学出版社2015年版，第437页。
② 李颙著，张波点校：《体用全学》，《李颙集》卷七，西北大学出版社2015年版，第61页。
③ 李颙著，张波点校：《四书反身录·孟子》，《李颙集》，西北大学出版社2015年版，第513页。

体,'居敬穷理'、'涵养省察'以做工夫"①。可以看出,二曲在明清之际"学者普遍缺乏'明体'兴趣的风气之下"②,将本体直接等同于阳明心学,凸显本体的优先性、先在性,实际上是在重振屡遭排挤的阳明心学,为日益晦暗的阳明心学争得一席之地。

二曲重构体用关系的另一举措就是提出"明体适用"。他说:"四书,儒者明体适用之学。"③ 那么何谓"明体适用"呢?二曲说:"穷理致知,反之于内,识心悟性,实修实证;达之于外,则开物成务,康济群生,夫是之谓明体适用。"④ 二曲这段话,简而言之就是明道存心以为体,经世宰物以为用。就明体来说,二曲亦沿袭他一贯的思路,将明体亦区分为本体与工夫,并分别开列书目,指出"欲为明体适用之学,须读明体适用之书"⑤,指明为学所依。就明体中之本体来说,二曲开列的书目主要是心学一系的著作,如《象山集》《阳明集》《龙溪集》《近溪集》《慈湖集》等,缘由在于二曲认为"(陆九渊)先生在宋儒中,横发直指,一洗诸儒之陋。议论剀爽,令人当下心豁目明"⑥,"(王阳明)一言之下,令人洞彻本面,愚夫愚妇,咸可循之以入道,此万世功也"⑦,"慈湖杨敬仲之学,直挈心宗,大悟一十八遍,小悟无数,在宋儒中可谓杰出"⑧。可以看出二曲的这些评价虽然用词不一,但认为他们均可以直探本源,洞明本体。而就明体中之工夫而言,二曲开列的书目主要是程朱理学一系的著作,如《朱子语类》《读书录》《困知记》《吕泾野语录》《冯少墟

---

① 李颙著,张波点校:《四书反身录·孟子》,《李颙集》,西北大学出版社2015年版,第506页。
② 钟彩钧:《李二曲思想概说》,《孔孟月刊》1979年第3期。
③ 李颙著,张波点校:《富平答问》,《李颙集》卷十五,西北大学出版社2015年版,第127页。
④ 李颙著,张波点校:《盩厔答问》,《李颙集》卷十四,西北大学出版社2015年版,第123页。
⑤ 李颙著,张波点校:《答王天如》,《李颙集》卷十六,西北大学出版社2015年版,第161页。
⑥ 李颙著,张波点校:《体用全学》,《李颙集》卷七,西北大学出版社2015年版,第59页。
⑦ 李颙著,张波点校:《体用全学》,《李颙集》卷七,西北大学出版社2015年版,第59页。
⑧ 李颙著,张波点校:《体用全学》,《李颙集》卷七,西北大学出版社2015年版,第60页。

集》等，就《朱子语类》而言，"读其书，味其学，诚格物穷理之权衡也。第卷凡百余，初学骤难遍览，先读《录要》，然后渐及可也"①，"康斋资本中庸，用功刻苦，其所著日录，专以戒怒惩忿、消磨气习为言，最切于学者日用"②。这些评价无不透出二曲对工夫次第、为学有方的推崇和强调。二曲之对心学、理学按照本体、工夫予以安置，两者虽然不可或缺，但隐含的是对阳明心学的拔高和推崇。而就适用来说，二曲所指主要事关经济之类，他列《大学衍义》《大学衍义补》《文献通考》《吕氏实政录》等作为入门书目，认为"以上数种，咸经济所关，宜一一潜心"③。二曲强调经济，强调适用，主要是针对明末以来学界空谈心性，不务实学的弊端而发，意在将道德本体落实到经世致用上来，以期有体有用地将儒家内圣外王之学彰显出来。④二曲此举在举世讳言心学的时代背景下，不仅以特有的方式将阳明心学予以凸显和拔擢，更通过强调体、用的不离，将阳明心学导向经世致用，力图更改阳明心学流于空谈心性的学术形象，推动阳明心学的转向。

四　整合程朱工夫

二曲更新阳明心学的另一创举就是撤去门户之私，兼摄程朱理学，而这种兼摄最为精致地体现在他对程朱"主敬穷理"工夫的接受、容纳和整合上。我们先来看阳明对"主敬"工夫的认识：

---

① 李颙著，张波点校：《体用全学》，《李颙集》卷七，西北大学出版社2015年版，第60页。
② 李颙著，张波点校：《体用全学》，《李颙集》卷七，西北大学出版社2015年版，第60页。
③ 李颙著，张波点校：《体用全学》，《李颙集》卷七，西北大学出版社2015年版，第64页。
④ 陈祖武先生从二曲不与清廷合作，认为其学说中的"经世宰物"已然形同虚设，此乃其学术之局限。陈先生这一识断看到二曲学术与实行的断裂，但出仕与否实受到诸多限制，尤在明清鼎革更牵涉"尊道"与"行道"的纠结，实不可一概否定。（陈祖武：《清代学术源流》，北京师范大学出版社2012年版，第136页）

若须添个"敬"字,缘何孔门倒将一个最紧要的字落了,直待千余年后要人来补出?正谓以诚意为主,即不须添"敬"字。……今说这里补个"敬"字,那里补个"诚"字,未免画蛇添足。①

不难看出,阳明对朱子在《大学》工夫体系中补入"主敬"工夫并不措意,一是因为原始儒学不曾提及,缺乏圣学渊源,不足采信;二是因为"诚意"本身就可以统率一切工夫,无须再额外添入"主敬"工夫,那不过是画蛇添足之举。这种否定恰是阳明本身理论体系的逻辑必然,不足为怪。而至二曲这里,则一反阳明的拒斥之意,他说:

程子言"涵养须用敬,进学在致知",朱子约之为"主敬穷理",以轨一学者,使人知行并进,深得孔门"博约"家法。②

在此,二曲一针见血地指出程朱"主敬穷理"的发越之处就在于规范学者为学之方,不仅知行并举,而且博约有度,这就把握住了"主敬穷理"的精髓所在,因为程朱的"主敬穷理"工夫内外兼顾,秩然有序,既有道德指向,亦有知识维度,可以为学者指明步步着实、层层推进的进学之路。二曲的这种定位在心学一脉中是极为罕见的,显示出二曲不恪守门户,兼容开放的学术特质。在"主敬穷理"这两翼工夫中,二曲主要对"主敬"进行拔擢和提揭:

"敬"之一字,彻上彻下的工夫,千圣心传,总不外此。③

---

① 王守仁著,吴光等编:《传习录》上,《王阳明全集》卷一,上海古籍出版社1992年版,第38—39页。
② 李颙著,张波点校:《四书反身录·孟子》,《李颙集》,西北大学出版社2015年版,第505—506页。
③ 李颙著,张波点校:《传心录》,《李颙集》卷六,西北大学出版社2015年版,第56页。

> 成始成终，不外一"敬"。"敬"之一字，是圣贤彻上彻下的工夫，自洒扫应对，以至察物明伦、经天纬地，总只在此。①

二曲此处对"敬"的定位与朱子如出一辙②，并无二致，皆将"敬"视为通贯内外、始终、上下的工夫，赋予其统领性、贯通性的地位。进一步延伸来讲，二曲对"主敬"与"穷理"关系的论述更可见其承袭了朱子遗蕴：

> 穷理而不居敬，则闻见虽多，而究无以成性存存，便是俗学；居敬而不穷理，则空疏无用，而究不足以经世宰物，便是腐儒。③

二曲的意思非常明确，"穷理"和"居敬"之间是相互发明，互为成就的关系，这就与朱子所言的"学者工夫，唯在居敬、穷理二事。此二事互相发。能穷理，则居敬工夫日益进；能居敬，则穷理工夫日益密"④ 之意相差无几，只是表述方式略有差异。但就根本而言，二曲虽对朱子"主敬穷理"予以高度肯定，但并没有赋予其像朱子哲学体系中那样的纲领性地位以及两翼、两轮的工夫结构，二曲在补正阳明心学时着重指出：

> 以致良知明本体，以主敬穷理、存养省察为工夫，由一念之

---

① 李颙著，张波点校：《常州府武进县两庠汇语》，《李颙集》卷三，西北大学出版社2015年版，第39页。
② 朱子说："敬字工夫，乃圣门第一义，彻头底尾，不可顷刻间断"（黎靖德编：《朱子语类》卷十二，中华书局1986年版，第210页），又说："敬之一字，万善根本。涵养省察、格物致知，种种功夫皆从此出，方有据依"（朱熹著，朱杰人等编：《晦庵先生朱文公文集》卷五十，《朱子全书》第22册，上海古籍出版社、安徽教育出版社2002年版，第2313页）。
③ 李颙著，张波点校：《富平答问》，《李颙集》卷十五，西北大学出版社2015年版，第128页。
④ 黎靖德编：《朱子语类》卷九，第150页。

微致慎，从视听言动加修，庶内外兼尽。①

二曲整合理学、心学的两大工夫，将阳明心学主张的"致良知"作为本体，程朱一系强调的"主敬穷理、存养省察"作为工夫，前者从一念之几入手，后者从视听言动夹持，如此内外、本末兼顾，方能全备不失。这就给予"主敬穷理"以下学工夫的定性，但相对于阳明心学的"致良知"，它还不是第一义的工夫，二曲曾明确指出：

> 问："学须主敬穷理，存养省察，方中正无弊，单'致良知'，恐有渗漏？"曰："识得良知，则主敬穷理、存养省察方有着落，调理脉息，保养元气，其与治病于标者，自不可同日而语。否则，主敬是谁主敬？穷理是谁穷理？存甚？养甚？谁省？谁察？"②

我们知道，阳明"以'心体'作为'主敬'之头脑，以克服朱熹之主敬'没根源'之弊病"③。二曲的这段话，正是循着阳明这一思路来讲的，"主敬穷理"固然重要，但必须以"良知"作为头脑，来引导和统领"主敬穷理"，否则"主敬穷理"就会落空，成为空头涵养。很明显，二曲重视"主敬穷理"，只是因为其在下学方面着实有序，不容邋等，而这恰好可以补正心学一系偏于从本体入手，下学工夫不足之弊病。但必须指出的是，二曲借鉴的只是"主敬穷理"的理论形式，其内核仍然是心学的，因为在朱子那里，"主敬穷理"绝非是"无根源""无头脑"之工夫，它自有其建构的本体、心性体系作

---

① 李颙著，张波点校：《富平答问》，《李颙集》卷十五，西北大学出版社2015年版，第130页。
② 李颙著，张波点校：《四书反身录·孟子》，《李颙集》，西北大学出版社2015年版，第504页。
③ 吴震：《略论朱熹"敬"论》，《湖南大学学报》（社会科学版）2011年第1期。

为理论支撑，因此"主敬穷理"之上也根本不需要再有"致良知"的明体工夫，那无疑是床上架床，屋上架屋，而二曲却转换了"主敬穷理"的含义和目的，将他们作为显现"良知"的手段。也就是说，二曲对"主敬穷理"进行了心学化的解读和转化，将它与"致良知"打并在一起进行融会，以此来弥补王学之缺。当然，二曲的这种融会是否有效是值得进一步追问的，因为"致良知"和"主敬穷理"分属两种不同的工夫体系，立论前提和实现方式各自不同，抽掉前提，强硬拼凑，无论在理论上，还是在可行性上都是要审慎对待的。[①] 但无论如何，二曲确然把握住了心学、理学的优劣之处，并以理学之长来补心学之短，这在明清之际修正阳明心学的思潮中就显得颇具个性，力推阳明心学由虚返实，"非专主王学者可比"[②]。

小　结

明末清初的学术态势由"新安、姚江二派，尚能对垒"[③]渐向"学者争以辟陆王为尊朱"[④]"王学为众矢之的"[⑤]转进。在这种学术困境下，能够毅然以王学自任者，可谓凤毛麟角，而李颙则是这一孤军薄旅当中的佼佼者。他直面阳明心学的困境和流弊，首先通过回向经典，诠解四书的方式修正阳明后学摆落经典，师心自用的流弊，推动阳明心学"朝向经典主义发展"[⑥]，也就是为克服和修正阳明后学

[①] 郑宗义曾指出："二曲完全没有将之提升到理论层面上来考察个中的可能性。虽知程朱的践履工夫在他们的思想系统中有确定的含义，如何将之抽离出来接上陆王的思想系统，即牵涉到一哲学改造的问题。"（郑宗义：《明清儒学的转型探析：从刘蕺山到戴东原》，香港中文大学出版社2000年版，第107页）这就质疑了二曲这种统合的可行性。

[②] 牛兆濂：《复郭希仁》，《蓝川文钞》卷五，《牛兆濂集》，西北大学出版社2015年版，第68页。

[③] 王国维：《人间词话》，安徽文艺出版社2015年版，第482页。

[④] 冯从吾著，陈俊民等点校：《关学编》，中华书局1987年版，第95页。

[⑤] 梁启超：《中国近三百年学术史》，商务印书馆2011年版，第67页。

[⑥] 王汎森：《"心即理"说的动摇与明末清初学风之转变》，《历史语言研究所集刊》1994年第2期。

之虚说无据、各逞意见指明了求证于经典的进路。另外则借由对四书义理的创造性诠释，抉发出明体适用，开显出以程朱理学的笃实来救济晚明阳明心学的空虚之病，摒弃阳明后学空谈心性的学术趋向，推动阳明心学向经世致用、切实敦行的实学方向转进，故梁启超称："所著《四书反身录》，极切实。"① 李二曲诠释四书所显豁出的对阳明心学的补救、更新和转向，进一步佐证了其归属王学的学术性质②，虽并未能阻止阳明心学式微的大势，但一定程度上延缓了阳明心学的衰落速度，使阳明心学迟至清代中期的李绂才渐无声息。③ 要言之，明清之际的学术思潮绝非仅仅是尊朱辟王那么简单，阳明心学依然活跃在民间层面，"辟王"与"崇王"相峙而存，阳明心学通过自我革新，实现自身的完善和转向，虽未在清初争得官方话语权，但却为阳明心学在清末的再度崛起赓续了学脉，其价值自然不容小觑。

第二节 《大学》为宗，会通朱王：
王心敬的《江汉书院讲义》

明末清初的学术态势是由"新安、姚江二派，尚能对垒"④ 渐趋向"学者争以辟陆王为尊朱"⑤ "王学为众矢之的"⑥ 转进。在这种学

---

① 梁启超：《中国近三百年学术史》，商务印书馆2011年版，第56页。
② 目前学界对李二曲的学术性质概言之有三种代表性的观点：一是朱子学派，以清儒唐鉴、新加坡学者王昌伟为代表；一是王学派，以四库馆臣、梁启超、杨向奎、郑宗义等为代表；一是折中调和派，以王学为主，兼取程朱，以徐世昌、钱穆、刘学智、林继平等为代表。实际上，后两者并不矛盾，它们皆承认二曲之学为王学的底色。
③ 李绂（1675—1750），字巨来，学主阳明，梁启超称其为清代陆王派之最后一人。参见梁启超《中国近三百年学术史》，商务印书馆2011年版，第67页。
④ 王国维：《国朝汉学派戴阮二家之哲学说》，《王国维遗书》第三册，上海书店1983年版，第482页。
⑤ 周元鼎：《丰川王先生》，载冯从吾《关学编》（附续编），中华书局1987年版，第95页。
⑥ 梁启超：《中国近三百年学术史》，商务印书馆2011年版，第67页。

术境遇下，能够毅然以王学自任者，可谓凤毛麟角，而王心敬则是这一孤军薄旅当中的佼佼者。他生于顺治十三年（1656），卒于乾隆三年（1738），字尔缉，号丰川，陕西户县人。年十八，参加岁试，因提学待之无礼，便脱巾帻愤而离开，革去生籍，此后无意功名。年二十五，拜"王学后劲"① 李二曲为师，前后达十余年，学业日粹，声闻日彰，有"天下莫不知丰川"② 之美誉，成为二曲门下最为杰出的弟子。清儒唐鉴说："关中之学，二曲倡之，丰川继起而振之，与东南学者相应相求，俱不失切近笃实之旨焉"③，另一儒者孙景烈亦指出"吾关中自南阿、丰川两先生没后，薪火炭炭不续"④，以此可见王心敬学术地位之不俗。阁臣朱轼、额伦特、年羹尧、鄂尔泰等迭次举荐于朝，心敬均婉拒不出，但他绝非是书斋陋儒，而是极为关心和回应是时越演越烈的全国性学术议题朱、王之争，他沿袭传统学者惯用的方式，即以注解四书来表达其理论关怀和现实诉求。在他看来，"四子书虽有朱子集注，然亦简约，未尝逐节逐句发挥。初学入门，势不能不资于时下讲义，而讲义却皆不知道之人所为，多是因文衍义，故其意味淡薄，发不尽孔曾思孟原旨"⑤，这就是说，朱子注解四书言简意赅，初学者借此难以把握四书要旨，即使那些发挥朱注的讲章亦问题颇多，亦不能抉发原儒精蕴。正是基于这种忧虑，王心敬在应湖北巡抚陈诜之邀赴江汉书院讲学时，专与诸生讲论四书，后由其长子王功辑录而成，有十卷之多，是书不仅有"皆先儒所未发，人

---

① 梁启超：《中国近三百年学术史》，商务印书馆2011年版，第57页。
② 王美凤：《关学宗传》卷三十九，《关学史文献辑校》，西北大学出版社2015年版，第424页。
③ 唐鉴：《国朝学案小识》卷十，《唐鉴集》，岳麓书社2010年版，第611页。
④ 孙景烈：《墓表》，载史调《史复斋文集》，四库全书存目丛书集部第281册，齐鲁书社1997年版，第45页。
⑤ 王心敬著，刘宗镐、苏鹏点校：《侍侧纪闻》卷七，《王心敬集》（下），西北大学出版社2015年版，第806页。

人厌服"①之誉，更是清初"尊朱辟王"视域下为数不多的王门四书学注解之作，这两个维度的叠加就使得其书显得颇具学术价值和意义。下面我们就通过王心敬的《江汉书院讲义》这一颇为特殊的个案，兼取文集当中关于四书的论述，既寻求其四书诠释的义理主旨，亦探究其如何回应明末清初学界的公共问题"朱、王之争"，同时也力求透过这一个案来一窥清初阳明心学的学术样态是否如已有的研究所表明的那样同步等质。

一 四书以《大学》为宗

钱穆曾说："《大学》乃宋明六百年理学家发论依据之中心。"②此言不虚，简明扼要地将《大学》在宋明理学中的地位提揭了出来。而这一提揭实则要溯源至朱子，他将《大学》在四书中的地位以及四书之间的关系序定的最为清楚，拔擢的亦最高，范导着此后学者对《大学》的认识和定位。朱子说：

《大学》之书，即是圣人做天下根本。③
学问须以《大学》为先，次《论语》，次《孟子》，次《中庸》。④

朱子的意思很清楚，那就是在四书当中，《大学》是纲领，主要讲的是工夫次第，故而在四书当中具有首出的地位。但这"首出"并不是"中心"之意，只是从为学次序的角度强调它的优先性以及从功能性的角度凸显它的提纲挈领之意。进一步来讲，朱子认为四书是互补的

---

① 钱仪吉著，靳斯标点校：《王征君先生心敬传》，《碑传集》第10册，卷129，中华书局1993年版，第3840页。
② 钱穆：《中国近三百年学术史》，商务印书馆1997年版，第56页。
③ 黎靖德编：《朱子语类》卷十四，中华书局1986年版，第250页。
④ 黎靖德编：《朱子语类》卷十四，中华书局1986年版，第249页。

有机系统，四书因各自特点不同而相应的具有不同的位置。从为学次第的角度讲，朱子设定的是递进之关系；从地位的角度讲，四书是平等并列的。尔后的阳明虽其学问多由《大学》而入，但仍认为四书是"道同学同"的。① 以朱子、王阳明这两个典范为参照，我们来看一下王心敬在这一问题上的取舍。他沿袭朱子拔擢《大学》的做法，但在具体的缘由和四书间关系的设定上则与朱子大相径庭，与阳明亦不相类。我们先来看一下王心敬对《大学》的认识：

>《大学》为书，千古圣学之规模局量，千古圣域会归之通衢正路也。②
>《大学》一书，乃吾夫子折中千圣学术以定宗传也。③

从这些引文中不难看出，王心敬对《大学》的拔擢较之朱熹有过之而无不及，他将《大学》提升至"千圣学宗"的境地，也就是学术之宗主的地位，它囊括古今学术要旨，奠定古今学术规模，是我们从事孔孟之学必须遵循的范本和规矩，否则就难以登入圣学之堂，而落入旁门左道。他更进一步指出：

> 盖孔子生千圣百王之后，折中千圣百王之道术学术，而融会贯通以示万世也，故学术必衷于孔子，教宗必准乎《大学》，然

---

① 王阳明说："自古圣贤因时立教，虽若不同，其用功大指无或少异。……孔子谓'格致诚正，博文约礼'，曾子谓'忠恕'，子思谓'尊德性而道问学'，孟子谓'集义养气，求其放心'，虽若人自为说，有不可强同者，而求其要领归宿，合若符契。何者？夫道一而已。道同则心同，心同则学同。"（王守仁著，吴光等编：《示弟立志说》，《王阳明全集》卷七，上海古籍出版社1992年版，第259页）

② 王心敬著，刘宗镐、苏鹏点校：《丰川语录》卷五，《王心敬集》（下），西北大学出版社2015年版，第692页。

③ 王心敬：《答淮安周翼皇庶常》，《丰川续集》卷十五，《四库全书存目丛书》集部第279册，齐鲁书社1997年版，第396页。

后范围天地，曲成万物。①

较之前述，王心敬在此着重强调唯孔子学术必尊、唯《大学》为准则的必要性。这一方面是对乃师李二曲回归原始儒学以救时弊宗旨的承袭；另一方面亦呼应和融入了清初回向原典、回向古代的学术思潮。至此，王心敬已经是史无前例地将《大学》的学术地位推进至无以复加的地位，并将这一主张贯彻到对四书间关系的界定上：

《中庸》三十三章，《孟子》七篇，正是《大学》之注脚。②
《论语》无一字不表里《大学》……《大学》无一字不会通《论语》。③

王心敬的意思再也清楚不过，那就是《大学》一书将圣人之学的宗旨和脉络整全地提揭出来，其他三书《中庸》《孟子》和《论语》不过是各居一偏地对《大学》所昭示的圣学宗旨进行注解而已，这实际上是将《大学》看作其他三书之头脑。王心敬的这种界定与朱子的差异在于：朱子赋予四书以不同的学理功能，即"先读《大学》，以定其规模；次读《论语》，以定其根本；次读《孟子》，以观其发越；次读《中庸》，以求古人之微妙处"④，这是从为学层次的角度将四书看作递进之关系。而王心敬则将四书看作是统领和涵摄的关系。我们需要追问的是，《大学》何以能够统贯三书呢？王心敬在与友人的答问

---

① 王心敬著，刘宗镐、苏鹏点校：《丰川语录》卷一，《王心敬集》（下），西北大学出版社2015年版，第617页。
② 王心敬著，刘宗镐、苏鹏点校：《丰川语录》卷五，《王心敬集》（下），西北大学出版社2015年版，第702页。
③ 王心敬著，刘宗镐、苏鹏点校：《丰川语录》卷五，《王心敬集》（下），西北大学出版社2015年版，第702页。
④ 黎靖德编：《朱子语类》卷十四，中华书局1986年版，第249页。

中指出：

> 千古道脉学脉，只以全体大用、真体实功，一贯不偏为正宗。故举千圣百王之道、六经四子之言，无一不会归于此，而惟《大学》一书则合下包括，更无渗漏。①

王心敬交代的理由很清楚，那就是六经、四书皆归宗于"全体大用、真体实功"，但只有《大学》完整地涵括了这一学术宗旨，不偏不倚，毫无遗漏，其他三书只是"各就其所主明之"②。因此，《大学》就毫无疑问地具有涵摄其他三书的资格。当然，如此说还流于宽泛，《大学》到底是如何体现王心敬所引以为其学术宗旨的"全体大用，真体实功"呢？心敬指出：

> 《大学》明、亲、止善之旨，全体大用，本体工夫，中正圆满，毫无纰漏，学问宗旨至矣尽矣，无以加矣。舍此而标宗立旨，诸儒之胜心也。③
>
> 括之只此"全体大用，真体实工"八字，统之只以明、新、止善三纲。呜呼！《大学》，固千圣学宗也。④

在王心敬看来，《大学》当中的三纲领"明、亲、止善"就是"全体大用、真体实工"，这三句话中正圆满，囊括圣学宗旨，学者只须循

---

① 王心敬著，刘宗镐、苏鹏点校：《丰川语录》卷一，《王心敬集》（下），西北大学出版社2015年版，第617页。
② 王心敬著，刘宗镐、苏鹏点校：《侍侧纪闻》卷三，《王心敬集》（下），西北大学出版社2015年版，第746页。
③ 王心敬著，刘宗镐、苏鹏点校：《丰川语录》卷三，《王心敬集》（下），西北大学出版社2015年版，第656页。
④ 王心敬著，刘宗镐、苏鹏点校：《丰川语录》卷三，《王心敬集》（下），西北大学出版社2015年版，第619页。

此而为，不必另寻他说，否则就是舍大道入小蹊。王心敬这一指陈实际上仍是沿袭了明儒好标宗旨的做法，尤其是从《大学》"三纲领、八条目"中寻出一条以为学术宗旨的做法，流风所及，演进至王心敬这里，《大学》中能够作为学术宗旨的已经被挖掘殆尽，陆陇其曾指出：

> 自明季学术淆乱，各立宗旨，或以明明德为主，或以止至善为主，或主修身，或主诚意，或主致知，或主格物，或主明明德于天下，三纲领八条目，几如晋楚齐秦之递相雄长，其说虽不同，总之，朱子欲分为三为八，诸家则欲合为一，以分为支离，以合为易简，而圣人立言之旨，汩没久矣。①

陆氏之言可谓确论。而王心敬则独辟蹊径，合"三纲领"为一体，将其作为《大学》乃至其本人的学术宗旨。这一方面可从其自述的"我论学宗《大学》明、新、止善一贯之宗"②中得到直观的反映，另一方面亦可从阮元的"心敬论学以明新止至善为归"③中得到明确的印证。不唯如此，他甚至指出："宋、明诸儒之宗无不可用，然究之不外《大学》明、新、止善之旨"④，那么，何谓"明亲至善"呢？心敬解释道：

> 人之生也性为主，必明明德而人之性始尽，《大学》则明明德以止至善之学也；必亲民而德之量始备，《大学》则亲民以止

---

① 陆陇其：《松阳讲义》，华夏出版社2013年版，第3—4页。
② 王心敬著，刘宗镐、苏鹏点校：《姑苏论学》卷三，《王心敬集》（下），西北大学出版社2015年版，第898页。
③ 周骏富辑：《清代传记丛刊》（013），台北文明书局1985年版，第210页。
④ 王心敬著，刘宗镐、苏鹏点校：《丰川语录》卷二，《王心敬集》（下），西北大学出版社2015年版，第642页。

至善之学也。学而趋会于《大学》之明德,则天德全而会其有极矣;依归于《大学》之亲民则王道备而归其有极矣。①

"天德王道"实际上是儒家学派宗旨"内圣外王"的另一视角的表达。王心敬以"天德王道"来解释"明亲至善",认为只有"明明德"才能最完整地彰显天德,只有"亲民"才能最大限度地昭示王道,也就是说,"明亲至善"就是天德王道达至极致的最好呈现。实际上,王心敬对"天德王道"的推崇是其雅重程颢的一个体现,这可从其注解中处处高赞程颢"有天德,便可语王道"②之语中直白地体现出来。要之,王心敬推重《大学》,以其为四书之宗、之首,既不单纯地是朱子为学次序上的优先之意,亦不是阳明的"道同学同"之旨,尤其是以"明亲止善"提领四书,既有对明儒标榜宗旨的沿袭,亦有其本人的创发和超越,显示出其因应时变,抉发四书要旨,重构四书关系以解时弊的学术诉求。

二 会通朱王

"朱、王之争"是明清之际的全国性学术思潮。晚明大儒冯从吾将关学的主题确立为切入和回应全国性议题"朱、王之争",清初李二曲以心学为本,兼取朱子,继续回应和强化这一主题:

> 以致良知为本体,以主敬穷理、存养省察为工夫。由一念之微致慎,从视听言动加修。庶内外兼尽,姚江、考亭之旨,不至偏废。上学下达,一以贯之。故学问两相资则两相成,两相辟则

---

① 王心敬著,刘宗镐、苏鹏点校:《丰川语录》卷五,《王心敬集》(下),西北大学出版社2015年版,第706页。
② 程颢、程颐:《河南程氏遗书》卷十四,《二程集》,中华书局1981年版,第141页。

两相病。①

二曲针对朱子学、阳明心学的各自所长，提出以阳明心学为本体，以程朱理学为工夫的方法，来纠补各自所偏，从而实现相互补救。王心敬接续师说，在解读四书时，不惜笔墨，着意对此问题进行回应。他首先对是时愈演愈烈的门户之争提出自己的看法：

> 近来学者门户成风，专以口舌议论相尚……如此风尚，甚害学术。②
>
> 门户之争，世儒之隘也；门户之护，世儒之陋也。斯道大公，长短是非自有定理。至当则法，失中则偏。争之固非护，亦未为是也。③

王心敬"最不喜门户攻击之习"④，故而他对门户之争斥之甚严，认为其妨害学术公正，使人徒耗精力，陷入无谓的口舌之争，于世道无补，于人心无益。在这种学术根底的主导下，他对当时的朱、王之争回应道：

> 一友问："今日紫阳、姚江之辨，举世纷纷。平心而论，毕竟其所以优劣者何在？"先生曰："身立堂上，然后见堂下之得失是非。二先生天上人也，愚昧如余，何能辨之？然窃尝讲读其遗

---

① 李颙：《李颙集》卷十五，西北大学出版社2015年版，第130页。
② 王心敬著，刘宗镐、苏鹏点校：《江汉书院讲义》卷十，《王心敬集》（下），西北大学出版社2015年版，第473页。
③ 王心敬著，刘宗镐、苏鹏点校：《丰川语录》卷五，《王心敬集》（下），西北大学出版社2015年版，第669页。
④ 王心敬著，刘宗镐、苏鹏点校：《丰川语录》卷二，《王心敬集》（下），西北大学出版社2015年版，第644页。

文，穷探其底里。大抵论其立心，皆守先待后之大儒。论其得力，则紫阳学之功勤而密，姚江思之功锐而精。合之，皆可入圣；分之，各自成家。无紫阳，此道空疏，师心之弊无以救；无姚江，则此道闻见支离之弊无以救也。然学紫阳者，上之固可望于充实光辉，下之亦不失笃学好修之士。学姚江，则得之固可望于明善知性，失且流于专内遗外，甚且流于师心自用。论千古道统，以践履笃实为上；论千古教宗，以流弊轻少为醇。则垂教范世，紫阳固为独优矣。然□此□竟贬姚江为禅宗而排之不遗余力，亦失三代是非之公耳。"①

在王心敬看来，朱、王之学各有优长，朱子之学笃实而细密，阳明之学旨远而精深，无论从学于谁，皆有不同之收效。但若从垂范后世的角度而言，朱子之学则略胜一筹，但这并不意味着就可以排斥阳明之学，也不意味着王心敬就宗本朱子学，恰恰相反，王心敬亦竭力反驳那种妄议阳明心学的说法：

又有一辈学者，专一贬驳陆、王以为近禅。今且无论陆、王事功、文章匪禅所有，即其言心性、言立本（言）良知处。禅之说主于离尘超空，以为出世张本；而陆、王之旨主于近里务实，以为经世张本。苟有识者参互对质，亦自了然分明。况其宗旨皆渊源于孟子，乃忽而不察，但群附而摈之。②

王心敬的批驳逻辑是这样的：陆王心学源自孟子，而孟子思想纯正无

---

① 王心敬著，刘宗镐、苏鹏点校：《姑苏论学》卷一，《王心敬集》（下），西北大学出版社2015年版，第878页。
② 王心敬著，刘宗镐、苏鹏点校：《侍侧纪闻》卷五，《王心敬集》（下），西北大学出版社2015年版，第775页。

疑，自然陆王心学亦不容质疑，更为重要的是，陆王心学所言的文章、事功皆禅学所无，因此那种诋毁阳明心学为禅学的说法是根本站不住脚的。心敬之论可谓确评。阳明心学在理论形式上却有近禅之处，但无论是在内容上还是诉求上皆与禅宗有霄壤之别。可以看出，王心敬是既不赞成驳朱、亦不赞成辟王，更反对辟王以尊朱，原因在于：

> 专尊陆王而轻排程朱，是不知工夫外原无本体，不惟不知程朱，并不知陆王；若专尊程朱而轻排陆王，是不知本体外无有工夫，不惟不知陆王，并不知程朱。①

也就是说，程朱、陆王不能尊其一、废其一，否则是两相不知。既然两者皆不能废弃，那么如何来会通朱王以消弭他们之间的纷争呢？王心敬实际上在上述引文中已经预设了他的主张，那就是须从本体、工夫入手来解决这一时代问题。而这一范式并非其独证独创，实则是因循了乃师李二曲的"合本体、工夫为一"的范式。他明确指出：

> 知得本体不离工夫，工夫不离本体，吾辈于程朱陆王正宜兼资，何以爱恶之私轻加排议？……总之，陆王宜补救以平实精密，程朱宜补救以易简疏通。②

王心敬的意思再清楚不过，那就是陆王之学擅长立本，简易直接，程朱之学优于工夫，切实精密，两者正好相资为用，互相补救。如果说

---

① 王心敬：《寄无锡顾杨诸君》，《丰川续集》卷十四，《四库全书存目丛书》集部第279册，齐鲁书社1997年版，第360页。
② 王心敬著，刘宗镐、苏鹏点校：《丰川语录》卷五，《王心敬集》（下），西北大学出版社2015年版，第696页。

王心敬仅止于此，那不过是拾人牙慧，无甚特色。王心敬会通朱、王的另一举措就是他所标举的学术宗旨，他指出：

> 今不须论程论朱，较陆较王。只孔、孟是吾儒开宗师表。如大家正主，人直奉为正主。程、朱、陆、王，则各取其长，融以孔、孟，总作分任此家切紧职事之亚旅强以，是为正义。又不须较论"居敬""存诚""主静""穷理""立大本""致良知"诸宗主孰虚孰实，只直以《大学》为功程脉络。上可用即用，期于遵守先师已定之宗传，作真学《大学》人，期不负先师真传嫡系，是为正分。①

王心敬所念兹在兹的第二种会通朱、王的方法就是"融以孔孟，准乎《大学》"。"孔"指的就是《大学》所涵具的"全体大用"之旨，而"孟"指的就是：

> 程朱、陆王不惟相病，正相资也，然终不如以孟子之通通程朱，以孟子之实实陆王，为骨髓通融，元气饱满，不留余毒耳。②

这就是说孟子所讲的心性本体与工夫之学既可以贯通程朱，亦可以充实陆王。括而言之，王心敬理想的学术形态乃是以孔曾思孟为代表的原始儒学，它们十分完整地表征了儒家的"全体大用、真体实功"，以其来矫补、会通程朱、陆王自然再合适不过。心敬这一举措虽然是

---

① 王心敬著，刘宗镐、苏鹏点校：《丰川语录》卷五，《王心敬集》（下），西北大学出版社2015年版，第701—702页。

② 王心敬：《答济宁门人赵仲鲁》，《丰川续集》卷十五，《四库全书存目丛书》集部第279册，齐鲁书社1997年版，第389页。

将程朱、陆王平等对待，但在"近世学者皆讳言陆、王"① 的学术境遇下，他的这种平等视之实则是在提升和拔擢阳明心学，从而与当时清初"由王返朱"的全国性学术思潮拉开了距离，呈现逆潮流而动的学术特质。

三 推重主敬

"主敬"自然是程朱理学的看家工夫，王心敬深受其师李二曲的影响②，对程朱一系的"主敬"工夫亦青睐有加，将其作为工夫体系中的基础性、根基性范畴来看待。他毫不掩饰对"敬"的赞赏和推崇：

千圣万贤发明学术的脉络，总不外一敬字。③

敬之一字真合内外，兼精粗，该本末人己，而为圣学成始成终之要义。④

很明显，王心敬将"敬"视为历代圣贤之学的学术枢纽和脉络，它合内外、兼精粗、该本末、统人己，其地位不可小觑。王心敬对"敬"的定位和拔擢与程朱之论几乎同出一辙，显示出其对程朱"主敬"学说的服膺和高赞，这可从其所述的"程、朱以居敬穷理立教，自是颠扑不破"⑤ 当中得到直接的印证。王心敬首先梳理"主敬"工夫的渊

---

① 王心敬著，刘宗镐、苏鹏点校：《姑苏论学》卷三，《王心敬集》（下），西北大学出版社2015年版，第897页。

② 李二曲指出："学固不外乎敬，然敬乃学中一事。"（李颙：《东林书院会语》卷十一，《李颙集》，西北大学出版社2015年版，第99页）

③ 王心敬著，刘宗镐、苏鹏点校：《丰川语录》卷五，《王心敬集》（下），西北大学出版社2015年版，第689页。

④ 王心敬著，刘宗镐、苏鹏点校：《侍侧纪闻》卷七，《王心敬集》（下），西北大学出版社2015年版，第803页。

⑤ 王心敬著，刘宗镐、苏鹏点校：《丰川语录》卷三，《王心敬集》（下），西北大学出版社2015年版，第656页。

源脉络：

> "敬"字脉络发源自帝典，历禹则祗台，历汤则敬跻，历文、武则小心寅畏、不泄不忘，迨孔门而脉脉奉为心宗学枢。遂若高曾之规矩，一念一事不容陨越。故程朱表明圣学，遂以居敬穷理示入门要径。然自兹以往，诸儒阐明敬旨愈推愈详。或曰："主一无适"，或曰："常惺惺法"，或曰："其心收拾，不容一物"，至明顾泾阳先生总而括之曰："不出小心二字"。夫谓"不出小心二字"，当矣。①

王心敬认为"敬"字渊源甚早，早在《尚书》当中就已经出现，后历经先贤弘扬和阐释，渐趋成为儒学的学术枢纽。至程朱则将其提升至为学之要津，尔后诸儒虽不断抉发"敬"的内涵，但尤以顾宪成的"小心"二字解释的最为确当。心敬的这种溯源与学术史大致不差，尤其是从尧舜禹汤到程朱、顾宪成对"敬"的不同解释可以看出，"敬"的内涵从最开始的外向性的对象不断地向人的自身、内在转进，尤其是向"心"靠拢。他继续论道：

> 心一也，不乱之谓静，不懈之谓敬。②
> 心之精神是谓敬③。
> 君子之身，天地万物之身也，而统贯者在一心，摄心者在一

---

① 王心敬著，刘宗镐、苏鹏点校：《丰川语录》卷五，《王心敬集》（下），西北大学出版社2015年版，第690页。
② 王心敬著，刘宗镐、苏鹏点校：《侍侧纪闻》卷一，《王心敬集》（下），西北大学出版社2015年版，第712页。
③ 王心敬著，刘宗镐、苏鹏点校：《侍侧纪闻》卷二，《王心敬集》（下），西北大学出版社2015年版，第730页。

敬。敬，其天地万物之枢纽乎？①

朱子对"敬"与"心"的关系论述的最为详当，他指出："敬只是此心自做主宰处"②"敬者一心之主宰"③"摄心只是敬"④，旨在强调"由敬契入，以提撕唤醒心的自存自省。"⑤ 王心敬对"敬"与"心"的把捉基本没有逾越朱子这一规定，意在凸显"敬"在"心"的操存涵养当中的不可替代性。也正是因为此，他对顾宪成的以"小心"论"敬"最为赞赏。当然，必须要提及的是，他对"心"与"敬"的关联很大程度上亦与其名号有些许联系，他说：

> 心敬之名，先君所命。余每顾名思义，辄自惕然。先君虽蚤逝，不啻终身耳提而面命。欲报之德，昊天罔极，岂独生育之恩？⑥

王心敬并没有简单地把其父赐予的名字当作一个符号，而是身体力行，奉为圭臬。不唯如此，王心敬更加强调"性"与"敬"的关系，他说：

> 就体统论道论学，则性为道体，敬为学功。就血脉论性论敬，则性即敬体，敬即性功。故舍性而言道者，道非其道；外敬

---

① 王心敬著，刘宗镐、苏鹏点校：《侍侧纪闻》卷二，《王心敬集》（下），西北大学出版社2015年版，第730页。
② 黎靖德编：《朱子语类》卷十二，中华书局1986年版，第210页。
③ 朱熹著，朱杰人等主编：《大学或问》，《朱子全书》第6册，上海古籍出版社、安徽教育出版社2002年版，第506页。
④ 黎靖德编：《朱子语类》卷118，中华书局1986年版，第2851页。
⑤ 吴震：《略论朱熹"敬"论》，《湖南大学学报》2011年第1期。
⑥ 王心敬著，刘宗镐、苏鹏点校：《丰川语录》卷三，《王心敬集》（下），西北大学出版社2015年版，第662页。

而言学者，学非其学。且舍性而言敬，是为无米之炊，徒煮空铛；外敬而言性，是为不缰之马，任其奔驰。是则"性"、"敬"二字不二视则不得，何者？本体工夫，义原自不同也。不一视又不得，何者？溯其源流，本末实同归而一贯也。然又必有宜知者，道有本原，非可袭取；学有宗要，不容貌求。天命之性，不杂一毫继起之气习者，此乃性之本源，而即道之本源也。存心之敬，一本吾性天之炯照者，此乃敬之宗要，即为学之宗要也。①

这里，王心敬着重强调了"性"与"敬"的关联，"性"是"敬"的本体，而"敬"则是"性"的工夫，也就是说，他是将"性"与"敬"看作本体与工夫的关系，本体、工夫所具有的那种一而二、二而一的关系模式同样适用于"性"与"敬"。需要注意的是，他特别强调"敬"乃"性"中本有，非从外而得。王心敬的这种界定是朱子所不曾论到的，原因在于他认为"心性原非二物"②，也就是说，他的思想里是融合了阳明心学的元素，将心体与性体等同为一，显示出其调和程朱的学术取向。

而在具体落实"主敬"的工夫时，他提醒学者必须注意两种误区，就第一种来说，他指出：

敬岂是拘苦事？近来一辈学者，每喜舍敬言乐，直是不知敬之真味。然敬原非拘苦事，乐亦岂放诞事？而近来又有一辈学者，往往言敬讳乐，匪直不知乐，亦直是不知敬耳。③

---

① 王心敬著，刘宗镐、苏鹏点校：《丰川语录》卷五，《王心敬集》（下），西北大学出版社2015年版，第689页。
② 王心敬著，刘宗镐、苏鹏点校：《侍侧纪闻》卷七，《王心敬集》（下），西北大学出版社2015年版，第804页。
③ 王心敬著，刘宗镐、苏鹏点校：《侍侧纪闻》卷七，《王心敬集》（下），西北大学出版社2015年版，第803页。

王心敬在这段当中触及的是宋明理学中的核心问题：敬畏与洒落。早在程颢那，就提出"执事须是敬，不可矜持太过"①，要求持敬不能妨碍内心的安乐。而程颐、朱熹则追求"敬畏"的境界，讳言安乐，这就造就了两者关系的紧张。后阳明则以"洒落为吾心之体，敬畏为洒落之功"②对两者进行调和，使其保持在合理的限度之内。王心敬既反对"舍敬言乐"，也反对"言敬讳乐"，这两者皆是不知真敬、真乐，正确的方式应该保持两者的"中节"。由此可见，王心敬在这一问题上透显的是阳明心学的学术底蕴。王心敬提醒学者必须注意的第二种误区是：

> 为学固以主敬为入门，然须先用明善工夫。明却心之本体，敬之天则，庶几下手时本体工夫融液浃洽耳。不然徒事主敬，曾无穷理之功，窃恐天则不明，制缚作槁木死灰之心，流于下乘痴禅，终不符主敬真血脉也。③

王心敬所要表达的意思是工夫不能单以主敬为务，必须先明确"心之本体"，主敬工夫才能有个主脑。心敬此意与乃师"识得'良知'，则主敬穷理、存养省察方有着落，调理脉息，保养元气，其与治病于标者，自不可同日而语。否则，主敬是谁主敬？穷理是谁穷理"④所要表达的意思是一致的，即"主敬穷理"必须由"良知""心体"作为头脑，否则"主敬穷理"就会落空，就会茫然无下手处。从王心敬对"主敬"工夫的推崇和阐释来看，既有对朱子的承袭，亦有对阳明

---

① 程颢、程颐：《河南程氏遗书》卷三，《二程集》，中华书局1981年版，第61页。
② 吴光等编校：《答舒国用》，《王阳明全集》（上），上海古籍出版社1992年版，第190页。
③ 王心敬著，刘宗镐、苏鹏点校：《侍侧纪闻》卷七，《王心敬集》（下），西北大学出版社2015年版，第805页。
④ 李颙著，张波点校：《富平答问》，《李颙集》卷十五，西北大学出版社2015年版，第136页。

的采用，显豁的是融会贯通的学术特质。

四　王心敬四书学的经学特质

针对晚明以来"离经而讲道"①所导致的空谈不实、恣意解经和师心自用的不良习气，学者开始积极倡导"明于圣人之经，斯道明矣"②"经学即理学"③"藏理学于经学"④ 等，意在通过"取证于经书"⑤的方式来寻求真正的圣人之道，这就在清初形成一股经学复兴的思潮，也就是皮锡瑞所谓的"经学自两汉后，越千余年，至国朝而复盛"。放置于清初这样的经学脉络中，王心敬四书学呈现别具一格的经学特质：

1. 摆落训诂，心解四书

四库馆臣在述及清初学术时说："盖明代说经，喜骋虚辨。国朝诸家，始变为征实之学，以挽颓波。"⑥ 这一说法并不具有普遍性和全国性。以王心敬为代表的清初关中学者就游离于这一传统，依然以推阐义理为务，在训解四书时，既不涉名物制度，亦不及字义训诂，直是以开掘经书义理为本。因为在他看来：

解经贵通大义，泥于字句必失正旨也。⑦

---

① 钱谦益：《牧斋初学集》，上海古籍出版社1985年版，第851页。
② 归有光：《归有光集》，《韩愈·柳宗元·归有光·袁宏道合集》，时代文艺出版社2000年版，第193页。
③ 全祖望著，朱铸禹编校：《亭林先生神道表》，《鲒埼亭集》卷十二，《全祖望集汇校集注》，上海古籍出版社2000年版，第227页。
④ 方以智：《青原山志略》，华夏出版社2012年版，第13页。
⑤ 罗钦顺：《困知记》卷下，中华书局1990年版，第37页。
⑥ 纪昀总纂：《毛诗稽古篇提要》，《四库全书总目提要》卷十六，第1册，河北人民出版社2000年版，第448页。
⑦ 王心敬著，刘宗镐、苏鹏点校：《江汉书院讲义》卷一，《王心敬集》（上），西北大学出版社2015年版，第390页。

> 读书须知古人命意所在，不可泥文害意。①

这就是说，读书解经不能泥形逐迹，否则就抓不住圣贤立文之真意。当然，这绝不是不是说不需要训诂，而是不能本末倒置，他说：

> 闻见训诂，是借以蓄德明理之事。即以之当学问，而且矜持为名高，何异于认张翼门作五凤楼？②

闻见训诂是为抉发义理服务，绝不能将其当作一门学问，推之过高，否则终属玩物丧志。那如何算是恰当的读书解经之法呢？王心敬指出：

> 读书却非徒靠训诂可以明了，要须以反身体验，就正先觉为从入。又必躬行实践，以身证明，然后可以真得诸心。盖四子书与他书不同，原是四圣贤体验心得之言。若行不至知终不真，故要得理会心得，必以实行为致知第一实法。③

李二曲曾作《四书反身录》，强调读书贵在验之于心，征之于行。王心敬对此高赞道："反身体认之旨，则二曲先生揭之更为明畅"④，并将其贯彻到对四书的解读上，同样主张读书解经必须反身体验，方能探究到圣人立言之本心。这一主张明显是对关学宗师张载"心解"之

---

① 王心敬著，刘宗镐、苏鹏点校：《丰川语录》卷三，《王心敬集》（下），西北大学出版社2015年版，第658页。
② 王心敬著，刘宗镐、苏鹏点校：《侍侧纪闻》卷五，《王心敬集》（下），西北大学出版社2015年版，第771页。
③ 王心敬著，刘宗镐、苏鹏点校：《丰川语录》卷一，《王心敬集》（下），西北大学出版社2015年版，第629页。
④ 王心敬著，刘宗镐、苏鹏点校：《丰川语录》卷一，《王心敬集》（下），西北大学出版社2015年版，第628页。

法的遥承和落实。

2. 讲义体

讲义体作为一种新的解经体例，兴盛于宋代，主要是适应于宋儒义理解经的经学诉求，按照讲授对象的不同，可以分为经筵讲义、国子学和州学讲义以及书院讲义三种。① 前两种讲义有浓厚的官方色彩和意识形态的味道，主要服务于国家科举考试，而书院讲义则相对自由和灵活，更能彰显学者真实的义理特色和学术旨趣。王心敬的四书注解就是书院讲义的典范，是书采取有问有答的形式，呈现两个明显的特征：一是灵活和自由。一般的章句、集注注经体例往往是在"文本所允许的意义空间之中，阐发自己的理解"②，而讲义体则可以不受一章一句的限制，进行跨章节，甚至跨文本的诠释；二是切己和有效。讲义体是传道者与被传道者之间就各自的疑惑、见解进行随问随答的一种形式，这些问题往往和讲授双方的生命体验和日常生活有密切的关系，具有鲜活的切己色彩，亦更可达到治病救人、解惑答疑的目的，也就是所谓的"相见而言，因事发明，则并意思一时传了，书虽言多，其实不尽"③。

小　结

回到篇首所预设的问题，从王心敬的四书学所透显的学术旨趣来看，他表面上不持门户，着意会通程朱、陆王，并明确表示自己并非王门中人④，但实则字里行间处处洋溢着阳明心学的理论底色，这可

---

① 朱汉民：《宋儒的义理解经与书院讲义》，《中国哲学史》2014 年第 4 期。
② 陈立胜：《入圣之机：王阳明致良知工夫论研究》，生活·读书·新知三联书店 2019 年版，第 57 页。
③ 程颢、程颐：《河南程氏遗书》卷二上，《二程集》，中华书局 1981 年版，第 26 页。
④ 王心敬自述道："至于疑我之学是陆王，此则近时学者之习见。"［王心敬著，刘宗镐、苏鹏点校：《姑苏论学》卷三，《王心敬集》（下），西北大学出版社 2015 年版，第 895 页］

从同时学者的"原是陆王者"①"似得之王阳明"②的正面评价中得以直接的映射,亦可从张秉直的"尝恨二曲、丰川(王心敬)以陆王之余派煽惑陕右,致令吾乡学者不知程朱的传"③的反面批评中折射出来。他所提出的解决全国性议题朱、王之争的方案,因为与主流的学术格调"由王返朱"格格不入,故而也未在全国范围内产生明显的影响,亦未能有效改变阳明心学的颓势,但在相对封闭、远离学术中心的关中地区,则产生了卓绝的影响,这就是前述张秉直所论的"致令吾乡学者不知程朱的传",换言之,也就是维系阳明心学在关中地区的主导地位。再来看他所倾力批判的训诂之学,在其去世不久就演进为"乾嘉汉学",成为一时显学。但必须指出的是,正是仰赖于王心敬的这种坚持和努力,"三秦人士不尽汩没于词章记诵者"④,关学并未卷入这一潮流,而是依然保持着独重义理的学术旨趣,以个案的形式佐证了美国学者艾尔曼观察的准确性,那就是乾嘉汉学只是江南一域的学术现象,而非全国性的。⑤ 总而言之,王心敬的四书学诠释在清初与那种重视实证的经学诠释的全国性思潮格格不入,与"由王返朱"的学术思潮亦差异甚大,但绝不能以此否认他在学术上的价值和意义,一方面显示出关学特有的保守与开放;另一方面也提醒我们必须注重全国与地域学术间的复杂关系,避免有普遍无特殊,重整体略局部的偏颇,尤其是那种认为阳明心学在清初全国范围内同步等质的观点是需要重新审视的。

---

① 王心敬著,刘宗镐、苏鹏点校:《姑苏论学》卷三,《王心敬集》(下),西北大学出版社2015年版,第894页。
② 周元鼎:《丰川王先生》,载冯从吾《关学编》,中华书局1987年版,第96页。
③ 张秉直:《答姬厘东书》,《萝谷文集》卷三,贫劳堂刻本,道光二十三年,第4页。
④ 柏景伟:《关中书院课艺目录序》,载孙景烈《关中书院课艺志》,光绪戊子年(1888)刻本,第2页。
⑤ [美]艾尔曼:《从理学到朴学》,赵刚译,江苏人民出版社2012年版,第4—7页。

第三节　推崇主敬，尊奉朱子：
　　　　王建常的《大学直解》

明清之际是"名儒巨公，要多不脱姚江之藩篱"①的时代，能够毅然以朱子学自任者可谓凤毛麟角。而这其中，王建常则是与陆陇其、张履祥齐名甚至超越二者的朱子学者②，只是"因僻处一隅，不求名誉，名亦不显于世"③，以及"复斋王先生粹然程、朱，不求闻达，世罕知者"④。这就难以全面揭示明清之际朱子学的面貌，成为遗珠之憾。王建常（1615—1701），字仲复，号复斋，陕西大荔人。三岁丧母，十岁失父，年二十为诸生，参加岁试，名列第一。年三十，身遭易代，惓念先朝，不复外任，独守清门，甘贫乐道，锐意经学，广览百家之书，穷究四子之学，遍注群经要典，有《大学直解》一卷、《两论辑说》十卷、《诗经会编》五卷、《尚书要义》六卷、《春秋要义》四卷、《太极图集解》一卷、《律吕图说》二卷、《四礼慎行》一卷、《小学句读》六卷、《复斋录》六卷、《复斋别录》一卷、《复斋日记》二卷等。王建常的学术造诣深受不同时期学者的推崇，清儒吴怀清说："吾秦当有清之初，人文颇盛，隐逸为多，王山

---

①　贺瑞麟著，王长坤、刘峰点校：《书复斋录卷目后》，《清麓文集》卷一，《贺瑞麟集》，西北大学出版社 2015 年版，第 24 页。

②　吴大澂说："又当阳明学盛之时，力排异说，笃信洛闽，其功不在本朝陆陇其之下。"（贺瑞麟：《书〈关学续编〉王复斋先生传后》，《清麓文集》卷五，《贺瑞麟集》，西北大学出版社 2015 年版，第 173 页）贺瑞麟说："力守程朱，深醇精密，不亚杨园（张履祥），而阐明经学似由过之。"（《复吴清卿学使书》，《清麓文集》卷九，《贺瑞麟集》，西北大学出版社 2015 年版，第 286 页）

③　贺瑞麟著，王长坤、刘峰点校：《书〈关学续编〉王复斋先生传后》，《清麓文集》卷五，《贺瑞麟集》，西北大学出版社 2015 年版，第 173 页。

④　牛兆濂著，王美凤等点校：《杨克斋先生墓志铭》，《蓝川文钞》卷十二，《牛兆濂集》，西北大学出版社 2015 年版，第 123 页。

史、孙豹人、王复斋（王建常）、雷伯吁诸贤其卓卓者。"① 贺瑞麟赞其为："宋以后关中第一大儒"②，王绒誉其："宋有横渠，明有苑洛，今有仲复"③，吴大澂亦说"与李中孚（李二曲）同时，而学问之纯粹过之，精切严整，直接明儒胡居仁"④，杨树椿更是高赞其"关学自横渠后之明、国朝五六百年，诸儒造诣高下不同，求其纯守程朱粹然出于正者，复斋而已"⑤，当代学人钱穆亦谓其在清初学界"与二曲东西并峙"⑥。从这些不同时期学人的赞词中可见王建常学术造诣之不凡。而在其众多的经学注解中，最能彰显其"羽翼朱子"学术取向的，莫过于其《大学直解》，是书以发明朱子《大学章句》为务，体例上首列《大学》原文，次附朱子注解、再附口义和辑说，王绒谓是书"附以群说，参以已说，详而且赅，博而有要，旁通曲尽，可补江陵之所未及"⑦，贺瑞麟则曰"读者勿以世俗科举之意求之，务明其义，究其蕴而反于身焉，斯不负先生矣"⑧，两先生之意旨在表明是书绝非为科举制业而作，乃王建常秉持修心养性、融入个人修身体悟，贯通圣贤注解之作，故而欲通此书大义，必须反身体验方能把握是书要津。下面，我们就深入文本当中，一窥王建常《大学直解》的学术特质和思想意义。

---

① 吴怀清：《吴怀中自序》，《关中三李年谱》，陕西师范大学出版社1992年版，第6页。
② 贺瑞麟著，王长坤、刘峰点校：《书〈关学续编〉王复斋先生传后》，《清麓文集》卷五，《贺瑞麟集》，西北大学出版社2015年版，第173页。
③ 王建常著，李明点校：《大学直解序》，载《王建常集》，西北大学出版社2015年版，第143页。
④ 贺瑞麟著，王长坤、刘峰点校：《书〈关学续编〉王复斋先生传后》，《清麓文集》卷五，《贺瑞麟集》，西北大学出版社2015年版，第173页。
⑤ 杨树椿：《书王复斋传后》，《损斋全书》卷八，清光绪十九年柏经正堂刻本，第10页。
⑥ 钱穆：《中国学术思想史论丛》卷八，安徽教育出版社2004年版，第372页。
⑦ 王建常著，李明点校：《大学直解序》，《王建常集》，西北大学出版社2015年版，第143页。
⑧ 贺瑞麟著，王长坤、刘峰点校：《大学直解》，《王建常集》，西北大学出版社2015年版，第210页。

一 《大学》地位及其文本问题

经学文本之间的关系历来为学者所重视，缘由即在于它不单是一个文献学的问题，有时更会引发思想的革命、学术形态的转换，故而辐辏于此的纷争至今亦未平息，也不会平息。我们知道，学术史上最为耀眼的争论就是四书与五经的地位问题，汉唐重五经，宋明重四书，而四书中引起最多的争论莫过于《大学》的地位问题。朱子标举《大学》，不仅将其视为"圣门最初用功处"①，也将其作为四书之首，他说"学问须以《大学》为先，次《论语》，次《孟子》，次《中庸》"②，这就将《大学》在经学体系中的地位凸显与提举到了四书群经之纲领的境地。王建常在朱子的基础上继续凸出和强化这一命题。他通过比较《小学》与《大学》的关系来说明《大学》的地位：

> 入头处最怕差，亦怕偏，要不偏不差，须是从《小学》、《大学》入。③
>
> 《小学》是存心养性之书，《大学》是穷理尽性之书。④
>
> 《大学》为入德之门，《小学》又为入《大学》之门，学不由此，是入门便差。⑤

在王建常看来，《小学》《大学》是工夫的下手处，由此而入才能保证工夫的中正不偏，不同的是两者在工夫体系中功能各不相同，《小学》是涵养心性工夫，而《大学》则是推致心性工夫，而为学次第

---

① 朱熹著，朱杰人等编：《答宋深之三》，《晦庵先生朱文公文集》卷五十八，《朱子全书》第23册，上海古籍出版社、安徽教育出版社2002年版，第2772页。
② 黎靖德编：《朱子语类》卷十四，中华书局1986年版，第249页。
③ 王建常著，李明点校：《复斋录》卷六，《王建常集》，西北大学出版社2015年版，第321页。
④ 王建常著，李明点校：《复斋录》卷一，《王建常集》，西北大学出版社2015年版，第236页。
⑤ 王建常著，李明点校：《复斋录》卷一，《王建常集》，西北大学出版社2015年版，第236页。

须由《小学》入手，进至《大学》，再跻入圣学之门。这就是说，《大学》相对于《小学》，是更为高阶的工夫，也是优入圣域之根基。以此而推，王建常明确指出：

> 《大学》为诸经之纲领，则诸经皆《大学》之条目也，《大学》既明，便无不可读之书。①
> 诸经以《大学》为纲领，《大学》既通，而后读诸经。②

王建常所要表达的意思是，《大学》一经是其他经书的纲领，其他经书不过是《大学》的注脚，因此必须首先通晓《大学》经义，而后研读其他经书自然容易明白。这里隐含的意思就是《大学》涵具天德王道、融会本体工夫、统领内圣外王，无所不该，毫无遗漏，其他经书无非是各就其所主一义进行推阐罢了。如此，王建常就将《大学》推进至群经头脑的地位，成为众经之首。当然，必须指出的是，这一主张实是渊源有自，朱子早就表达过类似的意思：

> 《大学》是为学纲目。先通《大学》，立定纲领，其他经皆杂说在里许。通得《大学》了，去看他经，方见得此是格物、致知事；此是正心、诚意事；此是修身事；此是齐家、治国、平天下事。③

王建常的表达与朱子之意如出一辙，差别只在于王建常表述得更加清晰明白，由此亦可见王建常"阐道似考亭"④的学术取向。

---

① 王建常著，李明点校：《复斋录》卷一，《王建常集》，西北大学出版社2015年版，第245页。
② 王建常著，李明点校：《复斋录》卷二，《王建常集》，西北大学出版社2015年版，第260页。
③ 黎靖德编：《朱子语类》卷十四，中华书局1986年版，第252页。
④ 雷于霖：《复斋集序》，《王建常集》，西北大学出版社2015年版，第343页。

文本与思想的影响是双向的，不同的文本会产生千差万别的思想，反过来，思想亦会影响文本的选择和改变。就《大学》来讲，主导学界的无非是阳明所主的古本《大学》和朱子力推的改本《大学》，黄宗羲曾一针见血地指出："至其（王阳明）与朱子抵牾处，总在《大学》一书"①，循此推究，朱、王在《大学》文本上的差异主要有三：一是主古本还是今本；二是主"新民"还是"亲民"；三是"格物"是否缺传。在文本选择上，王建常虽不置一言一词，但从其注本当中可以明显地看出，他依然按照朱子所划分的一经十传进行解读和诠释，这就以无声的方式将其服膺和推崇朱子《大学》改本的意思显露了出来。在"新民"还是"亲民"的问题上，王建常指出：

"亲"字当作"新"字，是鼓舞作兴的意思；民，是天下的人，天下之人也都有这个明德，但被习俗染坏了。我既自明其明德，又当推以及人。鼓舞作兴，使他革去那旧染之污，而亦有以明其明德。譬如衣服垢了，洗得重新一般，这只是有用之学，所以说《大学》之道在新民。②

我们知道，朱子主要立足于普通士人的角度力主"新民"。而王阳明则遵循人君优先的原则，推崇"亲民"③，也就是说，立场不同是朱、王分歧的重要原因。而从王建常的解释中可以看出，他显然袭取的是朱子之意，并在朱子的基础上，一方面特别强调"新民"之端在"自新"；另一方面对"新"作了"鼓舞作兴"的新诠，也就是首先自我先明明德，然后推及于人，鼓励、帮助他人革旧复新，恢复本有但被遮蔽之善良意志。这实际上是孔子"己欲立而立人，己欲达而达

---

① 黄宗羲：《师说》，《明儒学案》（修订本），中华书局 2008 年版，第 7 页。
② 王建常著，李明点校：《大学直解》，《王建常集》，西北大学出版社 2015 年版，第 148 页。
③ 丁为祥：《〈大学〉今古本辨正》，《陕西师范大学学报》2011 年第 4 期。

人"的士大夫担当精神的贯彻和体现。

在文本涉及的最后一个问题上，王建常指出：

> 格物致知，是《大学》最初用功处，其传岂可阙而不备！①
> 朱子说到传文第五章，盖曾子解释经文"格物、致知"的说话，而今简编残阙不可考矣。然格物、致知，是《大学》第一段工夫，最为紧要。若少此一节，则诚意、正心、修齐、治平都做不得了。岂可阙而不补？②

自朱子提出"格物致知"缺传这一问题后，多数学者或全然接受，或只认可有缺传，不赞同朱子之补传，而是从经文当中另寻章节以为其释意。王建常之意并没有逾越朱子矩镬，但却将朱子在《大学章句》中未及言明的理由提揭了出来，那就是"格物致知"是《大学》最为基础的工夫，其补传已经残阙不可考证，故而必须对其进行补充，否则其意不彰，学者不仅不知如何做工夫，更会导致"八条目"的落空。王建常实际上仍是循着以朱证朱的思路来论证格致补传的必要性和合理性。通过上述分析可知，王建常在《大学》地位及其文本问题上落实了他一贯的唯朱子是从的解经旨趣。

二 "敬"是一部《大学》底骨子

"主敬"无疑是程朱理学与陆王心学工夫的重要分歧之一。程朱理学视"主敬"为其工夫体系中的鸟之双翼之一，陆王心学则待"主敬"为画蛇添足之论。③ 而王建常则对"主敬"工夫推崇有加，

---

① 王建常著，李明点校：《复斋录》卷二，《王建常集》，西北大学出版社2015年版，第259页。
② 王建常著，李明点校：《大学直解》，《王建常集》，西北大学出版社2015年版，第170页。
③ 王阳明说："若须用添个敬字，缘何孔门倒将一个最紧要的字落了，直待千余年后要人来补出？正谓以诚意为主，即不需添敬字，所以提出个诚意来说，正是学问的大头脑处。"［吴光等编：《传习录》上，《王阳明全集》（上），上海古籍出版社1992年版，第38—39页］

他反复高赞程朱标揭"主敬"之功,他说:

> 自秦汉以来,诸儒都不识这个敬字,直至程朱,方说的亲切。①
>
> 盖经书言敬,多是散见。自秦以后,未曾有人识得,至程子方于千头万绪中特拈出一个"敬"字,来教人从此下手做去。故今但有志于学者,皆知持敬为要,而确然有所把捉,此实程子开示无穷之功,恶容没哉!②

王建常所言不虚,"敬"字早在《尚书》当中就已经多次使用,后使用范围和频率渐趋扩大,但在先秦时期"'敬'的诸多含义是外指性的,即有一种外在的对象与之相对应,或天,或祖、长上,或事"③。也就是说,在先秦甚至直至到汉唐,"敬"还没有作为心性工夫来使用,而直到宋代二程以"主敬"代替周敦颐的"主静",将其向内转进,使之成为心性工夫的重要架构之一,后朱子继续抉发这一工夫,将其推进至理学一系的标志性工夫,为后世学者明示了入手工夫。当然,王建常对程朱的表彰很大程度上是其卫道朱子使然。更进一步,他同样表达对"敬"的追慕之情:

> 敬字是圣学底骨子,古人功夫虽多,要末切于此。④
> 敬字工夫,乃圣门第一义,彻头彻尾,不可顷刻间断。⑤

---

① 王建常著,李明点校:《复斋录》卷一,《王建常集》,西北大学出版社2015年版,第245页。
② 王建常著,李明点校:《复斋余稿》卷一,《王建常集》,西北大学出版社2015年版,第363页。
③ 李春青:《论"敬"的历史含义及其多向价值》,《辽宁大学学报》1997年第2期。
④ 王建常著,李明点校:《复斋录》卷一,《王建常集》,西北大学出版社2015年版,第240页。
⑤ 王建常著,李明点校:《复斋录》卷一,《王建常集》,西北大学出版社2015年版,第246页。

不难看出，王建常将"敬"视为圣人之学工夫体系的根本和枢纽，并将其列为第一义的工夫，它渗透和贯彻到圣人之学的各个环节，须臾不可离、不可断，是优入圣域的不二法门，更是圣人之学的底色。王氏此论较之程朱的推崇有过之而无不及。他曾自述对这一工夫的体认已经达至念兹在兹的境地：

予自志于学后，梦中常见二程子、晦翁朱子，其问答大约不外一个敬字。一夕，朱子亟语常曰："养之，养之"，其示我深切矣。①

由此可见王建常对程朱的服膺和尊崇之情，更可见他对"主敬"工夫的深爱。基于这种理念，他同样将此体认应用到对《大学》的理解上：

敬字是一部《大学》底骨子。②
《大学》一篇之要只在这个敬字上。③

王建常对"敬"在圣人之学中的地位和价值的主张同样适用于《大学》，这并不奇怪，实是与其前述的"《大学》为诸经之纲领"一脉相承，并将其具体化到《大学》上来。更进一步，他具体而微地指出：

愚按：传者于统论纲领中，说出个"敬"字；又于细论条目中，说出个"慎"字，其实"慎"亦"敬"也。故《大学》一

---

① 王建常著，李明点校：《复斋录》卷一，《王建常集》，西北大学出版社2015年版，第246页。
② 王建常著，李明点校：《复斋录》卷三，《王建常集》，西北大学出版社2015年版，第279页。
③ 王建常著，李明点校：《复斋录》卷一，《王建常集》，西北大学出版社2015年版，第244页。

篇紧要处，只在个敬字上。程朱二子谆谆言敬，固不为无本。①

这就是说，《大学》无论是"三纲"，还是"八目"，所说的无非都是一个"敬"字。王建常以"敬"来定位和理解《大学》，这是朱子在《大学章句》中所未言及的，因为在朱子看来，主敬更多的是小学阶段的工夫，大学阶段应该从格物致知入手，这种次序不容颠倒。② 王建常相异于朱子，并不是对朱子的反叛，实是他对"主敬"工夫的绝对推崇所致。

就对"敬"的内涵的理解上，学术史上对其概括和论述最为全面的莫过于朱子，他将"敬"的内涵概括为五个层面：收敛、谨畏、常惺惺、主一和整齐严肃。③ 这就从内外两面将"敬"的内涵一网打尽了。王建常对朱子所述并无异见，但他最为看重和青睐的则是"主一"之说，他指出：

> 先儒发明"敬"字虽甚详，然大要只是个主一。主一兼内外，内而思虑整齐，主于一也；外而容貌端庄，亦主于一也。主一贯动静。静而存主不懈，主于一也；动而酬酢不乱，亦主于一也。④

在王建常看来，朱子所讲的"敬"的五个指向皆可以统括在"主一"

---

① 王建常著，李明点校：《大学直解》，《王建常集》，西北大学出版社2015年版，第149页。
② 朱子说："敬之一字，圣学所以成始而成终者也。为小学者，不由乎此，固无以涵养本原，而谨夫洒扫、应对、进退之节，与夫六艺之教。"（朱熹著，朱杰人等编：《大学或问》，《朱子全书》第6册，上海古籍出版社、安徽教育出版社2002年版，第506页）又说："及其十五成童，学于大学，则其洒扫应对之间，礼乐射御之际，所以涵养践履者，略已小成矣。于是不离乎此而教之以格物以致其知焉。"（朱熹著，朱杰人等编：《答吴晦叔第九》，《晦庵先生朱文公文集》卷四十二，《朱子全书》第22册，上海古籍出版社、安徽教育出版社2002年版，第1914页）
③ 陈来：《宋明理学》，华东师范大学出版社2004年版，第138页。
④ 王建常著，李明点校：《复斋录》卷一，《王建常集》，西北大学出版社2015年版，第231页。

里，因为"主一"涵括内外、贯通动静，其他四个皆是"主一"不同角度的体现。既然，"主一"如此重要，那么，"主一"究竟何谓就成为我们必须弄清楚的话头，王建常解释道：

> 主一非滞于一事之谓，是随事专一之谓也。若理会此事，而心留于彼，则滞矣。①
>
> "主一无适之谓敬。"主一便是敬，心无适便是主一。②

王建常的意思非常清楚，"主一"绝对不是专心于某一件具体的事上，而是要求心有所主宰，不三心二意，不四处走作。这一点阳明与其弟子辩论得最为清楚：

> （阳明）曰："如何是主一？"（梁日孚）曰："如读书便一心在读书上，接事便一心在接事上。"曰："如此则饮酒便一心在饮酒上，好色便一心在好色上，却是逐物，成甚居敬功夫？"日孚请问。曰："一者天理，主一是一心在天理上。若只知主一，不知一即是理，有事时便是逐物，无事时便是著空。惟其有事无事，一心皆在天理上用功。"③

阳明弟子对"主一"的理解代表了当时较为普遍的看法，阳明有鉴于此，特别提醒学者要明白"主一"绝对不是无差别地专注在某一件事上，而是必须落实在"天理"上，必须用"天理"来宰制人心，否则"主一"就会成为逐物的学问。阳明这一解释也是程朱以及王建常"主一"之说的真切内涵。王建常特意警醒学者要注意"主一"和

---

① 王建常著，李明点校：《复斋录》卷一，《王建常集》，西北大学出版社2015年版，第231页。
② 王建常著，李明点校：《复斋录》卷一，《王建常集》，西北大学出版社2015年版，第231页。
③ 吴光等编：《传习录》上，《王阳明全集》（上），上海古籍出版社1992年版，第33页。

"禅定"的区别：

> 主一之敬，与坐禅入定者不同。程子说："心自是个活底物事，如何执定，教他不思，只是不可胡乱思"，不胡思乱想，这便是主一，便是敬。若彼面壁静坐，断绝思虑，是空其心也，非圣贤存养之道。①

这里王建常要说的是，"主一"是实，不是佛氏所谓的"空"，是心"不走作"，不是佛氏所谓的"无思无虑"。从这一辨析中可见王建常确实把握住了"主一"的精髓。要之，王建常从"主敬"的角度来理解《大学》的宗旨，既有朱子的理论支撑②，亦有其自我的推阐发明，尤其是用"主一"将"敬"之内涵打并为一，显豁出其绝非亦步亦趋、鹦鹉学舌之辈。

三 格物是《大学》入门第一步工夫

《大学》工夫究竟从何入手，以何为先，在朱子、阳明那里便已产生分歧。朱子力主"《大学》之道，虽以诚意正心为本，必以格物致知为先"③，阳明则认为"《大学》之要，诚意而已"④，这种不同很大程度上是问题意识、学术诉求的差异所致。王建常继续延承其一尊朱子的学术理路，亦高标"格物致知"在《大学》中的地位：

---

① 王建常著，李明点校：《复斋录》卷一，《王建常集》，西北大学出版社2015年版，第231页。

② 朱子亦曾说过："敬者，一心之主宰而万事之本根也。知其所以用力之方，则知小学之不能无赖于此以为始。知小学之赖此以始，则夫大学之不能无赖乎此以为终者，可以一以贯之而无疑矣。"（朱熹著，朱杰人等编：《大学或问》，《朱子全书》第6册，上海古籍出版社、安徽教育出版社2002年版，第506—507页）这就是说，小学以敬为始，大学赖敬以终。因此，王建常此意亦并非与朱子没有关联。

③ 朱熹著，朱杰人等编：《答曹元可》，《晦庵先生文集》卷五十九，《朱子全书》第23册，上海古籍出版社、安徽教育出版社2002年版，第2811页。

④ 吴光等编：《大学古本序》，《王阳明全集》卷七，上海古籍出版社1992年版，第242页。

盖圣学入门，只在乎格物致知。①

格物致知，是《大学》最初用功处。②

格物致知，是《大学》第一段工夫。③

格物是《大学》入门第一步工夫。这里若做不彻，更无进步处。故曰："本领全在这两字上。"④

这些引文虽用语不一，但表达的意思都是一致的，即"格物致知"是《大学》、圣人之学最为基础、最为根本的工夫，乃开关启钥之所在，无此则学入蹭等，因此必须将其列为第一义的工夫，方能凸显其学理价值，使圣人之学步步着实，这一思想自然与朱子没有二致。同时也必须注意到，围绕"格物"所产生的分歧亦是《大学》纷争的焦点所在，钱穆就曾说："朱子思想，以论格物穷理为最受后人之重视，亦最为后人所争论。"⑤ 我们先来看王建常对"格物致知"之义的理解：

致，是推极，推之以至极处。知，是识。格，是至。物，是事物。⑥

理之散见于万物，若要推极其知，在于穷究事物之理。直到那极至的去处，不然则理有未穷，知必有蔽，虽欲勉强以致之，亦不可得而致矣。⑦

---

① 王建常著，李明点校：《复斋余稿》卷一，《王建常集》，西北大学出版社2015年版，第361页。
② 王建常著，李明点校：《复斋录》卷二，《王建常集》，西北大学出版社2015年版，第259页。
③ 王建常著，李明点校：《大学直解》，《王建常集》，西北大学出版社2015年版，第170页。
④ 王建常著，李明点校：《复斋录》卷一，《王建常集》，西北大学出版社2015年版，第240页。
⑤ 钱穆：《朱子新学案》第二册，九州出版社2011年版，第621页。
⑥ 王建常著，李明点校：《大学直解》，《王建常集》，西北大学出版社2015年版，第151页。
⑦ 王建常著，李明点校：《大学直解》，《王建常集》，西北大学出版社2015年版，第152页。

王建常对"格物致知"的理解基本没有超出朱子所划定的范围,但较之朱子,却更为清晰明白,不似朱子那么简约难解,使学者更容易理解和把握。他并以此批判阳明道:

> 阳明不信程朱之说,而以"为善去恶为格物",这是他入门便错了。固言心性,言知与行直差到底。今欲为学圣人,四子之书具在,必以是为楷模。循而上之,庶乎其不差矣。①

众所周知,"格物"之说历来是《大学》争议最多的范畴,据明末刘宗周所言盖有七十二家②,刘氏所言虽未必确切,但解释不一确是毋庸置疑的。王建常以朱子学为标的,认为阳明将"格物"解释为意识领域的"为善去恶",这是为学第一步便错了,以此延伸,阳明所说的心性、知行皆是错上加错。阳明对"格物"的解释是否如王建常所言的错误百出,乃是见智见仁之事,我们应该看到的是王建常在明清之际关中地区心学一家独大的局面下,艰难维系朱子学所作的努力。

再就"格物"与"致知"的关系问题,朱子的理解是"致知并不是与格物不同的另一种工夫或方法……致知作为格物的目的和结果,并不是一种与格物并行的、以主体自身为对象的认识方法或修养方法"③。这就是说,在朱子的视界中,"致知"并不具有独立的工夫意义,它只是"格物"的一种结果。换言之,"格物"与"致知"的关系是"吃饭"与"食饱"的关系。而阳明的理解则与朱子相反,他将"致知"解释为"致良知",并以此为其50岁后的学术宗旨,

---

① 王建常著,李明点校:《复斋余稿》卷一,《王建常集》,西北大学出版社2015年版,第361页。
② 吴光主编:《大学杂言》,《刘宗周全集》第1册,浙江古籍出版社2007年版,第657页。
③ 陈来:《宋明理学》,华东师范大学出版社2004年版,第140页。

"致知"不再是朱子那里无足轻重的概念,而是具有独立并且不可替代的地位。对于这种分歧,王建常提出了自己的见解:

> 夫格物而后知至,可见致知在于格物也……经文不说知致而谓之知至,便见得物格后,无复致知工夫了。①

王建常采取的是内证内解的思路来发明朱子此意。他根据《大学》经文之间的关系,认为经文内在"物格"后所下的语词是"知至"而非"知致",因此"物格"之后,自然不必再提"致知"工夫,否则就是画蛇添足。王建常从经文内寻求解释的做法是朱子在《大学章句》内未曾提及的,这种解释从朱子学的视角来看,是有其合理之处的。

"格物"与"诚意"的关系问题亦是朱、王之争的一个焦点。朱子主张《大学》之道,虽以诚意正心为本,必以格物致知为先②,强调"格物"在"诚意"之先,若无"格物"的穷理之功,"诚意"就会落空。而阳明则说:"《大学》之要,诚意而已矣;诚意之功,格物而已矣"③,旨在强调"诚意"为《大学》的统领性、第一义工夫,用"诚意"来规范"格物",以期使"格物"在"诚意"的框架内展开,将"格物"完全转向内在,落实在德性伦理之内,防止"格物"滑向单纯的知识化一边,这显然是针对朱子的"格物"说流于外在立论的。而在这一问题上,王建常指出:

---

① 王建常著,李明点校:《大学直解》,《王建常集》,西北大学出版社2015年版,第155页。
② 朱熹著,朱杰人等编:《答曹元可》,《晦庵先生朱文公文集》卷五十九,《朱子全书》第23册,上海古籍出版社、安徽教育出版社2002年版,第2811页。
③ 吴光等编:《大学古本序》,《王阳明全集》(上)卷七,上海古籍出版社1992年版,第242页。

欲诚其意者，当先致其知也。①

诚意是致知以后事，故《章句》知为善以去恶。②

这个道理，若穷不至，则所见不真。外面虽为善，而内实为恶。此是从物不格。推究到那意不诚处，要见得这格物一节是吃紧处。③

这三段引文所要表达的意思是一致的，就是说必先有"格致"之功，然后才能做"诚意"的工夫。王建常主此的理由与朱子是一致的，那就是若穷理不精、不真，必然会导致外善内恶的表里不一的情形出现，如此"意"就不可能"诚"。由此可见，王建常实际上是循着朱子所确定的《大学》必须遵循先格致，后诚意的次第进行推阐的。要之，王建常在围绕"格物"所产生的诸多分歧上，他旗帜鲜明地选择站在朱子这一边，并以此为据，来驳斥阳明之非，将其"折中于程朱，便是辩其真是真非之要法"④ 的理念展露无遗。

经学与哲学是一体两面之事。处在明清之际的王建常，借由对朱子平生用力最多的《大学章句》的推阐，表征出他的学术关怀和理论诉求。而这种推阐在明清之际涵具着极为丰富和多元的学术史意义。具体来讲：第一是呼应和助推明清之际"由王返朱"思潮的形成和壮大。梁启超曾说，"王学反动，其第一步则返于程朱"⑤，梁氏此言意指明清之际学术界新兴的一股学术思潮"由王返朱"，此论尤可见梁氏观察的精确。明清之际，王学流弊尽显，空谈成风，以致被作为亡国学术遭到批判和清算，有识之士有鉴于此，开始从阳明心学返归朱

---

① 王建常著，李明点校：《大学有解》，《王建常集》，西北大学出版社2015年版，第154页。
② 王建常著，李明点校：《大学直解》，《王建常集》，西北大学出版社2015年版，第173页。
③ 王建常著，李明点校：《复斋录》卷二，《王建常集》，西北大学出版社2015年版，第258页。
④ 王建常著，李明点校：《复斋录》卷四，《王建常集》，西北大学出版社2015年版，第288页。
⑤ 梁启超：《中国近三百年学术史》，商务印书馆2011年版，第121页。

子学，以求补偏救弊。王建常《大学直解》所透显的主旨正是这一思潮的具体展现，反过来又助推和强化了这一思潮。第二是卫道和提升朱子学的地位。王建常于注本当中毫不掩饰他对朱子的推崇，他曾反复说"余亦常爱朱子语"①，将其崇信朱子的学术旨趣显豁出来，张秉直就说："朝邑王仲复建常于异学纵横之时，能笃守程朱，不为所惑，真吾道之干城也。"②贺瑞麟亦赞道："先生之功，尤在尊程朱。"③这就在一定程度上加速和推动了朱子学在康熙朝再度成为庙堂理学。在他去世不久，朱子学地位就得以提升，标志性事件：一是御纂《朱子全书》和《性理经义》分别在1716年和1717年完成、刊刻。二是1719年，朱子在孔庙中的地位亦由孔庙两庑的先贤上升至大成殿四配十哲之次，是为第十二哲。三是为关中地区的朱子学在清代中后期的复兴赓续学脉。明清之际的关中地区是阳明心学占据主导地位的时期，张秉直曾不无痛心地指出："尝恨二曲、丰川以陆王之余派煽惑陕右，致令吾乡学者不知程朱的传。"④张秉直所言当然有夸大的成分，实际上，是时的关中地区仍有像王建常等诸多学者在坚守和弘扬朱子学，也正是他们的弘道不辍，使得关中地区至清代中后期，朱子学再度成为主导学术，而这正是赖于王建常诸人在清初对朱子学的羽翼和推阐，此可从吴大澂的"二百年来秦士大夫知有程、朱、薛、胡之学，皆建常笃守之功"⑤得到明确的佐证。当然，正如周长发所言"关中旧多积学力行之士，言动悉遵先儒矩矱……粹然一

---

① 王建常著，李明点校：《复斋录》卷二，《王建常集》，西北大学出版社2015年版，第263页。
② 张秉直：《开知录》卷4，清光绪元年（1875）三原刘传经堂刻本，第12—13页。
③ 贺瑞麟著，王长坤、刘峰点校：《书复斋录卷目后》，《清麓文集》卷一，《贺瑞麟集》，西北大学出版社2015年版，第25页。
④ 张秉直：《答姬厘东书》，《萝谷文集》卷三，贫劳堂刻本，道光二十三年，第4页。
⑤ 贺瑞麟著，王长坤、刘峰点校：《书〈关学续编〉王复斋先生传后》，《贺瑞麟集》，西北大学出版社2015年版，第173页。

出于正而不敢一念偶驰"①，王建常的《大学直解》虽然"多守先儒成说"②，恪守有余，发越不足，但在明清之际朱子学长期受阳明心学的挤压和逼仄，能够维系已是困难重重，更遑论义理的发明和推阐，故而我们需要在"其大节尤在不为势所屈"③的层面来认识和肯定王建常《大学直解》的学术价值和意义。

第四节 推崇《论语》，卫道阳明：
王吉相的《四书心解》

清初学术界的基本态势是"崇朱黜王"，也就是朱子学日益昌盛，阳明心学日趋式微。在这样的学术格局下，"宗王"视域下的四书学注解之作可谓凤毛麟角，而王吉相的《四书心解》就是这一视角下诠释四书的代表性著作之一。王吉相（1645—1689），字天如，陕西彬县人。虽出身寒门，家计屡空，但艰苦力学，奋进有为，"昼则佣工，夜则默诵"④，受到塾师的赏识和提携。为实现父母望子成龙之愿，遂潜心于科举之业，于1678年举丙辰科进士，任翰林院庶吉士，不久便因病辞归，拜"清初三大儒"⑤之一、"王学后劲"⑥的李二曲为

---

① 周长发：《史复斋文集》序言，载史调《史复斋文集》，《四库全书存目丛书》集部，第281册，齐鲁书社1997年版，第1页。

② 贺瑞麟著，王长坤、刘峰点校：《书复斋录卷目后》，《清麓文集》卷一，《贺瑞麟集》，西北大学出版社2015年版，第25页。

③ 贺瑞麟著，王长坤、刘峰点校：《书复斋录卷目后》，《清麓文集》卷一，《贺瑞麟集》，西北大学出版社2015年版，第25页。

④ 王吉相著，王丕忠整理：《四书心解》，三秦出版社2015年版，第230页。

⑤ "清初三大儒"历来有两种说法：一是指黄宗羲、顾炎武和王夫之；二是指黄宗羲、孙奇逢、李颙。复旦大学陈居渊教授在其所著《清初三大儒"正名"》一文中，认为依据历史情形以及学术影响，第二种说法更贴合清初的学术实际，本书赞同此说。（陈居渊：《清初三大儒"正名"》，《中国社会科学报》2014年1月7日）张岱年先生亦持同样论调。（张岱年：《中国哲学史史料学》，生活·读书·新知三联书店1982年版，第180页）

⑥ 梁启超：《中国近三百年学术史》，商务印书馆2011年版，第57页。

师，究心于儒家性命道德之学，偶有一得，必期身体力行，常自置厚砖一块，每省有过，即焚香长跪，加砖于头，此过不改，此身不起，遂多有自得之悟。平日深受业师李颙器重，成为门下"质淳行笃，为己实学"①之士，素有"理学名儒"②之美誉。王吉相博通典籍，尤工于四书，他有感于"今之读书者不解书之本旨如何，亦不解我心之会通为如何，而一以传注为宗……窃恐以差传差，以谬传谬，不惟不能为书解，而亦且无以为心解也"③，王吉相认为士子奉朱子《四书章句集注》为圭臬，将其当做猎取功名利禄的工具，而不去寻求经旨本意，更不能体会于心，落入"玩瓶中之牡丹，看担上之桃李"④的治经窠臼，故而他倾力著述《四书心解》，以期拂去朱子的不实之论，此书发前贤所未发，久为士林所宗。李颙击节称赞是书道，"自成一家之言"⑤"洞原彻本，学见其大"⑥，好友张沔称之"其辞简，其意赅，其立说也贯，其取类也明"⑦，甚至晚清朱子学者李元春亦称是书"解四书多以四书证四书，会之于心，时与旧说不同。此钻研过深者，今人并不能如此用心也"⑧。清儒韩锬亦称道："本其心所独得，一洗讲家之习，曲而达，微而显，升孔孟堂，入程朱室。发前人所未发，其有功于世教人心也，岂浅鲜哉。"⑨从这些不同时期、不同阵营的学者的赞语中可见是书绝非泛泛之作，故其价值张岂之先生亦早

---

① 李颙著，张波点校：《题〈四书心解〉》，《李颙集》卷十九，西北大学出版社2015年版，第217页。
② 贾锡智：《六篇答卷》附言，载王吉相：《四书心解》，三秦出版社2015年版，第226页。
③ 王吉相：《四书心解》自序，三秦出版社2015年版，第11页。
④ 杨慎：《答重庆太守刘嵩阳书》，《升庵集》卷六，商务印书馆1937年版，第83—84页。
⑤ 李颙著，张波点校：《题〈四书心解〉》，《李颙集》卷十九，西北大学出版社2015年版，第217页。
⑥ 李颙著，张波点校：《题〈四书心解〉》，《李颙集》卷十九，西北大学出版社2015年版，第217页。
⑦ 张沔：《四书心解》序，载王吉相：《四书心解》，三秦出版社2015年版，第7页。
⑧ 李元春著，王海成点校：《〈四书心解〉序》，《李元春集》，西北大学出版社2015年版，第120页。
⑨ 韩锬：《六篇答卷》附言，载王吉相《四书心解》，三秦出版社2015年版，第226页。

就有所洞察:"此书实于全面了解明清之际及清代初年中国思想界的发展动向有一定作用。"① 然颇为遗憾的是,以往囿于《四库全书》"崇朱扬汉"的学术立场,将心学倾向的四书学著作全部只存目不收录,使得是书并未得到应有的关注,不唯王吉相的思想难以为学界所知,其《四书心解》与明清之际全国性学术思潮"朱、王之争"的互动与影响更是难以彰显,可谓是遗珠之憾。② 而近期是书的点校出版则有效地解决了这一肯綮问题,使我们理解和把握是书的学术宗旨、理论特质以及其在明清之际学术史上的意义成为可能。

一 四书以《论语》为宗

四书之间的关系,学术史上数朱子的论述最为完备和详尽,影响亦最大。他明确序定四书之间的关系为"学问须以《大学》为先,次《论语》,次《孟子》,次《中庸》"③,又说"某要人先读《大学》,以定其规模;次读《论语》,以立其根本;次读《孟子》,以观其发越;次读《中庸》,以求古人之微妙处"④。可以看出,朱子更为重视的是四书之间的区分和差异,并赖其卓绝的学术地位,久为官方和士林所宗,形塑和主导着此后学界对四书关系的认识和把握。而王吉相则并不认同朱子这一看法,他首先对《大学》论道:

> 《大学》一书,曾子发明《论语》之道也。《论语》凡言学,皆明德也;凡言治,皆新民也。凡言仁言乐言敬,皆止于至善

---

① 张岂之:《王吉相的〈四书心解〉》,《文博》,1995 年 6 月 30 日。此文乃张先生应王吉相裔孙王丕忠之请,为《四书心解》所作的序言,篇幅较短,共 800 余字。
② 当前学界关于王吉相《四书心解》的研究,除上述张岂之先生之文外,还有王丕忠先生所作的《王吉相的〈四书心解〉》(《人文杂志》1983 年第 2 期),均是简略介绍此书,少有思想分析,篇幅亦较短。
③ 黎靖德编:《朱子语类》卷十四,中华书局 1986 年版,第 249 页。
④ 黎靖德编:《朱子语类》卷十四,中华书局 1986 年版,第 249 页。

也，凡言智言知，皆知止也，至安仁好仁之分，即诚正之浅深，四勿九思躬行之类，皆格物修身之实也。《大学》之道，《论语》至矣尽矣。但其言各散著，有先天河图气象，学者难以贯通，故曾子统之而作《大学》焉。①

在这段话中，王吉相重点强调的是《大学》与《论语》在义理上的深度关联。他认为《大学》不过是《论语》的注脚，《大学》所讲的"明德"与《论语》中的"学"相对，"新民"与"治"相对，"止于至善"与"仁""乐""敬"等相对，换而言之，《论语》已经将《大学》义旨阐发殆尽。既然如此，那么何以再作《大学》呢，王吉相认为原因就在于《论语》是语录体，章句之间义理较为分散，学者难以整体理解和把握，故而曾子另作《大学》以求提纲挈领，将《论语》分散的义理统贯起来。王吉相对《大学》的这种定位显然不同于朱子，在朱子那，他最为看重的恰恰是《大学》，主张"《论》《孟》《中庸》，待《大学》贯通浃洽，无可得看后方看，乃佳"②，又说"《大学》一篇有等级次第，总作一处，易晓，宜先看。《论语》却实，但言语散见，初看亦难"③。可见，朱子是将《大学》放在第一位的，尤其是在工夫次序上将之置于《论语》之前。

再就《中庸》来看，王吉相指出：

《中庸》一书所以发明《大学》之旨，而归宗于《论语》者也。《论语》者，时习之学。时习者，仁也；仁，人心也，故一部《中庸》，存心为本，而修身其外著者矣。曾子惧学者不知存心为修身之功，而误入于寂静无为之业，故作《大学》，而以修

---

① 王吉相：《四书心解》，三秦出版社2015年版，第16—17页。
② 黎靖德编：《朱子语类》卷十四，中华书局1986年版，第250页。
③ 黎靖德编：《朱子语类》卷十四，中华书局1986年版，第250页。

身为本焉。见身居心意知家国天下之关，而统乎内外，不坠于一偏者也。但其言未分内外轻重之等，子思又惧学者不知诚正之为本，而皆事乎视听言动事为之末，故从而作《中庸》焉。①

在王吉相看来，《中庸》是用来发明和推阐《大学》的，原因在于曾子作《大学》原是担心学者不知存心为修身的工夫，落入虚静空寂，但是曾子在《大学》中却没有区分轻重缓急。子思有鉴于此，作《中庸》一书，将《大学》未尽之义予以推扩和充实，那就是特别强调"诚心、正意"在道德活动中的前提、根基之义，以防止学者徒耗精力于视听言动这些细枝末叶方面。实际上，子思是否因曾子之意而发，完全是王吉相的主观臆测，于文献无据，虽可信度大打折扣，但在清初渐趋抬头的《大学》《中庸》重返《礼记》的潮流中，王吉相意在强化四书的一体和关联之苦心是值得高度肯定的。

我们再来看一下王吉相对《孟子》的定位，他说：

《孟子》一书，所以著明孔子之道，而与《论语》《学》《庸》相表里者也。《论语》言时习言仁，而《孟子》言存养、言不动心，著其体也。《论语》重躬行，而《孟子》言反身践行，著其功也。《论语》言为政以德，而《孟子》言以德行仁，著其用也。《论语》言异端之害，而《孟子》严杨墨之辨，《论语》不许桓文，而《孟子》耻陈五霸，著其防也。《论语》断论帝王之德，而《孟子》兼明其学力行事，著其不尽之言也。《论语》言仁智，而《孟子》言仁义，著其不尽之意也。②

---

① 王吉相：《四书心解》，三秦出版社2015年版，第28页。
② 王吉相：《四书心解》，三秦出版社2015年版，第169页。

王吉相继续延续其一贯的逻辑和思路，在这段引文中着力为《孟子》发明《论语》进行论证。在他看来，《孟子》也只不过是《论语》的注脚而已，旨在为《论语》未尽之言和未明之意进行补充和说明。诸如《孟子》的"反身践行"是对《论语》的"躬行"的进一步说明，《孟子》的"以德行仁"是对《论语》的"为政以德"的进一步阐释等，如此事例不胜枚举。王吉相的意图很明显，旨在从义理上打通《论》《孟》，从而为其所主张的《论语》为源、为宗、为根的观点进行铺垫。

至此，王吉相完成了《学》《庸》《孟》皆为发明《论语》，皆归宗于《论语》的论证。我们从他答友人之问中可以进一步窥见其意：

> 或问："《论语》《学》《庸》三书有优劣否？"曰："其理一、其功同也。但《学》《庸》有立意，而《论语》为从心不逾矩也。试看《大学》一部重修身，《中庸》一部重戒惧慎独，《论语》虽无非言仁，而其中却无仁之见也，《孟子》一部亦以仁义为主，皆不若《论语》之浑而全也，此圣人、大贤之别也。"①

经典地位的判定绝非只是一个文本问题，更多的会触及思想领域，甚至某种程度上能够引发思想的革命。在王吉相看来，四书是道通为一的，差别在于立论取向不同，《学》《庸》《孟子》三书只是发挥和推阐《论语》的未发之意，皆居一偏，不如《论语》整全，而这背后隐含的是圣人和贤者的差别。王吉相的这种判定实际上是对四书的价值和地位进行了高下的区分，凸显了《论语》在四书体系中的首出和

---

① 王吉相：《四书心解》，三秦出版社2015年版，第29页。

统领性地位。当然，王吉相之所以这么认定，除了前述的思想原则之外，还有一层隐性的考虑即文献原则，也就是《论语》乃孔子之语，其他三书皆孔子后学所为，不能乱了圣贤次序，否则就是僭越之举。

二 "与朱子相戾者多"

自朱子《四书章句集注》在元代跻身国家科考功令后，便成为士子研习的对象，亦作为学者思想的底色而存在，以致凡欲在四书上析迷解惑，立说成文，朱子《四书章句集注》就成为必须回应且不得不回应的经典注本，不如此，所言所论就缺乏可取性和公信力。王吉相自然不能逾越这一强势和既定的学术途辙。在《四书心解》中，他对朱子的态度不是羽翼、推阐，而是挑战、批判，在诸多关节处相异于朱子之说，显示出"不依傍程朱之说"[①] 的学术特质，在清初渐趋形成的"崇朱黜王"的思潮中显得颇为另类。下面我们就以王吉相对朱子四书学的核心范畴的回应切入点，来一展他的这一学术特质。首先，就朱子四书学体系中极为看重的"格物"来讲[②]，我们知道，朱子是将"格物"解释为"穷理"，主张"今日格一物，明日格一物，积习既多，然后自有贯通处"[③]，且"物"的指向极为广泛，包罗万象，既指向人伦道德，亦含有自然万物。但王吉相并不赞同朱子此论，他说：

> 格物是格一身物事，便是修身。[④]
> 格物辩解，朱子将格物看作学问思辨工夫，故解作穷至事物

[①] 路德：《四书心解》序，载王吉相《四书心解》，三秦出版社2015年版，第15页。

[②] 朱子说"《大学》是圣门最初用功处，格物又是《大学》最初用功处"，又说"格物致知是《大学》第一义"[朱杰人等编：《答宋深之》，《晦庵先生朱文公文集》卷五十八，《朱子全书》（修订本）第23册，上海古籍出版社、安徽教育出版社2010年版，第2772—2773页］。

[③] 黎靖德编：《朱子语类》卷十八，中华书局1986年版，第392页。

[④] 王吉相：《四书心解》，三秦出版社2015年版，第18页。

之理，是将知行分做两截了。……如朱子说，是问尽天下路，然后去走，恐耽搁了时日。①

人生有限，而物理无穷。②

很显然，王吉相在格物的对象上并不赞同朱子的广泛性取向，而是择取向内之义，将其收缩在"身"上，一方面先立其大，抓住根本；另一方面就在于天下物理无穷无尽，以人之有限精力如何做得，这如同只有问尽天下之路，方能去走，不可能也不现实。王吉相的这种批判逻辑实际上与阳明心学并无二致。与"格物"关联最为密切的就是"格物"补传问题，王吉相同样反对朱子的补传之举：

此谓知本二句，料是释格物、物格之辞。而正文有阙文耳。③

朱子认为"格物、致知之义，而今亡矣"④，故作补传以求纲举目张，义理完备，从理学体系建构的视角完善了《大学》的文本。⑤ 朱子之举，后世虽然不乏批评之音，但却触发了一个共识，即大多数学者皆认可此处有阙文，差异在于是另作补传还是在《大学》章内寻找释文。王吉相显然是属于后者，他同意朱子认为此处有阙文的主张，但无须像他那样去增添经文，而是在《大学》文本中的"此谓知本"一句当中已经解释的非常清楚。他的理由是"物格便是知本，知识之知是末，不识不知而无所不知是本，到得物格，便能不识不知而无所

---

① 王吉相：《四书心解》，三秦出版社2015年版，第19页。
② 王吉相：《四书心解》，三秦出版社2015年版，第12页。
③ 王吉相：《四书心解》，三秦出版社2015年版，第21页。
④ 朱熹：《四书章句集注》上，金良年译，上海古籍出版社2006年版，第9页。
⑤ 陈来先生亦指出：朱子补格致传"适应于进一步阐发理学方法论和修养论的需要，而整个章句也为扩大理学思潮的影响提供了一个更为完善的哲学教本"（见陈来《朱子哲学研究》，华东师范大学出版社2000年版，第283页）。

不知也"①。王吉相以此节作为"格致"条目的释文，在整个《大学》诠释史上都是颇为典型的，显豁出其自证自创、独抒己见的学术视野。

其次，就朱子的知行学说来看，王吉相同样给予苛评：

> 知行如阴阳，是须臾不相离的。知如眼，行如足，眼一阖则足无所措；足不行，总眼里看见前途，终是放着。②

朱子在知行关系上的成熟观点是"论先后，知为先；论轻重，行为重"③ 以及"知与行常相须，如目无足不行，足无目不见"④，也就是说，知先行后、知轻行重和知行相资。王吉相这一段话实际上是借力打力，对朱子的比喻进行了重新的解读。在朱子这里，他通过目、足的比喻来强调知行的相互资助。而在王吉相这里，他创造性地用阴阳来比喻知行，主要取的是阴阳的相即不离之意，而非对立之意。而用朱子的眼、足之喻亦主要是从功能的角度强调知、行的合一。细致来讲，王吉相认同朱子的知行相资互助，但并不是从"知先行后"，而是从"知行合一"的角度来理解的。

复次，从"存养"与"省察"这对朱子哲学的核心工夫范畴来讲，朱子哲学是架构式的，讲究概念的枝枝相对、叶叶相当，这落实到"存养"与"省察"上同样有效。在朱熹这里，随着他思想由"中和旧说"向"中和新说"的转变，相应地也由信奉"先察识后涵养"转为"未发存养，已发省察"，也就是将其视为两个不同阶段的工夫，并成为朱子此后终生不变的思想律条。而王吉相则认为：

---

① 王吉相：《四书心解》，三秦出版社 2015 年版，第 21 页。
② 王吉相编：《四书心解》，三秦出版社 2015 年版，第 19 页。
③ 黎靖德编：《朱子语类》卷九，中华书局 1986 年版，第 148 页。
④ 黎靖德编：《朱子语类》卷九，中华书局 1986 年版，第 148 页。

> 存养与省察不是二物，只省察到自然去处便是存养。①

很明显，在王吉相这里，"存养"与"省察"并不是截然不同的两种工夫，它们是一而二、二而一的，换言之，"存养"是"省察"的效验，而不是独立于"省察"之外的工夫。这就显示出王吉相的哲学体系是圆融性而非朱子架构性的。

最后，从"明德"与"新民"的概念和关系来讲，王吉相是这样认为的：

> 《大学》止有明德之功，更无新民之功，汤、文、武皆有新民之责者也，而其功亦止明德便了。为学君子所以无所不用其极，明德到极处便是新民。②
>
> 新民都在明德内，非有民然后去新，必于民上求新者也。……明德到至善处，便是新民的实本事，《注》不必泥。③

我们知道，朱子把"明明德"与"新民"之间的关系视为平列的关系，以"明明德—新民"来统摄《大学》的八条目，主张"修身以上，明明德之事也；齐家以下，新民之事也"④，而王吉相则认为《大学》只有"明德"之功，而无"新民"之功，"新民"是"明德"的效验，这实际上是将"新民"看作是"明德"的题中应有之义，是"明德"之后自然通达的结果，某种程度上消解了"新民"的独立性。这就与朱子将"明德""新民"视为平列的关系相决裂，

---

① 王吉相：《四书心解》，三秦出版社2015年版，第17页。
② 王吉相：《四书心解》，三秦出版社2015年版，第19页。
③ 王吉相：《四书心解》，三秦出版社2015年版，第120页。
④ 朱熹：《四书章句集注》，金良年译，上海古籍出版社2006年版，第6页。

而与阳明的"明明德者，立其天地万物一体之体也。亲民者，达其天地万物一体之用也。故明明德必在于亲民，而亲民乃所以明其明德也"① 所凸显的"明德""新民"乃体用关系高度趋同。

要之，通过列举王吉相对朱子四书学当中核心范畴的解读，最大程度上彰显其对朱子学的态度。不难看出，王吉相在四书义理的大关节处皆与朱子不类，尤其是行文中，"注（指朱子《四书章句集注》）不必泥"之说竟达数十处，由此可见王吉相在朱子学于清初再次跻身官方哲学的过程当中，没有充当"学一先生之言，则暖暖姝姝而私自说"② 的角色，而是与主流学术思潮格格不入，显示出其宗本阳明的思想底色。

三 "恪守阳明一脉"

王吉相从学于"王学后劲"③ 李颙，其学深受李颙之影响，多有阳明心学的底子。清代大儒李元春对此有着清晰准确的观察：

先生学颙者也，颙讲象山心学、阳明良知。予尝以为心学、良知皆不误，宗朱子者，辟象山、阳明亦太过，然谓象山、阳明于此无偏，不可也。颙之学亦然。今先生守此一脉，不尽主三家而解四书。④

李元春认为王吉相之学虽然可由李颙之学溯源至阳明心学，但他并非是完全地羽翼阳明心学，而是有所保留。李元春此说可谓精到，相当中肯地把握到了王吉相对待阳明心学的态度。我们同样紧扣阳明心学

---

① 吴光等编：《大学学问》，《王阳明全集》卷二十六，上海古籍出版社1992年版，第968页。
② 庄周：《庄子·徐无鬼》，二十一世纪出版社2014年版，第255页。
③ 梁启超：《中国近三百年学术史》，商务印书馆2011年版，第57页。
④ 王吉相：《四书心解》，三秦出版社2015年版，第232页。

的核心命题来一窥王吉相的这一特质。首先，就阳明心学的标志性范畴"心"来讲，王吉相在四书诠释中反复提及"心"，并以此来界定圣人之学：

> 圣贤之学只存心，心在便是用心。①
> 经书，传心录也。读书，治心功也。②
> 知行原是合一的，皆在心上。③
> 心如当家汉④。

显然，王吉相将圣人之学定义为心学，尤其是他的"圣贤之学只存心"与王阳明的"圣贤之学，心学也"⑤极为相近，这就从总体上为圣人之学定了基调，直接表征了他追慕心学的取向。同时，他也具体而微地以"心"来统摄重要的思想论域，如知行、诚明等。如此王吉相就从局部到总体构筑了一个严密的心学体系，从而向阳明心学一脉靠拢。

其次，在阳明所倡导的"知行合一"学说上，王吉相亦表现出极大的认同和服膺，以至《清史列传》指出："后李容（李颙）出……邠州王吉相、淳化宋振麟皆笃志励学，得知行合一之旨。"⑥王吉相说：

> 万事万理皆一，知为终始也，识得这知，则千圣心传一以贯

---

① 王吉相：《四书心解》，三秦出版社2015年版，第160页。
② 王吉相：《四书心解》，三秦出版社2015年版，第11页。
③ 王吉相：《四书心解》，三秦出版社2015年版，第12页。
④ 王吉相：《四书心解》，三秦出版社2015年版，第24页。
⑤ 王守仁著，吴光等主编：《应天府重修儒学记》，《王阳明全集》卷二十三，上海古籍出版社1992年版，第899页。
⑥ 佚名著，王钟翰注解：《清史列传》第17册，中华书局1987年版，第5266页。

之矣。传注诬认这知字，故通部中解知，皆向事物之理边，不知知行原是合一的。①

行的就是知的，知处就是行处。②

知行是合一不离的③。

在此，王吉相首先反对朱子把"知"理解为知识的做法，赞同阳明将"知"理解为"良知"的主张，王吉相的这一认识准确地打在了朱、王知行之争的七寸之上。我们知道，朱子学、阳明心学之所以在知行观上相争不下，其根本原因就在于对"知"的理解上出现了差异。在朱子那里，"知"是一种对外在对象的经验性的认知，而在阳明那里，"知"更多指向的是源于道德良知的意识活动。以两系辩论经常使用的"知路行路"为例，朱子主张必须知道去某地的路如何走，才能去的，阳明主张必须先有了想去某地的念头，然后才能付出行动。由此可见两者的差异主要聚焦在"知"上。王吉相对"知"的理解与阳明如出一辙，如他说"知就是德"④ "知即性"⑤ "不是知识之知"⑥等，这些都与阳明之意相近。正是对"知"的这种认定，王吉相主张"知即行、行即知"，也就是"知"是基于良知的意识活动，而"行"则是"良知"的落实和完成，这样"知"与"行"就成为了同一个活动的两个方面。

最后，在对"诚意"的理解上，王吉相依然悉尊阳明之意，将"诚意"作为整个《大学》的统领性工夫，他说：

---

① 王吉相：《四书心解》，三秦出版社 2015 年版，第 12 页。
② 王吉相：《四书心解》，三秦出版社 2015 年版，第 143 页。
③ 王吉相：《四书心解》，三秦出版社 2015 年版，第 59 页。
④ 王吉相：《四书心解》，三秦出版社 2015 年版，第 146 页。
⑤ 王吉相：《四书心解》，三秦出版社 2015 年版，第 196 页。
⑥ 王吉相：《四书心解》，三秦出版社 2015 年版，第 91 页。

意是心内的物事①。

意是心之知识，不收管他，他便飘飘荡荡无所不至，连自己也不知了。②

众所周知，阳明遵照《大学》原义，主张"意为心之所发"，将"意"理解为"心"中所生的念虑。后刘宗周为矫正阳明心学所导致的心无主宰的流弊，别具一格地提出"意为心之所存"③，将"意"向高远拔擢，成为具有形上意味的存在。这两种对"意"的理解遂成为哲学史上较具代表性的说法，引导和规范着此后学界对"意"的理解。至王吉相这里，他选择的是阳明的主张，同样将"意"理解为心中所发生的意念，并要求在"意"上做工夫，以期使在"良知"的规范之下进行活动。当然，王吉相亦将"意"理解为"心"之知识，这就丰富和扩展了"意"的内涵，一定程度上发展了阳明心学。更为重要的是，他同样将"诚意"视为《大学》一书的枢纽：

识得诚意一传，则大学之三纲领、八条目，无不尽于此也。④

王吉相这一指陈实与阳明的"诚意"乃学问的大头脑处之意相类，皆是将"诚意"作为首出的、第一性的工夫来看待，从而使三纲八目皆在"诚意"的规范之下展开，而不至于落入单纯的知识性一边。

必须指出的是，王吉相并非是一个完全羽翼、盲从阳明心学的学者，在明清之际兴起的修正王学的思潮中，王吉相亦不可避免地卷入其中。以"致良知"为例，"致良知"是阳明50岁左右提出的哲学

---

① 王吉相：《四书心解》，三秦出版社2015年版，第23页。
② 王吉相：《四书心解》，三秦出版社2015年版，第21—22页。
③ 黄宗羲：《子刘子行状》，载吴光主编《刘宗周全集》第1册，浙江古籍出版社2007年版，第40页。
④ 王吉相：《四书心解》，三秦出版社2015年版，第21页。

命题，后终生守此不变。王吉相对此分析道：

> 阳明致良知，是将物字看做物欲，格得物欲净尽，自然净极生明，此是无为之学，落入空寂去了。……如阳明说，则学问、思辨、笃行一切俱废，势必去那人伦日用，弊不至无父无君不止。①

这里，王吉相明确将阳明"致良知"和"格物"相等同，这就将阳明的"所谓致知格物者，致吾心之良知于事事物物也"②中所隐含的"格物"就是"致良知"之意明白揭示了出来。既然两者是同意的不同表述，故而王吉相就将辩难的焦点集中在"格物"之上。在他看来，阳明的"格物"是祛除物欲、私欲，私欲干净，则良知自然明白，但这种工夫舍弃人伦日用，将学问、思辨和笃行等全部落下，无异于佛氏之学，落入空寂虚无。王吉相的这种理解显然是错解了阳明的"致良知"之意，因为阳明的"致良知"恰恰是要求将"良知"推至于事事物物之上，使得事事物物皆得到良知的投射，这绝非是王吉相所说的抛弃人伦日用。后来的李元春亦一针见血地指出"阳明说，固非以为空寂无为之学"③，否定了王吉相的这一批判。平实而论，王吉相这一批评适用于阳明后学，而非阳明，因为他显然是混同了阳明与阳明后学，进行了无差别的评判。当然，王吉相这一失误在清初的学界并非是个案，不过是"修正王学"运动中众多类似观点的一个缩影罢了。必须指出的是，王吉相对王学虽有修正，但应从有异同而无背触的角度来看待。

---

① 王吉相：《四书心解》，三秦出版社2015年版，第19页。
② 王守仁著，吴光编：《传习录》中，《王阳明全集》上，上海古籍出版社1992年版，第45页。
③ 李元春著，王海成点校：《〈四书心解〉序》，《李元春集》，西北大学出版社2015年版，第120页。

由上分析可知，王吉相借助对四书的诠释，将其宗本阳明心学的学术旨趣显豁出来，彰显出其在清初"尊朱黜王"的学术背景下，不趋炎附势，不媚时争利，依然坚守和挺立阳明心学的学术初心。

四　王吉相《四书心解》的诠释特质

在清初四书学诠释史中，王吉相的《四书心解》因其"本其心所独自得，发前人所未发，其有功于后世"①，被作为清代书院的重要教材而两次刊印。② 相较于同时期的其他四书学著作，王吉相《四书心解》的特质在于：

1. 重义理而轻训诂

朱子解四书，以汉宋兼采为进路，成为一代经学理学化的典范。而王吉相在诠释四书时，延续和继承了乃师《四书反身录》的风格，就是全书不见考据训诂，纯是义理推阐，也就是所谓的"宋学"风格。这一特质的形成一方面可经李颙溯源至阳明；另一方面是因为考据学只是江南一域，而非全国性的学术现象③，也就是说，陕西因为不具备江南地区从事考据训诂的经济条件以及远离学术中心，而少受汉学之洗礼。需要指出的是，这种诠释风格一方面可不受章句的限制，实现自由立说，最大限度地呈现诠释者的本意；另一方面也因之显示出极大的随意性，出现"脱略章句，妄牵己意"的弊病。而这在王吉相的《四书心解》中皆有淋漓尽致的呈现。

2. 以四书证四书

---

① 王吉相：《四书心解》，三秦出版社2015年版，第236页。
② 王丕忠：《李颙与王吉相》，《西安晚报》1986年6月16日。
③ 关于这一点，清代的焦循曾说："江南千余里中，虽幼学鄙儒，无不知有许、郑者。"（焦循：《与刘端临教谕书》，《雕菰集》卷十三，续修四库全书第1489册，上海古籍出版社2002年版，第247页）美国学者艾尔曼、新加坡国立大学教授王昌伟亦有相近看法。参见艾尔曼著，赵刚译《从理学到朴学》，江苏人民出版社2012年版，第4—7页；王昌伟《王心敬续〈关学编〉与康乾之际关中理学传统的建构》，载余英时、黄进兴、王汎森等编《思想史》5，台湾联经出版社2013年版，第32页。

王吉相特别重视四书文本之间的学术关联，在单本诠释中常常引用其他三者进行互证：

例：在诠释《大学》首章时，王吉相指出：

《论语》凡言学，皆明德也；凡言治，皆新民也，凡言仁言乐言敬，皆止于至善也，凡言智言知，皆知止也。①

这是用《论语》来解读《大学》。

例：在诠释《中庸》"天命"时，王吉相指出：

此章与《大学》圣经相表里。率性，明德之学也；修道，新民之学也；戒惧、慎独，明德之止于至善也；天地位、万物育，新民之止于至善也。率性、修道尽乎格物之功，戒惧慎独又特表诚正之重也。②

这是用《大学》来解读《中庸》。

例：在诠释《论语》"学而"章时，王吉相说道：

首节是明德，次节是新民，末节是止至善，一学字通贯三节，是即《大学》。……首节"学"包博学五项，格致、诚正、修齐、治平在内，"而"字是已会的功能。③

这是用《大学》来诠释《论语》。

例：在诠释《孟子》"梁惠王"章句上首章时，王吉相指出：

---

① 王吉相：《四书心解》，三秦出版社2015年版，第16页。
② 王吉相：《四书心解》，三秦出版社2015年版，第29页。
③ 王吉相：《四书心解》，三秦出版社2015年版，第48页。

《论语》言仁、知，《大学》言明德、知止，《中庸》言诚明，皆仁、知也，皆体也。《孟子》言仁义，体用兼赅也，言仁义而知在其中也。①

这是用《论语》《大学》和《中庸》来诠释《孟子》。如此事例，在《四书心解》中不胜枚举，显示出王吉相跨越文本，从更高层次上对四书进行一体化建构的努力。

3. 推阐"心解"之法

"心解"之法最早由关学宗师张载提出，是其有感于汉唐经学固守于章句训诂，也就是所谓的"小学"工夫，不能体察经书之大义，故而创造性提出新的诠释经典的方式，也就是主张学者不能拘泥于经文，不要因循汉唐学者之成论，而是要充分发挥"心"的思之功能，濯去旧见以求新意，达到"自出议论，自抒新意，自立新说，自成体系"②。张载这种诠释经典的方法受到朱子的高赞③。王吉相作为关学一脉在清初的重要传承人物，对张载这一经解之法极为推崇，并直接在其书名中体现出来。王吉相亦对"心解"推衍道：

心解者何？解心也。经书，传心录也；读书，治心功也。治心而不解心，恐讲习讨论之总无当于心也。故书言体，当解我心之体为如何，书言用，当解我心之用为如何，书言功夫效验，当解我心之功夫效验为如何。解之而心安，则古人之书诚然，解之

---

① 王吉相：《四书心解》，三秦出版社2015年版，第170页。
② 林乐昌：《张载哲学化的经学思想体系》，载姜广辉主编《中国经学思想史》卷三上，中国社会科学出版社2010年版，第524—573页。
③ 朱子说："横渠先生言'观书有疑，当且濯去旧见以来新意'，此法最妙。"参见朱熹著，朱杰人等编《答沈叔晦》，《晦庵先生朱文公文集》卷五十三，《朱子全书》（修订本）第22册，安徽教育出版社、上海古籍出版社2010年版，第2531页。

而心不安，则古人之书未必然。①

相较于张载的"心解"，王吉相更多地融入了心学的思想和内容来对其进行解读。如果说张载的"心解"之法已经让经典诠释失去客观规范的话，那么王吉相则比张载走得更远，他将"心"是否安作为解释经典的标准。心不安，即使代代相传的经典亦未必可信，这就一定程度上消解了经典的神圣性和权威性，走向"六经注我"的一边。王吉相所推崇的"心之所安"实是从阳明之后，非朱一系普遍接受和认可的释经基调。

4. 排斥异端之学

宋明理学本身就是儒释道三教融合的产物，但儒者为表明自己的正统身份，往往将他们曾经借鉴吸收的对象变为极力克服的对象，从而大行鞭挞佛道之举。王吉相自然不外于这一传统，他同样在四书诠释中极力排斥佛老，但他并没有全面铺开，而是集中批评佛老有内无外，舍弃人伦之弊：

> 见不是致虚守寂的物事，那佛老何尝不知，但废却人伦大道，不惟不为至善，想来成得甚人。②
> 究竟起来原是恐寂寞了此心，与后世禅家同病故耳，此正吾儒之道，不同异学之空虚处。③

这两段话的意思是说佛老只有致虚守寂，没有经世泽民，不仅不能实现至善之性，更不能成为一个完整意义的人。王吉相对佛老的这一判定无疑是切中了佛老的软肋。而他之所以以此为切入口，恰恰是其对

---

① 王吉相：《四书心解》，三秦出版社2015年版，第11页。
② 王吉相：《四书心解》，三秦出版社2015年版，第20页。
③ 王吉相：《四书心解》，三秦出版社2015年版，第121—122页。

佛老空虚不实的针砭和矫正，是其个人笃行实践的必然体现，更是清初经世致用学风昌盛的一个掠影。

小　结

在清初朱子学日趋定位一尊，阳明心学渐趋式微的时代背景下，王吉相借助对四书的重新解读，推阐己说，回应关切，成为清初较具典范的四书注解学者。王吉相通过对四书的创新性解读，将自己的思想投射到经典诠释之中，表征出宗本陆王、驳斥程朱、倡导躬行的思想特质，从而在思想史上产生了重要的典范意义：一是捍卫和挺立阳明心学。明清易代，阳明心学被贴上亡国学术遭到上至庙堂，下至民间的清算，这种风气直接影响学者对阳明心学的信从和研习，至康熙朝，阳明学者已然是寥若晨星，直接导致阳明心学的迅速滑落，昔日风靡海内、万人影从之象已不复存在，只有少数学者仍然在惨淡经营，而王吉相就是其中的代表之一。他对四书的诠释，继续提揭和拔擢阳明心学的核心要旨，延续阳明心学的学术生命，使其赖以不坠，迟至清代中期李绂那里才渐趋无声[1]，为阳明心学在晚清民国的再度崛起赓续了学脉。二是更新和补正阳明心学。王吉相虽然没有区分清楚阳明与阳明后学，但他毕竟是意识到了心学一系的弊病所在，那就是舍弃人伦，抛却致用，沦为空谈。既然知道病根所在，那就必须对症下药，王吉相开出的良方是"在身心事理上做工"[2]，"只在实事上做工"[3]，也就是强调在人伦日用中、在实学实工中践行阳明心学，效仿阳明的宏伟功业，成就传统儒家所谓的真儒，这就开显出了阳明心学的新面向、新取向，从而与清初经世致用的学术思潮合流在一

---

[1] 李绂（1675—1750），字巨来，学主阳明，梁启超称其为清代陆王派之最后一人。参见梁启超《中国近三百年学术史》，商务印书馆2011年版，第67页。
[2] 王吉相：《四书心解》，三秦出版社2015年版，第19页。
[3] 王吉相：《四书心解》，三秦出版社2015年版，第19页。

起，并"超越了个体的自我完善而转向经世致用的外部世界"①。要之，清初阳明心学视域下的四书诠释因时所累，数量屈指可数，王吉相的《四书心解》无疑是我们从阳明心学的视角把握四书诠释乃至透视清初学术面貌的一个具体而鲜活的个案，值得我们给予足够的重视。

第五节 羽翼朱子，折中陆王：
孙景烈的《四书讲义》

雍、乾之际，"惠、戴崛起，汉帜大张"②，而"治宋学者已鲜"③，介于"清代精英学术界空档期"④的孙景烈恰是这"不复能成军"⑤的宋学阵营中的典范人物，缘由在于其既不同于汤斌、李光地、魏象枢等"治宋学，颇嫌婀投时主好以跻通显"⑥，亦有别于那些以"四书义进其身，程朱之传注，童而习之，既长而畔焉"⑦的饮水忘源之徒，而是尊宋学不为名利，笃实躬行，俨然一介纯儒。孙景烈（1706—1782），字孟扬，号酉峰，陕西武功人。1739 年中进士，1743 年因言事忤旨，定为"不合格"档，被责令原官致休。返籍后，以授徒讲学为业，前后达三十余年。先后主讲关中书院、兰山书院和

---

① 复旦大学中国哲学教研室编：《中国古代哲学史》（下），上海古籍出版社 2011 年版，第 771—772 页。
② 梁启超：《清代学术概论》，上海古籍出版社 2004 年版，第 57 页。
③ 皮锡瑞：《经学历史》，中华书局 2004 年版，第 250 页。
④ 张循认为："在康熙末到乾隆初的数十年里，所谓清初诸老先生已经凋谢殆尽，而惠栋、戴震倡导的汉学又尚未完全兴盛。因此相较于其前与其后而言，清代精英学术界在那时出现了一个空档。"（张循：《论十九世纪清代的汉宋之争》，博士学位论文，复旦大学，2007 年）
⑤ 梁启超：《清代学术概论》，上海古籍出版社 2004 年版，第 56 页。
⑥ 梁启超：《清代学术概论》，上海古籍出版社 2004 年版，第 57 页。
⑦ 邵璐辰：《仪宋堂后记》，载任清编选《唐宋明清文集》第 2 辑，天津古籍出版社 2000 年版，第 1581 页。

明道书院，四方学者翕然宗之，门徒数以千计。孙景烈律己甚严，冬不炉，夏不扇，有邵雍之气象，杨梅似称其"关中一时人才济济，尤以先生为当世无双"[1]，王巡泰称其"务实不务名，务真修实践，不尚标榜浮华"[2]。孙景烈恪守朱子，虽博览群书，但以四书为主，尤尊朱子集注，他说，"余读四子书，虽恪遵集注而无得于心，诸解或泥于字句，囿于见闻，敢谓其不差之毫厘而课以千里也乎。"[3] 这就是说，孙景烈认为是时推阐朱注的解释多泥于章句，不合朱子本意，故而他着力著述《四书讲义》及《四书讲义补》，扫除成见虚说，力揭朱子本义，是书受到学者高赞，李元春称其"一生精力毕萃《四书讲义》中"，可见其用力之勤。[4] 玛星阿亦说："先生夙明性理之学，故其说四子书一以考亭集注为主，研精覃思，辨析毫芒，而论议所及更有以发前人所未发。"[5] 薛宁廷亦高赞其："自吾与人讲四子书，未见有体认朱子集注如君之深细者，关学一脉如线，君其勉之。"[6] 由此可见孙景烈《四书讲义》的地位和价值。然囿于文献散乱等原因，是书并未受到应有的重视，这很大程度上不唯影响对四书学在清代中叶演进面貌的理解，更无助于我们对雍、乾之际学术思潮的把握。

一　四书一体

刘笑敢先生曾对"跨文本诠释"界定道："跨文本诠释是指以一

---

[1] 李元春：《关学续编》，载王美凤《关学史文献辑校》，西北大学出版社2015年版，第127—128页。
[2] 王巡泰：《太史孙酉峰先生文集序》，载孙景烈《滋树堂文集》，纪宝成主编《清代诗文集汇编》第307册，上海古籍出版社2010年版，第69页。
[3] 孙景烈：《关中书院课解》序，《关中书院课解》，滋树堂藏版，乾隆辛巳年刻，第3页。
[4] 李元春著，王海成点校：《检讨孙酉峰先生墓表》，《桐阁先生文钞》卷十，《李元春集》，西北大学出版社2015年版，第333页。
[5] 玛星阿：《刻太史孙酉峰先生课解序》，载孙景烈《关中书院课解》，滋树堂藏版，乾隆辛巳年刻，第1页。
[6] 孙景烈：《薛尺庵先生小传》，《滋树堂文集》，纪宝成主编《清代诗文集汇编》第307册，上海古籍出版社2010年版，第119页。

部作品的内容（观念、概念、命题、理论等）去解释另一部作品，这样做的结果可能是无穷多的可能性。"① 关学宗师张载在四书学草创阶段，就极为重视四书文本之间的义理关联，运用刘笑敢所谓的"跨文本的诠释"以求将四书进行一体化构建，使其超越了任何一个单本所不具备的理论力量。这一目标在朱子那里得以彻底的实现，但在明清之际群经辨伪运动的驱使下，四书地位有所下降，"《大学》、《中庸》璧回《礼记》"② 之声日益高涨，原本一体化的四书有瓦解之隐忧。有鉴于此，孙景烈着意重倡和强化四书的一体化，以此来应对割裂四书的学术流波。我们先来看孙景烈对四书单本的认识和定位：

> 《大学》是万世治平书也。③
> 《中庸》言道。④
> 《论语》是政学合一之书。⑤
> 七篇不外性善二字。⑥

在孙景烈看来，《大学》是治国理政之书，《中庸》是言道体之书，偏于形而上的致思，《论语》则是统合理政与为学之书，《孟子》则是言心性之书。孙景烈对四书性质的理解和把握与四书单本的性质大体不差，显示出其敏锐的理论观察力。那么，内容殊异的四书之间是各自标榜，还是有内在的相互联系呢？孙景烈分析道：

> 《大学》《中庸》二书相为表里，《大学》言学，《中庸》言

---

① 刘笑敢：《从注释到创构：两种定向两个标准》，《南京大学学报》2007年第2期。
② 梁启超：《中国近三百年学术史》，商务印书馆2011年版，第234页。
③ 孙景烈：《大学讲义》，滋树堂藏版，乾隆己丑年（1769）刻本，第8页。
④ 孙景烈：《大学讲义》，滋树堂藏版，乾隆己丑年（1769）刻本，第1页。
⑤ 孙景烈：《论语讲义》卷一，滋树堂藏版，乾隆己丑年（1769）刻本，第9页。
⑥ 孙景烈：《孟子讲义》卷一，滋树堂藏版，乾隆己丑年（1769）刻本，第1页。

道,《中庸》之道即《大学》之根底,《大学》乃《中庸》之径途也。①

《孟子》七篇根底《大学》《中庸》两书,读者须章章句句与《学》《庸》相印证始得。②

《孟子》七篇本于《中庸》③。

《孟子》七篇都从《中庸》一篇得来也,学者须互为发明。④

在上述引文中,孙景烈对四书关系的看法主要有:一是《大学》与《中庸》是互为表里的关系,《中庸》所言的"道"是《大学》一书的根基和出发点,而《大学》则是《中庸》的途辙和阶梯,两者的关系类似于本体与工夫的关系。二是《孟子》则以《大学》《中庸》为根底,且尤以《中庸》为据,研读《孟子》必须与《大学》和《中庸》相参照,然后才能明白其中精义。从孙景烈的主张可以看出,他认为《孟子》《大学》《中庸》三书之间存在着极强的义理关联,且《中庸》在三书中的地位更为根本。至于《论语》,孙景烈虽没有直接的说明,但他曾言"读《论语》要识得仁字……乃孔门圣贤传授之真血脉也"⑤,明显是将"仁"字作为圣门的传授内容,循此而论,《论语》一书的核心即是"仁",而"仁"又是整个圣学体系的核心,这样《论语》也就具有圣学一脉的资格。

孙景烈更是从具体的文内义理来论证了四书之间的深度关联。在解释《孟子》和《中庸》的内在关系时,他说:

---

① 孙景烈:《大学》,《兰山书院讲义》附,滋树堂藏版,乾隆戊戌年(1778)刻本,第32页。
② 孙景烈:《孟子讲义》卷一,滋树堂藏版,乾隆己丑年(1769)刻本,第1页。
③ 孙景烈:《孟子讲义》卷一,滋树堂藏版,乾隆己丑年(1769)刻本,第1页。
④ 孙景烈:《中庸讲义》,滋树堂藏版,乾隆己丑年(1769)刻本,第1页。
⑤ 孙景烈:《论语讲义》卷一,滋树堂藏版,乾隆己丑年(1769)刻本,第1页。

>《孟子》七篇本于《中庸》,其实不外"天命之谓性"一句,所谓性善专指性之理而言也,所谓养气即养性所兼之气也。天命之理不离乎气,养成浩然之气,配义与道则气无不听命于理,即所谓率性之道也,读《孟子》须先识得此意。①

孙景烈将《孟子》所言与《大学》相类比,主张《孟子》一书所讲没有溢出《中庸》首句"天命之谓性"。《孟子》一书的主旨"性善"指的是圣凡皆同的先天的道德意识,意思是指"性之理",也就是"天命之性",《孟子》所讲的"养气"指的是"养性所兼之气",而养浩然之气则可使"气"受到"理"的决定和支配,这就是《中庸》所讲的"率性之道"。孙景烈这种比附有一定的合理之处,如认为孟子讲的"性善"与"天命之谓性"的义理关联,但将"养浩然之气"与"养性所兼之气"等同则略显勉强。再来看孙景烈对《大学》与《中庸》义理的关联:

>《大学》之物格知至,即《中庸》之明善;《大学》之诚正修,即《中庸》之诚身;《大学》之齐治平,即《中庸》之赞化育、与天地参也。②

这就是说,《大学》和《中庸》中的核心概念在内涵上是一致的。"物格知至"="明善"、"诚正修"="诚身"、"齐治平"="赞化育、与天地参"。孙景烈的这种类比从大的方面来讲大致不差,基本抓住了两书概念之间的关联,进一步细化和证实了《大学》与《中庸》之间的义理关联。再来看《孟子》与《大学》的关系,孙景

---

① 孙景烈:《孟子讲义》卷一,滋树堂藏版,乾隆己丑年(1769)刻本,第1页。
② 孙景烈:《大学》,《兰山书院讲义》附录,滋树堂藏版,乾隆戊戌年(1778)刻本,第33页。

烈说：

> 《孟子》知言从格物致知来，浩然之气从诚意正心修身来，此得之子思而本于曾子者。①

孙景烈认为《孟子》讲的"知言"源自《大学》的"格物致知"，"浩然之气"源于《大学》的"诚意、正心和修身"，这是孟子得之于子思而本源于曾子。结合前面所述，至此孙景烈已经将《孟子》、《大学》和《中庸》从义理方面打通，强化了四书之间的一体性和整体性，有力地回应和驳斥"《大学》《中庸》璧《礼记》"的学术呼声。

二 以求仁为要

作为儒家的标志性学术观念，"仁"一直为历代儒家所重视和推阐。孔子视其为是非标准和人格境界，汉唐儒则着重从情感角度论仁，尤以韩愈的"博爱之谓仁"最具代表性，旨在强调"仁是对他人的爱，突出他者作为政治实践对象的重要性"。②宋儒为对抗佛老，开始着意从本体视角建构仁，将其向宇宙论层面拔擢，从而为"儒家倡导的道德情感与道德规范寻找到了终极存在的依据"③。实际上，宋儒在完成仁体的建构之后，基本已经将仁学意蕴挖掘殆尽，后儒很难再有大的突破，更多的是倡导和践履。就关学一脉来讲，重视仁学的宋有张载，明有吕柟，清则以孙景烈最为突出。他在四书诠释中，首先强调"仁"在《论语》中的首出性，他说：

---

① 孙景烈：《大学》，《兰山书院讲义》附录，滋树堂藏版，乾隆戊戌年（1778）刻本，第33页。
② 陈来：《仁学本体论》绪言，生活·读书·新知三联书店2014年版，第17页。
③ 李祥俊：《道通于一：北宋哲学思潮研究》，北京师范大学出版社2006年版，第395页。

> 读《论语》要识得仁字，二十篇中，论学论政论人论世，总不外这个字意思，乃孔门圣贤传授之真血脉也。①
>
> 天下许多道只是一个本，仁兼万善，为天下之大本。②

孙景烈的意思很清楚，那就是"仁"是《论语》一书的题眼，涵括和统领学、政、人和天下。不唯如此，"仁"更是圣学代代相传的一贯之旨。这一方面抓住了《论语》的要旨；另一方面亦将"仁"由《论语》扩展至整个圣学体系。既然"仁"如此重要，那就必须将"求仁"作为第一要务，孙景烈说：

> 圣门论学以求仁为第一事。③
> 求仁是圣学要务。④
> 圣门唯仁是求。⑤

合而观之，孙景烈反复叮咛的都是"求仁"在圣人之学中的根基性地位，这实际上也是儒学所孜孜以求的，但原始儒学强调求仁需要通过切实的践履方能实有诸身，绝非躐等凌节可以求得。故而孙景烈在注释中亦重点围绕辐辏于"求仁"的问题展开辨析。首先，对于如何求仁，他说道：

> 亲仁是求仁始基。⑥

---

① 孙景烈：《论语讲义》卷一，滋树堂藏版，乾隆己丑年（1769）刻本，第1页。
② 孙景烈：《论语讲义》卷一，滋树堂藏版，乾隆己丑年（1769）刻本，第3页。
③ 孙景烈：《论语讲义》卷一，滋树堂藏版，乾隆己丑年（1769）刻本，第2页。
④ 孙景烈：《论语讲义》卷一，滋树堂藏版，乾隆己丑年（1769）刻本，第4页。
⑤ 孙景烈：《论语讲义》卷一，滋树堂藏版，乾隆己丑年（1769）刻本，第29页。
⑥ 孙景烈：《论语讲义》卷一，滋树堂藏版，乾隆己丑年（1769）刻本，第4页。

> 亲仁是力行学文交资处，即求仁之端也。①

"亲仁"出自《论语》"泛爱众，而亲仁"，意思是泛爱众人，亲近仁者。孔子将其视为德性修养的具体途径。孙景烈则进一步发挥孔子此意，将"亲仁"作为"求仁"的出发点，也就是通过效仿、学习那些仁者，不断地熏陶自己的德性，这就是朱子所言的"后觉者必效先觉之所为，乃可以明善而复其初也"②。以此可见，孙景烈主张求仁的第一步应该是亲近仁者，效仿仁者，来砥砺自己的德性。

当然，只有"亲仁"的工夫还远远不够，孙景烈着意突出"力行"在"求仁"之中的重要性，他说：

> 致知非为求仁地也。而求仁已不患无地矣。力行方是求仁实功。致知尚未及乎力行，而仁已在其中。此力行之所以必先致知也。致知之后自然少不得力行功夫。③

> 致知非求仁之功，而实为求仁之门，故曰："仁在其中。"要晓得仁是纲，博学笃志切问近思是目，然四者初非有意求仁也。④

在此，孙景烈构建了这样一个求仁次序：致知到力行再到求仁。且必须明确的是，致知不能作为"求仁"的工夫，只能作为"求仁"的入门，只有真体力行才能作为"求仁"的工夫。很显然，孙景烈这里特别强调了"践履"在"求仁"当中的核心地位，这就承继和发扬了关学注重践履的学术传统，从而与乾嘉汉学埋头文字训诂的学风拉开了距离。

---

① 孙景烈：《论语讲义》卷一，滋树堂藏版，乾隆己丑年（1769）刻本，第4页。
② 朱熹著：《四书章句集注》（上），金良年译，上海古籍出版社2006年版，第58页。
③ 孙景烈：《论语讲义》卷四，滋树堂藏版，乾隆己丑年（1769）刻本，第26页
④ 孙景烈：《论语讲义》卷四，滋树堂藏版，乾隆己丑年（1769）刻本，第26页。

围绕"求仁"的第二个问题是"求仁"与"求放心"的关系问题，孙景烈对此着墨甚多，他指出：

> 心何以放，心之仁放也，仁何以放，私蔽乎理也。①
>
> 仁者心之德，非在外也。不知求仁则心放矣，心放即仁放，求放心即求仁也。②
>
> 放心则去仁，求放心即求仁也，故学问之道在求放心。③

欲弄清楚"求仁"与"求放心"的关系，先来看孙景烈对"仁"与"心"的看法，他说，"仁是仁，心是心，然心非仁无以为心，仁非心无以见仁，故曰：'仁，人心也。'"④ 这就是说，仁与心是差异互存的关系。孙景烈此意更多的是向程朱一系靠拢，因为在陆王心学那里，是直接将"仁"与"心"等同为一的，而程朱一系则认为心既有源自于天理的性，又有来自气的情，因此两者是不能直接为一的。基于此，他认为"放心"就是丢了"心之仁"，因此"求仁"也就是"求放心"。更为重要的是，他对两者亦做了区分：

> 《注》云："能求放心则不违于仁，而义在其中"，可见求放心即是求仁，然但曰"不违于仁"，又可见求放心、求仁之有浅深矣。⑤
>
> 学问有浅深，求放心亦有浅深，求放心即求仁，求仁之功由浅及深，未易尽也。而学问之道皆所以求放心，故曰"无他"，

---

① 孙景烈：《孟子讲义》卷三，滋树堂藏版，乾隆己丑年（1769）刻本，第8页
② 孙景烈：《孟子讲义》卷三，滋树堂藏版，乾隆己丑年（1769）刻本，第8页
③ 孙景烈：《孟子讲义》卷三，滋树堂藏版，乾隆己丑年（1769）刻本，第9页。
④ 孙景烈：《孟子讲义》卷三，滋树堂藏版，乾隆己丑年（1769）刻，第8页。
⑤ 孙景烈：《孟子讲义》卷三，滋树堂藏版，乾隆己丑年（1769）刻，第9页。

故曰"而已矣。"①

朱子并未对两者进行区分，这是孙景烈对朱子之意的发挥。他认为在朱子那里，已经将"求放心"等同于"求仁"，但从"能求放心"就属于"不违仁"可以看出，求放心、求仁工夫是有浅深之别的。从孙景烈对"求仁"的强调和分疏来看，他一方面迎合了清代回向孔孟的学术思潮②，另一方面也显豁出其绝非是辞章之徒，而是倡导践履之士。这就证实了《清儒学案》撰者观察的准确性，即其为学"以求仁为要领……于经义中讲求实用，合经义、治事为一"③。

三　羽翼朱子

钱穆曾说："《大学》乃宋明六百年理学家发论依据之中心。"④钱氏所论确然不易。朱子将《大学》视为群经之纲领，阳明更是从《大学》切入挑战朱子，故而形成了"至其（阳明）与朱子抵牾处，总在《大学》一书"⑤的学术态势。更进一层，学者在《大学》一书上的立场和态度就成为判释学派归属的不二法门。众所周知，《大学》从文本到义理所关涉的核心问题主要有三：首先在尊崇古本还是今本上，孙景烈指出：

《大学》古本，先儒或有讲得精确者，只可姑备一说以广其

---

① 孙景烈：《孟子讲义》卷三，滋树堂藏版，乾隆己丑年（1769）刻本，第9页。
② 瞿九思说："说经当以孔子之言为主。"（《经义考·补正·校记》卷115，中国书店2009年版，第807页）陈确说："凡儒先之言，一以孔孟之学正之。"（陈确：《复张考夫书》，《陈确集》，中华书局1979年版，第132页）
③ 徐世昌主编：《清儒学案》第10册，卷206，知识产权出版社2008年版，第38页。
④ 钱穆：《中国近三百年学术史》，商务印书馆1997年版，第56页。
⑤ 黄宗羲：《明儒学案》（修订本），中华书局2008年版，第7页。

识，如执古本以议朱子则过矣。①

朱子更补《大学》，从理学的角度完善了《大学》的文本。阳明为驳朱子之说，则选取古本《大学》以为之据，走的是文本服从其思想的路径。孙景烈推崇朱子的《大学》改本，但并没有完全否定阳明的对古本《大学》的诠解，也赞赏其言论精确，但只能备为一说来开阔视野，绝不能以此来驳斥朱子。以此可见孙景烈尊奉朱子但又有限包容阳明的学术立场。

其次，在《大学》"格物致知"是否缺传这一问题上，孙景烈说：

> 朱子补此传为《大学》入门第一要功，不从此门入者，非正学也。此传为入《大学》者安眼目，不然则一物无所见矣。②
> 朱子所补格致传乃大学入门要功。③

朱子将《大学》划分为一经十传，首次提出传里面唯独缺少对"格物致知"的解释，故而倾力作格致补传，以从文本上完善《大学》的义理结构。阳明则极力反对朱子此举，他说：

> 《大学》古本乃孔门相传旧本耳。朱子疑其有所脱误，而改正补辑之。在某则谓其本无脱误，悉从其旧而已矣。……求旧本之传数千载矣，今读其文词，既明白而可通；论其工夫，又易简而可入。亦何所按据而断其此段之必在于彼，彼段之必在于此，

---

① 孙景烈：《大学》，《兰山书院讲义》附录，滋树堂藏版，乾隆戊戌年（1778）刻本，第35页。
② 孙景烈：《大学讲义》，滋树堂藏版，乾隆己丑年（1769）刻本，第14页。
③ 孙景烈：《大学》，《兰山书院讲义》附，滋树堂藏版，乾隆戊戌年（1778）刻本，第35页。

与此之如何而缺，彼之如何而补，而遂改正补缉之，无乃重于背朱而轻于叛孔已乎?"①

阳明反对朱子补传的缘由在于，一是旧本离古最近，可信度高；二是旧本无论是文辞还是义理皆完整无缺，根本不需要多此一举地进行补正。而孙景烈则不取阳明之说，并援引冯从吾的"《大学》古本，原有错简，还当依朱子章句为是"② 来否定阳明所主的古本《大学》。孙景烈高赞朱子的格致补传，认为这是朱子为《大学》安装的眼目，无此则难以入《大学》之门，因此"格致"补传就成为开启《大学》的钥匙，乃至首要工夫，他进一步引证辛复元的"朱子补格致传，理极正当"③ 来代己立言，强化自己对朱子的推崇。既然"格致"补传如此重要，那么将其当作《大学》的第一义功夫就是自然而然的，故而孙景烈顺势指出"八条目当从格致始矣"④，这明显是沿袭了朱子的"'格物致知'是《大学》第一义"⑤，从而与阳明的"《大学》之要，诚意而已"⑥ 相区别。同时，由"格物致知"延伸出的另一争讼的问题就是知行问题。孙景烈反复指出：

知之所以为功于行，行之所以必由于知。⑦
知行原是交进。⑧

---

① 吴光等编校：《答罗整庵少宰书》，《王阳明全集》卷二，上海古籍出版社1992年版，第75—76页。
② 孙景烈：《四书讲义补》，滋树堂藏版，乾隆戊戌年（1778）刻本，第13页。
③ 孙景烈：《大学讲义》，滋树堂藏版，乾隆己丑年（1769）刻本，第16页。
④ 孙景烈：《四书讲义补》，滋树堂藏版，乾隆戊戌年（1778）刻本，第5页。
⑤ 朱熹著，朱杰人等编：《答宋深之》，《晦庵先生朱文公文集》卷五十八，《朱子全书》第23册，上海古籍出版社、安徽教育出版社2002年版，第2773页。
⑥ 吴光等编校：《大学古本序》，《王阳明全集》卷七，上海古籍出版社1992年版，第242页。
⑦ 孙景烈：《四书讲义补》，滋树堂藏版，乾隆戊戌年（1778）刻本，第5页。
⑧ 孙景烈：《论语讲义》卷一，滋树堂藏版，乾隆己丑年（1769）刻本，第10页。

学先知而后行。①

众所周知，朱子在知行问题上的核心观点是知先行后、行重于知和知行相须。② 而阳明则认为朱子此说将"知行分作两件，故有一念发动，虽是不善，然却未曾行，便不去禁止"③。孙景烈在此问题上再次表现出一尊朱子之意，他同样重申朱子的"先知后行""知行相须"之意。这当然与前述他将"知"理解为经验知识息息相关，这也就解释了他何以不能赞同阳明的"知行合一"，因为朱子、阳明在知行观上的差异很大程度上在于对"知"的理解存在差异，④ 前者所主的是经验知识，后者意指良知。

最后，朱子和阳明所争议的"新民"还是"亲民"说上，孙景烈仍然是一尊朱子，力主"新民"说，他指出：

"新"字与明德有关会，凡物旧则暗，新则明也。故程子曰："亲当作新"，观经文"明明德于天下"举新字之义更醒。⑤

新民者，使民各明其明德也。《章句》"去其旧染之污"，当兼体用言，体无新污，则具众理之心虚；用无所污，则应万事之心灵。阳明谓"只说明明德而不说亲民，便似佛老"，似字颇有斟酌，非谓老佛能明明德也。⑥

---

① 孙景烈：《论语讲义》卷一，滋树堂藏版，乾隆己丑年（1769）刻本，第13页。
② 朱子说："知行常相须，如目无足不行，足无目不见。论先后，知为先；论轻重，行为重。"（黎靖德编：《朱子语类》卷九，中华书局1986年版，第148页）
③ 王阳明著，吴光等编校：《传习录》下，《王阳明全集》，上海古籍出版社1992年版，第96页。
④ 详参李敬峰《吕柟对阳明心学的辩难及其思想史意义》，《中国哲学史》2020年第6期。
⑤ 孙景烈：《大学》，《兰山书院讲义》附，滋树堂藏版，乾隆戊戌年（1778）刻本，第34页。
⑥ 孙景烈：《大学讲义》，滋树堂藏版，乾隆己丑年（1769）刻本，第4页。

孙景烈从上下文的关系来推断《大学》文本当为"新民"而非"亲民"。他认为依据"明明德"首先是自新己德，然后去新他人之明德，故而必须为"新民"，而不能为"亲民"。从文内来判释"新民"，这显然是朱子本人之意。要之，从《大学》所牵涉的朱、王之争的肯綮问题上，可以看出孙景烈完全是站在朱子一边的，虽殊少发明之处，但其卫道朱子的象征意义已然超出了其实际意义。

四　折中陆王

孙景烈所处的雍、乾时期，阳明心学虽然已不复有明清之际尚能与朱子学对垒的实力①，但流波遗韵尚在，仍有一大批学者在研习和传承。如何回应朱、王之争仍然是学界热议的话题。孙景烈自不能外于这一时代思潮，他对朱子学态度前已述及，那就是羽翼尊奉，而对阳明心学，孙景烈既不像他所推崇的陆世仪那样斥阳明心学为亡国祸水，也不像关学集大成者李二曲那样以王学相标榜，而是采取较为中肯的态度来评判陆王心学。他首先对朱、王之争回应道：

　　学者于朱陆之辨，各持门户，聚讼纷纷数百年矣。朱子之学，广大精微，原无所庸其斑驳。象山资学超绝，其说间有偏者，然与朱子亦未尝无所合。……阳明倡为致良知之说，盖宗象山而不免于偏者，然其偏究在正学中，非背正学而入于他途也。而浮慕朱子之学者，往往斥阳明为异论，无惑乎！学陆王者不得其平，而肆口以诋之，甚且斥朱子学为支离。两家门户，遂争持而不相下，其为学术之害，岂小哉！余谓阳明"良知"二字，本于《孟子》，"致"字本于《大学》，但《大学》言致知兼良知

---

①　王国维指出："国初承明之后，新安、姚江二派，尚相对垒，然各抱一先生之言，姝姝自悦，未有能发明光大之者也。"（王国维：《国朝汉学派戴阮二家之哲学说》，《王国维遗书》第3册，上海书店1983年版，第482页）

在内,阳明专言良知,则所谓良知者,本指爱亲敬长而阳明于人心之灵,凡有所知俱目为良知,与孟子之学略异,与《大学》之说亦异。此所以不免于偏,至其人品事业,嚼然卓然,虽朱子与之同时,不能有所短也。……余谓阳明为人实无可疑,唯所学与象山均有过者,而其均为正学,不尽戾于朱子之说,亦无疑也。①

在孙景烈看来,朱子之学属于正学,也就是孔孟之学,中正不偏,陆九渊之学虽有所偏,但与朱子仍有诸多相合之处,王阳明学本陆九渊,自然有所偏,但并没有溢出正学之外,仍属于正学之列。既然如此,那种门户之争实在是口舌之争,毫无必要。他进一步指出:

> 宜平心言之,毋穿凿,毋调停。……若更争持门户,党同伐异,毁誉失真,则忠信又安在乎?②

钱穆曾指出研究理学最为忌讳的就是"争道统、立门户"③,孙景烈同样持此立场。在他看来,对待朱、王之争绝对不能徒持门户之私,罔顾学术实情进行毫无原则的挞伐,正确的态度应该是以公平心对待,不要穿凿,亦不能调停,真正做到荀子所讲的"以仁心说,以学心听,以公心辨"④。孙景烈这一态度实是关学宗风的真实体现。基于此,他首先对陆王心学的可取之处予以指出:

---

① 孙景烈:《冉蝉庵先生语录序》,《滋树堂文集》,纪宝成主编《清代诗文集汇编》第307册,上海古籍出版社2010年版,第78页。
② 张骥:《关学宗传》,载王美凤编校《关学史文献辑校》,西北大学出版社2015年版,第478—480页。
③ 钱穆:《阳明心学述要》序,九州出版社2010年版,第1页。
④ 荀子著,杨倞注,耿芸标校:《荀子·正名》,上海古籍出版社2014年版,第151页。

陆象山谓"人之所喻由于所习,所习由于所志",是探本之说。①

王心斋云:"致知是致知所先后之知,格物是格物有本末之物",确然。②

阳明曰:"个个人心有仲尼",又曰:"万化根源总在心",此等精语,令读者茅塞顿开,有功圣学不小。③

(阳明)其人不可贬也。④

在这四段引文中,孙景烈首先赞赏的是陆九渊的"义利之辨",认为其是探本之论。其次则认为王艮的格物致知之说与圣贤本义若合符节。最后则主张应该对阳明本人和阳明学术区分对待,对待阳明本人,绝不能贬低,其所说的"个个人心有仲尼""万化根源总在心"有补于圣人之道匪浅。以上是孙景烈对陆王心学的肯定。我们再来看一下孙景烈对心学核心概念的评判,以显豁其中肯之态度。首先,就颇受争议的阳明心学"无善无恶心之体"来讲,孙景烈指出:

阳明王氏谓"无善无恶心之体",似近于告子"无善无不善"之说,故东林起而力排之。吾乡王丰川先生书《顾泾阳集》后,又谓"无善无恶",依然濂溪"无极"之义,大易"无思无为"之旨,孔周是而阳明不得独非,岂曲为袒护耶?抑确见其是

---

① 孙景烈:《论语讲义》卷一,滋树堂藏版,乾隆己丑年(1769)刻本,第27页。
② 孙景烈:《大学》,《兰山书院讲义》附,滋树堂藏版,乾隆戊戌年(1778)刻本,第36页。
③ 张骥:《关学宗传》,载王美凤编校《关学史文献辑校》,西北大学出版社2015年版,第483页。
④ 孙景烈:《与陈榕门先生书》,《滋树堂文集》,纪宝成主编《清代诗文集汇编》第307册,上海古籍出版社2010年版,第105页。

而云然耶！^①

孙景烈论证阳明"无善无恶"之说无误的逻辑是这样的：二曲高弟王心敬认为阳明"无善无恶"之说与《周易》"无思无为"、周敦颐的"无极"之义是相同的，既然孔子、周敦颐之言无误，那么阳明之说自然也不会错。孙景烈的这种逻辑显然是引先贤往圣之语来为自己的观点张目，颇有挟圣贤之语杜众人之口之嫌疑，更何况王心敬尊崇阳明的心学立场也使其这一论说的公正性大打折扣。

"致良知"是阳明50岁左右提出的哲学命题，后被学者奉为瑰宝，成为心学一脉的学问宗旨。孙景烈认为阳明此说"固偏"^②，并不惜笔墨解释何以偏的原因，他说：

> 或问："爱亲敬兄之立无穷，就孩提稍长所知之爱敬推而极致，岂非致良知欤？"余曰："孩提稍长所知之爱敬是良知从此推而极之，却是致知，不是致良知，良知不待致，致知不可谓之良也，良是本然之善，不加推致之名。"^③

> 愚谓："致知亦有良知在内者，尚属未确之见。孟子云'人之所不虑而知者，其良知也。'《大学》致知之功全在一虑字，不虑则无以致知，虑则所致之知不谓之良矣，孟子既以不虑而知者为良知，是良知不待致也，若云'致良知则非不虑而知矣'，尚得谓之良乎，此义甚明，不难辨也。"^④

---

① 张骥：《关学宗传》，载王美凤编校《关学史文献辑校》，西北大学出版社2015年版，第478页。
② 孙景烈：《与陈榕门先生书》，《滋树堂文集》，纪宝成主编《清代诗文集汇编》第307册，上海古籍出版社2010年版，第105页。
③ 孙景烈：《四书讲义补》，滋树堂藏版，乾隆戊戌年（1778）刻本，第3页。
④ 孙景烈：《四书讲义补》，滋树堂藏版，乾隆戊戌年（1778）刻本，第4页。

阳明的"致良知"是其将《大学》"致知"和《孟子》"良知"融合而成，使其超越了任何一个概念所具备的理论力量。但因为阳明后学"各以意见掺和，说玄说妙，几通射覆，非复立言本意"①，致使"致良知"之说歧义丛生。孙景烈认为这种分歧的焦点在于将"致知"和"致良知"混淆不分。"良知"是指那种先验的，不需要经过任何思虑造作就具有的道德意识，如恻隐之心，这种"知"是不待推致就具有的。而"致知"则主要指后天获得的经验知识，是经过"虑"而有的，这种"知"前面不能加一"良"字，因为"良"是本然之善。这就是说，"致知"主要指向的是知识维度，而"致良知"主要指向的是"道德"维度，两者势若天壤，绝对不能等同。孙景烈这一说法很明显有朱子学的底色，但并不切合阳明本意。因为阳明对"良知"与"见闻之知"并没有完全割裂，而是主张"良知不由见闻而有，而见闻莫非良知之用，故良知不滞于见闻，而亦不离于见闻"②，就是说"良知"与"见闻之知"是差异一体的关系。但孙景烈只看到两者的差异，没有注意到阳明对"良知"与"见闻之知"的体用关系的定位。

从孙景烈对陆王心学的评判可以看出，他承袭清初以来"以孔、孟为断"③来解决朱、王之争的思潮与方案，将阳明心学仍纳入孔孟学统之中，即使阳明心学有所偏颇，但"偏在正学之中，不在正学之外"④。这种态度就显得颇具温情和敬意，一方面反映出孙景烈秉承关学一贯的不持门户，兼容并包的学术品格；另一方面也映衬出阳明心学至雍、乾时期已经衰微，无须再像清初诸儒那样进行"辟王以尊朱"的辩驳。

---

① 黄宗羲：《姚江学案》，《明儒学案》（修正版）卷十，中华书局2008年版，第178页。
② 吴光等编：《答欧阳崇一》，《王阳明全集》卷二，上海古籍出版社1992年版，第71页。
③ 戴望：《颜氏学记》卷七，河北教育出版社2009年版，第1520页。
④ 张骥：《关学宗传》，载王美凤编校《关学史文献辑校》，西北大学出版社2015年版，第480页。

小　结

晚清学者郭嵩焘在描述雍、乾学风时曾指出："雍、乾之交，朴学日昌，博闻强力，实事求是，后凡言性理者屏不得与于学，于是风气又一变矣。"① 孙景烈恰恰就身处由理学向考据学转变之际这一学风之中，其《四书讲义》呈现鲜明的特质：一是迎合清初以来推尊朱子的学术思潮。清初自"圣祖以朱子学倡天下"②，朱子学再次获得官身，自庙堂至民间渐趋形成"崇朱黜王"的学术思潮。孙景烈的四书注解正是这一时代的产物，同时反过来又强化和助推尊朱思潮。故而无论是其自述，还是后学所评，皆称其为朱子学者。二是恪守关学义理注经的学术传统，抵制乾嘉汉学在关中地区的渗透，使得乾嘉汉学只是江南一域而非全国性的学术现象。③ 柏景伟曾说，"我朝李二曲，孙夏峰前后主讲关中书院，阐扬关学，克绍恭定之传，三秦人士不尽汩没于词章记诵者，皆两先生之力也。"④ 这就将孙景烈在抵制和防止关学陷溺于词章之学之功提揭了出来。柏景伟之说确属无疑，这一方面可从孙景烈自述的"少不知学，为词章所误，既而体之。自罢史官，归里掌关中书院，始有志于实学，而词章之学未能决去，……自获是书，日与诸生相研求，乃于词章绝无嗜好"⑤ 中所反映的其逃脱辞章之学的经历中得到间接的证明；另一方面，更可从其《四书讲义》不涉章句训诂，直求经文义理中获得直接的印证。因此，

---

① 郭嵩焘：《大学章句质疑自序》，《郭嵩焘诗文集》卷三，岳麓书社1984年版，第24页。
② 赵尔巽等：《清史稿》卷二百九十，第34册，中华书局1977年版，第10282页。
③ [美]艾尔曼：《从理学到朴学》，赵刚译，江苏人民出版社2012年版，第4—6页。
④ 柏景伟：《关中书院课艺目录》序，载孙景烈《关中书院课艺》，贾三强主编《陕西古代文献集成》第13辑，陕西人民出版社2018年版，第65页。
⑤ 孙景烈：《陈榕门先生寿序》，《滋树堂文集》，纪宝成主编《清代诗文集汇编》第307册，上海古籍出版社2010年版，第91页。

王巡泰赞其"羽翼关学，扶持名教"①自非过誉之论。要之，孙景烈的《四书讲义》为我们理解和把握清代雍、乾之际学术思潮的面貌和格局提供了一个鲜活而具体的个案，启示我们若要真切地把握这一时期的学术思潮，必须注意地域与全国、特殊与普遍之间的交错关系，既避免以地域代表全国，亦防止有普遍而无特殊。

第六节　恪守朱注，弘扬关学： 王巡泰的《四书札记》

王巡泰，生卒年不详，据其在乾隆五十一年（1786）所述的"望七十未老而衰"②可知，其应该为雍正、乾隆年间人，且主要活跃于乾隆时期。字岱宗，号零川，陕西临潼人，乾隆十九年（1754）甲戌科进士，授山西五寨县知县，不久即丁父忧返归故里，后历任广西兴业、陆川等县知县，因政绩卓著，名声显赫，被拔擢至吏部考功司主事。年老辞官，返归故里之后，先后到临潼、渭南、直隶、山西等地四处讲学，所到之处，听众甚多，常常是人满为患，从学之徒不计其数。巡泰一生为官清廉，乐善好施，家计屡空，以至死后连棺葬之钱都没有，可见其志之清廉。后在道光五年（1825年），因其贤名入祀乡贤祠。王巡泰先后从学于关中大儒史调③、孙景烈④二先生，研习程朱之学，多有所获，成为孙氏最为器重的弟子，受到孙景烈的

---

① 王巡泰：《太史孙酉峰先生文集序》，载孙景烈《滋树堂文集》，纪宝成主编《清代诗文集汇编》第307册，上海古籍出版社2010年版，第70页。
② 王巡泰：《重订〈四书札记〉序》，载王巡泰《四书札记》，来鹿堂藏版，道光乙未年（1835）刻本，第2页。
③ 史调（1697—1747），字勻五，号复斋，陕西华阴人，著有《复斋文集》。
④ 孙景烈（1706—1782），字孟扬，号西峰，陕西武功人，著作有《四书讲义》《关中书院课解》《兰山书院课解》《西麓山启稿》《西麓山房存稿》《滋树堂存稿》等。

高赞："吾门治古文学者，有韩城王某，洛南薛某，而言义理者，惟零川一人。"① 主要著作有《四书札记》《解梁讲义》《格致内篇》《齐家四则》《服制解》《仕学要言》《丁祭考略》《河东盐政志》《纯孝录》《文法辑要》《童子指南》《零川日记》《诗文集》《年谱》《兴业县志》等，多数已不可见。其中《四书札记》乃其研读朱子《四书章句集注》的学习日记，有所得便记之在册，前后达二十余年，成书后仍不敢拿出示人，后在1774年侨居直隶望都之时，与旧友及学生反复讨论，一字一句皆讨论数日方有定论，删改十之三四，增入十之六七，终在1775年付梓。后又于1786年再次亲手修订出版，增易不及十分之三，可见是书已臻于完善，目前所存即为其修订本。从是书的创作和修改历程可见，王巡泰对是书的慎重和期待。尤其是在书的命名上，王巡泰是颇费了一番心力，以"札记"为名，绝非随意为之，很大程度上是其"不以讲义自居而谓姑存其说以俟订正于将来"② 的谦虚、审慎态度的体现。而具体到行文中，王巡泰则力求"章章有特讲，句句有确解，字字有真诠"③，显豁出卓异的治经风范。下面我们就深入具体的文本当中，以乾嘉的学术和时代背景为依托，将其置于清代中期的学术思潮之下进行考量，详细剖析王巡泰《四书札记》的学术旨趣和诠释特质。

一　羽翼朱注

朱子的《四书章句集注》自元代跻身国家科考功令后，旋即成为士子问学求知无法绕开的津梁，或羽翼，或推阐，或指摘，或驳斥，

---

① 张骥：《关学宗传》卷四十九，载王美凤编校《关学史文献辑校》，西北大学出版社2015年版，第494页。
② 王巡泰：《重订〈四书〉札记序》，载王巡泰《四书札记》，来鹿堂藏版，道光乙未年（1835）刻本，第1页。
③ 阎成化：《零川先生〈四书札记〉序》，载王巡泰《四书札记》，来鹿堂藏版，道光乙未年（1835）刻本，第6页。

形成一幅多元交织的理论图景,尤其在阳明之后表现得最为明显,以致陆陇其说:"论四书于嘉、隆之时,不讲则不晦。"① 但这种图景到乾隆时期,因清廷"尊朱黜王"的文化政策,已经由原来的多元面相转变为相对单一的羽翼和推阐,王巡泰的《四书札记》正是这一时代背景下的产物,故而呈现明显的羽翼朱注的学术取向。当然,时代的影响自然是不可忽略的因素,任何一个人都不可能脱离他所处的时代,但仅此仍然不能较为整全地说明王巡泰宗本朱子的原因。另一隐性的因素在于其受业师史调、孙景烈的深刻影响。史调自幼便潜心研究《近思录》《二程遗书》等,一时名贯三秦,凡投其门下问学者,皆"导以程朱之理"②。而孙景烈"为学恪守朱子,而以《四书集注》为主,诸经子史,悉荟萃印证。以此讲学,亦体之以持身涉世"③,王心敬亦谓孙景烈"教人专心小学、四子书。讲四子书,又恪守考亭注,而析理之细,直穷牛毛茧丝,多发人所未发"④。在两位朱子学大师的潜心指引下,王巡泰自然而然地向程朱理学靠近,并终生恪守不变,而他也将此宗旨投射到对四书的注解中。下面我们就择取王巡泰对朱子四书学基本观点的回应来一展他的这一学术取向。那么,在探究这一问题之前,必选首先弄清楚朱子四书学的肯綮何谓,诚如台湾学者蔡家和教授所言:"朱子加入《格致补传》,对'格物'一词亦有其别出心裁的解释,这两项工作的建立遂即成为朱子判读、诠解四书的重要纲领。"⑤ 蔡氏所言不虚,提醒我们围绕《大学》的相关问题是把握朱子四书学的着力点,这就印证了牟宗三提出的朱子以

---

① 张天杰主编:《周云虬先生〈四书集义〉序》,《三鱼堂集》卷八,《陆陇其全集》第2册,中华书局2020年版,第247页、
② 张骥:《关学宗传》卷四十五,载王美凤编校《关学史文献辑校》,西北大学出版社2015年版,第467页。
③ 王钟翰点校:《清史列传》卷67,《儒林传·孙景烈》,中华书局1987年版,第5382页。
④ 王心敬:《关学续编》卷二,(明)冯从吾《关学编》附录,中华书局1987年版,第110页。
⑤ 蔡家和:《朱子四书的理学建构》,《集美大学学报》2017年第1期,第4页。

《大学》为中心的观点。① 下面我们就循此思路，从王巡泰对朱子《大学》关键性问题的回应来把握王巡泰对朱子的羽翼之姿。

首先，王巡泰对四书之间的关系完全遵奉朱子，强调《大学》在四书中的首出地位，他说：

> 他书说理、说工夫都是零摆出，《大学》却整聚一处，作个间架式，他书只就此填补去。②

在王巡泰看来，四书当中，只有《大学》最整全地体现了儒家的核心要旨，《中庸》《论语》和《孟子》则皆居一偏，不过是对《大学》所构筑的义理框架所进行的填补和说明。王巡泰的这一判定实际上沿袭和发挥了朱子所言的"今且须熟究《大学》作间架，却以他书填补去"③ 以及"《大学》是一个腔子，而今却要去填教实著"④，都是把《大学》作为统领其他三书的纲领性文本，在学理和价值次序上凸显了《大学》的优先地位。这是从正面角度对朱子的羽翼和卫道。那么从反面角度来讲，王巡泰并没有随波逐流，去迎合是时学界"《大学》璧回《礼记》"⑤ 的思潮。我们知道，王巡泰所处的时代恰是乾嘉汉学最为昌盛的时代，汉、宋之争最为胶着的一个焦点即是《大学》的地位问题，汉学家汪中曾指出：

> 《大学》其文平正无疵，与《坊记》《表记》《缁衣》伯仲，为七十子后学者所记，于孔氏为支流余裔，师师相传，不言出自曾子。……诚知其为儒家之绪言，记礼者之通论，孔门设教，初

---

① 牟宗三：《心体与性体》第一册，台湾正中书局1968年版，第19页。
② 王巡泰：《四书札记·大学》，来鹿堂藏版，道光乙未年（1835）刻本，第1页。
③ 黎靖德编：《朱子语类》卷十四，中华书局1986年版，第250页。
④ 黎靖德编：《朱子语类》卷十四，中华书局1986年版，第251页。
⑤ 梁启超：《中国近三百年学术史》，商务印书馆2011年版，第234页。

未尝以为"至德要道"。……宋儒既借《大学》以行其说,虑其孤立无辅,则牵引《中庸》以配之。①

在汪中看来,《大学》与《礼记》的其他篇章相比,都是"记礼"之文,绝非是宋儒所言的"至德要道"之书,因此必须将其返归到《礼记》当中,以恢复《大学》的本来面貌。如果说汪中这一指陈还不够直白的话,另一学者凌廷堪则直截了当地说:

> 《大学》《中庸》,《小戴》之篇也,《论语》《孟子》,传记之类也,而谓圣人之道在是焉,别取而注之,命以"四书"之名,加诸六经之上,其于汉唐诸儒之说视之若弁髦,弃之若土苴,天下靡然而从之,较汉魏之尊传注,隋唐之信义疏,殆又甚焉!②

较之汪中,凌廷堪将四书的地位和价值全部消解。他们的看法实是乾嘉时期汉学界的基本共识,目的在于削弱四书的经典地位,瓦解理学的经典体系,抬升包括《礼记》在内的五经地位。对于这一思潮,王巡泰并没有盲目跟风,而是依然坚守宗本朱子的学术初心。

其次,朱子四书学的另一关键问题就是《大学》"格物致知"的补传问题,此问题甚至被认为是判定学派归属的重要指标,不仅是因为"至其(王阳明)与朱子抵牾处,总在《大学》一书"③,更因为"朱子全部学术,即是其格物穷理之学"④。而具体来讲,所争的核心之一就是《大学》的"格物致知"是否缺传的问题。王巡泰对此回

---

① 汪中:《大学平义》,《新编汪中集》,广陵书社2005年版,第381页。
② 凌廷堪:《与胡敬仲书》,载张舜徽《文献学论著辑要》,陕西人民出版社1985年版,第377页。
③ 黄宗羲:《师说》,《明儒学案》(修订本),中华书局2008年版,第7页。
④ 钱穆:《朱子学提纲》,生活·读书·新知三联书店2002年版,第206页。

应道：

> 格物致知是《大学》第一件下手处，故传不可不补。人心之灵二句即是本体之明未尝息处。物是心与理相触会处，故知由此出，上此谓知句，《注》云"疑有阙文"，即阙格致一传也。①

王巡泰开宗明义地认可朱子简拔"格物致知"的做法，更赞成他对"格物致知"进行补传的举措，因为"格物致知"是《大学》的第一义工夫，在传里面就不能缺少对它的解释，否则就会导致圣人之学的不系统、不完备。这是从思想的角度立论。而从文本的角度来说，旧本《大学》在解释完"本末"之后，直接就是对"诚意"的解释，中间恰恰没有对"格物致知"的解释，这就造成了文本上的缺失，故而朱子说"释格物、致知之义，而今亡矣"② 是对的。由此可见，王巡泰是完全服膺和认同朱子之论的，尤其是在格致补传的理由上与朱子亦是高度的趋同。

最后，在对"格物"的解释上，王巡泰并没有给出自己的解释，而是引用李二曲、王艮、康吕赐等的观点来为自己张目。下面就将其引用学者的观点列举如下，以彰显其学术旨趣：

> 李二曲曰："物即是身心意知家国天下之物，格者，格其诚正修齐治平之则。"③
>
> 王心斋曰："格物是格物有本末之物，致知是致知所先后之知。"④

---

① 王巡泰：《四书札记·大学》，来鹿堂藏版，道光乙未年（1835）刻本，第6页。
② 朱熹：《四书章句集注》（上），金良年译，上海古籍出版社2006年版，第9页。
③ 王巡泰：《四书札记·大学》，来鹿堂藏版，道光乙未年（1835）刻本，第4页。
④ 王巡泰：《四书札记·大学》，来鹿堂藏版，道光乙未年（1835）刻本，第4页。

康南阿曰:"格物则合上诸条为一,以见总是一体工夫。"①

从王巡泰所引用的学人观点来看,既有心学一系的,又有朱子学一系的,但他所看重这些学人对"格物"的解释虽与朱子之意略有出入,但差异并不太大,并不抹杀其宗本朱子的学术特色。

由上述分析可见,王巡泰在辐辏于《大学》的重要关节上,皆显豁出绍述朱注的学术趋向,从而最大程度上将其羽翼朱子四书学的特质提揭了出来。

二 倡导关学

从宋代开创直至清末民初终结,在绵延八百余年的时间跨度中,关学源流初终,条贯秩然。但它在不同时期的发展是极不均衡的,在清代最为鼎盛。而王巡泰就是清代关学复振中不可缺的一环。他倡导关学最为直接、明显的方法之一就是在其《四书札记》中大量引用关学中人的语录来为其四书学著作进行注解。我们先来看王巡泰在其著作中引用学者观点的情况:

《四书札记》引用学者一览表

关学人物	《大学》	《中庸》	《论语》	《孟子》	合计
张载	1			1	2
孙景烈	14	3	62	11	90
冯从吾	2	3	5	6	16
康吕赐	3				3
崔纪	6	52	1		59
马理				1	1
王心敬			1		1

① 王巡泰:《四书札记·大学》,来鹿堂藏版,道光乙未年(1835)刻本,第4页。

续表

关学人物	《大学》	《中庸》	《论语》	《孟子》	合计
程颢			1		1
顾炎武			1		1
胡承福	4		1		5
薛瑄		5		4	9
管志道		1			1
朱熹	3	13			16
胡恒龄	1				1
孙静轩	2				2
陆陇其	1				1
李二曲	1				1
王艮	1				1
王建常	1				1
陈三山	1				1
饶鲁	1				1

从上述列表中可以看出，王巡泰引用的学人覆盖面非常广泛，有关学一系的，亦有朱子一系的，更有阳明一系的，但尤以关学一系的人物最多，引用的条目数亦最多，如引用孙景烈的达 90 次，引用冯从吾的有 16 次等，以此足见王巡泰对关学所进行的有意识的宣扬和推崇。

如果说上述只是从形式上对关学的推崇，那下面我们就深入文本当中来进一步呈现王巡泰对关学的服膺。就关学宗师张载所开示的"心解"之法而言，王巡泰极力推崇，并在四书注解中加以应用和贯彻。他在是书序言的开头即讲道：

张子曰："心开即记，不思则还塞之矣。"盖人功侯所至而心之开敝，因之体认有浅深，见解有是非，议论有得失，不可假也。一人有一人之体认，而一时之见解、议论，因之不可强也。就一人之心之所开而记之，可借证于人，人就一时之所开而记之，可待证于异时，此薛文清公《读书录》以张子札记之法为读书法也。①

欲明白王巡泰这句话的真义，必须先弄清楚张载"心解"的内涵。张载发挥孟子的"以意逆志"的解经之法，提出"心解"。他反复强调"学贵心悟，守旧无功"②，也就是做学问要注重用心体会，真心悟解，一味恪守汉唐经学则无所获得，这实际上是对汉唐经学的贬斥。他明确指出：

> 心解则求义自明，不必字字相较。譬之目明者，万物纷错于前，不足为害，若目昏者，虽枯木朽株皆足为梗。③
> 若只泥文而不求大体，则失之。④

"心解"是指真心有得，真心悟道，不必像汉唐经学那样去刻意追求字义，而是要超越字义的束缚，通过亲身体验、理解来阐发微言大义。譬如目明之人，即使万物纷乱于目前，亦不足为害。反之，若目昏，即使枯朽之木亦足造成阻碍，这实际上是强调"心"的重要性，认为"心"明则义理自明。他举例说明：

> 若孟子言"不成章不达"及"四体不言而喻"，此非孔子曾

---

① 王巡泰：《四书札记》序，载王巡泰《四书札记》，来鹿堂藏版，道光乙未年（1835）刻本，第1页。
② 张载著，林乐昌辑校：《经学理窟》，《张子全书》卷五，西北大学出版社2015年版，第83页。
③ 张载著，林乐昌辑校：《经学理窟》，《张子全书》卷五，西北大学出版社2015年版，第84页。
④ 张载著，林乐昌辑校：《经学理窟》，《张子全书》卷五，西北大学出版社2015年版，第84页。

言而孟子言之，此是心解也。①

学者至于与孟子之心同，然后能尽其义而不疑。②

张载认为孟子所说的"不成章不达"以及"四体不言而喻"就是"心解"，缘由在于孟子敢于突破孔子之所未言，创造性地提出新的思想，而这正是他的"心解"之义，也就是要回到被诠释者的内心世界，才能穷尽义理而没有疑惑。王巡泰对张载此义非常推崇，主张经解因人而异，只要是真心体悟就值得肯定。这个理由也正是他撰写《四书札记》的缘由，因为王巡泰对当时朱注已经成为朝廷功令，已经深入人心是有清楚认识的：

后之学者但取其（朱子）说而心领之、身体之，不待讲矣。况余末学无识又何能复讲哉，然有一人之体认，则有一人之见解，有一人之议论，不记之则或浅或深，一时无以辩也。③

从这段话中，我们可以提取到两个关键的信息，一是张载的"心解"之法直接成为王巡泰撰写《四书札记》的内在依据和动力；二是折射出朱子学的权威受汉学的强势挤压，在乾嘉时期已经大大削弱，无力凝聚士人的价值信仰。王巡泰对张载"心解"之法的遥承，从某种程度上讲，就是对张载关学的肯认和弘扬。尤其是他的"不尚训诂"④，以个案的形式强化了关学不重训诂的注经传统，抵制了乾嘉汉学在关中地区的渗透。

---

① 张载著，林乐昌辑校：《经学理窟》，《张子全书》卷五，西北大学出版社2015年版，第83页。
② 张载著，林乐昌辑校：《孟子说》，《张子全书》卷十六，西北大学出版社2015年版，第436页。
③ 王巡泰：《四书札记》序，来鹿堂藏版，道光乙未年（1835）刻本，第2页。
④ 阎成化：《四书札记》序言，载王巡泰《四书札记》，来鹿堂藏版，道光乙未年（1835）刻本，第2页。

要之，王巡泰从释经方式到引证学者，一方面是其深受关学影响的体现；另一方面又反过来推动了关学的发展。也就是说，王巡泰是深受关学影响，又想陶铸关学的人物，有着很高的学术自觉性。因此，乃师孙景烈赞道："岱宗，固足羽翼吾关学者。"①

三 推崇"主敬"

"主敬"工夫显然是程朱一系的学派标识，阳明对之则极不赞成②，而作为服膺朱子的学者，王巡泰对"主敬"推崇有加，处处高赞和推阐"主敬"工夫，以至于他的弟子阎成化在总括其学术梗概时就明确指出："先生之学以主敬为根底。"③下面我们就深入注本当中，从王巡泰对"敬"的定位、"敬"的释义来一窥其学术特质。首先来看一下王巡泰对"主敬"在整个理学体系中的认识和定位：

> 敬是一部《大学》的骨子④。
> 敬是圣学之所以成始而成终⑤。
> 敬是虞廷传心之要。《大学》言"慎独"，《中庸》亦言"慎独"，敬实孔门传心之要也。⑥
> 圣学不外一个敬⑦。

---

① 孙景烈：《王岱宗四书文序》，《滋树堂文集》，载纪宝成主编：《清代诗文集汇编》第307册，上海古籍出版社2010年版，第81页。
② 王阳明说："若须用添个敬字，缘何孔门倒将一个最紧要的字落了，直待千余年后要人来补出？正谓以诚意为主，即不需添敬字，所以提出个诚意来说，正是学问的大头脑处。"［吴光等编：《传习录》上，《王阳明全集》（上），上海古籍出版社1992年版，第38—39页］
③ 阎成化：《四书札记》序，载王巡泰《四书札记》，来鹿堂藏版，道光乙未年（1835）刻本，第2—3页。
④ 王巡泰：《四书札记·大学》，来鹿堂藏版，道光乙未年（1835）刻本，第4页。
⑤ 王巡泰：《四书札记·论语》上，来鹿堂藏版，道光乙未年（1835）刻本，第3页。
⑥ 王巡泰：《四书札记·论语》上，来鹿堂藏版，道光乙未年（1835）刻本，第32页。
⑦ 王巡泰：《四书札记·论语》下，来鹿堂藏版，道光乙未年（1835）刻本，第29页。

《大学》工夫握要只在一敬字①。

从上面五段引文中可以看出，王巡泰对"敬"的定位既有对朱子的承继，亦有一定程度的发挥。就继承而言，王巡泰与朱子一样，皆赋予"敬"在圣人之学中的根基性和统领性地位，如朱子说：

敬字工夫，乃圣门第一义，彻头彻尾，不可顷刻间断。②
敬之一字，真圣门之纲领，存养之要法。③

很显然，王巡泰的说法不过是朱子之意的另外一种表达。就发挥朱子之意来说，王巡泰主要是将"敬"作为《大学》的首出工夫和核心要领来看待，这就不同于朱子将"格物"看作《大学》首要工夫的主张。如朱子说：

格物致知是《大学》第一义，修己治人之道无不从此而出。④
所谓格物致知，亦曰"知此而已矣"。此《大学》一书之本旨也。⑤

在朱子看来，"格物致知"才是《大学》的根本，一切工夫皆围绕"格物致知"展开。同时，我们必须注意到的是，朱子对"敬"与

---

① 王巡泰：《四书札记·论语》上，来鹿堂藏版，道光乙未年（1835）刻本，第3页。
② 朱熹著，朱杰人等编：《答郑子上》十五，《晦庵先生朱文公文集》卷五十八，《朱子全书》第23册，上海古籍出版社、安徽教育出版社2002年版，第2691页。
③ 黎靖德编：《朱子语类》卷十二，中华书局1986年版，第210页。
④ 朱熹著，朱杰人等编：《答宋深之》（五），《晦庵先生朱文公文集》卷五十八，《朱子全书》第23册，上海古籍出版社、安徽教育出版社2002年版，第2773页。
⑤ 朱熹著，朱杰人等编：《答江德功》，《晦庵先生朱文公文集》卷四十四，《朱子全书》第22册，上海古籍出版社、安徽教育出版社2002年版，第2040页。

"格物"的关系亦曾提道：

> 敬字是彻头彻尾工夫。自格物、致知至治国、平天下，皆不外此。①

这就是说，"敬"是贯穿内圣外王的，尤其是贯穿《大学》的"八条目"，故而朱子并未将其作为《大学》工夫的起点。若如此，那就是小却了"敬"。

再从概念的角度来看王巡泰对"主敬"的释义。众所周知，朱子在吸收和借鉴前人理论的基础上，对"主敬"的解释主要有五层含义：敬畏、常惺惺、整齐严肃、收敛身心和主一无适②，这五层含义可谓是哲学史上较为全面地对"敬"的解释，主导和规范了后世学者对"敬"理解的边界。王巡泰对"主敬"的理解自然亦未越出朱子所确定的范围。首先，王巡泰对"敬"解释道：

> 敬者，主一无适。③

用"主一无适"来解释"敬"可由朱子溯源至程颐，乃是指"把全部注意力集中用于意识的养善闲邪，对其他事物无所用心"④。其次，王巡泰说：

> 下气怡色柔声，敬之至也。⑤

---

① 黎靖德编：《朱子语类》卷十七，中华书局1986年版，第371页。
② 陈来：《宋明理学》，华东师范大学出版社2004年版，第138页。
③ 王巡泰：《四书札记·论语》上，来鹿堂藏版，道光乙未年（1835）刻本，第3页。
④ 陈来：《宋明理学》，华东师范大学出版社2004年版，第82—83页。
⑤ 王巡泰：《四书札记·论语》上，来鹿堂藏版，道光乙未年（1835）刻本，第23页。

容貌之变只是一个敬①。
朝服而立，敬也。②

这两条的意思很明显，意在从外在的容貌言辞来解释"敬"，这同样是程朱一系的意思，强调外在的整齐严肃可以促发内在的"敬"。总而言之，王巡泰对程朱一系"主敬"思想的继承，在大的方面是沿袭了他们从内外两面理解"敬"的传统，所不同的在于对内在"敬"的理解，王巡泰并没有全部的绍述，而主要择取的是"主一无适"之义。显而易见，王巡泰对"主敬"的理解并没有太多的个人见解，他的优长在于对"主敬"的应用和落实。在阐释四书时，王巡泰用"敬"来解释章句，不胜枚举，试举几例如下：

例1：在《中庸》"衣锦"章中，他说：
此章以诚为根本，以敬为工夫。③
例2：在《论语》"不重"章中，他说：
不重之弊最害事，却易犯，故首及之。不重只是不敬。④
例3：在《论语》"礼用"章中，他说：
礼主于敬，却说以和为贵奇，自先王制作言之曰"道"。道即礼也，唯美为贵。礼之用本和，人用礼时却只以敬为主，敬则自和，不以礼节之，是不敬也，便不是和。⑤
例4：在《论语》"诗三百"章，他说：
思无邪只是敬，思无邪者，诚也。敬然后诚，"思无邪"其

---

① 王巡泰：《四书札记·论语》上，来鹿堂藏版，道光乙未年（1835）刻本，第63页。
② 王巡泰：《四书札记·论语》上，来鹿堂藏版，道光乙未年（1835）刻本，第62页。
③ 王巡泰：《四书札记·中庸》，来鹿堂藏版，道光乙未年（1835）刻本，第39页。
④ 王巡泰：《四书札记·论语》上，来鹿堂藏版，道光乙未年（1835）刻本，第3页。
⑤ 王巡泰：《四书札记·论语》上，来鹿堂藏版，道光乙未年（1835）刻本，第4页。

要只在慎独，《诗》思无邪，《礼》毋不敬，足知六经一原。①

例5：在《论语》"子游"章，他说：

只说意本无他，便是不敬根苗。②

例6：在《论语》"平仲"章，他说：

朋友，天下之达道也。只是个"久而敬之"四字。愈久愈当敬，愈敬愈能久，不独交友为然也，为学为治，举不外此。③

例7：在《论语》"绝四"章，他说：

意必固我总是不敬④。

例8：在《论语》"雍也"章，他说：

仲弓本领只是一个简，得力处却在敬。⑤

由以上例子可以看出，王巡泰对"主敬"工夫极为青睐，将其应用到四书主要章节的诠释当中，显豁出王巡泰对朱子"主敬"工夫的认可、推崇和践行。

四 《四书札记》的诠释特色

考量王巡泰的《四书札记》，必须将其置于乾嘉时期特殊的学术脉络中予以分析，方能彰显其学术特质。具体来说：

1. 不尚训诂，直探义理

王巡泰所处的时代正是乾嘉汉学炙手可热之时，出现"家家许郑，人人贾马"⑥的学术局面，以至"究心、理学者盖鲜"⑦。而反观

---

① 王巡泰：《四书札记·论语》上，来鹿堂藏版，道光乙未年（1835）刻本，第6页。
② 王巡泰：《四书札记·论语》上，来鹿堂藏版，道光乙未年（1835）刻本，第7页。
③ 王巡泰：《四书札记·论语》上，来鹿堂藏版，道光乙未年（1835）刻本，第38页。
④ 王巡泰：《四书札记·论语》上，来鹿堂藏版，道光乙未年（1835）刻本，第52页。
⑤ 王巡泰：《四书札记·论语》上，来鹿堂藏版，道光乙未年（1835）刻本，第32页。
⑥ 梁启超：《清代学术概论》，上海古籍出版社2005年版，第62页。
⑦ 杨峰、张伟：《清代经学学术编年》上，凤凰出版社2015年版，第305页。

王巡泰的《四书札记》，全书不涉字义的考证、训诂，全是长段的义理阐发，这就与整个时代的学术风气格格不入，显得较为特殊和另类。我们需要追问的是，王巡泰何以能够不受时代的熏陶，而独创独证呢？这就需要结合社会史、思想史来进行综合考量。我们知道，从事考据学需要具备丰厚的藏书、雄厚的经济条件以及官方、民间的支持，绝非是有心就可为之。而清代的关中地区显然并不具备这样的条件，因为"关中几乎是个自耕农社会，地权极为分散，地主不是没有，但却是很少"①，这种"关中模式"决定了关中地区并不具备从事考据学的条件，折射到学术层面就是关中学人少有从事考据学研究的。王巡泰不唯不具备这样的条件，甚至连正常的生活都难以为继，更别说从事经济门槛较高的考据学研究了。

2. 札记体而非注疏体

就经典注疏而言，常见的方式主要有语录体、注疏体和札记体。语录体最早可以追溯到《论语》，至宋明理学蔚为大观；注疏体则在汉唐时期最为流行；札记体则是学者利用笔记的形式将其读经心得记录下来，日积月累，汇编成书，大致产生于唐宋时期，在明清时期应用较为广泛。三种体例各有优劣，从它们兴衰的轨迹既可以映射出时代特征，又可以窥见学者的治学诉求。就札记体而言，梁启超对此有详细而精准的观察，他说：

> 札记实为治此学者所最必要，而欲知清儒治学次第及其得力处，固当于此求之。……要之当时学者喜用札记，实一种困知勉行工夫，其所以能绵密深入而有创获者，颇恃此，而今亡矣。……此类函札，皆精心结撰，其实即著述也。此种风气，

---

① 秦晖、苏文：《田园诗与狂想曲：关中模式与前近代社会的再认识》，中央编译出版社1996年版，第53页。

他时代亦间有之，而清为独盛。其为文也朴实说理，言无枝叶，而旨壹归于雅正。①

这段话透露给我们几个重要信息：一是清儒最喜札记体，故而这就成为理解和把握清儒学术的重要津梁；二是札记体是一种困知勉行的工夫；三是札记体文风朴实，旨趣雅正。梁氏所言可谓确论，准确道出了札记体的渊源和特质，尤其是用"困知勉行"来界定札记体可谓一语中的。王巡泰的《四书札记》恰恰具备了梁氏所言的"困知勉行"的特质，也就是说，此书决非只是为著述而著述，恰恰是融入了巡泰本人的生命体验，是其刻苦自励的直接体现。

小 结

王巡泰的《四书札记》是乾嘉时期汉学风行下的一种偏离时代风气之外的注经之作，其学术意义自然不可小觑。对此，我们可从三个视角来定位和审视。首先，从王巡泰所处的时代来讲，由他的《四书札记》可以看出，当时风靡一时的乾嘉汉学绝非是全国性的学术现象，更多的只是江南一地的学术现象。王巡泰的《四书札记》则以个案的形式佐证了艾尔曼观察的准确性。② 其次，从关学的角度来讲，清代是有八百余年历史的关学最为鼎盛的时期，这种鼎盛是需要一大批以身体道的士人来推动和建构的，王巡泰在《四书札记》中积极拨擢关学人物，引证他们的思想，对于弘扬关学功不可没，有力地改变周元鼎所谓的"自丰川先生（王心敬）后，吾关中之学绝响矣"③ 的学术局面，成为关学振兴的中坚力量。最后，从四书学史的角度而

---

① 梁启超：《清代学术概论》，上海古籍出版社2005年版，第53页。
② ［美］艾尔曼：《从理学到朴学：中华帝国晚期思想与社会变化面面观》，赵刚译，江苏人民出版社2012年版，第4—7页。
③ 周元鼎：《关学续编》后序，载冯从吾《关学编》，中华书局1987年版，第96页。

言，王巡泰其人虽然在中国哲学史上并非节点式的人物，但其《四书札记》却是中国四书学史上为数不多的"札记体"著作之一，为我们把握四书学的注经体例的多面性和丰富性提供了一个鲜活而具体的个案。要之，以往囿于学界的研究视角，王巡泰《四书札记》并未得到应有的重视，通过上述分析，王巡泰的《四书札记》我们理应给予足够的重视，一改以往那种只专注于经学大家的学术研究现状，从而弥合学术史研究的断裂部分，凸显以王巡泰为代表的这类群体的学术特性。

第七节　推阐朱注，驳斥阳明：刘绍攽的《四书凝道录》研究

乾嘉时期，是汉学日炽，宋学渐微的时代，能够依然以宋学自居，挺立朱子学的可谓凤毛麟角。而这其中，刘绍攽无疑是颇具典范的学者。刘绍攽（1707—1778），字继贡，亦字九畹，陕西三原县人，与杨鸾、吴镇和胡釴并称为"关中四杰"。绍攽"自束发受书，即知古圣贤非异人。任于六经、诸史、天官地理、礼乐兵农，宋、元、明诸大儒之书，无不熟读而切究之"[1]，早年拜师陕西督学王信芳，而王信芳乃清初庙堂理学的代表李光地的高足，他恪守光地为学宗本朱子的学术旨趣，亦以羽翼朱子学为务。受乃师王信芳的影响，刘绍攽"其学以朱子为宗"[2]，"潜心集注"[3]，成为清代中期卫道朱子的典范

---

[1] 刘绍攽：《卫道编》，载《四库未收书辑刊》第6辑第12册，北京出版社1997年版，第206页。

[2] 钱仪吉：《清代传记丛刊》第113综录类（3）碑集传（08），明文书局1985年版，第123—139页。

[3] 白遇道著，白金刚等点校：《重刻〈四书凝道录〉序》，《白遇道集》，西北大学出版社2017年版，第21页。

人物。绍岎所著《四书凝道录》完成于乾隆二十五年（1760年），共计十九卷，篇幅巨大，卷帙丰富，在体例上先录四书原文，再录朱子注解，或随文注解，或广引群说，或施加按语，可视为是对朱子《四书章句集注》的再诠释。绍岎自述是书创作缘由道：

> （朱子）生平所尤致力于者莫如《四书集注》，训诂本之汉唐，义理一宗二程，复参稽于游杨吕谢及诸老……是书之广大精微，诚非一蹴可跂，不敏少从王信芳先师，窃闻大义，壮岁驰驱，与当世有识之士游，遍考诸家之论说，恍然若有所见，辄就是书指实言之，颇有乖于引而不发之义。①

绍岎高度肯定朱子《四书章句集注》的析理之粹、补备之精、释诂之准，但是书并非没有缺点，即其中多有引而不发之处，使晚生后学难以问津是书大义。故而需要对其进行进一步的解释。这是从正面的角度来说。从反面的视角而言，绍岎指出：

> 是世之读是书（《四书章句集注》）者流弊有三：一则帖括之习，不能尽众论不同之极致；一则糟粕六经，指讲说为支离；一则是汉非宋，援旧章以恣议。自非学有本原，鲜不为其所惑。②

在刘绍岎看来，乾隆时期学界研读朱子四书集注呈现三种流弊：一是为应对科举考试，只是口诵四书集注；二是蔑视经注，指责朱注为支离；三是崇汉抑宋，拿旧说来妄议朱注。这三种流弊严重误导学者对

---

① 刘绍岎：《四书凝道录》自序，《四书凝道录》，泾阳刘氏文在堂刻本，光绪二十年（1894），第1页。
② 刘绍岎：《四书凝道录》自序，《四书凝道录》，泾阳刘氏文在堂刻本，光绪二十年（1894），第3页。

朱注的理解和信从，削弱朱注的权威，故而必须矫正时弊，重新梳理、推明朱注。更为忧心的是，即使那些尊奉集注的学者亦陷入"尊朱者，守其一说，不知兼综众说"①的窠臼。正是这些原因，迫使以道自担的刘绍攽倾力著述《四书凝道录》，以期抉发朱注本旨，重塑朱子学的权威。绍攽对是书颇为自信，自认其书"扩俗学之拘墟，辟杂统之糟粕，校汉宋之精粗得失"②，同时学人亦借"昔人谓有天地不可无四书，有四书不可无《集注》，有《集注》不可无是编"③来高赞其羽翼、发明朱注之功。而后的白遇道亦有类似判断：

> 广采诸家之说，节解支分，梳栉而证明之，名之曰"凝道录"，如经之有传，注之有疏，总靳有合于阐明圣道之旨，则亦集注之羽翼，吾道之捍卫矣。④

白遇道不唯以更加明确的"集注之羽翼，吾道之捍卫"来定位《四书凝道录》，更以"广采诸家之说，节解支分，梳栉而证明"来详细描述是书之特质，这就精准而详细地将刘绍攽《四书凝道录》的学术贡献提揭出来。下面就深入文本当中，一一提揭刘绍攽《四书凝道录》的学术旨趣，以期由此具体而鲜活的个案窥探清代中期朱子学的学术面貌和演进趋势。

---

① 徐世昌主编：《清儒学案》（第10册），卷206，知识产权出版社2008年版，第37页。
② 刘绍攽：《答邱省斋论〈易〉书》，《九畹续集》卷一，刘传经堂刻本，乾隆四十三年（1778），第45页。
③ 据载："因出向所为《四书凝道录》三十卷，扩俗学之拘墟，辟杂统之糟粕，校汉宋之精粗得失，附以西河而审辨焉。杨公见之，握余手曰：'昔人谓有天地不可无四书，有四书不可无《集注》，有《集注》不可无是编。'"［刘绍攽：《答邱省斋论〈易〉书》，载《九畹续集》卷一，刘传经堂刻本，乾隆四十三年（1778），第45页］
④ 白遇道著，白金刚等点校：《重刻〈四书凝道录〉序》，《白遇道集》，西北大学出版社2017年版，第21页。

一 推阐朱注

在"许、郑之学大明,治宋学者已鲜"[1]的清代中期,朱子学的地位已与清初的独尊之姿难以相提并论,呈现渐趋式微之势。刘绍攽对此深表担忧,以高标清廷的尊朱政策来重倡朱子学:

> 我朝际五百年之运,极治教之隆,进朱子于十哲,纂《全书》以颁行,所以推崇之者至矣。[2]

这是绍攽对清廷国是的高度概括,准确道出了清廷尊奉朱子学的文化策略。他将这种国是应用和贯彻到对朱注的诠释当中,反复申明"集注确不可易"[3]。具体而言,刘绍攽主要遵循"义有未显者,为之证明;解有未备者,为之补充"的原则,来彰显这一学术情怀。首先是以朱证朱。刘绍攽在诠释集注时,大量引用《朱子语类》中的原文来对集注中的话进行再解释,以求义理详备。如在解释朱子《大学章句》的注文"安谓所处而安",绍攽直接以《朱子语类》卷十四中的"朱子曰'安只是无觑觎之意'"[4]下注,来对"安"进行进一步的解释,以求用"不纷扰"这种更为简单化、口语化的方式推明朱子的意思。如在解释《中庸章句》的注文"愚谓以三气言则鬼者,阴之灵也,神者,阳之灵也",绍攽同样引用《朱子语类》卷三的"问:'鬼神便只是此气否?'曰:'又是这气里面神灵相似'"[5]进行注解。

---

[1] 皮锡瑞:《经学历史》,中华书局2004年版,第249—250页。
[2] 刘绍攽:《四书凝道录》自序,《四书凝道录》,泾阳刘氏文在堂刻本,光绪二十年(1894),第4页。
[3] 刘绍攽:《四书凝道录·论语》卷四,泾阳刘氏文在堂刻本,光绪二十年(1894),第29页。
[4] 刘绍攽:《四书凝道录·大学》,泾阳刘氏文在堂刻本,光绪二十年(1894),第3页。
[5] 刘绍攽:《四书凝道录·中庸》,泾阳刘氏文在堂刻本,光绪二十年(1894),第25页。

如此事例，在其书中不胜枚举，显示出刘绍攽借朱子之言来推阐集注的用心。当然，刘绍攽亦非随意、盲目采用《朱子语类》，而是经过了慎重考量和选择，择取与集注当中意思最为切合的条目进行解释。其次，标明朱注。绍攽在是书中，将朱子自己所加的按语皆注明出处，使研习之人能够知其来源，明其出处。我们同样举例来说明这一取向，如在《四书凝道录·孟子》中，刘绍攽将朱子注中取自汉代赵岐《孟子注疏》中的主张，但并未标明出处的地方全部下"赵注"说明其出处，达百余处，如在朱注"深墨，甚黑色也"，标明"赵注"①；在朱注"载，亦始也"，标明"赵注"②；在朱注"盈之，亦宋之大夫也"，标明"赵注"③。从这些例子可以看出，绍攽标明"赵注"的地方，既有名物制度，亦有义理论说，这实际上是将朱注推向更加明确和清晰的境地。当然，标明出处的地方并不限于赵岐的注解，还涉及"本郑注"（郑玄），如在朱注"考其弓弩以上下其食是也"，标注"本郑注"④，在朱注"大甲商书顾谓常目在之也"，标注"此古注语"⑤，在朱注"或曰审也"，标注"此广韵注"⑥，在朱注"盘，沐浴之盘也"，标注"本孔注"（孔颖达），在朱注"蔽，遮掩也"，标注"本邢疏"（邢昺）⑦，在朱注"礼，君子问更端则起而对"，标注"见《曲礼》"，在朱注"小则吮痈"，标注"见《汉

---

① 刘绍攽：《四书凝道录·孟子》卷三，泾阳刘氏文在堂刻本，光绪二十年（1894），第5页。
② 刘绍攽：《四书凝道录·孟子》卷三，泾阳刘氏文在堂刻本，光绪二十年（1894），第45页。
③ 刘绍攽：《四书凝道录·孟子》卷三，泾阳刘氏文在堂刻本，光绪二十年（1894），第51页。
④ 刘绍攽：《四书凝道录·中庸》，泾阳刘氏文在堂刻本，光绪二十年（1894），第51页。
⑤ 刘绍攽：《四书凝道录·大学》，泾阳刘氏文在堂刻本，光绪二十年（1894），第8页。
⑥ 刘绍攽：《四书凝道录·大学》，泾阳刘氏文在堂刻本，光绪二十年（1894），第8页。
⑦ 刘绍攽：《四书凝道录·论语》卷九，泾阳刘氏文在堂刻本，光绪二十年（1894），第8页。

书》"①，在朱注"舐痔"，标注"见《庄子》"②等，仅从这些事例中可见绍攽标注之广、之细。最后，演绎朱注。绍攽认为朱注多有简略含糊之处，因此需要进行更为清晰的解释。如在朱注"欲世子笃信力行以师圣贤，不当复求他说也"，刘绍攽解释道："《注》中笃信力行是要立志以端其始"③，在此，刘绍攽重点以"立志以端其始"来为笃信力行作注解，明确了"笃信力行"的下手和落脚处。在解释朱注"以至于至静之中无少偏倚，而其守不失，则极其中而天地位矣"时，刘绍攽指出：

> 《注》意将戒惧自励处说起，如有所感触而惧，自此而收敛之以至于未发时一无偏倚，而工夫不间断则极其中矣。④

在此，刘绍攽对朱子所谓的如何达到"极其中"进行了详细的阐释，认为须从戒惧工夫做起，在有感而生戒惧之时，收敛内心，做到未发时的无所偏倚，如此便可达到"极其中"的境地。在解释朱注"口腹虽所当养，而终不可以小害大，贱害贵也"时说：

> 《注》意谓非恶夫小体之养也，恶其养小而有以害大也。是反言以决养小者之必有失。⑤

---

① 刘绍攽：《四书凝道录·论语》卷九，泾阳刘氏文在堂刻本，光绪二十年（1894），第12页。
② 刘绍攽：《四书凝道录·论语》卷九，泾阳刘氏文在堂刻本，光绪二十年（1894），第12页。
③ 刘绍攽：《四书凝道录·孟子》卷三，泾阳刘氏文在堂刻本，光绪二十年（1894），第13页。
④ 刘绍攽：《四书凝道录·中庸》，泾阳刘氏文在堂刻本，光绪二十年（1894），第7页。
⑤ 刘绍攽：《四书凝道录·孟子》卷六，泾阳刘氏文在堂刻本，光绪二十年（1894），第29页。

在绍妝看来，朱子的意思并非是要人舍弃口腹之养，而是不能以满足口腹之养妨碍心性的修养，这是朱子正话反说，意在表明满足口腹这类的事情，必然会有所失。绍妝的解读与朱子之意如出一辙，只不过是更加简明易解。在解释朱注"当道谓事合于理，志仁谓心在于仁"时，绍妝说：

> 事合于理，所谓遵先王之法；志在于仁，所谓格君心之非是也。合之则一，分之则二，此处孟子分言，故《集注》分释之。①

刘绍妝对朱注进行了拓展性的解释，朱子只是提出"事合于理"，绍妝则给出解释，认为"遵先王之法"就是"事合于理"；提出"志在于仁"，绍妝认为"格君心之非"就是"志在于仁"。两者合在一起讲是同一个意思，分开就是两层意思，而朱子显然是袭取孟子分而言之的主张。绍妝的解释是否属于诠释过度仍可再论，但将朱子之意提揭明白确是不容否定的。由上分析可见，绍妝对朱子《四书章句集注》绝非只是简单的绍述，更多的是充实和抉发朱注的内在义理，使其更加简明和完备。

二　折中百家

"广采诸家之说"② 是刘绍妝《四书凝道录》最为显著的特征之一。朱子在《四书章句集注》中"征引诸家解说，共计923条。而汉、魏、梁、唐四代学者的记说，一共只引了75条（汉60条，魏4

---

① 刘绍妝：《四书凝道录·孟子》卷六，泾阳刘氏文在堂刻本，光绪二十年（1894），第54页。
② 白遇道著，白金刚等点校：《重刻〈四书凝道录〉序》，《白遇道集》，西北大学出版社2017年版，第21页。

条，梁1条，唐10条）；其余848条皆为宋儒之说。而在这848条中，二程夫子之说计为304条"①。而刘绍攽在《四书凝道录》中征引诸说则达6558次，其中引古注280次，朱子357次，程子333次，陆陇其265次，李光地164次，张载50次，王信芳44次，徐世沐42次，薛轩37次，饶鲁、高攀龙、王应麟各17次，李二曲14次，引蔡清《四书蒙引》323次，引朱熹《四书或问》146次，引《史记》67次等②。由此可见刘绍攽引证之多而广，已非朱子所能企及。这一方面当然与刘绍攽为后出学者，与朱子相差600余年，有足够的史料可供其选取有直接关系；另一方面更为重要的则是刘绍攽"集思以广益，历选儒先之说"③的治经取向。当然，"广引"只是刘绍攽治经的手段，他绝非只是将这些材料进行文字的堆积，而是对诸家之说进行裁断和取舍，以期平衡诸家，择优选用。根据刘绍攽的自述，在折中百家的过程中，既有取舍，亦有综合。首先，就取舍来讲，在对朱注"是时出公不父其父而祢其祖，名实紊矣，故孔子以正名为先"的解释时说：

> 《春秋》道名分，故《集注》以父祖释之，旧说正百事之名，《大全》、吴氏、饶氏因之，已与卫事不切，毛西河至以为名法之名，更失之矣。④

注中所涉及的典故是卫国后庄公蒯聩与出公辄父子二人争夺王位导致的名实混乱之事。绍攽认为旧说、《四书大全》、吴棫、饶鲁皆不顾卫

---

① 陈铁凡：《〈四书章句集注〉考源》，《论孟论文集》，黎明文化事业股份有限公司1981年版，第39—67页。
② 浩小艳：《刘绍攽〈四书凝道录〉之审美研究》，硕士学位论文，西安建筑科技大学，2019年。
③ 刘绍攽：《四书凝道录》自序，泾阳刘氏文在堂刻本，光绪二十年（1894），第4页。
④ 刘绍攽：《四书凝道录·论语》卷七，泾阳刘氏文在堂刻本，光绪二十年（1894），第3页。

国事实,将"正名"解释为"正百事之名",与事实相悖。而毛奇龄解释为"名法之名"更是离奇。绍攽的意思很清楚,那就是对正名的解释,唯有朱子依据卫国事实将其限定在人伦一域,这就遵循了经典诠释实事求是的原则。在对朱注"三年之丧"的解释中,他说:

> 当时古礼不行,老氏之教渐渐流传,如原壤母死而歌,宰我目击时弊,疑而问之,后世遂为口实,独不思三年之丧,至今不废者,宰我一问之力也。《蒙引》疑《集注》引尹氏短丧一段,替宰我回护者,误也。①

在绍攽看来,古礼不行于世,老庄之学流传渐广,出现母死而歌的现象,幸宰我有心关注,致使三年之丧不废。但蔡清则质疑朱子引用尹焞之说是替宰我辩护,这是错误的。由此可见绍攽一尊朱注之意。再如对"回也不改其乐"朱注的解读中,绍攽说:

> 袁了凡谓"人都说孔子称颜子安贫",愚谓"实取颜子之精进,盖语之不惰,无所不悦,乃所以乐之根也"。②

这里,绍攽显然是不赞同袁了凡所认为的孔子称赞颜回只是取颜回的"安贫"境界,这样的话,实际上是小看了颜回。绍攽认为孔子看重颜回,是取其"精进"之精神。绍攽之说显然优于袁了凡之意,更深一层地将颜回之乐的根源揭示出来。由上述例子可见,刘绍攽完全是以朱子学为据对他注进行反驳和裁断的。

---

① 刘绍攽:《四书凝道录·论语》卷九,泾阳刘氏文在堂刻本,光绪二十年(1894),第18页。

② 刘绍攽:《四书凝道录·论语》卷三,泾阳刘氏文在堂刻本,光绪二十年(1894),第35页。

就综合的角度而言，在对《论语》"唯上智与下愚不移"朱注进行解读时，刘绍攽指出：

> 讲家多谓"夫子以不可移言"，程注"以不肯移言"，似有不合朱子谓"人性本善，虽至恶之人一日而能从善则为一日之善人"，然则不可移者，只是不肯移耳。只有学便可移，然其肯学亦是其气质好处，语似异而理则同也。①

这段注文是关于"不可移"与"不肯移"的争论。绍攽则认为两者是相通的，因为"不可移"就是"不肯移"，只要肯学便是可移的，所以程颐的注解与朱子是没有矛盾的。这就透露出刘绍攽折中融合他注之意。在阐释朱注"格物"时，绍攽指出：

> 程子谓"格，至也，如'祖考来格'之'格'，譬如登山要亲到此山，方知此山景物"，吕东莱释"'天寿平格'之'格'为通彻无间"，深得至也之意。郑注训"来"亦本祖考来格。……吕与叔必穷万物之理同出于一为格物。谢上蔡以"求是为穷理"，杨龟山以"天下之物不可胜穷，然皆备于我而非从外得"，胡五峰"即事即物不厌不弃而身亲格之"，胡文定"以物物致察宛转归己"，则皆与程朱不异。②

晚明刘宗周曾指出："格物之说，古今聚讼有七十二家"③，这就道出了"格物"问题的复杂性。绍攽则选取代表性的学说进行综合研判，

---

① 刘绍攽：《四书凝道录·论语》卷九，泾阳刘氏文在堂刻本，光绪二十年（1894），第3页。
② 刘绍攽：《四书凝道录·大学》，泾阳刘氏文在堂刻本，光绪二十年（1894），第5页。
③ 吴光主编：《大学杂言》，《刘宗周全集》第1册，浙江古籍出版社2007年版，第657页。

他认为朱子之说祖述程颐自不用说，而吕祖谦的"通彻无间"也是"至"的意思，郑玄训"来"亦与程朱之意不相违碍，其他如吕大临、谢良佐、杨时、胡宏、胡安国等的注解皆与程朱语异而理同。平实而论，"'格'后世有解为'来''捍''即''正'等，解为'来'是在天人感应论意义上讲的，解为'捍'是在义利之辨的意义上讲的，解为'即'是在认知天地万物之理的意义上讲的，解为'正'则是在知行合一道德实践的意义上讲的"①。诸家解说并非与程朱之义高度趋同，他们之间的差异是非常明显的，绍攽之所以将其归并为一恰恰是其卫道程朱学术取向的直接反映。再如对《大学》今、古本的争论时，刘绍攽指出：

> 愚按近儒多讲古本《大学》，谓不必分传分经，亦不必补传，曾细考之，古本原自可通，其有错简与否未可知也。朱子改本与二程不同，其果合于古亦未可知也。但其所言之要，则与孔门一脉相承，故今从之。②

二程首开《大学》文本改动之举，朱子仍之，不仅将《大学》划分为一经十传，更补《大学》"格物传"，视为"今本《大学》"，且赖朝廷功令的加持，成为上至朝廷，下至民间的经典文本。后阳明为挑战朱子义理系统，否定朱子的《大学》改本，改尊古本《大学》，从而在学术史上形成一个聚讼不断的学术公案。绍攽从文献和思想两方面对此问题进行回应。在文献方面，绍攽对今本还是古本给予存疑的态度，认为两说皆无据可证。但从义理的角度来说，程朱的今本《大学》则与孔子意思相近，故他选择遵从程朱的改本。绍攽的这种取向

---

① 李祥俊：《〈大学〉"八条目"的义理结构与价值前提辨析》，《安徽师范大学学报》2018年第1期。
② 刘绍攽：《四书凝道录·大学》，泾阳刘氏文在堂刻本，光绪二十年（1894），第8页。

与那种简单地否定古本相比，显得更具说服性。因为改本更能为扩大理学思潮的影响提供一个更为完善的哲学教本。①

三 批判阳明

刘绍攽所处的乾隆时期，阳明心学已处在极度衰弱的境遇，已经很难对官方哲学朱子学构成威胁。但这并不是说心学就毫无声音，它依然有支持者和拥护者。从统治者角度来看，整个清季，始终未取缔阳明从祀孔庙的政治礼遇，不唯如此，乾隆帝于1751年南巡期间，专谒阳明祠，后在1784年再度南巡期间，诏令修葺阳明祠，并御赐"名世真才"匾额。上层态度的松动，为阳明心学留下一线生机。从士大夫角度来看，早在乾隆初年，李绂（1675—1750）就刊刻《陆子学谱》，乾隆五十二年（1787年），刘原道刊刻《阳明先生年谱》等。这种情形很容易导致心学再度复燃。因此，此时批判阳明心学仍有它的必要和意义。刘绍攽在《四书凝道录》中有意识地对阳明心学进行批判，以期卫道程朱。下面我们试举几例，来一展刘绍攽的这一学术特质。首先，就学界批判最为集中的"无善无恶心之体"来讲，绍攽指出：

> 阳明"无善无恶心之体"即是此意，告子虽小变前说，然不悟水性而须决己与杞柳戕贼者相类，而不得为顺其自然矣。②

不同于顾宪成等认为阳明"无善无恶"相异于告子"无善无恶"的论断，刘绍攽显然是因袭了清初朱子学者熊赐履的"晦翁以象山为宋

---

① 陈来：《朱子哲学研究》，华东师范大学出版社2000年版，第283页。
② 刘绍攽：《四书凝道录·孟子》卷六，泾阳刘氏文在堂刻本，光绪二十年（1894），第2页。

之告子，愚亦以姚江为明之告子"① 的主张，同样将阳明的"无善无恶心之体"与告子"无善无恶"说相等同。这实际上是对阳明之意的误读，因为阳明的"无善无恶心之体"所要讨论的问题根本就不是伦理学上的善恶问题，而是指良知作为情绪主体具有虚、无的特性，这种特性表现在良知不会使自己"着"在哪一事物上，而使之成为良知流行无滞的障碍。②

其次，刘绍攽亦着重批判阳明的"格物"思想，因为这是朱子、阳明争论的核心焦点，决定着两者的工夫路向。刘绍攽对此回应道：

> 按格物之说不一，涑水谓"扞御外物"，象山云"格去物欲"，姚江云"去其不正以归于正"，皆与致知二字不洽。近儒多从王心斋"格其物有本末之物"，王丰川因以"物即指身心意知"，谢梅庄以"物即指身与家国天下"，总缘致疑物无尽，格亦无尽，殊不知程朱非教人玩物丧志也。③
>
> 明德在己，新民在人，人己相形故曰"物"。此"物"字即物格之物，但此以物之大纲言。格物乃事物之理，是以物之散殊言。王心斋牵合为一，则有一本而无万殊矣。④

从前述可知，刘绍攽在"格物"的理解上悉遵朱子，以此为基准，他首先批判心学一系的王艮、王心敬对"物"的理解，他认为他们将"物"的理解过于狭窄化了，仅仅指向"身心意知"，这与朱子的"或考之事为之著，或察之念虑之微，或求之文字之中，或索之讲论之际，使于身心性情之德、人伦日用之常，以至天地鬼神之变、鸟兽

---

① 熊赐履著，徐公喜、郭翠丽点校：《异学·告子》，《学统》卷四十九，凤凰出版社2011年版，第551页。
② 陈来：《宋明理学》，华东师范大学出版社2004年版，第216页。
③ 刘绍攽：《四书凝道录·大学》，泾阳刘氏文在堂刻本，光绪二十年（1894），第5页。
④ 刘绍攽：《四书凝道录·大学》，泾阳刘氏文在堂刻本，光绪二十年（1894），第4页。

草木之宜"①之意相比，明显偏于内在。尤其是王艮将"物"视为一，与朱子所讲的"物"主要是千差万别之物相违背，出现只有"一本"之理，而无"万殊"之理的情形，殊不知朱子的"格物"正是"用力之久，而一旦豁然贯通"②，强调的是下学上达，教不躐等。绍攽进而批评象山、阳明所解释的"格物"之意难与后面的"致知"形成理论的自洽，他们说的"格物"皆是意识领域内的事，与"致知"主要指向"知识之知"的意义③不相融合。

"致良知"是阳明心学的三大命题之一，在其学术体系中占据核心地位。刘绍攽对此评价道：

> 当时以仁义为外烁，故为指出固有之良，欲人察识而扩充之，非谓可废学也。且孟子以知能并举，推本仁义，《象山语录》偶云"生知，盖谓有生以来浑无陷溺，无伤害，良知俱存，非天降之才尔殊也"。阳明遂拈"良知"二字以为宗风，却不言始于象山。④

刘绍攽批评阳明的角度与他人不同，他主要从"良知"的思想渊源切入，认为在孟子之时，多以仁义为外在，孟子为矫正时弊，指出此乃是不依赖于任何条件，而先天就所拥有的，具有"直觉性""当下即是性"。当然这并不是要否认"学"，恰恰是需要通过"学"来察识和扩充。后陆九渊接续和发挥孟子这一认识，指出这是人有生以来即存在的，除强调它的先验性，更指出它的普遍性。再后来阳明标揭

---

① 朱熹著，朱杰人等编：《大学或问》，《朱子全书》第6册，上海古籍出版社、安徽教育出版社2002年版，第527—528页。
② 朱熹著，金良年译：《四书章句集注》上，上海古籍出版社2006年版，第10页。
③ 陈来：《朱子哲学研究》，华东师范大学出版社2000年版，第288页。
④ 刘绍攽：《四书凝道录·孟子》卷七，泾阳刘氏文在堂刻本，光绪二十年（1894），第16页。

"良知"以为学术宗旨,但却忽视陆九渊在此问题上的创发地位。也就是说,阳明在学术诚实性上是有问题的。刘绍攽对阳明的这种评价过于夸大了陆九渊对"良知"的提揭之功。换言之,陆九渊对"良知"并没有太多的关注和阐释,将阳明此论追溯到陆九渊,与事实并不相符合。

我们再来看一下刘绍攽对阳明在卫国一事上态度的评判,他说:

> 阳明谓"令子迎其父,父让其子,辄仍得国,养父于宫,如后世太上皇之类",此世俗之见,圣人绝不为此。以夷齐太伯之事观之,圣人唯有感发其天良,让辄而去,辄亦不可立也。①

这里需要先交代一下这段引文的历史背景。卫国太子蒯聩与卫灵公夫人南子交恶,欲谋杀南子,计划泄露,出逃宋国、晋国。灵公四十二年,欲立少子郢为国君,少子郢推辞不受,遂立蒯聩之子辄为国君,即卫出公。后蒯聩返归卫国,就任国君,即卫后庄公,而卫出公则出逃至鲁国。就这段事实,阳明认为正确的做法是出公应该把其父后庄公迎接回来,奉为太上皇,而作为父亲的后庄公应该让位于出公,让其继续执掌国政。这在绍攽看来乃是世俗之见,与圣人之说不类。因为在圣人看来,后庄公欲杀母,得罪其父灵公,出公拒接其父,父子二人皆是无父之人,都没有资格就任国君。若就之乃是背弃人伦,名不正言不顺,正确的做法应该仍然让少子郢即位,方得人伦之正。可见,阳明的主张"具有对人性信赖极大化的特征,故其对本案所提出的解决方案充满善意的想象"②。绍攽的主张是就应然层面而讲,以

---

① 刘绍攽:《四书凝道录·论语》卷七,泾阳刘氏文在堂刻本,光绪二十年(1894),第 5 页。
② 黄信二:《从朱子与阳明论蒯聩与卫辄比较朱王之"礼"论》,《哲学与文化》2014 年第 5 期。

期维护儒家的纲常伦理。两者角度不一，差异自然难以消弥。要之，绍攽的这种评价实际上是将阳明从圣人之列中剔除出去。

由上述分析可见，刘绍攽对阳明心学的批判基本是围绕学界争议已久的问题展开，在深度和广度上都没有度越前贤，但他在阳明心学有复燃迹象之时，积极介入，其象征意义是要远远大于其实际意义的。

四　不废训诂

在清代，乾嘉汉学更多的只是江南一域的学术现象，并不具有全国性的意义①。进一步来讲，关学自张载创立以来，一直就沿袭和尊奉张载所开创和奠定的"心解"之法，根本不重视训诂在经典诠释中的作用。而刘绍攽则一定程度上偏离了关学这一传统，在注释四书时，沿袭的恰恰是朱子注释四书的方法，他明确指出"读书要字字挑剔……无穷道理俱在里面"②，强调文字训诂在诠释经典、阐发义理方面的重要性。在这种原则的指导下，在"朱子《四书章句集注》，研究文义，期于惬理而止，原不以考证为长"③的境遇下，他在《四书凝道录》中，凡名物制度、草木鸟兽、山川湖海无不引经据典，加以翔实考证，以期为义理阐释的正确性提供最为基础的保障。我们试举几例，一观其详。首先，刘绍攽详细考证朱子集注当中所引用的人物。我们知道，朱子引用他注只是标为"某氏曰"，没有直接点出人名。刘绍攽认为这样容易为研习者留下不明就里的隐患，所以必须一一点出，使后学者知其出处和渊源，加深对四书的理解：

---

① ［美］艾尔曼：《从理学到朴学》，赵刚译，江苏人民出版社2012年版，第4—6页。
② 刘绍攽：《四书凝道录·孟子》卷六，泾阳刘氏文在堂刻本，光绪二十年（1894），第12页。
③ 纪昀总纂：《论语稽求篇要》，《四库全书总目提要》卷三十六，第1册，河北人民出版社2000年版，第959页。

例1：如对"刘聘君"，绍攽指出："名安世，字器之，大名府元城人。"①

例2：如对"孔氏曰：'惠王之志在于报怨'"中的"孔氏"，绍攽解释道："名文仲，字经文，临江人。"②

例3：如对"赵氏曰：'八口之家'"中的赵氏，绍攽解释到："名岐，东汉常陵人。"③

例4：如对"丰氏曰：'因民之恶'"中的"丰氏"解释道："名稷，字相之，四明人。"④

例5：如对"胡氏曰：'仲尼作春秋'"中的"胡氏"解释道："名安国，字康侯，建安人。"⑤

其次，绍攽亦对地名、山川进行详细考证：

例1：在对叶公的考证上，绍攽指出："叶，楚县名，故城距今南阳府叶县治二十里，中有沈诸梁祠。"⑥

例2：在对魏国都城大梁考证时指出："魏故都安邑，惠王时，秦屡败魏，安邑近秦，于是徙治大梁。"⑦

例3：在对"雪宫"的解释上，绍攽指出："元《和郡县图

---

① 刘绍攽：《四书凝道录·论语》卷四，泾阳刘氏文在堂刻本，光绪二十年（1894），第12页。

② 刘绍攽：《四书凝道录·孟子》卷一，泾阳刘氏文在堂刻本，光绪二十年（1894），第16页。

③ 刘绍攽：《四书凝道录·孟子》卷一，泾阳刘氏文在堂刻本，光绪二十年（1894），第32页。

④ 刘绍攽：《四书凝道录·孟子》卷七，泾阳刘氏文在堂刻本，光绪二十年（1894），第12页。

⑤ 刘绍攽：《四书凝道录·孟子》卷三，泾阳刘氏文在堂刻本，光绪二十年（1894），第54页。

⑥ 刘绍攽：《四书凝道录·论语》卷四，泾阳刘氏文在堂刻本，光绪二十年（1894），第15页。

⑦ 刘绍攽：《四书凝道录·孟子》卷一，泾阳刘氏文在堂刻本，光绪二十年（1894），第1页。

志》：雪宫，故址在青州临淄县，即齐故都东北六里。"①

例4：在对"岐山"的解释上，绍攽说："雍录，岐在今凤翔府东五十里。"②

例5：在对"九河"的考证上，绍攽指出："九河之名，本之《尔雅》，汉唐叙传亦然。"③

最后，再来看一下绍攽对制度的考证：

例1：在对"三十年为一世"的考证上，绍攽说："邵子以十二万九千六百年为一元，三十年则有十二万九千六百辰，故至此更变其云甲子，甲午为世首者，六十年一甲子，中间三十年而一甲午也。"④

例2：在对"居南宫"的解释上，绍攽借用阎若璩的考证来为自己的观点佐证，指出"阎百诗曰：'古者，命士以上，父子皆异宫，故《仪礼》言'有东宫、有西宫、有南宫、有北宫，世之氏某宫者以此'。"⑤

例3：在对"分田制禄之常法"的解释上，绍攽指出："居民制田以四八为法，如八家为井，四井为邑，四邑为邱，四邱为甸是也。"⑥

例4：在对"枉尺而直寻"的解释上，绍攽借用他注说道："周制十寸八寸皆尺，以十寸之尺起度则十尺为丈，十丈为引，

---

① 刘绍攽：《四书凝道录·孟子》卷一，泾阳刘氏文在堂刻本，光绪二十年（1894），第41页。
② 刘绍攽：《四书凝道录·孟子》卷一，泾阳刘氏文在堂刻本，光绪二十年（1894），第48页。
③ 刘绍攽：《四书凝道录·孟子》卷三，泾阳刘氏文在堂刻本，光绪二十年（1894），第23页。
④ 刘绍攽：《四书凝道录·论语》卷七，泾阳刘氏文在堂刻本，光绪二十年（1894），第10页。
⑤ 刘绍攽：《四书凝道录·论语》卷三，泾阳刘氏文在堂刻本，光绪二十年（1894），第11页。
⑥ 刘绍攽：《四书凝道录·孟子》卷三，泾阳刘氏文在堂刻本，光绪二十年（1894），第14页。

以八寸之尺起度，则八尺为寻，倍寻为常，是故十尺曰丈。"①

从上述例子可以看出，绍攽考证得非常详细和精确，每下一字必有考究，择其精良者以为注文，使得朱注更加清晰和明确。绍攽的这一取向既是对朱子学不废训诂的承继，亦是乾嘉汉学学风的体现。但总体来讲，刘绍攽是"汉宋兼采"，但是属于立足宋学而兼采汉学，而非立足汉学去兼采宋学，故应该从"宋学家而通训诂者"的角度来看待刘绍攽的"不废训诂"之举。

小　结

朱子一生精力尽于四书，而刘绍攽一生则尽于《四书章句集注》。作为清代中叶朱子学式微之下为数不多的羽翼朱注之作，刘绍攽的《四书凝道录》深以师祖李光地的"名为尊程朱，何尝有丝毫发明"②为戒，尊朱而不述朱，涵具丰富而典范的学术史意义：一是在汉学兴盛的乾嘉时期，刘绍攽依然以尊奉程朱理学为务，并未随波逐流，彻底卷入汉学的洪流之中，成为卫道宋学但不废汉学的标杆人物之一，延缓了宋学的衰落速度；二是从关学角度而言，刘绍攽的《四书凝道录》以个案的形式昭示着关学并非铁板一块不重训诂，它的实际情况远比我们想象的要复杂得多，这就提醒我们要注意普遍之下的个别；三是从四书学史的角度而言，刘绍攽的注解是对朱注的推阐和演绎，较之其他同类注解，绍攽的注解引证之广，考证之精，推阐之细，皆是难得一见的，呼应和助推了清代中期四书学发展的新动向：义理阐释的纯粹、考证方法的精密，以及内容的切实③，进一步佐证了王国

---

① 刘绍攽：《四书凝道录·孟子》卷三，泾阳刘氏文在堂刻本，光绪二十年（1894），第34页。
② 李光地：《榕村语录》，中华书局1995年版，第785页。
③ 周国林、涂耀威：《"四库馆"与明清四书学转型》，载《古籍整理研究学刊》2009年第5期，第35—39页。

维"乾嘉汉学精"① 判断的准确性。

第八节　拔擢《论语》，宗朱批王：
　　　　张秉直的《四书集疏附证》

皮锡瑞说："国初诸儒治经，取汉、唐注疏及宋、元、明人之说，择善而从。由后人论之，为汉、宋兼采一派。"② 这一"汉、宋兼采"之风递进至雍、乾之交，渐趋失衡成"朴学日昌，博闻强力，实事求是，后凡言性理者屏不得与于学"③，也就是汉学虽未至盛，但已迅速崛起，宋学尽管日衰，却依然夺目。张秉直恰恰就处于这一学风转变之际，成为"理学家而通训诂者"④ 的典范。张秉直（1695—1761），字含中，号萝谷，陕西澄城人。秉直出自诗书世家，六岁父亲即去世，后由其叔父教以课业，授其《小学》、四书、《易经》、《诗经》和《尚书》等，十岁即能成诵。稍长，"即不自菲薄，不以圣贤为不可及"⑤，年二十，其母争羡他人之子有功名，遂应考秀才，中举后便不复仕进，被革除功名。秉直生性纯粹，学行纯笃，乐善好施，广交名流，声闻日昌，"论者或高其严峻，或重其含容"⑥，中丞陈宏谋荐之于朝，秉直以母老婉拒。其不以仕途为志，倾心圣学，著述丰富，于经书当中独重四书，不仅"于四书用力甚勤"⑦，更主张

---

① 王国维：《王国维自述》，安徽文艺出版社2014年版，第13页。
② 皮锡瑞：《经学历史》，中华书局2004年版，第222页。
③ 郭嵩焘：《〈大学章句质疑〉自序》，《郭嵩焘诗文集》卷三，岳麓书社1984年版，第24页。
④ 傅璇琮：《中国古代诗文名著提要》，河北教育出版社2009年版，第372页。
⑤ 李元春：《关学续编》，载王美凤编校《关学史文献辑校》，西北大学出版社2015年版，第136页。
⑥ 李元春：《关学续编》，载王美凤编校《关学史文献辑校》，西北大学出版社2015年版，第136页。
⑦ 张秉直：《论语绪言》，刘传经堂藏书，同治十二年刻本，第64页。

"舍四子书外,更无可讲之学"①,先著有《四书集疏》,后间有片解,不忍舍弃,积久成帙,于乾隆二十年(1755)编为《四书集疏附证》,是书由乡人连毓太捐资400金刊刻于道光十五年(1835),同时刊刻的还有张秉直所著的《论语绪言》。《四书集疏》主要是张秉直广征博引,为四书做的集疏,自己并没有作注,难以窥见其思想,而《四书集疏附证》则是其对四书的注释之作,可见张秉直研治四书,没有尊一辟一,既有汉学广征博引之风,亦有宋学发挥义理之实,极为明显地体现了雍、乾之交的学风转变,尤其是在"清代精英学术界的空档期",张秉直的《四书集疏附证》无疑是我们理解和把握雍、乾之交学风嬗变的一个具体而鲜活的个案。

一 四书尤重《论语》

朱子对四书进行一体化的建构,而在四书当中,他最为重视的当属《大学》,将其视为四书之主脑,群经之纲领。后世学者多承袭朱子这一看法,但也并非铁板一块,清初的王吉相就主张四书以《论语》为宗②,张秉直虽宗朱子,但并没有恪尊朱子这一说法,而是与王吉相的论点保持一致,同样主张四书当以《论语》为首,这首先可以从其完成《四书集疏附证》之后,另撰《论语绪言》直接予以印证,据其子张南金记载:

> 先君子于四书用力甚勤,删订先儒有《集疏》,其自著有《集疏附证》,晚又以《论语》言近指远,愈发明愈无穷尽,复著《绪言》一卷。③

---

① 连毓太:《四书集疏附证》序,张秉直《四书集疏附证》,同治十二年刻本,第2页。
② 王吉相:《四书心解》,三秦出版社2015年版,第29页。
③ 张秉直:《论语绪言》,刘传经堂藏书,同治十二年(1873),第64页。

第四章　鼎盛与终结：清代关学四书学　299

从其子的叙述中可以看出，张秉直认为《论语》一书内涵丰富，义理无穷，仅在《四书集疏附证》里难以括尽，故须另作他书以发挥《论语》义理。这就显示出张秉直对《论语》的特别定位和格外重视。以上是从外证的角度来说明张秉直对《论语》的拔擢。下面再从内证的角度来看一下张秉直本人对《论语》的认识：

> 《论语》，圣人教人之书。①
> 《小学》《论语》二书，圣之所以为圣者，要不外此。若舍此二书，又何学乎。②
> 《论语》者，道学大成之书，而其中所云乃圣人教人之法。③

从上述引文中可以窥见出几点关键信息：一是《论语》不仅是圣人教化民众的文本，亦蕴含圣人育人之法，更是道学大成之书；二是优入圣域必须以《论语》《小学》为入门。可以看出，张秉直对《论语》的这种定位主要是从《论语》一书多是涵具教人之下学方法的角度而言的，这也与其一贯主张的为学必须循序渐进、教不躐等保持着高度一致性。他进一步围绕此点展开论述：

> 试看《论语》一书何等审慎，有一言张大者乎，降至孟子，其言论气象遂不侔，此圣贤之别。④
> 然求内外精粗之全旨，下学上达之实功，学者日用动静有可持循而固守之者，无过《论语》一书。……若舍此不学，高谈性命，则是圣门诸贤之所不得闻者，而末学浅儒凡欲闻之学者，固

---

① 张秉直：《四书集疏附证·论语》卷一，刘传经堂藏书，同治十二年（1873），第9页。
② 张秉直：《四书集疏附证·论语》卷一，刘传经堂藏书，同治十二年（1873），第1页。
③ 张秉直：《四书集疏附证·论语》卷六，刘传经堂藏书，同治十二年（1873），第9页。
④ 张秉直：《论语绪言》，刘传经堂藏书，同治十二年（1873），第49页。

失圣人下学上达之序。①

张秉直的意思很清楚，那就是《论语》语言平实，无张狂之语，无高谈之论，涵摄内外，全是下学上达之实功，学者须是循此而进，才能符合儒学一贯的为学宗旨。张秉直的这一论述无疑是符合《论语》本旨的，因为《论语》确为孔子就人伦日用处提点教化，少有涉及高大虚远之语，故而是书的核心要旨即在于"下学而上达"。

张秉直继续通过比较《论语》与四书中的其他书来彰显此意，他说：

> 圣人之所以教人者，《论语》是也。若《中庸》《孟子》直是明道之言。彼盖有所为而言之，与夫子合下教人用工处，立言稍别，今之学者以《论语》为平常，动言性命之奥，即教者亦以《论语》为浅近，每称存主之微，吾不知其所学与其所教，人将欲驾乎？②
>
> 《大学》文字疏宕，不比《论语》严密。③

在张秉直看来，《中庸》《孟子》是明道之书，没有指明入手工夫，没有明确工夫途径，而《大学》则是"言治平之事"，④ 只有《论语》当下即指明圣人之学入手工夫，使人人可以有途辙可循，那种将《论语》看作浅近之作的观点无疑是好高骛远之论。由此可见，张秉直之所以将《论语》拔擢至四书之首，既是清初以来崇实黜虚学风的直接体现和落实，更与其一贯的学术宗旨直接相关，那就是他所宗本的程

---

① 张秉直：《论语绪言》，刘传经堂藏书，同治十二年（1873），第49页。
② 张秉直：《四书集疏附证·论语》序，刘传经堂藏书，同治十二年（1873），第1页。
③ 张秉直：《四书集疏附证·大学》卷二，刘传经堂藏书，同治十二年（1873），第5页。
④ 张秉直：《四书集疏附证·论语》卷一，刘传经堂藏书，同治十二年（1873），第6页。

朱一系的为学进路,即"下学上达",他说,"《论语》《小学》多下学之旨,学者有可持循。"① 也就是说,《论语》恰恰是这一宗旨的最好诠释者,故而他高赞道:"赵韩王谓半部《论语》足以定天下,渠虽非其人,然其言诚不诬也。"②

二 宗本朱子

清儒连毓太在评价张秉直《四书集疏附证》时指出:"以朱子之说为宗,信之最笃,好之最深"③,此言可谓不虚,张秉直在是书字里行间中处处透显出其卫道朱子的注经旨趣。首先,我们先来看张秉直对朱子的高赞和推崇:

> 凡朱子解经止以经释经,不以一毫己意参乎其间。④
> 朱子之心即圣人之心也,故其注四书不啻出诸其口如此。⑤
> 朱子论人之心之公,其言之平,真后学模楷。⑥
> 朱子,孔子之真传也,学孔子者宜学朱子。⑦

从上述引文中可见,张秉直用"得孔子真传""后学楷模""圣人之心""公正无私"来定位和高赞朱子,这些赞语已将朱子拔擢至无以复加的地步,足见张秉直对朱子的服膺和推崇。更为重要的是,他认为朱子所解四书全是以圣人之心推阐,毫无私意掺杂其间,最为公正不偏。这是张秉直对朱子最为直白的羽翼。下面再从张秉直在四书的

---

① 张秉直:《开知录》卷一,光绪元年(1875)三原刘传经堂刻本,第1页。
② 张秉直:《四书集疏附证·论语》卷六,刘传经堂藏书,同治十二年(1873),第15页。
③ 连毓太:《四书集疏附证》序,刘传经堂藏书,同治十二年(1873),第2页。
④ 张秉直:《四书集疏附证·中庸》,刘传经堂藏书,同治十二年(1873),第2页。
⑤ 张秉直:《四书集疏附证·论语》卷六,刘传经堂藏书,同治十二年(1873),第17页。
⑥ 张秉直:《开知录》卷七,光绪元年(1875)三原刘传经堂刻本,第8页。
⑦ 张秉直:《开知录》卷一,光绪元年(1875)三原刘传经堂刻本,第1页。

肯綮和关节处的态度来一展这一学术宗旨。就朱子最为重视的《大学》所关涉的问题来讲，张秉直无论是在《大学》文本，还是在《大学》义理上，皆显豁出他对朱子的高度推崇。在《大学》文本问题上，他力主朱子的《大学》改本，完全按照朱子所划分的一经十传进行注解，丝毫不提阳明所主的古本《大学》。在朱、王所争的"新民"还是"亲民"问题上，张秉直说，"新民自是学者分内事，故大学之道其次即在新民。"① 这就是说，张秉直是以间接的方式回应和表明了他在此问题上的立场，那就是认同朱子的"新民"说，理由亦与朱子如出一辙，将其看作"明明德"的题中之义和逻辑推衍。再次，在《大学》"格物致知"是否缺传这一问题上，张秉直在注本中专门对朱子所补传文进行解释，并特别对朱子的"格致"范围进行了推阐，他说，"顺时物之性而不失宰物之宜，此格物致知所以不遗一草一木也。"② 这就是说，张秉直认可朱子所说的"格物"所涵括的范围，那就是"《大学》始教，必使学者即凡天下之物"③。最后，在《大学》以何工夫为先问题上，张秉直论道：

  此格物致知所以为《大学》之始事也。古今多少人才皆因此关不透，以致差误，如陆王之讲学，陈吕之事功，申生之孝，苟息之忠，皆是也。学者可不知所先务哉。④

  格物穷理，圣贤第一入门工夫，亦是彻始彻终工夫，若不从此入门，言之可否，行之是非，何由得知？若不彻始彻终，言之精微，行之疑似，亦不能辨江西诸家为顿悟之说，虽粗识义理，要必不知精当所在，缘他先少此一番功夫也。⑤

---

① 张秉直：《四书集疏附证·大学》，刘传经堂藏书，同治十二年（1873）刻本，第4页。
② 张秉直：《四书集疏附证·大学》，刘传经堂藏书，同治十二年（1873）刻本，第8页。
③ 朱熹著，金良年译：《四书章句集注》（上），上海古籍出版社2006年版，第9页。
④ 张秉直：《论语绪言》，刘传经堂藏书，同治十二年（1873）刻本，第55页。
⑤ 张秉直：《四书集疏附证·论语》卷一，刘传经堂藏书，同治十二年（1873）刻本，第26页。

我们知道，朱子以"格物致知"为《大学》的第一义工夫，而阳明则以"诚意"为《大学》的首要工夫。从上述引文中可以很容易看出张秉直推尊朱子之意，他同样认为《大学》的入门工夫必须为"格物致知"，陈亮、陆九渊、王阳明等人皆因不从此入，故而学术出现偏差，落入另类。由上可见，在辐辏于朱、王之争的《大学》所涉的关键问题上，张秉直皆与朱子趋同，呈现明显的宗朱趋向。

知行关系同样是划分朱、王阵营一个重要标识。张秉直在诠释四书的时候，着重就此问题展开叙述。他首先指明知行问题在圣学中的重要性，他说：

> 圣学工夫不过知行两者。①
> 圣学工夫虽千头百绪，要总不外知行两者。②

在张秉直看来，圣学工夫名目虽多，不外知、行二者，换言之，知、行完全可以涵盖圣学工夫。这就将知、行工夫擢升至极高的地位。同时较之朱子，有过而无不及。在对知、行关系的论述上，张秉直指出：

> 学必知而后行，学之序也。③
> 圣学工夫虽知行并进，然致知是第一最要紧工夫。④
> 圣人之道，先知后行，未有不知而能行者，亦安有能行而尚

---

① 张秉直：《论语绪言》，刘传经堂藏书，同治十二年（1873）刻本，第21页。
② 张秉直：《四书集疏附证·孟子》卷二，刘传经堂藏书，同治十二年（1873）刻本，第4页。
③ 张秉直：《四书集疏附证·论语》卷一，刘传经堂藏书，同治十二年（1873）刻本，第8页。
④ 张秉直：《四书集疏附证·论语》卷二，刘传经堂藏书，同治十二年（1873）刻本，第15页。

不知者。①

　　学必先知而后行，此自为学之序，古人总无两样教法，只是弟子知识未开，故当先培养其性情耳。②

张秉直反复强调的观点都是知先行后，主张"知"为"行"的基础，为"行"提供方向和范导。离开"知"，"行"就是盲目的。反过来，"行"是对人已有知识的落实和实践。这很明显与朱子所主张的"论先后，当以致知为先"③的观点相一致。同时，张秉直亦着意发挥朱子知行观的另一面，他说：

　　学者工夫行重于知，须大加猛省，所谓"知之匪艰，行之唯艰也"。圣贤工夫知重于行，不消大段着力，知进一步，行自进一步也。此圣凡用功不同处。④

　　圣贤工夫全在知边，凡所知者未有不能行者也，此所以为圣贤之学。⑤

我们知道，朱子对"知""行"的界定除了从先后层面规范外，亦从轻重层面指出"行"重于"知"。⑥ 张秉直同样承袭这一指向，所不同的是，较之朱子却作了更加详细的区分，主张从学者的角度而言，应该是"行"重于"知"，须从力行的角度不断提升自己，而圣贤工夫则恰恰相反，不需要过多力行，"知"得自然能够"行"得，因为圣贤已臻于纯化之境。张秉直的这种区分是否合宜，仍可再议，但他

---

① 张秉直：《四书集疏附证·孟子》卷七，刘传经堂藏书，同治十二年（1873）刻本，第4页。
② 张秉直：《四书集疏附证·论语》卷一，刘传经堂藏书，同治十二年（1873）刻本，第9页。
③ 黎靖德编：《朱子语类》卷九，中华书局1986年版，第148页。
④ 张秉直：《论语绪言》，刘传经堂藏书，同治十二年（1873）刻本，第4页。
⑤ 张秉直：《论语绪言》，刘传经堂藏书，同治十二年（1873）刻本，第5页。
⑥ 朱子说："论轻重，行为重。"（黎靖德编：《朱子语类》卷九，中华书局1986年版，第148页）

确实注意到一般学者和圣贤在境界上的差异，从而有针对性地提出不同的工夫路径，细化了朱子之论这无疑是值得肯定的。

朱子既强调"知""行"之间的分际，亦强调两者之间的关联，他说，"知、行常相须，如目无足不行，足无目不见。"① 这就是说，"知"与"行"两者是相互成就的关系，"知"如同"目"，"行"如同"足"，两者互为前提，密不可分。张秉直接续朱子这一说法，他继续推阐道：

> 圣人工夫知行相资，知进一分，行亦进一分，行高一格，知亦高一格，为有先习其事而后知其理者。②

在张秉直看来，"知"与"行"是相互促进的，"知"进"行"亦进，"行"进"知"亦进。很显然，张秉直这里隐含了这样一种预设，那就是"知"必带动"行"，"行"亦带动"知"，两者是一种充分必要的关系，这实际上也是朱子所讲的真知、真行，真知必能行，真行也必能带动知。从上述四书所关涉的核心问题上，张秉直皆表现出一尊朱子的学术取向。同时，不能忽视的是，张秉直在著作中亦有影射朱子之语，他说："不得必以朱子之言为是也"③；"解经尊理不尊经文语气，朱子特开此一法门，然学者须各还他本意方为得之"④；"是知遵注而不知遵圣人之言矣"⑤。这就是说不能舍弃圣人之意，而屈从朱子之论。当然，他也交代了他说这些话的苦心：

---

① 黎靖德编：《朱子语类》卷九，中华书局1986年版，第148页。
② 张秉直：《论语绪言》，刘传经堂藏书，同治十二年（1873）刻本，第51页。
③ 张秉直：《四书集疏附证·论语》卷五，刘传经堂藏书，同治十二年（1873）刻本，第7页。
④ 张秉直：《四书集疏附证·论语》卷一，刘传经堂藏书，同治十二年（1873）刻本，第11页。
⑤ 张秉直：《四书集疏附证·论语》卷五，刘传经堂藏书，同治十二年（1873）刻本，第13页。

> 余非敢独抗朱子，欲存圣人之真是，不妨显明朱子之小失，使朱子而在，当不吾罪也。①

张秉直并非是要抗衡朱子，他只不过是要申明圣人之学的本真面目，即使朱子在世，他自信朱子亦不会怪罪于他。很明显，在遵从孔孟还是朱子上，张秉直选择的是原始儒学，这实是明清之际以来"论朱、陆、王三子，当以孔、孟为断"②"凡儒先之言，一以孔孟之言正之"③等回向孔孟之风的直接展现。我们必须明确的是，张秉直虽然有不满朱子注解经文之处，但这并不减杀其宗本朱子的学术旨趣，显豁出其并未囿于门户而罔顾学术事实的实事求是之心态。

三　辩驳心学

梁启超说："有清一代学术，初期为程朱陆王之争。"④ 张秉直所处的雍、乾时期正是朱子学已然定为一尊，阳明心学日趋消逝的学术阶段，"尊朱辟王"依然是学界的主流趋向。张秉直同样介入了这一时代问题，并予以回应。他首先力斥陆王心学为异端之学，将其从正统儒家当中清除出去，理由有四。他首先指出：

> 吾道自尧舜周孔以来，只是劝学修省，逐渐上达。陆象山出，始以读书为务外，只收摄精神，涵养德性，便自一了百当，更无欠阙。其实象山所见总无把柄，矜倖自恣，更非圣贤气象。然则象山者吾儒之异端，达摩亦佛之异端也。知达摩为佛之异端，则陆氏之学更不攻自破矣。⑤

---

① 张秉直：《四书集疏附证·论语》卷五，刘传经堂藏书，同治十二年（1873）刻本，第7页。
② 戴望：《恕谷》四，《颜氏学记》卷七，河北教育出版社2009年版，第1520页。
③ 陈确：《复张考夫书》，《陈确集》卷三，中华书局1979年版，第132页。
④ 梁启超：《中国近三百年学术史》，商务印书馆2011年版，第132页。
⑤ 张秉直：《开知录》卷七，光绪元年（1875）三原刘传经堂刻本，第1—2页。

为学知行并进，动静交养，所知所行自然实落。若由顿悟而入，吾心纵有知见，于古无稽，正吾夫子所谓"思而不学则殆"者也，安敢自信乎！陆王敢于自信，所以终为异端之学。①

在张秉直看来，陆王心学躐等陵节，没有下学工夫，只是徒求顿悟，妄想一了百了，与圣人下学上达、步步着实之学不合，反而与异端之学志趣相投。张秉直的这种判定一定程度上击中了陆王心学的流弊，因为陆王心学确有简易直接的特质，再加上门人后学的推波助澜，致使这一特质终成流弊。尤其是这种特质与禅宗在工夫形式上极为相似，故而张秉直将其打入异端，亦非纯粹的臆测。

其次，张秉直从"师心自用"的角度辩驳阳明心学，他说：

金溪、姚江之学皆师心自用，遂流为异学矣，夫学无师而能成者未之有也，可不慎与？②

象山、阳明之失在师心，有明诸君子之失在耳食附会，然告子与孟子同时，不肯谦己就正，师心可知，而象山与朱子往复辩难，卒迷不悟，非刚愎自智，何以如是？若夫有明诸君子更无陆王之才识，不过随声附和耳，又何怪其风而靡乎？③

"师心自用"的意思是固执己见、刚愎自用、高自标榜，以己意代替圣人之意。张秉直认为陆王心学恰恰就是师心自用的代表，他们不肯就正师说，自以为是，难以认识到自我的不足，终究与圣贤之学相违，不是异端胜似异端。我们知道，阳明心学高标道德的主体性，凸

---

① 张秉直：《开知录》卷七，光绪元年（1875）三原刘传经堂刻本，第11页。
② 张秉直：《四书集疏附证·孟子》卷六，刘传经堂藏书，同治十二年（1873）刻本，第18页。
③ 张秉直：《四书集疏附证·孟子》卷六，刘传经堂藏书，同治十二年（1873）刻本，第1—2页。

显道德主体在修养实践中的主导性地位。这对于补正程朱理学流于外在的弊病却有因病施药之效，但必须注意的是，过分强调道德实践中的是非标准在于一己之良知，出现"一任本心"之弊，忽视礼法对道德主体的外在制约，确实容易出现"师心自用"的流弊，张秉直以此切入恰恰亦打在了陆王心学的七寸之上。

复次，张秉直亦直接从心学与佛教的关系来驳斥其非，他指出：

> 自禅宗开妙用圆净之说，而无垢宗之，金溪、姚江遂黯袭其意，于是心理始分为二，而圣贤之言"存心"，始有疑以为单存虚灵不昧之体者，不知圣贤之学以理为主。①

对于程朱理学、陆王心学与佛教的关系，学界早有"程朱类华严，陆王似禅宗"的看法，这种判定并非毫无根底，因为包含两者在内的整个宋明理学本身就是儒释道三教合一的产物，三者之间互有借鉴，只是为了保持自身的正统性，他们往往将自己吸取的对象变为极力批评、克服的对象。张秉直认为陆王阴取佛氏之论，将心、理截然为二，终全出现以虚灵不昧为体的主张，这就与儒家以实存实有的天理为本体的主张不类，实为异端无疑。张秉直的这种批评多有不合陆王论"心"之处，因为陆王心学恰恰是认为程朱理学分"心""理"为二，故提出"心即理"之说，而张秉直则反过来认为是陆王心学将"心""理"打成两截，这显然是对陆王心学的误解，故而他由此批评陆王心为禅似难成立。

最后，他指出陆王心学为异端的理由在于：

---

① 张秉直：《四书集疏附证·孟子》卷六，刘传经堂藏书，同治十二年（1873）刻本，第10页。

> 陆王之徒其言岂无可取，只缘本领不是，所以谓之异端耳。学者读先儒书，不能探本穷源，而徒求之一字一句之间，妄为讥评，亦见其不知量矣。①
>
> 陆王教人，全与圣人相反。圣人教人都是从外面有形象处扶竖起来，陆王教人却是从里面无形象处扩充出去。②

这段话的意思是说陆王心学在工夫要领上不得其法，不能探本穷源，只在字句上计较，非吾儒之正学。同时圣人之学有法可依，有实在可循，而陆王心学则空树一个虚无缥缈的东西，使人难以把捉，落入异端之门。张秉直这一视角的批判同样不能算是空说，陆王心学高标良知，以之为内在的道德本体，确实不易为人所认知和把握，终究与他所设定的圣人之学相差太远。平实而论，张秉直对陆王心学的批判有其合理之处，亦有误判之论，但至少从某个方面抓住了陆王心学的不足。他的这种判定无疑是釜底抽薪之论，直接否定陆王心学的学理和价值的正当性，消解其合法性。

当然，张秉直亦非像明清之际的学者那样完全否定陆王心学。相反，他较为理性地区分了陆王心学的学术与事功，他首先对那种以门户之见妄批陆王心学的做法给予严厉的批评：

> 朱子论人之心之公，其言之平，真后学模楷。而后之论陆王者，过为诋訾，未免有不平之情矣。③

这就是说，朱子论人最为公允，而后世批评陆王者，掺入个人喜好，多是门户之私，实不可取。张秉直之所以如此说，那是因为陆王心学

---

① 张秉直：《四书集疏附证·孟子》卷六，刘传经堂藏书，同治十二年（1873）刻本，第4页。
② 张秉直：《开知录》卷七，光绪元年（1875）三原刘传经堂刻本，第10页。
③ 张秉直：《开知录》卷七，光绪元年（1875）三原刘传经堂刻本，第8页。

并非毫无可取之处,他指出:

> 陆象山、陈白沙、湛甘泉、王阳明四公一生勤恳笃志,后学焉能望其肩背,只缘见道不明,遂来多口,惜哉!①
>
> 象山荆门之政,阳明南昌之捷,意思安闲,皆若无事。圣门政事之科,恐无其人也,安得以其学薄之。②

张秉直高度赞赏陆、王二人的勤勉之志、卓越事功,实可列入孔门四科当中的政事之内,并提醒学者千万不能以学术上的不醇来掩盖其事功上的卓越,正确的态度应该是区别对待。无疑,张秉直的这种态度是较为中肯的,对于晚清民国学者从事功角度复振阳明心学不无遥启之功。

小 结

作为雍、乾学风渐变之下的注经之作,张秉直的《四书集疏附证》所显豁的这些学术特质,相应地涵具丰富而典范的学术史意义。首先,呼应和迎合有清以来的"推尊朱子学"的学术潮流。我们知道,清廷自"圣祖以朱子之学倡天下"③,后继之君雍正、乾隆皆承其遗泽,推行朱子学,成为一时风尚。即梁启超所言的"当晚明心学已衰之后,盛清考证学未盛以前,朱学不能不说是中间极有力的枢纽"④。张秉直的《四书集疏附证》旗帜鲜明地以羽翼朱子学相标榜,以经典诠释的形式迎合并助推这一思潮的鼎盛,成为经典诠释与学术思潮互动的典范之作。其次,作为关学的中坚人物,以个案的形式印

---

① 张秉直:《开知录》卷七,光绪元年(1875)三原刘传经堂刻本,第8页。
② 张秉直:《开知录》卷七,光绪元年(1875)三原刘传经堂刻本,第9页。
③ 赵尔巽等:《清史稿》卷290,第34册,中华书局1977年版,第10282页。
④ 梁启超:《中国近三百年学术史》,商务印书馆2011年版,第129页。

证了关中地区少受汉学影响的学术特质，佐证了乾嘉汉学只是江南一域的学术现象，而非全国性的学术思潮。张秉直的四书诠释，虽有博引之取向，但与考据学仍有相当的差距，它承继了关学四书学一贯的不事考据，直究义理的解经方式，全书少有对名物制度的考证，纯是长篇的义理阐发，这在雍、乾之际汉学日炽的境遇下是并不多见的。他曾指出：

> 记诵词章中尽多不成器人，盖他学问时原未尝求有用，所以一无成就耳。[1]
> 看书当在圣人实地体认，不可专在语言文字上理会。[2]

张秉直的意思与关学宗师张载所述如出一辙，都是要学者从记诵词章、文字训诂当中解脱出来，去寻求圣人大意，践履圣人本旨。最后，以"尊朱辨王"的形式回应全国性议题"朱、王之争"。这一方案既与好友王心敬调和朱、王不同，亦与"国朝第一醇儒"陆陇其"尊朱辟王"不类，张秉直走的是"尊朱辨王"路线，他的"辨王"并不是对阳明的全盘否定，而是仍对阳明的事功之学给予肯定，显豁出较为理性的学术态度。要之，"清代二百六十余年间，学风曾几经变化"[3]，张秉直的《四书集疏附证》应该被视为雍乾之际学风由"汉宋兼采"到"汉学独秀"转轨视域下的经解之作，彰显出经典诠释与学风递进之间的互为陶铸之关系。更为重要的是，是书亦为"尊朱辨王"的典范之作，清儒连毓太就直白地说，"由是书以求朱子之

---

[1] 张秉直：《四书集疏附证·论语》卷三，刘传经堂藏书，同治十二年（1873）刻本，第1页。
[2] 张秉直：《四书集疏附证·论语》卷一，刘传经堂藏书，同治十二年（1873）刻本，第18页。
[3] 陈祖武：《清代学术源流》，北京师范大学出版社2012年版，第108页。

书，或不无小补也"①，肯定其作为理解朱子之书的工具和阶梯。这不仅为我们理解雍乾之际朱、王之争提供了一个极为重要的个案，亦提醒我们重新反思以往对清代学风三段论的划分虽然无失，但却流于简单，而在学术研究日益细化的当下，需要对清代学风的递进进行更为细致、精确的研究。

第九节　尊崇古本，力推阳明：刘古愚的《大学古义》

　　清朝末年，社会正在经历两千年未有之变局，如何拯救时局成为士大夫热议的公共话题，而托经议政以求救亡图存就成为部分学者致思的方向和建构的路径，这就推动了脱胎于西汉的今文经学进入新的复盛阶段②，尤其是融"内圣外王"为一体的《大学》在时代激变之际亦迎来新的研究热潮，学者注经解经，在清末形成大师云集，著述宏富，新见纷呈，成就斐然的《大学》诠释系统，而这其中尤以刘古愚的《〈大学〉古义》较为典范。刘古愚（1843—1903），名光蕡，号古愚，陕西咸阳人，与康有为并称为"南康北刘"。梁启超赞其道："清季乃有咸阳刘古愚以宋明理学自律，治经通大义，明天算，以当时所谓新学者倡于其乡。关学稍稍复苏矣。"③蔡宝善称其"有清光绪中叶，天下学者称关中大儒必曰刘古愚先生"④。张舜徽先生亦云：

---

① 连毓太：《四书集疏附证》序，刘传经堂藏书，同治十二年（1873），载张秉有《四书集疏附证》，第2页。
② 黄开国在其新著《清代今文经学新论》中就指出到清末，今文经学才真正开始了以经议政，将经学与现实政时代需要紧密结合起来。（黄开国：《清代今文经学新论》，人民出版社2018年版，第11页）
③ 张品兴主编：《梁启超全集》第7册，北京出版社1999年版，第4262页。
④ 蔡宝善：《烟霞草堂遗书续刻序》，载刘光蕡著，武占江校《刘光蕡集》，西北大学出版社2015年版，第672页。

"百年以来关中学者，要必以光蕡为巨擘焉。"① 从这些不同时期学者的赞语中足见刘古愚的学术地位。他身处清廷内忧外患、风雨飘摇之际，主张发挥经学之微言大义以矫时弊，以求致用，这在其《大学古义》中有鲜明而充分的体现。然由于文献、视域等种种原因，其诠解明晰、秩然成理、内容翔实、文意通贯的《〈大学〉古义》尚未引起学界的广泛关注和研究。因此，详疏文献，深挖义理不仅可以推进和丰富经典诠释与社会思潮之间关系的研究，更可以成为我们龟鉴清末今文经学发展面貌的重要津梁。

一 尊崇古本，力辟改本

《大学》的版本在二程以前并未有任何争议，至程、朱更改、增补《大学》文本，后阳明又不满程朱改经之举，力主古本《大学》，因朱子、阳明在学界之巨擘地位，是尊古本还是主改本，便成为学界聚讼不已的学术公案，至清末尤甚，因为所主版本不同既影响其义理宗旨，又透显其学术立场。作为清末今文经学《大学》注本的典范之作，刘古愚自然不能回避这一话题，他对此回应道：

古本文义、文气，原无关脱错乱也。②
从古本经文，理义未尝不完足，不必疑其有漏也。③

刘古愚的观点很清楚，那就是古本《大学》从文义、文气乃至义理的角度讲，均无错乱、遗漏、脱文之嫌，故不必质疑《大学》的版本问题，一尊古本即可。刘古愚这一说法，实际是对朱子改本的否定，对

---

① 张舜徽：《清人文集别录》，华中师范大学出版社2004年版，第555页。
② 刘光蕡著，武占江校：《大学古义》，《烟霞草堂文集》附录，《刘光蕡集》，西北大学出版社2015年版，第352页。
③ 刘光蕡著，武占江校：《大学古义》，《刘光蕡集》，西北大学出版社2015年版，第360页。

阳明之学的张目。他曾明确说道：

> 阳明提"良知"为宗旨，与古本《大学》之说合。讲朱学者坚守门户之见，于《大学》经文首节后即接"知止"，昧为未见，并朱子《补传》之说亦不暇顾，而以力攻良知为快，虚心研道者不当如此也。①

朱子、阳明的学术分歧很大程度上是由对《大学》的不同诠释引起的，而对于朱、王两家关于《大学》的争论，刘古愚认为宗朱子学者囿于门户之见，只知以攻击阳明"良知"之说为务，殊不知阳明以"良知"为为学宗旨，恰恰是与《大学》本义暗合的，以此批判阳明，实则是攻击《大学》，亵渎经典。刘古愚将阳明与《大学》挂钩，表达了其推崇阳明心学的学术立场。刘古愚继续追问：

> 古本既无错简讹脱，然则《大学》可不分经传乎？曰："《大学》，《小戴记》中为四十九篇之一，他篇不分经传，此篇何独分经传？同谓之传可也。以其出于孔门，后世以《礼记》列于学官，四十九篇均可名为经，则以《大学》一篇通谓为经，亦可也。"②

刘古愚显然是不满朱子主张《大学》有经有传的观点，缘由在于《大学》乃《小戴礼记》四十九篇之一，其他篇都不分经传，《大学》也没必要分经传，称之为"传"未尝不可。同时，既然《礼记》位列学官，属于"经"，《大学》一篇统称为"经"亦是成立的。可以

---

① 刘光蕡著，武占江校：《大学古义》，《刘光蕡集》，西北大学出版社2015年版，第357页。
② 刘光蕡著，武占江校：《大学古义》，《刘光蕡集》，西北大学出版社2015年版，第359页。

看出，刘古愚在这一问题上是持两可态度的，《大学》要么称之为"传"，要么称之为"经"，但绝对不能像朱子那样去人为的划分经、传。不仅如此，他更对朱子所倾力增补的格致补传予以反驳：

> 《大学》全篇皆是"格物"之传，何用别为传而待后人之补？……然则谓《大学》全册皆释格物之事，乃《大学》本义，非吾之私见也。①

刘古愚反驳朱子增加格物补传的理由在于《大学》全篇皆是在解释"格物"，皆是"格物"的补传，不需要再另行增补，并认为这就是《大学》本有之义，并非其本人的一己之见。当然，补传是否合理，乃众说纷纭之事，并无定论。而刘古愚否定此说的理由确属创见，无疑拓展了解读《大学》的意蕴和视角。从清代《大学》诠释史的视角来看，清代《大学》诠释的一大亮点就是古本与改本之争，形成了尊朱子者主改本，宗阳明者主古本的基本学术格局，但较为特殊的是，刘古愚虽主阳明心学，力辟改本，但却尤为重视《大学》经世致用的一面，他说：

> 何以为《大学》？立念以天、地、民、物为一体，而学以讲明其理，然后实为其事，则范围天地、曲成万物矣，故曰"《大学》也。"②
> 《大学》，言平天下之学。③

---

① 刘光蕡著，武占江校：《大学古义》，《刘光蕡集》，西北大学出版社2015年版，第361页。
② 刘光蕡著，武占江校：《大学古义》，《刘光蕡集》，西北大学出版社2015年版，第347页。
③ 刘光蕡著，武占江校：《论语时习录》，《烟霞草堂文集》附录，《刘光蕡集》，西北大学出版社2015年版，第446页。

在对《大学》性质的认识上，刘古愚认为《大学》在发念处是将天地万物视为一体的，在为学上以先明理，而后做实事，且以平天下为要务。可以看出，刘古愚实际上是将《大学》主要定位为"平天下"之学、外王之学，着意提揭《大学》的外王之道，进行经世化诠释，而这一点恰恰是同时期阳明学者所不足的，体现了刘古愚独特的诠释面向和学术关切。

二 格物必以伦理为本

《大学》的"三纲领、八条目"当中，引起争论最多的当属"格物"无疑，刘宗周就明确说过："格物之说，古今聚讼有七十二家！"[①] 陈来先生更是指出："朱子之后，整个哲学被格物致知问题所笼罩。"[②] 古今学者的论述折射出"格物"问题在学术史上举足轻重的地位。而刘古愚在诠释《大学》时不惜笔墨，着意就"格物"进行新诠，他首先对以往学者的观点回应道：

> 司马温公及阳明训"格物"之异在"格"字，不在"物"字。温公"去私"之说，本于《书》之"格其非心"，训"格"为"去"也。阳明"为善去恶"之说，则仍朱子训"格"为"至"之义，而意则异，谓"实致其知于物"也。盖朱子训"格"为"至"之义，于"格物"能通，于"物格"则近不词。故阳明取温公"去私"之说，而益以"为善"，则欲和同于两家之说也。朱子"格"、"至"之说，原本郑氏，是东汉训诂之学，语本于诗"来格来享，神之格思"，训"格"为"至"，不知此

---

① 吴光主编：《大学杂言》，《刘宗周全集》第1册，浙江古籍出版社2007年版，第657页。
② 陈来：《有无之境：王阳明哲学的精神》，人民出版社1991年版，第118页。

处"格物"之"格",《诗》之"有物有则"乃其的解。①

刘古愚对以往主要学者的观点进行评析,认为司马光训"格"为"去"源于《尚书》,朱子训"格"为"至"源于郑玄,而郑玄则依据《诗经》,但却错解其义。唯有阳明调和司马光和朱子之说,训"格"为"为善去恶",既有沿袭朱子之意,又有阴取司马光之说,则属完备无误。实际上,司马光并没有训"格"为"去",而是训格为"犹捍也,御也。能捍御外物,然后能知至道也矣。郑氏以'格'为'来',或者犹未尽古人之意乎"②,他也不认同郑玄的说法,认为其难以括尽圣人之意。而刘古愚则对司马光的说法作了引申,并赞同阳明将"格"训为"为善去恶"的说法。实际上,刘古愚在此已经显现出其不拘章句,不重事实,阐发己说的特质。他综合前贤之论,提出自己的见解:

"格物"者,即物之形以求其性,使归有用也。以形质言曰"物",以义理言曰"性"。"形"是"有物有则"之"物","性"即"有物有则"之"则",俾物物顺其性,即是尽性,尽物性即"格"也。故"格物"者,"物"必有"性",我不能尽求知其理,实为其事也。"物格"者,已知其理,为其事能尽性也。③

在刘古愚看来,"物"是有形质之物,而"性"则是事物之"理","格物"就是即物而求物之"理"。可以看出,刘古愚对"物"的理

---

① 刘光蕡著,武占江校:《大学格致说》,《烟霞草堂文集》卷一,《刘光蕡集》,西北大学出版社2015年版,第21页。
② 司马光:《司马文正公文集》,江苏古籍出版社1996年版,第175页。
③ 刘光蕡著,武占江校:《大学格致说》,《烟霞草堂文集》卷一,《刘光蕡集》,西北大学出版社2015年版,第20页。

解不同于阳明将"物"理解为"事"、理解为人伦日用的解释,他对"物"的理解涵具"人伦日用"的"事"的世界以及具体、有形的实物世界,刘古愚说:

> 中国格物何尝遗及一草一木?然千古人患之兴,岂一草一木之故乎?抑以伦理之不存也。故谓中国之衰,由于空谈性命,而不实征诸事物,则是谓中国孔子所传格物之说,仅重伦理而遗万物,则非也。①

刘古愚认为中国所讲的"格物"对象是涵盖万事万物的,但为什么仍然会出现内忧外患的现象呢,这绝不是忽略一草一木的缘故,而是因为从根本上遗弃伦理,使格物失却了德性伦理的支撑。反过来,那种认为"格物"说只重视伦理,而遗弃万物的理论也是错误的。显然,刘古愚反对那种偏于任何一面的"格物"学说,但这并不代表他是中间派,他进一步论道:

> 日本仿行西法不遗余力,而其学校必先伦理。吾尝谓西人谈理不如中国之精,而精于治事,西人大不以为然。贻书辨论,则西人格物必先尽性,明矣!尽性不为善去恶,其道何由?阳明以"格物"为"诚意"之功夫者,此也。②

刘古愚以日本为例,认为日本虽然仿效西方,但其学校教育仍以伦理为先,而没有亦步亦趋地完全模仿西方去舍德性而先治事,且这是有

---

① 刘光蕡著,武占江校:《大学格致说》,《烟霞草堂文集》卷一,《刘光蕡集》,西北大学出版社2015年版,第20页。
② 刘光蕡著,武占江校:《大学格致说》,《烟霞草堂文集》卷一,《刘光蕡集》,西北大学出版社2015年版,第20—21页。

理论根据的，那就是阳明将"诚意"置于"格物"之前，正是注意到"道德伦理"的先在性、重要性。他详细阐述道：

> "格物"之说，当以身、心、国、家、天下为大纲，而仍依之为定序，举凡天下之物，有益于身、心、家、国天下者，无不精研其理，实为其事，俾家、国、天下实获其益，则天生物以供人用者，皆得显其用，是为"物格"，是为"尽物之性"，其"赞化育"处，耒耜、杼机、舟车、弓矢最要，而西人声、光、化、电之学无不该其中矣。西人驱使无情之水火、轮船、铁路、电线、汽机、照相、传声，真夺造化之奇；然夺造化而参赞造化也，若无益生人之用，则为奇技淫巧，愈神异，吾中国愈可不格。故中国"格物"之学，必须以伦理为本，能兼西人而无流弊也。[①]

在这段话中，刘古愚全面而系统地提出了自己的"格物"观，从中我们可以看出刘古愚首先认为格物的次序是不能改动的，须由身心而至家、国天下，这是对传统格物学的认可和坚守；其次，他认为凡是有益于身心国家的，都要去"格"，即使那些被顽固派极力排斥的西方坚船利炮、光电化学等亦是格的对象，但若无益处，即使西方再有用的东西亦不可格、不可学，体现出实学实用，开放包容的治学态度。总之，刘古愚认为"格物"之学只有坚持以"伦理"为本，以"德性"为先，才能避免西学知末而遗本的弊病。我们可以看出，刘古愚在诠释"格物"时，一方面宗本阳明心学，坚持"格物"必须将伦理放在第一位；另一方面体现出其在西学冲击之际，坚持以中为体、

[①] 刘光蕡著，武占江校：《大学格致说》，《烟霞草堂文集》卷一，《刘光蕡集》，西北大学出版社2015年版，第21页。

为本，以西为用，为末的融贯中西的治学方法。

三　诚意为《大学》之最要

"三纲领、八条目"何者为《大学》主旨，历来众说纷纭。刘古愚则尤重"诚意"，将其视为"《大学》之最要"。具体来说，"诚意"一词的核心在于"意"，刘古愚对"意"解释道：

> 朱子训"意"为"心之所发"，是复由内推向外矣，此恐未是。刘念台训"意"为"心之主"，若今云主意也，此解甚精。观后"诚意"传中，好恶是意，如"好色""恶臭"是"诚"。然则"意"是人心能为好恶之根。故《大学》《中庸》之"独"即孟子所谓"几希"，即心所具之性。意发于独，即孟子所谓"性善"也。①

朱子训"意"为"心之所发"，也就是将"意"看作是由内心产生的，是"意识活动中的现实意念"②，发之于内，而显露于外。但刘古愚认为朱子此说不当，反而认同刘宗周将"意"训为"心"之所主的观点，即"意"主导、决定"心"，"意"是人心的根本，主宰"心"的方向，决定"心"的好恶，这就将"意"提高至本体的地位，而不是像朱熹所理解的那样，"意"只是从属于"心"。不仅如此，刘古愚认为《大学》《中庸》所讲的"独"是"意"，也是性体，这就有别于朱子仅仅将"独"理解为"已发"的范畴。也可以看出，刘古愚在"意"上实际是照着刘宗周讲的，都将"意"提升为"身心之本"。而这个中缘由即在于刘古愚意识到阳明后学把意念

---

① 刘光蕡：《大学古义》，武占江校，《刘光蕡集》，西北大学出版社2015年版，第350页。
② 陈来：《宋明理学》，华东师范大学出版社2004年版，第293页。

（掺杂私意）直作良知，随心而行所导致的肆意妄为、流荡恣肆的弊端，因此要把"意"拔擢至根本的地位，从而与一般的念虑区别开来，以在学理上纠正阳明学之弊端。

既然"意"如此重要，那就必须在"意"上做工夫，也就是"诚其意"，如此才能保证性体流行而无物欲、私意之杂。因此"诚意"在《大学》中的地位亦随之上升，故刘古愚说："大学之道，以诚意为本，能诚意者，则握其本以为之，而明德于天下矣。"① 可见刘古愚认为大学之道的根本就在于"诚意"，若能"意"诚，则便是把握住了根本。因此他强调工夫的次序必须将"诚意"列于最前，他说："首诚意，次正心修身，次修身齐家，次齐家治国，次治国平天下。"② 在这里，刘古愚甚至将"诚意"置于"致良知"之前，这实际上与阳明平江西之乱时的思想是一致的，也可看出刘古愚仍然是基于"致良知"所衍生的弊端而对阳明学作出的一种修正。更进一步，刘古愚将"诚意"与"明明德"联系起来，他说：

> 明德，性也。天之所以与我，而我以应万事者，即孟子"万物皆备于我"之义。③
>
> "意"即是"明德"，"诚意"即是"明明德"，"意"是"明德"之全，所谓虚灵不昧也。④

朱子解释"明德"为"人之所得乎天，而虚灵不昧，以具众理而应万事者也"⑤，也就是将"明德"视为人先天本有的至善之德。而将"意"视为"心"之所发，乃已发之意念，如此"意"就不是"明

---

① 刘光蕡：《大学古义》，武占江校，《刘光蕡集》，西北大学出版社2015年版，第357页。
② 刘光蕡：《大学古义》，武占江校，《刘光蕡集》，西北大学出版社2015年版，第352页。
③ 刘光蕡：《大学古义》，武占江校，《刘光蕡集》，西北大学出版社2015年版，第351页。
④ 刘光蕡：《大学古义》，武占江校，《刘光蕡集》，西北大学出版社2015年版，第350页。
⑤ 朱熹：《四书章句集注》上，金良年译，上海古籍出版社2006年版，第6页。

德"。而王阳明则说，"《大学》'明明德'之功，只是个诚意。"①也就是将"诚意"等同于"明明德"的工夫。刘古愚与朱子在解释"明德"上一致的，但在"意"与"明德"的关系上，刘古愚则与阳明、刘宗周较为接近，他在两者的基础上，认为"意"就是"明德"，自然"诚意"也就是"明明德"。可见，刘古愚将"诚意"与"明明德"联系起来，进一步说明"意"与内在德性、善性的关系，"诚意"就不单单是"诚"其"意"，而是要"诚"其"良知""性体"了，这明显有阳明思想的痕迹。

"诚意"不仅仅是"明明德"，刘古愚更将其与"行"联系起来，他说："故'意'非'行'，'诚意'则'行'之始基，而即百行之本源也。"② 又说："诚意非'行'，诚意以自贞其好恶，则端百行之本，而行自此始矣。"③ 也就是说，"意"并不是"行"，"意"只是"心"的主宰，决定"心"的方向，控制人的行为，"诚意"能够自辨好恶，故能成为行为的基础和本源。当然刘古愚主要是从心学的立场来理解"诚意"的。综上，刘古愚对"意"的理解资取了刘宗周的思想，而对"诚意"的理解则近于阳明江西以前的思想主张。④ 从中可见刘古愚羽翼阳明心学的哲学立场。

四 刘古愚《大学》诠释的经学特质

刘古愚深受康有为今文经学的影响，⑤ 在诠释《大学》时体现出显著的今文经学治学趋向，主要体现在：

---

① 吴光等编：《传习录》上，《王阳明全集》上，上海古籍出版社1992年版，第6页。
② 刘光蕡著，武占江校：《大学古义》，《刘光蕡集》，西北大学出版社2015年版，第357页。
③ 刘光蕡著，武占江校：《大学古义》，《刘光蕡集》，西北大学出版社2015年版，第361页。
④ 陈来先生在《有无之境：王阳明的哲学精神》中对阳明江西以前以"诚意"为要的思想有详细辨析，参见陈来《有无之境：王阳明的哲学精神》，人民出版社1991年版，第131页。
⑤ 详见刘宝才《清末关中今文经学家刘古愚》，《管子学刊》1997年第2期。

1. 舍弃考据训诂，阐发微言大义

在清末今古文之争中，刘古愚深感汉学专注经学文字训诂，不切实用所带来的种种弊端，他首先对长于训诂的古文经学评价道：

> 秦焚经而经在，汉尊经而经亡。谓记诵、词章、训诂之害经，烈于祖龙之焰也。博士试家法，开训诂之端，帝喜司马相如之文，词章所滥觞。后世陋儒之失，皆帝启之，则帝于六经固功之首，亦罪之魁也。①

这段话的意思很清楚，那就是刘古愚认为秦朝焚经反而经在，而汉儒尊经致使经亡，缘由即在于记诵、辞章、训诂对经学义理的戕害，而这要比秦始皇之焚经的危害更大。汉朝设立经学博士，开启训诂之端，汉武帝喜欢司马相如之辞赋，致使辞章泛滥，故经学之功在汉武帝，经学之失亦在汉武帝。刘古愚将经学的兴衰归之于汉武帝一人，是意识到政治权利对经学发展的影响，两者是休戚相关的。但完全归之于汉武帝，则有过分夸大之嫌。他对训诂学的危害进一步予以揭示：

> 盖泥文字以为训，不证之以义理，故见不及此也。"格其非心"语出东晋梅赜伪造之古文《尚书》，郑氏所不及见，不知"格""至"之说屡见于《诗》《书》也。汉儒重训诂，墨守古训，不求心得；宋儒反之身心，为大有功于圣道，不可以近日讲学家之迂拘偏执，并宋儒义理之学而非之也。②

---

① 刘光蕡著，武占江校：《汉武帝表彰六经》，《烟霞草堂文集》卷七，《刘光蕡集》，西北大学出版社2015年版，第190页。
② 刘光蕡著，武占江校：《大学格致说》，《刘光蕡集》，西北大学出版社2015年版，第21页。

刘古愚认为汉儒泥于文字训诂，只知墨守古训，不知寻求经文大义，不求心得，而宋儒则能切身体验，故不能以当前学者的迂腐、偏执去批判宋儒"义理之学"。

可见，刘古愚是从经世致用的角度来诠释经典的，那些书斋式的训诂、考据、词章等对于拯救处在风雨飘零中的清朝是毫无作用的，故刘古愚在诠释《大学古义》时，全无考据训诂的痕迹，只是一味阐抉导向国计民生的微言大义。

2. 侧重政治维度，构建王道政治

刘古愚诠释《大学》虽不如康有为诠释经典时多将其延伸至制度层面，但其政治指向亦甚为明显。这我们首先可以从其对《大学》的定位中反映出来，在清代，一直存在着四书之《大学》与《礼记》之《大学》的争论，刘古愚则另辟蹊径，提出应将《大学》归于《仪礼》，缘由在于"《大学》培养人材，以为立纲陈纪之用，则《大学》尤为诸礼之本。……予意以此篇为经，升之《仪礼》中"①，刘古愚主张《大学》之功用就在于立纲陈纪，也就是维系社会秩序的一套礼仪，故将其归入《仪礼》之中是名正言顺的，这显然是刘古愚的一家之说，虽无史料依据，但正可反映出其今文经学不拘章句、不限史实的治经立场。在对《大学》经文的具体诠释时，刘古愚反复强调王道政治，他说：

> 天德王道，天下万世之人所当学，此篇以三千四百三十二字括之而无遗，宏纲即举，而细目又极详密，故此篇言学，为古今有一无二之书。②
>
> 物物各就其矩，王道也。王道不外人情，君子平天下，平天

---

① 刘光蕡著，武占江校：《大学古义》，《刘光蕡集》，西北大学出版社2015年版，第359页。
② 刘光蕡著，武占江校：《大学古义》，《刘光蕡集》，西北大学出版社2015年版，第347页。

下之情而已，情范于矩，则天理明于天下矣。①

王道全在同民，一眼注定，保民即是王道。②

所涉王道政治之论不一而举，集中反映出其治经的政治哲学倾向，而这恰恰是今文经学注重与现实结合，为政治改革提供理论武器的特质的体现。更进一步，刘古愚提出一系列的振兴王道政治的措施，提倡新法、新学、新器，成为关中地区维新运动的一面旗帜。

3. 坚持中体西用，以期通经致用

"通经致用"是今文经学的标志性口号，刘古愚在诠释《大学》时，着意凸显此旨，他在诠释《大学》"第九章"时道：

> 生财则须以人力补天地之缺陷，如羲农以至尧舜之所谓则可也。孔子曰"来百工则财用足"，又曰"工欲善其事，必先利其器"。子夏曰"百工居肆以成其事""君子学以致其道"，《礼》称"火化之功用"，《易》述"十卦之制作"，子贡欲用桔槔，夫子特短右袂，圣门论财用，未尝斤斤于理之而不能生之也。今外洋机器，一人常兼数人之功，一日能作数日之事，则真"生众食寡、为疾用舒"矣！③

众所周知，孔子并不讳谈"财利"，而是主张取之有道，后宋明理学拔高"义"，致使人谈"利"色变。刘古愚则通过引用孔子的话，来为其"生财"思想进行辩护，他认为儒家对于财力并不单单是理论上的，而是主张生财的，他进一步说，"财者，人之生机，即天之动机，

---

① 刘光蕡著，武占江校：《大学古义》，《刘光蕡集》，西北大学出版社2015年版，第364页。
② 刘光蕡著，武占江校：《孟子性善备万物图说》，《烟霞草堂文集遗书》，《刘光蕡集》，西北大学出版社2015年版，第473页。
③ 刘光蕡著，武占江校：《大学古义》，《刘光蕡集》，西北大学出版社2015年版，第366页。

无财用则人事绝，天理灭矣。"① 这就将财用置于天理、人事之上，反映出其通经致用，注重实学的治经理念，这更可以从其对西洋器械的态度上得以印证，他认为西洋器械效率高，完全可以为我所用，并提出"延外人以教中国之民，'来百工'之说也；振兴工学，以自制作，'百工居肆，以成其事，君子学以致其道'之说也"②的观点，彰显出其融贯中西，通经致用的治经导向。

小　结

作为一代经师，《清儒学案》评价刘古愚道，"究心汉、宋儒者之说。尤取阳明本诸良知者归于经世，务通经致用，灌输新学、新法、新器以救之。以此为学，以此为教。"③ 此言可谓一语中的，准确道出了刘古愚的学术宗旨。众所周知，因康有为并无专门的《大学》注解，故刘古愚的《〈大学〉古义》就成为我们龟鉴晚清今文经学崛起思潮下的《大学》诠释的典范之作。从今文经学的视角来看，刘古愚的《大学古义》不仅展现出了晚清今文经学的一般特质，即阐发微言大义，融贯中西思想，影射现实政治，回应社会问题；亦有自身的独特之处，即宗本阳明心学，坚持中体西用，强调伦理优先。可以看出，刘古愚的《大学古义》反映出了其较为独特的学术旨趣，体现出是时学人依托经学阐发大义，借经学为政治立论的救世取向，更从《大学》诠释的角度为我们探究晚清今文经学的发展提供了一个具体而鲜活的个案。但也正如梁启超所指出的："当是时也，有为、启超皆抱启蒙期'致用'的观念，借经术以文饰其政论，颇失'为经学而治经学'之本意。"④ 作为与康有为并成为"南康北刘"的刘古

---

① 刘光蕡著，武占江校：《大学古义》，《刘光蕡集》，西北大学出版社2015年版，第366页。
② 刘光蕡著，武占江校：《大学古义》，《刘光蕡集》，西北大学出版社2015年版，第367页。
③ 徐世昌主编：《清儒学案》（第10册），卷191，知识产权出版社2008年版，第1页。
④ 梁启超：《清代学术概论》，上海古籍出版社2005年版，第4页。

愚，其《大学古义》亦不免落此窠臼，但这恰恰是今文经学的特质所在，一定程度上拓展和深化了《大学》的诠释维度，丰富了《大学》的意义世界，更在晚清经学行将瓦解之际[1]，以独特的方式推动了今文经学的延续和复盛，有改于清代经学通经但不寻求致用的学术风气。

第十节　恪遵朱注，终结关学：
　　　　牛兆濂四书学思想研究

牛兆濂（1867—1937），字梦周，号蓝川，陕西蓝田人，是小说《白鹿原》当中"朱先生"的原型。牛兆濂少有贤名，过目成诵，入关中书院学习，1884年补廪膳生员，因赡养父母，故无意参加京考，1893年赴三原拜关学大儒贺瑞麟为师，虽只有五月有余，其师即溘然长逝，但其守师门尊奉朱子之学甚重，先后主讲芸阁书院、清麓书院、白水彭衙书院、鲁斋书院等，1937年抗日战争爆发不久，即在忧愤中辞世。牛兆濂气节高卓，陕西巡抚升允奏请朝廷授予其内阁中书衔，牛兆濂力辞不受。康有为抵达陕西，陕西督军刘镇华欲邀其赴省陪同康有为，牛兆濂不允，杨虎城欲请其出山做官，婉辞不应。作为关学最后一位大儒，牛兆濂的学行受到学者高赞。同门孙迺琨称其："夫蓝川，清麓高弟子也，始则主讲正谊，继则主讲芸阁，执贽门墙者，至数百人。其品格之高、操守之严、学术之纯、存心之虚，同门中罕有其匹。……足以楷模后学，干城吾道，不愧关中之伟人。"[2]

---

[1] 经学瓦解是指随着清代帝制崩溃，共和肇造，经学的合法性依据旋即丧失，经学科亦遭到废除，经学作为一个独立的学术门类，至此消失。（陈壁生：《经学的瓦解》，华东师范大学出版社2014年版，第6—8页）

[2] 孙迺琨：《蓝川文钞续序二》，《蓝川文钞续》，牛兆濂著，王美凤等点校，《牛兆濂集》，西北大学出版社2015年版，第163页。

又说：" 近绍清麓之脉，上接横渠之统，非蓝川吾谁与归？"① 其弟子李铭诚亦说："蓝川先生养深学富。"② 张骥说："高陵白悟斋，蓝田牛梦周，恪守西麓之传，皆关学之晨星硕果。"③ 以此可见牛兆濂学术地位之不俗。牛兆濂一生著述丰富，主要有《吕氏遗书辑略》4卷，《芸阁礼记传》16卷，《近思录类编》14卷，《音学辨微》《芸阁礼节缘要》《秦观拾遗录》《蓝田新志》等各若干卷；另有《蓝川文钞》12卷，《蓝川文钞续》6卷及《蓝川诗稿》等。就四书学著作来讲，牛兆濂虽无系统的单经以及四书的注解之作，但在文集中则有大量的关于四书的语录和文章，主要有《论语散记》《言性章》《杞柳章》《生之谓性章》《性与天道章》《尊德性章》《庸字说》《存心说》《林放问礼章》《不知命章》等，这些内容集中体现了牛兆濂的四书学思想。而本书之所以将其列入考察，正是基于牛兆濂作为传统关学最后一位大儒的特殊身份。④

一 推尊朱子《四书章句集注》

牛兆濂在学术上转向朱子与其"恪守程朱、绳尺不越"⑤ 的老师贺瑞麟的教诲直接相关，他说："兆濂赋质昏弱，少失学问，颠冥于举业者且二十年。后乃问学清麓（贺瑞麟），略识圣贤门径，以恪遵程朱为旨归。"⑥ 他曾自述贺瑞麟在拜师之时对其的教诲："程朱是孔孟嫡

---

① 孙遒琨：《蓝川文钞续序二》，《蓝川文钞续》，牛兆濂著，王美凤等点校，《牛兆濂集》，西北大学出版社 2015 年版，第 163 页。
② 李铭诚：《蓝川文钞续跋》，《蓝川文钞续》卷六，《牛兆濂集》，西北大学出版社 2015 年版，第 319 页。
③ 张骥：《关学宗传》自序，《关学宗传》，西北大学出版社 2015 年版，第 146 页。
④ 刘学智：《关学思想史》（修订本），西北大学出版社 2020 年版，第 551 页。
⑤ 牛兆濂著，王美凤等点校：《复夏灵峰》，《蓝川文钞》卷五，《朱兆濂集》，西北大学出版社 2015 年版，第 73 页。
⑥ 牛兆濂著，王美凤等点校：《与夏灵峰》，《蓝川文钞》卷五，《朱兆濂集》，西北大学出版社 2015 年版，第 67 页。

派，合于程朱，即合于孔孟，不合于程朱，即不可于孔孟。"① 牛兆濂对此训示深加服膺，终生守之不变。他反复申明对朱子的尊崇，他说：

> 世界之学说千途万辙，我止认定一个孔子。讲孔子之学者亦千途万辙，我止认定一个朱子。②
> 自有生民以来，得天地之心而集群圣之大成者，孔子也；得孔子之心而集诸儒之大成者，朱子也。③

可以看出，牛兆濂认为学术史上只有孔子和朱子二人成就最为杰出，孔子是集群圣之大成，而朱子是集诸儒之大成。牛兆濂对朱子的这种拔擢不可谓不高，将其推尊朱子之意显豁了出来，这在晚清民国程朱理学渐趋式微的境遇下是难能可贵的。以此为准的，牛兆濂从以下几个方面落实其尊朱之意，首先是推崇朱子之四书，他说："学者欲求孔子之道，舍朱子之书何以哉？"④ 这就是将朱子著作视为探求孔子的门径和阶梯。他更为具体地指出：

> 六经浩渺，朱子为四书以会其归，使人尊孔子也。……盖合六经、四书，兼综而条贯之，与人以所从入者也。故学孔子而不读朱子之书，则学非所学。⑤
> 三代而下莫如朱子，故欲得孔子之心而学之不差，则朱子之

---

① 牛兆濂著，王美凤等点校：《记清麓问学本末》，《蓝川文钞》卷九，《朱兆濂集》，西北出版社2015年版，第100页。
② 牛兆濂著，王美凤等点校：《论时论六条》，《蓝川文钞续》卷五，《牛兆濂集》，西北大学出版社2015年版，第279页。
③ 牛兆濂著，王美凤等点校：《书朱文公祠碑记后》，《蓝川文钞附卷》，《牛兆濂集》，西北大学出版社2015年版，第153页。
④ 牛兆濂著，王美凤等点校：《清麓丛书序》，《蓝川文钞》卷三，《牛兆濂集》，西北大学出版社2015年版，第43页。
⑤ 牛兆濂著，王美凤等点校：《芮城重印小学浅解序》，《蓝川文钞续》卷四，《牛兆濂集》，西北大学出版社2015年版，第225页。

书不可不读，尤不可不熟读也。朱子一生精力在于四书，其字字句句皆垂世立教之大法，非止为解经也。若以训释经文视之，则朱子之苦心之不可见矣。故读朱子之书不可不以此书为第一义，朱子竭毕生之力作之，学朱子者可不竭数年之力以读之乎？……《章句集注》训诂既详，征引尤多，所示为学之方最切至要，洵足发聋振聩。①

牛兆濂高度肯定朱子在四书学上的创辟之功。在他看来，六经内容繁多，朱子拈出四书以会其旨归，使圣人之学条贯秩然，为学之士有径可寻，这是肯定朱子汇集四书之功。更为重要的是，朱子毕生精力尽在四书，字字句句皆是有为而发，训诂精详，旁征博引，义理严正，方法切要，绝非只是简单的经典注解，它浓缩了朱子一生的苦心与精力，因此研读朱子之书必须以其《四书章句集注》为首要。至此，牛兆濂从朱子汇集四书，再到朱子注解四书，高度肯定朱子在四书学上的创获。正是朱子四书学的这种重要性，牛兆濂自述道：

濂衰病余生，自知无似，惟日夜抱朱子四书一编，反复熟读，不遗一字，以为圣人之经存，则圣人之教存，而国亦借以不亡，此区区今日之意也。否则，名尊孔子而不由朱子入手，几何其不误入歧途而不悟也。②

数年以来，日夜抱朱子四书，循环诵习，不遗一字，虽昏耄健忘，人事匆匆，不敢或废。……以为不读孔子之经，无以知孔

---

① 牛兆濂著，王美凤等点校：《切实做工夫熟读朱子书说》，《蓝川文钞续》卷三，《牛兆濂集》，西北大学出版社2015年版，第219页。

② 牛兆濂著，王美凤等点校：《与张灵甫》，《蓝川文钞序》卷二，《牛兆濂集》，西北大学出版社2015年版，第195页。

子之教，不读朱子之论，不能得孔子之心。①

濂读朱子四书，今年六十有五矣。②

从这两段回复友人的书信中可见，牛兆濂对朱子四书研读的勤勉和用功，已经达到日夜不停，反复诵读的境地，而个中缘由在于他将朱子四书学视为通往孔子之道的必由之路。要之，牛兆濂对朱子四书注经之作的推崇与其师贺瑞麟毫无二致，因为其师贺瑞麟即"信《小学》、四书如神明，遵横渠熟读成诵之说"③。

二 一以朱子为旨归

牛兆濂对朱子四书经解的推崇不仅是日夜研习、寒暑诵读那样局限在语言和行动上，而是深入文本当中，来透显其尊朱之意，下面就试举几例来管窥其尊朱之意。

例1："故学者约其情，使合于中。"今按："学者，《二程文集》作'觉者'，此与'愚者'对，故下又言'然学之道'云云。朱子删去'觉者''愚者'二层，移'学'字于此，则上下脉络承接一气，文省而意足，此化裁之妙，所以不可及也。若改依原文，以'学'为'觉'，则遗却'愚'者一层，又须补点'学'字，反费周折，此惟深心人知之。"④

---

① 牛兆濂著，王美凤等点校：《与孙仁甫》，《蓝川文钞序》卷二，《牛兆濂集》，西北大学出版社2015年版，第196页。
② 牛兆濂著，王美凤等点校：《敬轩记》，《蓝川文钞续》卷三，《牛兆濂集》，西北大学出版社2015年版，第212页。
③ 牛兆濂著，王美凤等点校：《贺复斋先生墓表》，《蓝川文钞序》卷四，《牛兆濂集》，西北大学出版社2015年版，第240页。
④ 牛兆濂著，王美凤等点校：《"学"改"觉"之误》，《蓝川文钞续》卷五，《牛兆濂集》，西北大学出版社2015年版，第262页。

"故学者约其情，使合于中"是朱子对《论语·雍也》"弟子孰为好学"章的注释。牛兆濂在程颐和朱子的注解中，否定程颐的注解，肯定朱子删改程颐的注解，高赞朱子释经脉络连贯、辞简意明，远比程颐的解释中肯。

例2：讲《中庸》大本须就性之至善者言之，非圣人不能尽之。若加入众人，则有等级。许多不同处，未可一概论也。故朱子以此言"性情之德"，一句括之，可见非圣人不能尽也。①

《中庸章句》首章主要内容就是讲性情。牛兆濂认为朱子以"性情之德"一句来概括，将其归属于圣人才具备的德性，可谓至精至当，显示出牛兆濂对朱子注解的认同。

例3：《大学章句》有曰："但为气禀所拘，人欲所蔽，则有时而昏。"此不谓之不昏不可也。又曰："然其本体之明，则有未尝息者。"数语自是定论，可以息无穷之纷纭矣。②

牛兆濂所引乃是朱熹《大学章句》首章的注解之语。牛兆濂认为朱子注解是不易之定论，完全可以消弭以往的诸多纷争。这里，他虽然没有解释其推崇的缘由，但其服膺之意已经跃然纸上。

例4：夫朱子之言性，他无论已，即以《中庸章句》言之，

---

① 牛兆濂著，王美凤等点校：《答赵琢之》，《蓝川文钞续》卷二，《牛兆濂集》，西北大学出版社2015年版，第207页。
② 牛兆濂著，王美凤等点校：《书新安刘和卿先生论未发说后》，《蓝川文钞续》卷四，《牛兆濂集》，西北大学出版社2015年版，第234页。

则性道虽同而气禀或异……故朱子之说，确不可易。①

牛兆濂十分赞同朱子用理气关系来言说人性的方式，故而认可朱子在《中庸章句》"性道虽同，而气禀有异"的说法，且认为这是不易之论。要之，在其对四书篇章的注解中，如此事例，不胜枚举，可见牛兆濂对朱子四书的切实推崇。

从牛兆濂对四书的解释中可以看出，牛兆濂在程朱理学已经丧失其官方地位的情形下，依然墨守程朱理学，拒绝新学，无疑是与整个时代思潮脱节的，他曾说，"近世新学之祸，其源倡之汉学，力与程朱为敌，因之以排斥孔孟，皆'新'之一字为之。"② 很显然，牛兆濂是将新学视作理学的劲敌。这种学术取向显然与融汇关学和新学的刘古愚③相差甚大，凸显的是其恪守传统关学的坚守和努力，较之刘古愚，一定程度上延续了传统关学的学术生命，使其迟至民国才宣告结束。因此，那种将牛兆濂看作"关学史上没有挣脱传统的最后一位有影响的大儒"④ 无疑是卓有见地的，而从四书学的角度亦佐证了这一观察的准确性。

总而言之，清代关学四书学是整个关学四书学史当中最为昌盛的时代，呈现前期以阳明心学为视域诠解四书，中期以朱子学为主导，晚期则既有朱子学，亦有阳明心学，尤其是融入西学的内容。总体来看，清代关学四书学的主题主要有二：一是继承冯从吾所确立的关学发展主题"回应朱、王之争"，这一点新加坡学者王昌伟教授的表述极为清晰，他说："冯从吾之后的陕西学者，在处理程朱与陆王的分

---

① 牛兆濂著，王美凤等点校：《答孙仲玉》，《蓝川文钞续》卷二，《牛兆濂集》，西北大学出版社2015年版，第190—191页。
② 牛兆濂著，王美凤等点校：《庸字说》，《蓝川文钞续》卷三，《牛兆濂集》，西北大学出版社2015年版，第220—221页。
③ 林乐昌：《论"关学"概念的结构特征与方法意义》，《中国哲学史》2013年第1期。
④ 刘学智：《关学思想史》（修订本），西北大学出版社2020年版，第565页。

歧时，态度容或有不同，但他们实际上还是遵循冯从吾的思路，把这个问题当成是关学发展的主调。"① 二是提升和强化关学学统，推进关学的鼎盛。如果说明代学者在振兴关学的过程中，更多的是把张载当作一个名义上的地域学术的领袖，而对其颇具特质的思想少有关注的话，那么到清代关学学者这里，他们的地域学术意识，发扬关学学术传统确实比明代学者更加优胜，使得清代关学成为关学史上人物最盛、成就最多的一代。

---

① 王昌伟：《〈关学编〉与明清陕西士大夫的集体记忆》，载何国忠主编《文化记忆与华人社会》，马来亚大学中国研究所2008年版，第177页。

结　语

关学四书学的学术创获与局限

关学四书学是中国四书学史上的一个特殊的地域形态的四书学，仰赖于关学本身的"源流初终、条贯秩然"的学术特质，其四书学也相应地别具自身的特色以及学术影响。

一　学术特质

四书学作为关学建构的文本依据和学理支撑，其不是孤立发展的，而是随着中国四书学史的变迁、发展而不断演变、重构、形成的地域形态的学术思想，不仅涵具和体现中国四书学史的一般特征，亦别具和呈现区域学术形态的特质，这就是顾炎武所说的："秦人慕经学，重处士，持清议，实与他省不同。"[1] 具体来说：

（一）独研义理、不事训诂

关学四书学自张载开创伊始，就奠定了脱略考据，直探义理的学术旨趣，这种经学亦被称为"义理经学"[2]。门人后学延续此学派风气，在四书注解上，几乎没有考据性的著作，吕柟说："看书须是要体之于身，验之于事，方有益。若但疏解字义而已，殊无所得。"[3]

---

[1] 顾炎武：《与三侄书》，华忱之校注，《顾亭林文选》，四川人民出版社1998年版，第377页。
[2] 朱汉民：《张载义理经学及其关学学统》，《北京大学学报》2020年第3期。
[3] 吕柟：《泾野经学文集》，刘学智点校，西北大学出版社2015年版，第302页。

牛兆濂亦说，"汉学之害，秦中当日尚无此。"① 即使在乾嘉汉学风靡一时的清代中期，关学学者依然坚守义理解经的学术传统，几无汉学的影响，宋学自由立说的特质极为明显。如王心敬就说，"解经贵通大义，泥于字句必失正旨也。"② 刘古愚亦说，"盖泥文字以为训，不证之以义理，故见不及此也。"③ 牛兆濂指出，"圣贤经训必使实体诸身，不徒为章句之习。"④ 这个中缘由除了前述的学派传统外，亦与关中地区缺少孕育考据学的土壤息息相关，因为考据学需要经济、图书、出版等方方面面的支撑，而关中地区在这些方面是极为欠缺的。曹冷泉先生就指出："西北地势高亢，灾祸频仍，实不容学者沉迷理窟而忽视现实生活也。"⑤ 这就是说，无论是从外在的经济条件，还是内在的独重义理的传统皆致使关学始终一尊宋学。当然，由宋至清，关中地区一直远离学术舞台的中心也是不能遗漏的因素。要之，由关学四书学这一个案，可以证实以往学者观察的准确性，那就是考据学更多只是江南一域的学术现象，而非全国性的。

（二）不重举业，轻视制艺

"《论语》《孟子》旧各为帙，《大学》《中庸》旧《礼记》之二篇，其编为四书自宋淳熙始，其悬为令甲则自元延祐复科举始。"⑥ 自四书称雄科场以来，便产生了专门为科举服务的四书制艺之作，以另一地域性四书学山东四书学以"举业制艺"为主作为参照⑦，关学

---

① 牛兆濂著，王美凤等点校：《与张鸿山》，《蓝川文钞》卷五，《牛兆濂集》，西北大学出版社2015年版，第72页。
② 王心敬著，刘宗镐、苏鹏点校：《江汉书院讲义》卷一，《王心敬集》，西北大学出版社2015年版，第390页。
③ 武占江校：《刘光蕡集》，西北大学出版社2015年版，第21页。
④ 牛兆濂著，王美凤等点校：《贺复斋先生墓表》，《蓝川文钞续》卷四，《牛兆濂集》，西北大学出版社2015年版，第241页。
⑤ 曹冷泉：《关学概论》，《西北文化月刊》1941年第3期。
⑥ 永瑢等：《四书类》一，《序论》，《四库全书总目》卷三十五，中华书局1965年版，第289页。
⑦ 柏秀叶、王芙蓉：《清代山东"四书学"特色综论》，《山东理工大学学报》2018年第6期。

四书学则恰恰相反，几无为举业制艺而作的四书学著作，只有清代孙景烈的《四书讲义》明确为制艺之作。之所以如此，这主要与关学的学风紧密相关，即关学学人始终以"做天下第一等人，为天下第一等事"①为根本追求，对科举功名并不留意，如吕柟说"只欲实干举业，亦不是实。必以圣贤之实自体贴，方是实耳"②，李二曲被康熙多次征召，皆推辞不就。王心敬同样被多次举荐，皆力辞不赴，张秉直只是为了却父母望子成龙之意，才勉强应举，中举后便不复仕进，如此事例，不胜枚举，这也造就了关学学者"多以气节著，风土之厚，而又加之学问者也"③。在这种风气的直接影响下，关学少有为科举制艺而作的经学之作，成为关学四书学颇具特质的一面。

（三）通经致用、摒弃空谈

克罗齐曾说："思想作为行动才是积极地。"④ 关学宗师张载注解四书最为强调经学的实用，也即通过在经书中体会实理、实道，并以此来观照人伦日用，这才是治经的根本目的。如张载所说的："吾徒饱食终日，不图义理，则大非也。"⑤ 张载之后，历代关学学者的四书学皆展现出这一特质，如吕柟说，"今人读经书徒用以取科举，不肯用以治身，即如读医书尚且用以治身，今读经书反不若也"⑥；又说"开示亲切。不徒为训诂空谈"⑦。这里，吕柟通过反批评来凸显治经的目的在反身躬行。四库馆臣在评价其《四书因问》时就指出：

---

① 冯从吾：《关学编》，中华书局1987年版，第53页。
② 吕柟著，赵瑞民点校：《泾野子内篇》卷五，西北大学出版社2015年版，第34页。
③ 黄宗羲：《三原学案》，《明儒学案》（修订本）卷九，中华书局2008年版，第158页。
④ ［意大利］克罗齐：《作为思想和行动的历史》，田时纲译，商务印书馆2012年版，第25页。
⑤ 张载著，林乐昌编校：《经学理窟》三，《张子全书》卷五，西北大学出版社2015年版，第79页。
⑥ 吕柟著，赵瑞民点校：《泾野子内篇》卷八，西北大学出版社2015年版，第55页。
⑦ 纪昀总纂：《四书类》一，《四库全书总目提要》卷三十五，第1册，河北人民出版社2000年版，第914页。

"多因四书之义推而证诸躬行，见诸实事。"① 李二曲说的更为清楚明白：

> 吾人于四书，童而习之，白首不废，读则读矣，只是上口不上身。诚反而上身，使身为仁义道德之身、圣贤君子之身，何快如之！吕新吾云："圣贤千言万语，说的是我心头佳话，立的是我心头妙方，不必另竭心思，举而措之，无往不效。"而今把一部经书当作圣贤遗留下富贵的本子，屹屹终日讲读倦倦，只为身家，譬如僧道替人念消灾禳祸的经忏一般，念的绝不与我相干，只是赚些经钱、食米来养活此身，把圣贤垂世立教之意，辜负尽了。②

李二曲的意思很清楚，那就是研治四书，必须以反身躬行为诉求，不能当作文字把玩，从中谋求富贵。王心敬亦指出：

> 盖四子书与他书不同，原是四圣贤体验心得之言。若行不至，知终不真，故要得理会心得，必以实行为致知第一实法。③

如此事例，不胜枚举。以此可见关学中人释经"一字一句，皆躬行心得之言"④，他们是真正把经学作为生活的一种方式⑤。这就证实了

---

① 纪昀总纂：《四书因问提要》，《四库全书总目提要》卷三十六，第 1 册，河北人民出版社 2000 年版，第 951 页。
② 李颙著，张波点校：《二曲先生读四书说》，《李颙集》卷二十六，西北大学出版社 2015 年版，第 385 页。
③ 王心敬著，刘宗镐，苏鹏点校：《丰川语录》卷一，西北大学出版社 2015 年版，第 629 页。
④ 甘棠朋著：《泾野子内篇》序，载吕柟著，赵瑞民点校《泾野子内篇》附录二，西北大学出版社 2015 年版，第 246 页。
⑤ 王汎森：《晚明清初思想十论》（增订版），北京师范大学出版社 2020 年版，第 396 页。

"关中旧多积学力行之士"①这一论述的准确性。要之,关学四书学既受关学宗风的陶铸,反过来又助推和强化了这一宗风的形成与强大。

(四)不拘门户、汇通诸派

这里所讲的"门户"主要指的是儒学门内的诸家各派,而非指涉释、老,因为关学始终秉持的是崇正辟邪的治学态度,也就是说,他们对待旨趣相异的释、老态度始终是排斥的,而对待儒门内的各家态度则是兼容并包。梁启超曾比较有洞见地指出:"关中学者虽克自树立,然受赐于外来学者之奖劝实多。"②梁氏此言可谓不虚。张载诠释四书时,便是广泛征引,以释己意,吕大临更是融汇关、洛两家,这从他对"仁"的解释可以得到直接的印证。再如吕柟虽学宗张载、朱子,但对阳明心学则是以公心待之,甚至当其被恶意诋毁时,不畏权贵,仗义挺之。再如冯从吾亦对门户之说表示担忧,他说:"一开口便落门户,真令人不敢开口矣。"③又说:"孔孟而后,诸儒各有得失,不能尽同,是在学者去短集长,毋令瑕瑜相掩可耳。"④后来的清代学者李二曲更为具体地指出:

> 辨朱辨陆,论同论异,皆是替古人担忧。今且不必论异同于朱陆,须先论异同于自己,试反己自勘,平日起心动念,及所言所行与所读书中之言同耶,异耶?同则便是学问路上人,尊朱抑陆亦可,取陆舍朱亦可;异则尊朱抑陆亦不是,取陆舍朱亦不

---

① 周长发:《史复斋文集》序言,载史调《史复斋文集》,《四库全书存目丛书》集部第281册,齐鲁书社1997年版,第1页。
② 梁启超:《近代学风之地理的分布》,《清华学报》(自然科学版)1924年第1期。
③ 冯从吾著,刘学智点校:《宝庆语录》,《冯从吾集》卷七,西北大学出版社2015年版,第162页。
④ 冯从吾著,刘学智点校:《答张居白大行》,《冯从吾集》卷十五,西北大学出版社2015年版,第304页。

是。只管自己，莫管别人。①

由上可见二曲对待理学、心学既不主张尊一辟一，亦不主张两相皆崇，更不主张两相皆废，而是要公正对待两者的得失，相互融合，救正补偏。由此，他的弟子对其学术总结道："苦心折中，会合濂洛关闽、河会、姚泾而融为一家。"② 王心敬亦说：

门户之争，世儒之隘也；门户之护，世儒之陋也。③
后世乱圣学者，第一门户之为害。④

王心敬对门户之私深恶痛绝，将其视为学术的第一大害。这落实在理学、心学之争上，王心敬的态度就是会通朱、王，他说"陆王正宜资朱子之实功，而心体始得平实圆满；朱子惟其兼陆王之心体，而学问乃为切近精明"⑤，又说"今之学术欲合诸先生为一家，非漫然调停之也"⑥，王心敬的意思与李二曲是一致的，都是不拘门户、融会贯通的典型。

（五）"心解"释经，独证独创

张载释经独创"心解"之法，意在超越文字章句的限制，注重真心体悟，更为注重诠释者本人的内在理解，而非经文本身，极具主观

---

① 李颙著，张波点校：《靖江语要》，《李颙集》卷四，西北大学出版社2015年版，第48页。
② 王心敬著：《答友人论学脉书》，《丰川全集》卷十五，纪宝成主编《清代诗文集汇编》第199册，上海古籍出版社2010年版，第158页。
③ 王心敬著，刘宗镐、苏鹏点校：《丰川语录》卷四，《王心敬集》（下），西北大学出版社2015年版，第669页。
④ 王心敬：《复逊功弟》，《丰传续集》卷十四，纪宝成主编《清代诗文集汇编》第199册，上海古籍出版社2010年版，第644页。
⑤ 王心敬著，刘宗镐、苏鹏点校：《传道诸儒评·王子阳明》，《王心敬集》卷（上），西北大学出版社2015年版，第590—591页。
⑥ 王心敬著：《答友人论折中学术书》，《丰川全集》卷十八，纪宝成主编：《清代诗文集汇编》第199册，上海古籍出版社2010年版，第201页。

色彩，而非历史、客观的态度。这一方法也就是朱子所谓的"理在解语内"的路径，而非"理在经文内"的方法。① 而后的王恕注释四书时所尊奉的亦是张载这一主张，他说，"不可不用传注，亦不可尽信传注，要当以心考之也，"② 这里，王恕所确立的释经原则"以心考之"与张载的"心解"之法如出一辙。李二曲注释四书尤为强调心解的重要性：

> 四书，传心之书也。人人有是心，心心具是理，而人多昧理以疚心。圣贤为之立言启迪，相继发明，譬适迷涂，幸获南车，宜循所指，斯迈斯征，乃跬步未移，徒资口吻，终日读所指、讲所指，藻绘其辞，阐所指，而心与指违，行辄背驰。登彼垄断，借以猎荣网誉，多才多艺只以增其胜心。欲肆而理泯。而心之为心，愈不可问，自负其心，而并负圣贤立言启迪之苦心。③

李二曲着重强调四书的性质以及心解四书的必要。他的弟子王吉相直接将其四书学著作命名为《四书心解》，将其推尊张载注经之法直接显豁出来，并对"心解"解释道：

> 心解者何？解心也。经书，传心录也；读书，治心功也。治心而不解心，恐讲习讨论之总无当于心也。④

---

① 朱子说："程先生解经，理在解语内。某集注《论语》，只是发明其辞，使人玩味经文，理皆在经文内。"（黎靖德编：《朱子语类》卷十九，中华书局1986年版，第438页。）
② 王恕著，张建辉、黄芸珠点校：《考经堂记》，《王恕集》卷一，北京大学出版社2015年版，第12页。
③ 李颙著，张波点校：《题〈四书心解〉》，《李颙集》卷十九，西北大学出版社2015年版，第217页。
④ 王吉相：《四书心解》，三秦出版社2015年版，第11页。

这就是说，源于经书就是传心之书，故解释经书就是"解心"，而不是名词章句、训诂制度。王巡泰亦极力推崇张载"心解"之法，他说：

> 张子曰："心开即记，不思则还塞之矣。"盖人功候所至而心之开敝，因之体认有浅深，见解有是非，议论有得失，不可假也。一人有一人之体认，而一时之见解、议论，因之不可强也。①

可见，王巡泰也强调自我在注释经文当中的主体性作用，也就是己意不能被经文所牵，而是强调内心对经文的真体实悟。要之，张载所开创的"心解"之法恰恰是对其所主导的"义理经学"的呼应，前创后因，在门人后学的推波助澜之下，成为关学四书学治经的标志性符号，显示出地域学术的连续性与学术旨趣的"家族相似性"。故而正如清初学者徐嘉炎所指出的："西北崇朴学，东南尚华靡。朴学必朴心，华靡徒为耳。此固地气然，人情亦复尔。"② 无疑是切合关学本旨的。

二　学术价值

发掘和厘定关学的四书学价值，绝对不能"就张载论张载，就关学论关学"③，而是要有"超地域的地域观"④，以关学为基点，逐层向外拓展，故而需要从以下四个交错并行、渐次递进的视角展开审视和定位，具体而言：

---

① 王巡泰：《四书札记》序，载王巡泰：《四书札记》，来鹿堂藏版，道光乙未年（1835）刻本，第1页。
② 徐嘉炎：《抱经斋集》卷四，《四库全书存目丛书》集部第250册，齐鲁书社1997年版，第368页。
③ 陈来：《关学的精神》，《陕西师范大学学报》2016年第3期。
④ 葛兆光：《清代学术史与思想史的再认识》，《中国典籍与文化》2012年第1期。

（一）深化对关学建构的文本依据与学术渊源的理解

中国哲学与中国经学是一体两面的事，一旦经典文本发生变迁和地位发生转移必预示着新的学术形态的诞生。一直以来，学界对张载之学是四书学还是易学的定位存在着严重的分歧，而之所以众说纷纭就在于这一问题关乎关学建构的文本依据和学术渊源。就学界目前已有的观点来讲，主要有以龚杰等为代表的学者认为张载是最早将四书并列的学者，他的学术应该是四书学而非易学，他是用四书学来融汇易学；[1] 也有以王利民等为代表的学者主张张载之学是易学，认为"张载的思想体系实以《易传》的范畴与命题为逻辑起点和理论基础，其学说的主题和范畴的主要环节全都渊源于易学"[2]。在这两种观点之外，还有一种观点是以朱汉民、廉天娇等学者为代表的学者超越上述非黑即白的表述方式，主张张载之学是汇通易学和四书学。[3] 无论张载之学属于上述哪一种，都表明了易学和四书学在关学建构当中的重要性。而通过本书的梳理和研究，可以看出，四书学是关学建构的重要文本依据和思想资源，但绝对不是唯一的依据，它主要支撑起关学在人道层面，也就是内圣外王层面的体系，而天道层面体系的建构则主要诉诸易学。故而本书的研究就印证了朱汉民等学者的观点，而这也是本书所极为赞同的。

（二）以个案的形式佐证关学有史

关学是否有一个连绵不绝，传承千年的历史亦为学界所关注和争论。侯外庐先生主张"北宋亡后，关学就渐归衰熄"[4]，龚杰先生则更为激进，主张关学"上无师承，下无继传"[5]，关学在张载以后即

---

[1] 龚杰：《张载的"四书学"》，《西北大学学报》1994年第3期。
[2] 王利民：《论张载之学是易学：与龚杰先生商榷》，《周易研究》2000年第1期。
[3] 朱汉民：《张载的义理经学及其关学学统》，《北京大学学报》2020年第3期；廉天娇：《论张载对易学和四书学的互摄融通》，《郑州大学学报》2020年第4期。
[4] 侯外庐主编：《中国思想通史》第四卷（上），人民出版社1959年版，第545页。
[5] 龚杰：《张载评传》，南京大学出版社1996年版，第206页。

中绝不续。张岂之先生主张"关学是由张载创立并于宋元明清时期，一直在关中地区传衍的地域性理学学派"①，陈俊民先生则认为关学是"宋明理学思潮中由张载创立的一个重要独立学派，是宋元明清关中的理学"②，刘学智先生则主张"关学史的发展同整个宋明理学发生、发展和衰落历史具有同步性……关学史事实上已经延伸到清末民国"③，而林乐昌先生主张"关学只经历了宋、明、清三个时期，其六百年的历史既有断绝也有接续"④。上述争议的核心在于关学的学术断代问题。通过本书的细化研究，可以看出，关学确实存在着一个连续的学术史，不同的是每一时期的发展情形和盛衰不尽相同。更为重要的是，学术的发展并不与朝代的更替即时同步，往往因为思想的惯性而继续存在下去，而通过对清末民国学者牛兆濂的研究可以发现其思想中仍然存在着精微的理学内容，恪守理学矩镬，以推阐朱子学精蕴为务，这就足以表明关学的下限应该断在清末民国牛兆濂这里，也进一步佐证了关学是有一个连续不绝的传衍史的，这就很大程度上解决了关学的"合法性"问题，打开了关学研究的新视界。

（三）充实和拓展关学乃至宋明理学的研究

经学虽然不是关学的全部内容，但绝对是其核心架构。以往学术史的研究只有易学有较为系统的研究⑤，包含四书学在内的其他诸经则只有零星的涉及，即使断代的经学研究目前亦少有关照，更遑论系统而整体的关学单经学史研究。这种研究现状很大程度上限制了我们

---

① 张岂之：《总序》，《关学文库》，西北大学出版社 2015 年版，第 1 页。
② 陈俊民：《张载哲学思想及关学学派》，人民出版社 1986 年版，第 24 页。
③ 刘学智：《自序》，《关学思想史》（增订本），西北大学出版社 2020 年版，第 7 页。
④ 林乐昌主编：《关学源流》，陕西师范大学出版社 2020 年版，第 14 页。
⑤ 邢春华在《关中易学源流考》（《周易研究》2013 年第 7 期）中简要梳理了易学的传衍。其博士学位论文《明中期关中四家易学研究》则主要局限在明代中期，而其主持的国家社科基金项目"关中易学思想史研究"已经于 2019 年结项，尚未出版，无法睹其全貌。

对关学的理解和把握，本书以关学的重要切面四书学为研究对象，无疑可以充实关学的研究，拓展关学研究的视域和维度，使得从四书学的角度重探关学的内涵和结构，将关学的传衍方向在尽可能的维度上撑开。当然，关学作为宋明理学的重要组成部分，尤其是作为宋明理学的共同缔造者之一，其所具备的"启风气、开规模、定纲维"的作用不容忽视和抹杀，这可从我们常常以"濂洛关闽"来描述宋明理学的传衍和发展得到直接的说明。正是张载关学的这种开端和奠基性作用，本书的研究在充实和拓展关学的同时，其学术意义自然可延展和渗透至整个宋明理学，进一步细化和扩充整个宋明理学的研究。换言之，关学与宋明理学类似于个别与一般的关系，在个别得到挖掘和发展的同时，一般层面自然能够得到深化和推进。

（四）丰富和推进中国四书学史的研究

中国四书学史与关学四书学史的关系是普遍与特殊、全国与地域的相互包含的关系。当前学界的研究实际上是两线并进的，既有整体研究四书学的，如肖永明教授主持的国家社科基金重大项目"中国四书学史"（结项未出版），闫春主持的国家社科基金项目"从朱子到朱子后学：元明清四书学研究"（结项未出版），郑国岱的《晚清民国四书学研究》[①]、佐野公治的《四书学史研究》[②]（集中在明代），朱修春的《四书学史研究》[③] 等；亦有地域性的四书学研究，如周天庆的《明代闽南四书学研究》[④]，许家星主持的教育部社科规划项目"江右四书学研究"（结项未出版），柏秀叶、王芙蓉的《清代山东"四书学"特色综论》[⑤] 等。关学四书学作为中国四书学史的重要构成部分，本书的研究无疑是中国四书学史的丰富性展示，对于在广度

[①] 郑国岱：《晚清民国四书学研究》，博士学位论文，广西师范大学，2015年。
[②] 佐野公治：《四书学史研究》，万卷楼图书出版股份有限公司，2014年。
[③] 朱修春：《四书学史研究》，中国文史出版社2005年版。
[④] 周天庆：《明代闽南四书学研究》，东方出版社2010年版。
[⑤] 柏秀叶、王芙蓉：《清代山东"四书学"特色综论》，《山东理工大学学报》2018年第6期。

和深度上推进中国四书学史研究具有重要的学术价值和意义，不仅有助于进一步完善中国四书学史现有的研究格局，亦有补于中国四书学普遍品格的提炼和凝聚。

三　学术局限

任何一门学术既有其优长，亦有其不足，这是一体两面之事。关学四书学同样不免于此。就关学四书学的学术局限来讲，主要有以下几个方面：

（一）体例单一，发展受限

四库馆臣将四书学的诠释样式划分为考据型和义理型两大类，[①]许家星教授在此基础上又加入科举型和考据、义理并重的综合派两类。[②]就关学四书学的诠释样式来讲，义理型占据绝对的主导地位。由前述可知，关学四书学不重考据，故无考据性的著作以及综合义理与考据的著作；不重科举，没有"囿于性理，汩于制义"[③]，故仅有一本为制艺时文而作的四书学著作。这样一种面向在凸显关学四书学以义理见长的特质时，不仅不利于关学四书学乃至关学在广度和深度上的双向拓展，也在一定程度上限制了关学四书学的多元化发展。

（二）不拘经文，肆意解经

朱子四书学以"刻意经学、推见实理"[④]为诉求，注重文本在义理阐发中的根基性和源泉性作用，要求义理阐释不能脱离经文，成为绾和经学和理学的典范。而由张载开创的关学四书学，则以"心解"

[①] 纪昀总纂：《论语类考提要》，《四库全书总目提要》卷三十六，第1册，河北人民出版社2000年版，第951—952页。
[②] 许家星：《朱子〈四书〉学研究回顾与前瞻》，《中华文化论坛》2013年第2期。
[③] 江藩：《国朝汉学师承记》卷八，载江藩、方东树《汉学师承记》（外二种），中西书局2012年版，第147页。
[④] 黎靖德编：《朱子语类》卷一百零四，中华书局1986年版，第2617页。

之法阐释经文，经文只是义理的陪衬，没有朱子"每下一字，直是称等轻重，方敢写出"①的慎重和敬畏。故而脱离经文，自抒胸臆成为关学四书学的治经旨趣。这种追求在矫正汉唐经学偏于考据训诂，疏于义理阐发的弊端方面不无成效，但同时又走向了另一个极端，那就是脱离经文的束缚，肆意解经。这里，可以用朱子批评程颐注经的话来作一参照性的解释，朱子说："伊川解经，是据他一时所见道理恁地说，未必便是圣经本旨。"②但这种风气又与"明儒厌训诂支离而必标宗旨以为的"③不同，他们所导致的弊病是空疏不实，而关学四书学整体上还是秉承张载推崇实学、躬身践履的治经传统，差异在于他们解经不受限于一章一句，不拘束于经文本意。

（三）偏重于形下世界的建构

关学在创始人张载，既注重形上实体的建构，亦关注形下世界的探讨，尤其用心于两者的统合。而后的关学门人后学则逐渐偏离这一学术轨道，着重发展了形下世界的伦理体系，而将形上实体部分或接受成说，或搁置不论，少有创获，也即"用"有余而"体"不足。以明代中期的吕柟为例，虽然他在当时与阳明平分秋色，"东南学者尽出其门"④，"德业在胜国三百年推第一"⑤，但其后来的学术影响则远远逊色于阳明，其中虽有诸多因素，但吕柟本人学术过于强调下学、注重践履，而无足以对阳明心学构成挑战的学术体系和特色，无疑是最为主要的原因。更进一步，这种特质也造就了关学四书学经解著作湮没无闻、少有问津的局面。我们可从《四库全书》系列丛书中

---

① 黎靖德编：《朱子语类》卷一百零五，中华书局1986年版，第2626页。
② 黎靖德编：《朱子语类》卷一百零五，中华书局1986年版，第2625页。
③ 黄宗羲：《浙中王门学案五》，《明儒学案》（修订本）卷十五，中华书局2008年版，第330页。
④ 黄宗羲：《河东学案》下，《明儒学案》（修订本）卷八，中华书局2008年版，第138页。
⑤ 樊景颜：《重刻记事》，载吕柟著，赵瑞民点校：《泾野子内篇》附录二，西北大学出版社2015年版，第248页。

几乎不收录关学一系的四书学著作中得以窥斑见豹。

（四）较少注重对宗师张载思想的直接承继与阐扬

借由关学学者的四书学，可以很明显地看出关学学者在承继、探讨关学宗师张载思想上表现得并不突出，反倒是关中之外的学者如"希张横渠之正学"[①]的王船山等，他们系统推阐张载思想。而关中学者重视张载，更多的是将其"作为一个地方性的思想文化的领袖"[②]，其极具特色的思想并未引起关中学者的过多留意，他们代代延续和发挥的是张载的义理经学、心解四书、敦本尚实、躬身践履、勇于造道等关学宗风。对此，中国台湾学者吕妙芬曾敏锐地指出："若以直接进入张载思想和话语的讨论而言，这些关中后学的表现其实并不出色，他们更多是在'程朱对陆王'的框架内思索学问。"[③]吕氏所言可谓确论。但也必须警惕另一种看法，那就是以此来否定他们的关学学统，一方面绝对不能说"偏离了气学就是离开了张载的关学"[④]；另一方面也要看到张载本人提出的诸多命题实际上被后来的朱子等学者消化和吸收，关学后人虽然较少直接探讨张载的思想，但在根本旨趣上依然与张载保持一致，他们依然具有"家族相似性"。而具体到思想倾向上的差异，"也许是他们所面对的历史条件和要解决的历史任务不同所致"[⑤]。

总而言之，与其他地域学术形态相比，关学内在本具和向外展示的更多是"思想"，而非泛泛的文化。与之相应，其四书学无疑是地域学派四书学的典范，尤其是着力发展了中国四书学义理型四书学的

---

① 王夫之：《船山先生传》，《船山全书》第 16 册，岳麓书社 1988 年版，第 89 页。
② 王昌伟：《〈关学编〉与明清陕西士大夫的集体记忆》，载何国忠主编《文化记忆与华人社会》，马来亚大学中国研究所 2008 年版，第 177 页。
③ 吕妙芬：《明清之际的关学与张载思想的复兴——地域与跨地域因素的省思》，载刘笑敢主编：《中国哲学与文化》第 7 辑，广西师范大学出版社 2010 年版，第 55—56 页。
④ 刘学智：《关学思想史》（增订本），西北大学出版社 2020 年版，第 423 页。
⑤ 刘学智：《关学思想史》（增订本），西北大学出版社 2020 年版，第 424 页。

面相。本书的研究是对关学经学重要切面的尝试性探究，虽力求系统而整体，但难免挂一漏万，虽着意深刻而贴切，但不免平实无奇，更加细腻深入的研究，将是以后致思和突破的方向。

参考文献

一 古籍类

（战国）荀况:《荀子》，（唐）杨倞注，耿芸标校，上海古籍出版社2014年版。

（战国）庄周:《庄子》，二十一世纪出版社2014年版。

（宋）《陈亮集》，邓广铭点校，中华书局1987年版。

（宋）晁公武:《郡斋读书志校证》，孙猛校证，上海古籍出版社1990年版。

（宋）陈淳:《北溪先生大全文集》，线装书局2004年版。

（宋）陈淳:《北溪字义》，熊国祯、高流水点校，中华书局1983年版。

（宋）程颢、程颐:《二程集》，王孝鱼点校，中华书局1981年版。

（宋）黎靖德编:《朱子语类》，王星贤点校，中华书局1986年版。

（宋）吕大临等:《蓝田吕氏集》，曹树明辑校，西北大学出版社2015年版。

（宋）司马光:《司马文正公文集》，江苏古籍出版社1996年版。

（宋）王应麟:《困学纪闻》，乐保群校点，上海古籍出版社2008年版。

（宋）张载:《张子全书》，林乐昌编校，西北大学出版社2015年版。

（宋）朱熹:《四书章句集注》，金良年译，上海古籍出版社 2006 年版。

（宋）朱熹:《朱子全书》，朱杰人等编，上海古籍出版社、安徽教育出版社 2002 年版。

（五代）刘昫等:《薛放传》，陈焕良、文华点校，岳麓书社 1997 年版。

（元）脱脱等撰:《宋史》，刘浦江标点，吉林人民出版社 1995 年版。

（汉）赵岐:《孟子注疏》，上海古籍出版社 1997 年版。

（明）《冯从吾集》，刘学智点校，西北大学出版社 2015 年版。

（明）《刘宗周全集》，吴光编，浙江古籍出版社 2007 年版。

（明）《王畿集》卷五，吴震编校，凤凰出版社 2007 年版。

（明）《王恕集》，张建辉、黄芸珠点校，西北大学出版社 2015 年版。

（明）《王廷相集》，王孝鱼点校，中华书局 1989 年版。

（明）《王徵全集》，林乐昌编校，西北大学出版社 2015 年版。

（明）冯从吾:《关学编》，陈俊民、徐兴海点校，中华书局 1987 年版。

（明）高攀龙:《东林书院志》，广文书局 1968 年版。

（明）吕柟:《泾野经学文集》，刘学智点校，西北大学出版社 2015 年版。

（明）吕柟:《泾野先生文集》，米文科点校，西北大学出版社 2015 年版。

（明）吕柟:《泾野子内篇》，赵瑞民点校，西北大学出版社 2015 年版。

（明）吕柟:《宋四子钞释》，中华书局 1985 年版。

（明）杨慎:《升庵集》，商务印书馆 1937 年版。

（清）牛兆濂:《牛兆濂集》，王美凤等点校，西北大学出版社 2015 年版。

（清）王建常:《王建常集》,李明点校,西北大学出版社 2015 年版。

（清）白遇道:《白遇道集》,白金刚等点校,西北大学出版社 2017 年版。

（清）贺瑞麟:《贺瑞麟集》,刘峰、王长坤点校整理,西北大学出版社 2015 年版。

（清）康有为:《康有为集》,郑力民编,广东人民出版社 2018 年版。

（清）康有为:《康有为学术著作选》,楼宇烈整理,中华书局 1988 年版。

（清）李颙:《李颙集》,张波点校,西北大学出版社 2015 年版。

（清）李元春:《李元春集》,王海成点校,西北大学出版社 2015 年版。

（清）刘光蕡:《刘光蕡集》,武占江校,西北大学出版社 2015 年版。

（清）陆陇其:《陆陇其全集》,张天杰主编,中华书局 2021 年版。

（清）全祖望:《全祖望集汇校汇注》,朱铸禹编校,上海古籍出版社 2000 年版。

（清）唐鉴:《唐鉴集》,李健美校点,岳麓书社 2010 年版。

（清）王心敬:《王心敬集》,刘宗镐、苏鹏点校,西北大学出版社 2015 年版。

（清）汪中:《新编汪中集》,田汉云校注,广陵书社 2005 年版。

（清）查继佐:《二十五别史·明书》,倪志云、刘天路点校,齐鲁书社 2000 年版。

（清）程嗣章:《明儒讲学考》,《四库存目丛书》,齐鲁书社 1995 年版。

（清）顾炎武:《顾亭林文选》,华忱之校注,四川人民出版社 1998 年版。

（清）黄宗羲:《明儒学案》（修订本）,中华书局 2008 年版。

（清）黄宗羲、全祖望:《宋元学案》,中华书局 1986 年版。

（清）焦循:《雕菰集》,《续修四库全书》,上海古籍出版社 2002 年版。

（清）刘宝楠:《论语正义》,中华书局 1990 年版。

（清）刘绍攽:《九畹续集》,刘传经堂藏版。

（清）刘绍攽:《四书凝道录》,光绪甲午泾阳文在党刻本。

（清）纪昀总纂:《四库全书总目提要》,河北人民出版社 2000 年版。

（清）皮锡瑞:《经学历史》,周予同注释,中华书局 2011 年版。

（清）钱仪吉:《碑传集》,靳斯标点校,中华书局 1993 年版。

（清）史调:《史复斋文集》,四库全书存目丛书集部第 281 册,齐鲁书社 1997 年版。

（清）孙景烈:《关中书院课解》,滋树堂藏版,乾隆辛巳年（1761）刻本。

（清）孙景烈:《关中书院课艺目录》,光绪戊子年（1888）刻本。

（清）孙景烈:《四书讲义》,滋树堂藏版,乾隆己丑年（1769）刻本。

（清）孙景烈:《四书讲义补》,滋树堂藏版,乾隆戊戌年（1778）刻本。

（清）孙景烈:《滋树堂文集》,《清代诗文集汇编》第 307 册,上海古籍出版社 2010 年版。

（清）王夫之:《张子正蒙注》,中华书局 1975 年版。

（清）王吉相:《四书心解》,王丕忠整理,三秦出版社 2015 年版。

（清）王心敬:《丰川续集》,《清代诗文集汇编》第 199 册,上海古籍出版社 2010 年版。

（清）王巡泰:《四书札记》,来鹿堂藏版,道光乙未年刻本。

（清）吴怀清:《关中三李年谱》,陕西师范大学出版社 1992 年版。

（清）熊赐履:《学统》,徐公喜、郭翠丽点校,凤凰出版社 2011 年版。

（清）杨树椿:《损斋全书》,清光绪十九年柏经正堂刻本。

（清）佚名:《清史列传》，王钟翰点校，中华书局1987年版。

（清）张秉直:《开知录》，清光绪元年（1875）三原刘传经堂刻本。

（清）张秉直:《论语绪言》，刘传经堂藏书，同治十二年（1873）刻本。

（清）张秉直:《萝谷文集》，道光二十三年（1843）贫劳堂刻本。

（清）张秉直:《四书集疏附证》，同治十二年（1873）刻本。

（清）张廷玉等:《明史》，中华书局1974年版。

（清）赵尔巽等:《清史稿》，中华书局1977年版。

（清）周骏富辑:《清代传记丛刊》，台北明文书局1985年版。

二 专著类

[马来西亚] 何国忠主编:《文化记忆与华人社会》，马来亚大学中国研究所2008年版。

[美] 艾尔曼:《从理学到朴学：中华帝国晚期思想与社会变化面面观》，赵刚译，江苏人民出版社2012年版。

[日] 冈田武彦:《王阳明与明末儒学》，上海古籍出版社2000年版。

[日] 佐野公治:《四书学史研究》，万卷楼图书出版股份有限公司2014年版。

[新加坡] 王昌伟:《中国历史上的关中士人907—1911》，刘晨译，浙江大学出版社2017年版。

陈壁生:《经学的瓦解》，华东师范大学出版社2014年版。

陈俊民:《张载哲学思想及关学学派》，人民出版社1986年版。

陈来:《仁学本体论》，生活·读书·新知三联书店2014年版。

陈来:《宋明理学》，华东师范大学出版社2004年版。

陈来:《有无之境：王阳明的哲学精神》，人民出版社1991年版。

陈来:《朱子哲学研究》，华东师范大学出版社2000年版。

陈来主编:《早期道学话语的形成与演变》，安徽教育出版社2007

年版。

陈立胜:《入圣之机:王阳明致良知工夫论研究》,生活·读书·新知三联书店 2019 年版。

陈荣捷:《王阳明〈传习录〉详注集评》,重庆出版社 2017 年版。

陈祖武:《清代学术源流》,北京师范大学出版社 2012 年版。

方豪:《李之藻研究》,台湾商务印书馆 1966 年版。

复旦大学中国哲学教研室:《中国古代哲学史》,上海古籍出版社 2011 年版。

龚杰:《张载评传》,南京大学出版社 1996 年版。

何睿洁:《冯从吾评传》,西北大学出版社 2015 年版。

侯外庐主编:《中国思想通史》,人民出版社 1959 年版。

黄开国:《清代今文经学新论》,人民出版社 2018 年版。

纪宝成主编:《清代诗文集汇编》,上海古籍出版社 2010 年版。

姜广辉主编:《中国经学思想史》,中国社会科学出版社 2010 年版。

李景林:《教化的哲学》,黑龙江人民出版社 2006 年版。

李祥俊:《道通于一:北宋哲学思潮研究》,北京师范大学出版社 2006 年版。

梁启超:《梁启超全集》,张品兴主编,北京出版社 1999 年版。

梁启超:《清代学术概论》,上海古籍出版社 2005 年版。

梁启超:《中国近三百年学术史》,商务印书馆 2011 年版。

林继平:《李二曲研究》,陕西师范大学出版社 2006 年版。

林乐昌主编:《关学源流》,陕西师范大学出版社 2020 年版。

刘咸炘:《道教征略》,上海科学技术文献出版社 2010 年版。

刘学智:《关学思想史》(修订本),西北大学出版社 2020 年版。

牟宗三:《牟宗三先生全集》,台湾联经出版事业股份有限公司 2003 年版。

牟宗三:《心体与性体》,台湾正中书局 1968 年版。

钱穆:《钱宾四先生全集》,台湾联经出版事业股份有限公司 1998
　　年版。
钱穆:《宋代理学三书随答》,生活·读书·新知三联书店 2002 年版。
钱穆:《阳明心学述要》,九州出版社 2010 年版。
钱穆:《中国近三百年学术史》,商务印书馆 1997 年版。
钱穆:《中国学术思想史论丛》,安徽教育出版社 2004 年版。
钱穆:《朱子新学案》,九州出版社 2011 年版。
钱穆:《朱子学提纲》,生活·读书·新知三联书店 2002 年版。
钱穆等:《论孟论文集》,黎明文化事业股份有限公司 1981 年版。
秦晖、苏文:《田园诗与狂想曲:关中模式与前近代社会的再认识》,
　　中央编译出版社 1996 年版。
王汎森:《权力的毛细管作用:清代的思想、学术与心态》,北京大学
　　出版社 2015 年版。
王国维:《人间词话》,安徽文艺出版社 2015 年版。
王国维:《王国维遗书》,上海书店 1983 年版。
王美凤编校:《关学史文献辑校》,西北大学出版社 2015 年版。
文碧方:《关洛之间——以吕大临思想为核心》,中华书局 2011 年版。
吴震:《〈传习录〉精读》,复旦大学出版社 2011 年版。
吴震:《阳明后学研究》,上海人民出版社 2003 年版。
向世陵:《"克己复礼为仁"研究与争鸣》,新星出版社 2018 年版。
徐复观:《学术与政治之间》,华东师范大学 2009 年版。
徐复观:《中国人性论史·先秦篇》,九州出版社 2014 年版。
徐世昌:《清儒学案》,知识产权出版社 2008 年版。
杨峰、张伟:《清代经学学术编年》,凤凰出版社 2015 年版。
黄进兴、王汎森等编:《思想史》,台湾联经出版社 2013 年版。
张舜徽:《清人文集别录》,华中师范大学出版社 2004 年版。
张舜徽:《文献学论著辑要》,陕西人民出版社 1985 年版。

张学智:《明代哲学史》,北京大学出版社 2000 年版。

郑宗义:《明清儒学的转型探析:从刘蕺山到戴东原》,香港中文大学出版社 2000 年版。

周天庆:《明代闽南四书学研究》,东方出版社 2010 年版。

朱汉民、肖永明:《宋代〈四书〉学与理学》(修订本),中华书局 2021 年版。

朱修春:《四书学史研究》,中国文史出版社 2005 年版。

三　论文类

柏秀叶、王芙蓉:《清代山东"四书学"特色综论》,《山东理工大学学报》2018 年第 6 期。

蔡家和:《东南三贤对〈知言·尽心成性章〉的不同解读》,《中共宁波市委党校学报》2020 年第 1 期。

蔡家和:《朱子四书的理学建构》,《集美大学学报》2017 年第 1 期。

曹冷泉:《关学概论》,《西北文化月刊》1941 年第 3 期。

曹树明:《吕大临的〈大学〉的诠释:兼论其与张载、二程思想的关联》,《哲学动态》2018 年第 7 期。

常新:《金元时期关学的学术面向》,《中国哲学史》2018 年第 3 期。

陈来:《〈大学〉的作者、文本争论与思想诠释》,《东岳论丛》2020 年第 9 期。

陈来:《关学的精神》,《陕西师范大学学报》2016 年第 3 期。

陈来:《朱熹的〈中庸章句〉及其儒学思想》,《中国文化研究》2007 年第 2 期。

丁四新:《〈孟子〉"天下之言性也"章研究与检讨:从朱陆异解到〈性自命出〉"实性者故也"》,《现代哲学》2020 年第 3 期。

丁为祥:《〈大学〉今古本辨正》,《陕西师范大学学报》2011 年第 4 期。

高海波:《宋明理学从二元论到一元论的转变:以理气论、人性论为例》,《哲学动态》2015 年第 12 期。

葛兆光:《清代学术史与思想史的再认识》,《中国典籍与文化》2012 年第 1 期。

龚杰:《张载的"四书学"》,《西北大学学报》1994 年第 3 期。

浩小艳:《刘绍攽〈四书凝道录〉之审美研究》,硕士学位论文,西安建筑科技大学,2019 年。

黄信二:《从朱子与阳明论蒯聩与卫辄比较朱王之"礼"论》,《哲学与文化》2014 年第 5 期。

乐爱国:《"孝弟":"仁之本"还是"为仁之本":以朱熹对〈论语〉"孝弟也者,其为仁之本与"的诠释为中心》,《安徽大学学报》2019 年第 1 期。

李春青:《论"敬"的历史含义及其多向价值》,《辽宁大学学报》1997 年第 2 期。

李敬峰:《程颐义命观研究》,《理论月刊》2012 年第 10 期。

李敬峰:《李二曲的〈四书反身录〉与明清之际阳明心学的自我更新与转向》,《哲学动态》2022 年第 5 期。

李敬峰:《吕柟对阳明心学的辩难及其思想史意义》,《中国哲学史》2020 年第 6 期。

李敬峰:《明代朱子学的羽翼、修正与转向:以吕柟〈四书因问〉为中心》,《中国哲学史》2019 年第 3 期。

李敬峰:《寻求道德秩序的重建:晚明大儒冯从吾的"讲学"情结》,《哲学与文化》2020 年第 4 期。

李敬峰:《朱子的义命观:一种可能的道德生活》,《社会科学家》2013 年第 8 期。

李祥俊:《〈大学〉"八条目"的义理结构与价值前提辨析》,《安徽师范大学学报》2018 年第 1 期。

廉天娇:《论张载对易学和四书学的互摄融通》,《郑州大学学报》2020 年第 4 期。

林乐昌:《关学大儒王徵"畏天爱人"之学研究》,《地方文化研究》2013 年第 6 期。

林乐昌:《论"关学"概念的结构特征与方法意义》,《中国哲学史》2013 年第 1 期。

林乐昌:《论〈中庸〉对张载理学建构的特别影响》,《哲学与文化》2018 年第 9 期。

林乐昌:《张载的学术历程及其关学思想》,《地方文化研究》2015 年第 1 期。

林乐昌:《张载佚书〈孟子说〉辑考》,《中国哲学史》2003 年第 4 期。

刘宝才:《清末关中今文经学家刘古愚》,《管子学刊》1997 年第 2 期。

刘学智:《朱熹"中和新说"与关学关系探微》,《哲学研究》2015 年第 12 期。

吕妙芬:《明清之际的关学与张载思想的复兴——地域与跨地域因素的省思》,刘笑敢主编《中国哲学与文化》第 7 辑,广西师范大学出版社 2010 年版。

邱忠堂:《张载〈论语〉学研究》,硕士学位论文,陕西师范大学,2010 年。

田智忠、胡东东:《论"故者以利为本"——以孟子心性论为参照》,《福建师范大学学报》2007 年第 5 期。

王昌伟:《李二曲调和朱子与陆王的方法》,《孔子研究》2000 年第 6 期。

王汎森:《"心即理"说的动摇与明末清初学风之转变》,《历史语言研究所集刊》1994 年第 2 期。

王利民:《论张载之学是易学:与龚杰先生商榷》,《周易研究》2000 年第 1 期。

王丕忠:《李二曲与王吉相》,《西安晚报》1986年6月16日。

吴震:《略论朱熹"敬"论》,《湖南大学学报》2011年第1期。

吴震:《论朱子仁学思想》,《中山大学学报》2017年第1期。

向世陵:《宋代理学的"心性小大"之辨》,《中国人民大学学报》2012年第6期。

邢春华:《关中易学源流考》,《周易研究》2013年第7期。

许家星:《阳明〈中庸〉首章诠释及其意义》,《复旦学报》2021年第1期。

许家星:《朱子四书学研究回顾与前瞻》,《中华文化论坛》2013年第2期。

张茂泽:《心解:张载的诠释学思想》,《"张载关学与实学"国际研讨会论文集》1999年。

张循:《论十九世纪清代的汉宋之争》,博士学位论文,复旦大学,2007年。

郑国岱:《晚清民国四书学研究》,博士学位论文,广西师范大学,2015年。

钟彩钧:《李二曲思想概说》,《孔孟月刊》1979年第3期。

朱汉民:《宋儒的义理解经与书院讲义》,《中国哲学史》2014年第4期。

朱汉民:《张载的义理经学及其关学学统》,《北京大学学报》2020年第3期。

后　　记

"濂洛关闽"四大学派是统摄宋明理学的主流学派。我有幸生于洛学的发源地洛阳市伊川县，工作于关学的诞生地陕西，行走在关、洛之间，我的学术历程自觉与不自觉地便和两者产生了极深的关联。从学十余年来，我的研究轨迹主要是先聚焦于二程洛学，然后追溯到张载关学，以点带面，尝试在经学史和哲学史互鉴的视域下来把握他们固有的问题意识和学术诉求。以这种思路为指引，我首先以研究较为薄弱的二程后学为切入点，试图从内在理路出发，走进程门后学内部去寻找其内在的发展脉络、主导问题和话语系统，基本上勾勒出了从二程到朱熹之间的学术传承谱系，明确了程门后学所关注的核心问题在于心性论、仁学等，弄清了程门后学在早期道学话语形成与演变过程中的贡献，使以前较为零散的研究在新的方向上获得整合。在此基础上，发表了系列论文，形成和撰写了两部专著《二程后学研究》和《二程门人》，一定程度上细化和深化了以往关于洛学的研究，弥补了程门后学在当下"后学热"研究中的缺位。

到关学策源地陕西工作后，我意识到二程洛学的建构与张载关学的学术关联性，渐趋将研究视野和重心延伸、拓展至张载关学。但在关学研究已经硕果累累的当下，如何择取比较有价值的论域并非易事。来陕工作第二年，也即2015年，适逢涵括关学史上重要文献的

《关学文库》出版，秉着"在关言关"的信念，我毫不犹豫花费半个月的工资购买了这套丛书，细致研读，认真梳理，发现并证实四书学是张载关学研究当中仍需且必须深入研究的领域，因为它直接影响到对张载关学建构的文本依据和思想来源的理解和把握。这就坚定了我将此作为进一步研究对象的学术信心。后以"关学四书学研究"为题，成功申报国家社科基金青年项目。学界对此课题的认可无疑是一剂强心针，让我能够信心满满地深耕下去。在四年多的时间里，心无旁骛，爬梳文献，从义理出发深究关学四书学的历代注本，基本摸准了关学四书学的文献遗存、演进脉络和学术旨趣，进一步佐证了关学有史，解决了关学的"合法性"问题，揭示出关学四书学重义理、轻考据的"宋学"特质，厘定关学四书学的学术性质为义理型四书学。有了这些基本的认知，撰写课题成果"关学四书学研究"便极为顺当，经过四年的打磨，最终顺利通过结项，算是对这一课题有了较为满意的交代。总体来说，我由文献入手，从二程洛学追溯到张载关学，由此发现关、洛之学作为理学的正源和主流的缘由，尝试性地找到了一条从内在的问题入手，经学史和哲学史相融合，将学术个性和共性意蕴相统一的研究路径。这一路径虽然笨拙艰难，但能够依循中国哲学"依经立言"的学术传统，贴近历史原貌地显豁出固有的问题意识和思想脉络。

　　囿于繁重的科研、教学和行政工作，本成果的撰写和修改前后历时四年有余。四年里，我见缝插针，拖拖拉拉终使拙稿成为目前这样结构大体完整、脉络大致清晰的样子。而这尤其要特别感谢四位国家社科基金匿名评审专家的精细意见，点出拙稿的创获与得失，为拙稿指明修正的方向。然限于学养，我未能完全消化和领悟前辈学者的真知灼见，而使拙稿仍有许多未尽之处，期待在以后的学术生涯中，在学界方家的指正下，继续补充和完善，以期充实、深化和拓展关学、宋明理学乃至四书学学史的研究。

拙稿的顺利出版，首先要感谢陕西师范大学优秀著作出版基金的支持，为我解决出版的最大难题。感谢四书学研究专家湖南大学的肖永明教授，百忙中欣然赐序，为拙稿增色甚多。感谢责任编辑孙萍博士对拙稿的细心校读，提出诸多高见，使拙稿臻于完善。同时，也对刊发过拙作部分章节的《中国哲学史》《哲学动态》《哲学与文化》《现代哲学》《陕西师范大学学报》《人文杂志》等学术刊物致以由衷的谢意！

李敬峰
2022 年 5 月 20 日